本书受到湖南省社科评委会一般项目（编号：XSP19YBZ038）、湖南省社科基金外语联合项目（编号：16WLH44）和湖南省教育厅科学研究重点项目（编号：20A040）的资助。

《论语》英译与文化传播

刘宏伟 ○著

中国社会科学出版社

图书在版编目（CIP）数据

《论语》英译与文化传播 / 刘宏伟著 . —北京：中国社会科学出版社，2022.10
ISBN 978-7-5227-1191-1

Ⅰ.①论… Ⅱ.①刘… Ⅲ.①《论语》—英语—翻译—研究 ②中华文化—文化传播—研究 Ⅳ.①H315.9 ②B222.25 ③G125

中国版本图书馆CIP数据核字（2022）第247052号

出 版 人	赵剑英
责任编辑	张冰洁
责任校对	冯英爽
责任印制	王　超

出　　版	中国社会科学出版社
社　　址	北京鼓楼西大街甲158号
邮　　编	100720
网　　址	http://www.csspw.cn
发 行 部	010-84083685
门 市 部	010-84029450
经　　销	新华书店及其他书店
印　　刷	北京明恒达印务有限公司
装　　订	廊坊市广阳区广增装订厂
版　　次	2022年10月第1版
印　　次	2022年10月第1次印刷
开　　本	710×1000　1/16
印　　张	25.25
字　　数	375千字
定　　价	136.00元

凡购买中国社会科学出版社图书，如有质量问题请与本社营销中心联系调换
电话：010-84083683
版权所有　侵权必究

前　　言

随着中国国际地位的不断提高与对外交往事业的不断发展，弘扬并对外传播中华文化，是增强国家文化软实力、提升国际竞争力的必然选择。中国传统文化是中华文化的重要组成部分，它不仅对铸造中国人特有的道德品质和民族精神发挥了重要作用，而且为推动世界历史发展进程，促进人类文明和进步作出巨大贡献。进入新时代，危机与挑战增多，如何建立新的道德伦理秩序已引起全世界高度关注。中国传统文化博大精深，理应为建设世界新道德伦理秩序、构建人类命运共同体作出重要贡献。为此，在当前"一带一路"背景下，如何利用中译外，推动中国传统文化"走出去"，为世界发展贡献"中国智慧"，是值得深入探讨的课题。

典籍英译是传统文化对外传播的主要途径之一。《论语》是最具代表性的中国传统文化典籍，也是最早译成英文的中国典籍之一。它蕴含着丰富的传统文化思想精髓，其中"仁爱""忠恕""孝道"与"和谐"等核心思想精华，具有超地域与超时代性，对当代中国、西方社会道德文化建设及人类文明进步与发展具有重要现实意义。随着中国传统文化日益受到重视，《论语》英译已成学界研究热点。不少学者纷纷撰写著作或论文，结合相关理论从不同视角对其进行探讨。但现有研究多从语言微观层面探讨其译本质量，从文化宏观层面研究其在国外译介传播的偏少。

翻译不仅限于语言转换层面，其实质是一种跨文化思想传播。目前，有学者借鉴西方传播学理论或模式，开始探究中国文学的英译与传播。但研究发现，当前研究集中于运用"5W"传播模式对文学外译的探讨，结合其他经典模式如"7W"模式、香农—韦弗模式以及施拉姆模式等探讨文学文化外译的研究极少。"5W"模式是一种线性模式，具有一定缺陷，如忽略了"反馈"要素，缺乏各主体之间的平等互动性、共通性以及无法评估传播实际效果等。

中国传统文化蕴含着丰富的人类共同体思想，即人类是一个相互关联的整体，彼此之间负有责任和义务。主体主动承担对他者的责任和义务，这是当下解决很多危机的关键所在。有鉴于此，本研究力图融合传播学、哲学与比较文化学等相关理论，在提出"人己通"理念基础上，参照"5W"模式，结合其他经典传播模式的优点，构建中国传统文化典籍对外译介新模式，并以《论语》英译为例，提出应用该模式需要遵循的原则。

该书在前人的基础上实现了进一步创新与发展，其创新点主要有：

第一，文本定位创新：传统道德文化典籍。以往译者或研究者往往将《论语》定位为文学著作或哲学著作来进行英译或英译研究，本研究则将《论语》定位为中国传统道德文化典籍。在此定位基础上，深入挖掘、提炼并研究了《论语》中道德核心文化思想精华及其文化普适性与特殊性，探讨了《论语》道德核心概念和思想英译的特点与策略，提出了构建以《论语》等典籍英译为载体，对外传播中国传统文化的新模式。本研究不仅从语言微观层面探讨了《论语》译本中核心文化思想英译的质量，更从文化宏观层面对基于《论语》英译的传统文化对外传播模式进行了研究。

第二，研究方法创新：问卷测量法新运用。本研究结合了翻译学、语言学、比较文化学、道德文化心理学、传播学等学科的相关理论与方法，从跨学科视角探讨了《论语》的英译与传统文化的对外传播。特别是运用了心理学中的问卷测量法，以《论语》中的孝道思想为例，探索了《论语》中核心思想的文化共性与差异，为《论语》英译与文化传播提供了有力的实证材料。毋庸置疑，这在《论语》英译研究乃至翻译研究上添上了新的一笔。

第三，传播模式创新："人己通"新模式构建。本研究受传播学者程曼丽对外传播环形模式启发，结合译介学理论，参照拉斯维尔"5W"模式、刘宓庆翻译传播程序与操作模式，构建了基于《论语》

等典籍英译的传统文化对外传播模式。该模式由"译介主体""译介内容""译介途径""译介受众""译介效果"五大要素构成。它明确了各要素的内涵，如"译介主体"主要是指译者，这里的"译者"具有三个角色，译者、研究者和诠释者；"译介内容"是指中国优秀传统文化典籍，主要有《论语》《孟子》《大学》《中庸》《礼记》《弟子规》《孝经》《周易》等，这些典籍中的核心思想精华具有一定文化共性；"译介途径"包括报纸杂志、网络媒体、影视广播、数字出版以及出版发行机构（报社、杂志社、出版社）；"译介受众"是指译本的读者，分为普通读者、专业读者等；"译介效果"是指受众在认知、情感、行为与态度等层面发生的变化或产生的反应。该模式突破了以往"5W"模式线性结构的局限，将起点与终点连接起来，形成了译介环形模式，提示译者在翻译过程中应重视受众、重视效果，从效果出发或以效果为依据展开译介活动，从而达到更好的译介效果，真正实现翻译的跨文化交际功能。

摘　　要

　　《论语》是最具代表性的中国传统文化典籍，也是最早译成英文的中国典籍之一。它蕴含着丰富的传统文化思想精髓，其中"仁爱""忠恕""孝道"与"和谐"等核心思想精华，具有超地域与超时代性，对当代中国、西方社会道德文化建设及人类文明进步与发展具有重要现实意义。随着传统文化日益受到重视，《论语》英译已成为学界研究热点。然而，现有研究多从语言微观层面探讨其译本质量，从文化宏观层面研究其在国外译介传播的偏少。

　　本书运用了文献研究、文本分析、个案研究、跨学科研究以及心理学的问卷测量法等多种研究方法，对《论语》英译与文化传播进行了深入系统的研究。同时，本书融合传播学、哲学与比较文化学等相关理论，参照以往经典传播模式，构建了中国传统文化典籍"人己通"对外译介新模式，并以《论语》英译为例，提出实施该模式促进传统文化对外传播应遵循的原则。该模式体现了包含人类命运共同体思想的"和而不同"之哲学理念，"推己及人"之他人意识及"文化平等"之比较视野。它克服了以往"5W"模式线性结构之局限，将起点与终点连接，形成了环形译介循环模式，提示译者在翻译过程中应重视受众与译介效果。它突破了以往文化外译二元对立之藩篱，主张文化外译既要尊重文化之差异，更应探求文化之共通，这样才能跨越文化屏障，实现"人己通"，从而真正推动中国优秀传统文化"走出去"。

　　关键词：人己通；《论语》英译；中国传统文化；对外传播

Abstract

The Analects (*Lun Yu*), an important representative of the traditional Chinese culture classics, is one of the earliest Chinese classics translated into English. It contains a wealth of the essence of core thought, such as *benevolence* (*ren' ai*), *loyalty and consideration* (*zhongshu*), *filial piety* (*xiaodao*) and *harmony* (*hexie*) etc., which are still practically valuable for the moral building of contemporary Chinese and Western societies and the progress of human civilization. With the increasing emphasis on Chinese traditional culture, the English translation of *The Analects* has become a research hotspot in academic circles. However, the existing researches mostly discuss the language quality of its translations from the micro-level, and there are few studies on its translation and culture transmission in foreign countries from the macro-level.

This book, adopting various research methods such as document research, text analysis, case studies, interdisciplinary research and the questionnaire method in psychology, etc., studies the English translation of *The Analects* and the dissemination of the Chinese culture. Meanwhile, based on some interdisciplinary theories such as communication studies, philosophy and comparative culture studies, etc., this book establishes a new equal intercommunication model of translation and dissemination of traditional Chinese cultural classics with reference to several classical communication models. Then taking the English translation of *The Analects* as an example, this book aims to propose some application principles to promote the dissemination of the traditional Chinese culture. This model embodies the thought of a community of a shared future for mankind such as the philosophical concept of "harmony in diversity", the consciousness of "consideration of others" and the comparative vision of "cultural equality". It is a circular model which connects the starting point and the end point of translation and dissemination. It overcomes the limitations of the previous "5W model" linear structure and prompts the translators to pay more attention to the readers and the effect in the translation process. It advocates that cultural translation should seek common grounds while shelving differences in place of dichotomic mentality. Thus it can get over the cultural barriers and realize the equal intercommunication, which will contribute to the overseas promotion of the traditional Chinese culture.

Key words: equal intercommunication; English translation of *The Analects*; traditional Chinese culture; foreign dissemination

目　录

第一章　绪　论 …………………………………………………（1）
　　第一节　研究背景与意义 ……………………………………（1）
　　　　一　研究背景 ………………………………………………（1）
　　　　二　研究意义 ………………………………………………（8）
　　第二节　研究目的与问题 ……………………………………（12）
　　　　一　研究目的 ………………………………………………（12）
　　　　二　研究问题 ………………………………………………（12）
　　第三节　研究思路与方法 ……………………………………（13）
　　　　一　研究思路 ………………………………………………（13）
　　　　二　研究方法 ………………………………………………（14）
　　第四节　研究内容与框架 ……………………………………（16）
第二章　历史回眸：《论语》英译历程与研究述评 ……………（18）
　　第一节　《论语》英译历程回溯 ……………………………（18）
　　　　一　《论语》英译概况 ……………………………………（18）
　　　　二　《论语》英译历程 ……………………………………（19）
　　　　三　《论语》英译特点 ……………………………………（31）
　　　　四　《论语》英译问题 ……………………………………（34）
　　　　五　《论语》英译启示 ……………………………………（37）
　　第二节　《论语》英译研究述评 ……………………………（39）
　　　　一　国内《论语》英译研究回溯 …………………………（39）
　　　　二　国外《论语》英译研究审视 …………………………（60）
　　　　三　《论语》英译研究问题考辨 …………………………（63）

第三章 文本定位：《论语》的定位与现代价值 (65)
第一节 《论语》的地位与定位 (65)
    一 《论语》的重要地位 (65)
    二 道德与传统道德文化 (68)
    三 《论语》的道德文化定位 (70)
第二节 《论语》的传统道德文化思想 (72)
    一 仁者爱人 (72)
    二 忠恕之道 (75)
    三 克己复礼 (79)
    四 孝悌为本 (81)
    五 为政以德 (84)
第三节 《论语》的传统道德文化思想之价值 (86)
    一 对促进中国建设之价值 (87)
    二 对推动人类发展之作用 (88)
    三 对丰富世界文明之意义 (91)

第四章 实证研究：《论语》核心思想的跨文化比较
——以"孝道"思想为例 (93)
第一节 引言 (93)
第二节 文献探讨 (94)
第三节 研究假设 (101)
第四节 概念架构 (101)
第五节 研究方法 (105)
    一 研究对象 (105)
    二 问卷编制 (106)
    三 施测程序 (106)
    四 统计处理 (107)
第六节 研究结果分析 (107)
    一 项目分析 (107)
    二 因素分析 (112)

三　信度效度研究 …………………………………………（123）
　　四　中国传统孝道现状与特点 ……………………………（126）
　　五　西方传统孝道现状与特点 ……………………………（133）
　　六　中西孝道文化之比较 …………………………………（138）
第七节　研究结论 ………………………………………………（149）
第八节　研究局限性 ……………………………………………（153）

第五章　译本分析：《论语》文化核心概念的英译 ……………（155）
第一节　《论语》文化核心概念英译实例分析 ………………（156）
　　一　"仁"之英译 …………………………………………（156）
　　二　"孝"之英译 …………………………………………（164）
　　三　"礼"之英译 …………………………………………（169）
　　四　"君子"之英译 ………………………………………（179）
第二节　文化核心概念英译特点与启示 ………………………（190）
　　一　文化核心概念英译特点 ………………………………（190）
　　二　文化核心概念英译启示 ………………………………（192）

第六章　译本比较：《论语》核心思想的英译 …………………（194）
第一节　《论语》核心思想英译实例分析 ……………………（194）
　　一　"孝道"思想之英译 …………………………………（194）
　　二　"仁爱"思想之英译 …………………………………（221）
　　三　"忠恕"思想之英译 …………………………………（229）
　　四　"德政"思想之英译 …………………………………（246）
第二节　《论语》核心思想英译特点与策略 …………………（259）
　　一　理雅各英译特点与策略 ………………………………（259）
　　二　辜鸿铭英译特点与策略 ………………………………（261）
　　三　韦利英译特点与策略 …………………………………（262）
　　四　刘殿爵英译特点与策略 ………………………………（265）
第三节　《论语》核心思想英译启示 …………………………（267）
　　一　求同存异——彰显儒家文化之共性与特性 …………（267）

二 借帆出海——借助西方思想诠释儒家文化……………(269)
三 齐头并进——英译实践与儒家文化研究相结合……(271)

第七章 个案研究：辜鸿铭《论语》英译与传统文化传播……………(273)

第一节 辜鸿铭及其儒家传统道德观……………(273)
 一 "文化怪杰"辜鸿铭简介……………(273)
 二 辜鸿铭的儒家传统道德观……………(277)
第二节 辜鸿铭《论语》英译之动机与策略……………(280)
 一 辜鸿铭《论语》英译之动机……………(280)
 二 辜鸿铭《论语》英译之策略……………(283)
第三节 辜鸿铭《论语》英译之特点……………(304)
 一 《论语》英译凸显道德精髓……………(304)
 二 《论语》英译具有读者意识……………(305)
 三 《论语》英译注重文化共性……………(306)

第八章 人己通：跨越文化屏障
——《论语》英译与文化传播模式……………(309)

第一节 何谓"人己通"……………(309)
 一 "和而不同"之哲学理念……………(310)
 二 "推己及人"之他人意识……………(312)
 三 "文化平等"之比较视野……………(315)
第二节 "人己通"译介模式之初步构建……………(317)
第三节 实现"人己通"译介模式遵循之原则……………(321)
 一 精选内容，凸显道德文化精髓……………(321)
 二 深入挖掘，探索中西文化共性……………(324)
 三 多方携手，培育典籍英译队伍……………(325)
 四 顺应读者，讲好中国文化故事……………(335)
 五 多管齐下，构建多元传播渠道……………(339)

第九章 研究结论 ……………………………………………（345）
第一节 本书的主要发现 ……………………………………（345）
第二节 本书的创新之处 ……………………………………（349）
第三节 未来拓展的方向 ……………………………………（350）

参考文献 ………………………………………………………（353）

后 记 …………………………………………………………（382）

附 录 …………………………………………………………（385）
附录1 中文测量问卷 ………………………………………（385）
附录2 英文测量问卷（Questionnaire）……………………（387）

第一章 绪论

第一节 研究背景与意义

一 研究背景

(一) 中国传统文化受到高度重视

中国传统文化是中华文化重要的组成部分,是中国古代圣贤与思想家在长期的生产与生活实践中对文化实践经验的总结与提炼。它不仅对铸造中国人特有的品质和民族精神发挥了重要作用,而且为推动世界历史发展进程,促进人类文明和进步作出了巨大贡献。中国传统文化蕴含丰富的思想精髓,如"己所不欲,勿施于人"的仁爱精神,"天下兴亡,匹夫有责"的爱国主义精神,"天行健,君子以自强不息"的积极进取精神,"先天下之忧而忧,后天下之乐而乐"的天下为公精神,"富贵不能淫,贫贱不能移,威武不能屈"的大丈夫精神,"地势坤,君子以厚德载物"的宽厚精神等,具有超地域与超时代性,不仅对当代中国文化建设具有重要现实价值,而且对"人被金钱所腐蚀,被工业所压榨,被欲望所支配,被日新月异的科学技术所驱赶,被自由博爱的漂亮口号所陶醉"[①]的西方社会具有十分重要的文化启示价值。

西方学者或思想家莱布尼兹(Leibniz)、笛卡儿(Descartes)、卢梭(Rousseau)、伍尔芙(Wolff)、孟德斯鸠(Montesquieu)、伏尔泰(Voltaire)、狄德罗(Diderot)、汤因比(Toynbee)、洛克(Locke)、魁奈(Quesnay)、庞德(Pound)等对中国传统文化,尤其是对儒家道德文化十分推崇,都不同程度地从中汲取了思想精华。莱布尼兹

---

① 栾栋:《感性学发微——美学与丑学的合题》,商务印书馆1999年版,第54页。

(Leibniz)认为在人类生活及日常风俗的伦理道德和政治学说方面,中国远胜于西方,中国传统思想可为欧洲许多道德和社会问题提供解决方案。① 英国著名学者李约瑟(Needham)曾提出全世界通过学习中国的哲学智慧和传统道德思想,可获得许多医治现代病症的良药。② 美国诗人庞德(Pound)一生崇拜和推介儒家文化,认为儒家思想为处于混乱无序状态中的现代社会提供了一剂疗救良药,他说:"我没想到自己竟会进入儒家思想的核心……鼎盛时期的中国王朝为我们提供了唯一模式,可能会使我们在现状中找到出路。"③ 法国启蒙运动先驱培尔(Bayle)盛赞孔子"留下了不少优秀的道德训诫"④。伏尔泰(Voltaire)对儒家的"德统"思想给予高度评价,认为中国道德已达完美境地,孔子的伟大就在于教化人们遵从理性、从事纯粹道德实践。⑤ 魁奈(Quesnay)推崇孔子学说,极力颂扬儒家道德思想,认为《论语》满载德行之言,讨论的主要是"善政、道德及美事"等内容,远远胜过希腊七圣之言。⑥ 世界75位诺贝尔奖获得者于1988年在巴黎联合发布了《巴黎宣言》,在宣言中指出:"如果人类打算在21世纪继续生存,那就必须回到2500年以前的孔子那里去汲取智慧。"⑦

中国新儒家梁漱溟、熊十力、张君劢、冯友兰、贺麟、钱穆、方东美、辜鸿铭、林语堂、徐复观、牟宗三、唐君毅、殷海光、陈荣捷、刘述先、成中英、杜维明、余英时、韦政通等也十分重视中国传统文化,尤其是儒家道德文化,认为儒家道德文化是取之不尽、用之不竭的思想

---

① [德]莱布尼兹:《中国近事——为了照亮我们这个时代的历史》,梅谦立、杨保筠译,大象出版社2005年版,第2页。
② [英]李约瑟:《四海之内:东方和西方的对话》,劳陇译,生活·读书·新知三联书店1987年版,第94页。
③ 转引自吴其尧《庞德与中国文化》,上海外语教育出版社2006年版,第206—207页。
④ 转引自[法]艾思蒲《中国之欧洲》(上),许均、钱林森译,河南人民出版社1992年版,第314页。
⑤ 转引自张立文《中外儒学比较研究》,东方出版社1998年版,第293—294页。
⑥ 转引自[德]利奇温《十八世纪中国与欧洲文化的接触》,朱志勤译,商务印书馆1962年版,第94页。
⑦ 朱仁夫、魏维贤、王立礼:《儒学国际传播》,中国社会科学出版社2004年版,第185页。

源泉。现代新儒学开启者梁漱溟对儒家道德文化极为推崇,他认为中国文化以儒家学说为根本,以伦理为本位,远比西洋文化高妙,他甚至断言:"世界未来的文化,就是中国文化的复兴!"[1] 牟宗三倡导"三统之说"(道统、学统及政统),他说"其一是道统之肯定,即肯定道德宗教之价值,护住孔孟所开辟之人生宇宙之本源;其二是学统之开出……"[2],他充分肯定儒家道德的价值,提出对儒家所提倡的孔孟之道所具有的本质内涵应加以传承。钱穆对中国传统文化和历史十分热爱,曾说:"拥有一种优良文化,博大深厚,足以与现状欧西文化抗颜行者,则只有中国。中国文化'重人禽之别''重义利之分''尚和平,不尚斗争''论是非,不论古今'。"[3] 他认为中国文化的内在价值表现在道德精神及人的道德修养等方面,是对完美人格的一种追求。

综上所述,中外思想家都认识到了中国传统文化的重要价值。然而,当前中华传统文化的对外传播还没引起足够重视,力度太小,外国人对中国传统文化存在不少误解,有必要充分挖掘中国传统文化的精华,并向世界传播。

(二)文化对外传播已成全社会关注热点

随着中国国际地位的不断提升以及对外交往事业的不断发展,增强国家文化软实力,提升文化对外传播能力,日显重要与紧迫。近年来,中国经济发展突飞猛进。据国家统计局统计,"十三五"时期,中国经济为全球经济增长做出了重要贡献。2015年,中国人均GDP不到8000美元,2019年已达到1万美元。国内生产总值从2015年的10.9万亿美元上升到2019年的14.4万亿美元,2019年的经济总量占世界比重达16.4%。2020年我国经济总量占世界经济比重超17%,2021年预计超过18%。2020—2021年,我国对世界经济增长的平均贡献率达30%以上,居世界第1位。但我国经济在迅猛发展的同时,文化发展却与之形成了巨大落差。2013年《文化软实力蓝皮书:中国文化软实

---

[1] 梁漱溟:《中国文化要义》,上海人民出版社2011年版,第165—216页。
[2] 牟宗三:《道德的理想主义》,吉林出版集团有限公司2010年版,第165—170页。
[3] 钱穆:《钱宾四先生全集(第38册)中国文化十二讲》,台北联经出版事业公司1998年版,第104页。

力研究报告》指出，我国文化产业占世界文化市场比重不足5%（美国则占42%）。针对我国文化产业落后状况，"十二五"规划首次提出把文化产业作为支柱产业，近年来，我国文化产业占GDP比重持续提升，2020年达到4.43%（按照国际惯例，文化产业占GDP比例5%以上才算是支柱产业①），与世界发达国家相比还存在差距。"十三五"期间，随着中国文化软实力在世界的影响日益凸显，中国文学、影视剧、戏曲、手工艺品等逐渐走出国门，中国文化对外传播取得显著成效。

作为世界大国的标志，不仅在于它对世界经济发展做出的贡献，对推动世界新的国际政治秩序形成的贡献，更应体现在它对人类文化与文明发展的贡献。② 习近平总书记对中国传统文化弘扬与对外传播尤其重视，他认为，"中国优秀传统文化的丰富哲学思想、人文精神、教化思想、道德理念等，可以为人们认识和改造世界提供有益启迪，可以为治国理政提供有益启示，也可以为道德建设提供有益启发"。③ 与此同时，中国政府相继出台了一系列推动文化发展与对外传播的政策文件。2009年7月，国务院常务会议审议通过了我国首部文化产业的专项规划——《文化产业振兴规划》；2011年4月，文化部颁布了《关于促进文化产品和服务"走出去"2011—2015年总体规划》，制定了5年推动我国文化产品和服务"走出去"的工作框架④；2016年，文化部制定了《"一带一路"文化发展行动计划（2016—2020年）》，旨在加强与"一带一路"沿线国家和地区的文明互鉴与民心相通，推动中华文化"走出去"，扩大中华文化的国际影响力⑤。2019年，文化和旅游部公布了

---

① 世界主要经济体文化产业发展现状研究课题组：《世界主要经济体文化产业发展状况及特点》，《调研世界》2014年第10期，第4页。
② 姜加林：《世界新格局与中国国际传播——"第二届全国对外传播理论研讨会"论文》，外文出版社2012年版，第162页。
③ 习近平：《从延续民族文化血脉中开拓前进——在纪念孔子诞辰2565周年国际学术研讨会暨国际儒联第五届会员大会开幕会上的讲话》，《孔子研究》2014年第5期，第6页。
④ 贺宏福：《陕西动画产品"走出去"态势分析及对策研究》，《渭南师范学院学报》2015年第13期，第22—26页。
⑤ 文化部：《"一带一路"文化发展行动计划（2016—2020年）》，http：//www.xinhuanet.com/culture/2017-01/06/c_1120256880.htm。

《文化产业促进法（草案征求意见稿）》，提出"国家支持适合对外传播的优秀文化产品和服务的创作生产、翻译、国际合作制作"，以期推动文化"走出去"，增强中华文化国际影响力。[①] 可见，弘扬并传播中华文化，推动中华文化"走出去"，是增强中国国家文化软实力，提升国际竞争力的必然选择。

文化对外传播也引起了学界高度关注。为加强对外传播能力，构建有效对外传播体系，更好地向世界推广中国优秀文化，塑造中国良好国家形象，国务院新闻办公室与中国外文局联合，相继举办了对外传播研究领域具有权威和影响力的六次高端理论研讨会。会议主题分别为，"中国现代传播体系的构建（2009）""世界新格局与中国国际传播：问题与对策（2011）""全球传播：新趋势·新媒体·新实践（2013）""构建融通中外的对外话语体系（2015）""讲好中国故事传播好中国声音（2017）""构建新时代对外传播新格局（2019）"等。文化界与对外传播界的一批重要学者及媒介人士纷纷到会并做主题演讲。王晨认为，国际传播能力作为文化软实力的组成部分，是提升国家形象的重要手段；构建现代传播体系，提高我国国际传播能力是增强国家文化软实力、塑造国家良好形象的必然要求；[②] 程曼丽在主题报告《中国对外传播体系及其补充机制分析》中指出，单一的国家对外传播体系无法解决与传播效果相关的所有问题，我国对外传播体系需要海外华文传媒和西方主流媒体这种补充机制；[③] 柯惠新等在其报告《我国对外传播效果评估体系的框架研究》中提出，我国应构建一个由对外传播过程、对外传播效果评估标准、评估指标体系、评估操作体系等构成的对外传播效果评估体系的框架。[④] 此外，其他许多学者分别就国家形

[①] 《中华人民共和国文化产业促进法（草案送审稿）》，http://www.npc.gov.cn/npc/c30834/201912/e9c9d9677e444915af5a945a11cdf728.shtml。

[②] 转引自姜加林、于运全《构建现代国际传播体系——全国第一届对外传播理论研讨会论文选》，外文出版社2011年版，第XV页。

[③] 转引自姜加林、于运全《构建现代国际传播体系——全国第一届对外传播理论研讨会论文选》，外文出版社2011年版，第5—11页。

[④] 转引自姜加林、于运全《构建现代国际传播体系——全国第一届对外传播理论研讨会论文选》，外文出版社2011年版，第377—391页。

象的定位与传播、跨文化传播与交流、中国故事与构建对外话语体系、"一带一路"与对外传播，以及中华文化对外传播的方法和路径等议题进行了探讨。

中译外是中国文化对外传播的重要渠道。针对中国对外文化交流和传播"入超"的现状，近年来，中译外引起了学界高度关注。中国翻译协会（简称中国译协）、中国外文局等单位联合陆续举办了"中译外——中国走向世界之路（2007）""中译外——架设中国走向世界的桥梁（2011）""中国文化走出去战略与翻译工作（2012）""中国文化对外交流与中译外人才培养（2014）""改革开放40年与语言服务创新发展论坛（2018）"等高层论坛和会议。中国国务院及外文局等重要领导纷纷到会并发表讲话。外交部原部长李肇星认为提高中译外工作质量，向世界准确展示中国真实形象，是"增强国家文化软实力、扩大中华文化国际影响力的必然要求"①。中国文化部原部长蔡武指出，世界全球化给我们带来极大挑战，中译外作为国家对外传播的重要组成部分，更应注重向世界推广中华文化；5000年璀璨的中华文化不仅属于中国，也属于世界，在世界文化新格局的形成与发展中，中国应做出自己的贡献，要完成这一历史使命，中译外工作可谓任重而道远。② 中国外文局原局长周明伟也指出，在全球化背景下，中国翻译行业发展及翻译工作者面临更高要求与挑战，诸如，高端翻译人才如何培养，中华文化译作如何才能更加有效地对外传播，被海外受众所接受，从而增进中华文化与世界其他国家文化间的认同、理解与尊重，增强中华文化在世界的吸引力和影响力。③ 翻译界重要学者，如许渊冲、林戊荪、许钧、仲伟合等分别作了主旨报告，阐述了中译外工作在对外文化交流以及文化对外传播中的重要作用，论述了如何利用中译外服务于中国文化

---

① 唐家璇：《重视和支持翻译工作，增强中华文化国际影响力》，中国网，2012年12月6日，http://news.china.com.cn/txt/2012-12/06/content_27327304.htm。

② 转引自潘文国《中籍外译，此其时也——关于中译外问题的宏观思考》，《杭州师范学院学报》2007年第6期，第30页。

③ 周明伟：《翻译为推动中华文化"走出去"发挥作用》，中国网，2012年12月6日，http://news.china.com.cn/txt/2012-12/06/content_27330424.htm。

第一章　绪论

"走出去"战略，以期增强国家文化软实力。其他许多学者，如王宁、谢天振、徐真华、傅勇林、穆雷等也在不同场合，阐释了利用中译外服务文化对外传播的重要意义。此外，政府有关部门也相继实施了"《大中华文库》（汉英对照）工程""中国图书对外推广计划""中国文化著作翻译出版工程""典籍翻译工程""中华学术外译项目"等外译项目。

可见，政府部门和学界已认识到中译外对于传播中国文化、促进中外文化交流的重要作用，如何发挥中译外的桥梁作用，推动中国文化对外传播已成为社会关注的热点与焦点。

（三）加强《论语》英译研究已成为学界重要研究课题

在世界各文明发展和交流过程中，翻译自始至终发挥着至关重要的作用，是促进文化交流和推动人类社会进步的重要手段和途径之一。过去一百多年，翻译在引进西方先进科学技术、文学文化作品以及民主政治理念等方面成绩斐然，功不可没。严复、林纾等中外译者翻译了大量西方著作，将西方学术文化思想引入中国。西方传教士、汉学家、海外华人以及中国学者也通过翻译《论语》《道德经》《孟子》《大学》《中庸》及《孝经》等中国传统文化典籍，为中国优秀传统文化走向世界做出了卓越的贡献。

《论语》是中国最重要的传统典籍，其蕴含的文化思想包罗万象，对中华民族思想与文化产生了深远影响。作为中国传统文化的代表，《论语》翻译历来受到西方传教士、汉学家以及国内学者和译者的广泛关注与高度重视。1594年，以利玛窦为首翻译的拉丁文版"四书"出版。1809年，传教士马歇曼的《论语》英文节译本出版。1861年，理雅各独立完成的第一个颇具影响力的《论语》英文全译本问世。此后，翟林奈（1907）、苏慧廉（1910）、韦利（1938）、辜鸿铭（1898）、林语堂（1938）、庞德（1951）、刘殿爵（1979）、安乐哲与罗思文（1998）、白氏夫妇（2003）、斯林格兰德（2003）、许渊冲（2005）、林戊荪（2010）、吴国珍（2012）、杨春燕（2013）、金安平（2019）等译本相继出版。迄今为止，正式出版的《论语》英译本已达70多部。这些译本的问世，为中国传统文化，尤其是儒家道德文化在英语世界的传播和推广做出了重要贡献。

近年来，随着中国传统文化日益受到全球重视以及翻译学科的快速发展，《论语》英译研究也引起了学界极大关注。为促进中国文化的对外传播，《中国外语》杂志社与相关高校联合，自2011年起，每年举办一次高规格的《论语》翻译研讨会，目前已在广东珠海（2011）、湖北襄阳（2012）、新加坡（2013）、宁夏银川（2014）等地举办数场。会议围绕《论语》与中国文化传播等主题进行了深入探讨，推动了《论语》英译研究的深入。同时，中外学者也纷纷撰写相关专著或论文，运用不同理论从不同角度对《论语》英译进行了研究。如学者曹惇、陈旸、何刚强、黄国文、金学勤、李冰梅、王辉、杨平、谭晓丽、黄国文、姜哲、刘正光、蔡新乐等分别运用语言学、翻译学、文化学等学科不同理论（如功能语言学、目的论、后殖民、顺应论等），对《论语》的译本、译者、核心词（如"仁""义""礼"等）等英译进行了探讨。王东波、王勇、杨平、金学勤、王琰、谭晓丽、张德福、胡红辉、陈莹等学者相继出版了相关著作，分别从转喻、跨文化阐释、汉学视阈、中西文化交流视阈与历史学等不同视角，对《论语》英译问题进行了系统研究。王芳、康太一、李钢等的硕博士论文也以《论语》英译为主题，从译者主体性、历史文化视阈等角度进行了考察与分析。综上所述，《论语》英译已成为学者关注的焦点，研究领域不断拓宽，研究视角呈现多元化，但当前研究主题涵盖面还不够宽，重复研究比较严重。在中国传统文化日益受到重视，中国政府大力推动文化"走出去"的背景下，利用《论语》这一中国传统文化经典，有效传播中国传统文化，其重要性越来越得到彰显，也成为当前翻译研究的重要课题。

二 研究意义

（一）为《论语》等典籍英译提供理论指导

20世纪后期，翻译理论研究成果突出，特别是西方，新的翻译理论不断涌现。翻译学者纷纷打破学科壁垒，借鉴其他学科理论，建立了各种不同的翻译理论模式，形成了语言学派、语文学派、交际学派、诠

第一章 绪论

释学派以及社会符号学派等不同翻译研究流派。① 然而，以往《论语》英译研究主要集中在实践层面，大多关注的是"如何译得对""如何译得好"等问题，大多研究者关注的是采用何种翻译理论和技巧来提升《论语》翻译质量。如刘重德对韦利《论语》英译本的特点和值得商榷之处进行了探讨；② 熊德米对比了辜鸿铭、王福林、韦利、理雅各等五位译者的译文，指出译者语言文化素质的不同，必然导致对同一翻译作品理解上的分歧和译文表达差异；③ 何刚强对韦利译本的得失进行了评析，阐释了典籍英译的语义与句法的合理性，指出其译本尽管在语义合理性上存在瑕疵，但在句法合理性上的确有精彩之处等。④

文化全球化打破了文化疆界和学科疆域，使翻译研究领域得到进一步扩大。《论语》英译作为一种文化翻译，其研究必须超越语言局限，上升至跨文化与跨语际阐释。为此，有学者开始用文化学派理论来探讨《论语》英译。许雷、朱乐红以多元系统理论为指导，阐释了辜鸿铭儒学经典《论语》产生的背景及其原因；他指出，在多元系统观指导下，任何现象都不能被孤立看待，而须将其与整体文化乃至世界文化系统中的各种现象紧密联系，展开更为深入的研究。⑤ 刘嫦则以功能翻译理论为基础，分析了林语堂《论语》英译本及制约译者翻译目的的因素；⑥ 曹威、杨平、边立红、刘静、徐珺、吴鹏等分别运用阐释学翻译理论和后殖民翻译理论探讨《论语》英译问题。

然而，《论语》英译研究的综合性较强，它是翻译学、语言学、古

---

① 朱健平：《关于翻译研究各流派分类的现状分析——兼论中国译论在国际翻译理论体系中的地位》，《解放军外国语学院学报》2004年第2期，第72页。
② 刘重德：《〈论语〉韦利英译本之研究——兼议里雅各、刘殿爵英译本》，《山东外语教学》2001年第2期，第15—17页。
③ 熊德米：《有关〈论语〉的五种英语译文比较研究》，《西南政法大学学报》2002年第2期，第50—53页。
④ 何刚强：《瑕瑜分明，得失可鉴——从 ArthurWaley 的译本悟〈论语〉的英译之道》，《上海翻译》2005年第4期，第15—19页。
⑤ 许雷、朱乐红：《悖论中前行：辜鸿铭英译〈论语〉策略反思》，《教育文化论坛》2009年第1期，第73—77页。
⑥ 刘嫦：《功能翻译理论诠释下的〈论语〉林语堂英译本》，《电子科技大学学报》2010年第1期，第82—84页。

代文学、文化学等多学科结合的跨学科研究,运用单一理论分析往往有其局限性。多元系统论将赞助人、诗学、社会条件以及意识形态等外围元素纳入研究范畴,从而将翻译研究推入一个新的发展阶段,为翻译研究开拓了更为广阔的研究领域,但该理论忽视了作为翻译主体的译者在翻译过程中的主观能动性等。① 后殖民主义翻译理论也扩大了翻译研究范围,要求译者的翻译活动不可局限于语言层面,还要考虑到其受意识形态、政治等多种社会文化因素的影响;它有利于从翻译历史的角度来考察翻译活动和译者地位,但忽视了翻译目的与读者需求,导致其在翻译实践中的实际效果不强。翻译目的论突出了译者在翻译过程中的主体地位,提升了译者的主动参与性,但该理论弱化了原文本的功能,侧重于译文功能的研究。阐释学理论体现了对文化多样性的追求,彰显了读者和译者地位,可与翻译实践有效结合,具有很强的实用性,为翻译研究提供了新鲜的养料,但该理论容易陷入哲学循环阐释中。② 而且上述理论都植根于西方文化体系,缺乏普遍适用性。

本研究力图在对《论语》文本进行正确合理定位的基础上,充分利用不同翻译学理论的优势,如后殖民理论的异化策略所主张的摆脱西方中心主义,保持文化特色,归化策略提出的应以读者为中心等;翻译目的论提出应根据翻译的不同目的及读者的反应选择相应的翻译策略;阐释学注重翻译实践中的实用性等。尤为重要的是,本研究还引入道德文化心理学和传播学的相关理论,来探讨《论语》英译传播文化的有效策略与模式,从而为翻译研究提供一条新的思路,为《论语》等典籍英译提供新的理论指导,进一步丰富现有翻译学理论体系。

(二) 为传统文化"走出去"提供实践参考

中国传统文化源远流长,博大精深。《论语》作为传统文化典籍,蕴含"仁爱""忠恕""孝道""中庸"等核心思想精华,具有重要现实价值。然而,过去由于受到"左"或"右"倾思想的干扰,人们未

---

① 洪溪珧:《多元系统论——翻译研究的新视野》,《湖南科技学院学报》2009年第2期,第171页。

② 西风:《阐释学翻译观在中国的阐释》,《外语与外语教学》2009年第3期,第58页。

能正确地对待中国传统文化。最初受"左"倾思想的影响，对中国传统文化只强调批判，不注重继承，尤其是对中国历史产生巨大影响的儒家文化，几乎全盘否定。后来，部分人深受西方价值观影响，出现了全盘西化的"右"倾思想，盲目推崇西方文化，否定儒家文化。因此，导致中国社会许多人失去了安身立命之本的价值观，陷入了严重的道德危机。

在人类社会发展过程中，怎样对待自己的传统文化，是全世界共同面临的问题。中国要实现社会主义现代化，就必须汲取人类文明发展中的一切优秀成果，不仅包括中国传统文化的优秀成果，而且包括西方近现代文化的精华。因此，对于中国传统文化，既不能全盘否定，也不能全盘继承，而应采取十六字方针："批判继承、弃糟取精、综合创新和古为今用。"[1] 当前，中国全方位崛起、国际影响力不断提升，中国传统文化日益受到重视。2008年全球爆发了金融危机，2020年以来世界各地出现了新冠肺炎疫情，各国合作出现重大危机，世界经济受到重创，其根源在于某些国家或"人们对利益追求的不择手段和毫无节制"[2]。世界各国要解决金融危机，尽快结束新冠肺炎疫情带来的危机，需从道德层面入手，应秉承人类共同体理念，传承并弘扬"和而不同""仁者爱人""克己复礼""天人合一""诚实守信""责任担当""共生共存"等中国传统文化思想，构建人与社会、人与自然的和谐关系。中国传统文化强调仁爱精神、利他精神、合作精神和社会责任，可弥补西方社会过分强调自由和实用的弊端。《论语》是中国传统文化的典型代表，蕴含丰富的文化思想精华，是治疗西方物质主义和自由主义弊病的良方，对于弥补西方现代文明的缺陷具有重要价值。因此，开展《论语》英译与传统文化传播研究，不仅能深入挖掘中国传统文化的精华，而且对于提高《论语》等典籍英译质量，推动中国传统文化"走出去"，提升国家文化软实力具有十分重要的现实意义。

---

[1] 罗国杰：《中国传统道德（理论卷）》，中国人民大学出版社2012年版，第5页。
[2] 刘森：《金融危机下弘扬儒家文化的现实意义》，《山东经济战略研究》2009年第4期，第46—48页。

第二节 研究目的与问题

一 研究目的

随着中国国际地位的不断提高,对外交往的日益频繁,弘扬并传播中国传统文化,是提升文化软实力、增强国际竞争力的必然选择。《论语》等传统文化典籍英译备受国内外学者的关注,但目前以《论语》为代表的中国典籍英译还存在一些争论,如采用"异化"还是"归化"策略,是强调"保持特色"还是"寻求共性"等。这些问题能否成功解决,对实现以《论语》英译为载体,推动中国传统文化"走出去"有着举足轻重的作用。

鉴于此,本书旨在通过文献研究与历史考证方式,梳理《论语》英译历程与研究现状,提出目前存在的问题;挖掘提炼《论语》中的核心文化思想及其现代价值;通过实证调查方式,分析《论语》中的核心思想文化共性与特性;通过《论语》典范译本的文本比较及个案分析,概括典范英译本的特点和策略;结合译介学的相关理论,参照以往传播学模式,构建"人己通"译介模式并提出应遵循的原则。简言之,本书力图构建以《论语》英译为载体,对外传播中国传统文化的有效模式,以此为契机,更好地推动中国传统文化"走出去",增强国家文化软实力。

二 研究问题

本书需要解决的核心问题是:如何构建以《论语》英译为载体,对外传播中国传统文化的有效模式?

为回答上述核心问题,需解决如下四个子问题:

1. 《论语》英译与研究现状如何?存在哪些问题?
2. 《论语》中有哪些核心思想精髓值得对外传播?
3. 《论语》中的核心思想是否具有文化共通性?
4. 《论语》典范英译本具有哪些特点?采取了哪些翻译策略?

其中,问题1通过文献梳理和历史研究得出结论。结合相关文献资料，采用历史研究方法对《论语》英译历程及研究现状进行探讨；归纳《论语》英译与研究存在的主要问题，论述开展本研究的重要性和必要性。

问题2通过文本分析得出结论。通过文本分析法，挖掘并提炼《论语》中的核心思想内涵，探讨传播这些核心思想对于当代中国、世界以及人类的价值。

问题3通过跨文化实证调查比较得出结论。以《论语》中核心思想"孝道"为例，借鉴以往学者制作的测量问卷，根据研究需要重新设计与修改，以中外大学生为样本，开展跨文化实证调查比较，探索《论语》之"孝道"是否存在文化共通性。

问题4通过文本比较及个案研究得出结论。以《论语》四个典范译本为例，选取核心概念"孝""仁""礼""君子"等以及核心思想"孝道""忠恕""仁爱"与"德政"等进行比较，以辜鸿铭英译《论语》作为典型个案进行分析，概括提炼以往典范译本的英译特点和策略。

问题5基于上述问题的研究结果提出译介模式与应遵循的原则。运用历史研究、文本分析、实证调查和个案研究的结果，结合译介学相关理论，借鉴以往传播学模式，构建以《论语》英译为载体，传播中国传统文化的理想模式，并提出保障该模式实施应遵循的原则。

第三节 研究思路与方法

一 研究思路

本书的具体研究思路为：

首先，通过文献研究，全面了解《论语》英译及其研究的历史、现状及存在的问题；其次，采用文本分析及实证调查，挖掘《论语》中的核心思想，探索《论语》中核心思想的文化共通之处及其差异；再次，通过比较研究与个案研究，总结归纳不同译者英译《论语》传播传统文化的成功经验；最后，借鉴比较文化、传播学等相关理论，构建以《论语》英译为载体传播中国传统文化的模式及该模式实施应遵循的原则。

二 研究方法

当今翻译研究方法主要分为两大类：一类是包括社会学、人类学、历史学等在内的人文社会科学研究方法；另一类是包括统计学、心理学、生物学等在内的自然科学研究方法。《论语》英译研究属于翻译研究的重要部分，具有很强的综合性与交叉性，人文社会科学与自然科学双重属性并存，这决定了其研究方法的多样性。[①] 本书借鉴语言学、传播学、比较文化学、心理学及社会学等学科的不同研究方法，如文献研究、问卷调查、文本分析、比较研究、个案研究与跨学科研究等，做到理论与实证、定性与定量有机结合，具体包括：

（一）文献研究法

文献研究是指根据研究目的，利用已有的研究文献资料进行分析的一种研究方法。[②] 本书通过文献研究法，收集、整理并筛选有关《论语》英译及英译研究相关资料（包括期刊论文、专著、论文集等），分类阅读具有一定历史价值和理论价值的资料，了解当前国内外《论语》英译和相关研究的现状以及存在的问题，为本研究提供了新的研究思路。

（二）文本分析法

文本分析法是指通过文本分析，挖掘文本深层内涵与意义的一种研究方法。本书选取《论语》代表性注释文本——朱熹《四书集注》、杨伯峻《论语注释》、钱穆《论语新解》以及李泽厚《论语今读》，深入理解《论语》中的核心概念及其核心语句，发掘《论语》中的核心思想内涵。同时，选取辜鸿铭、刘殿爵、理雅各、韦利四个最具代表性译本，结合译本中的典型译例，比较探讨"仁""礼""孝""君子"等核心词及"孝道""仁爱""忠恕""德政"等核心思想的英译特点和策略。

[①] 刘宏伟、穆雷：《我国翻译教学研究方法现状与反思——基于2002—2011年外语类核心期刊论文的统计分析》，《外语教学》2013年第2期，第109页。

[②] 仲伟合、王斌华：《口译研究方法——口译研究的学科理论建构之二》，《中国翻译》2010年第6期，第21页。

（三）调查研究法

调查研究法是指对特定对象进行调查以收集数据的方法，主要方式是问卷调查和访问调查。[①] 笔者自行编制传统孝道测量问卷（包括中文版和英文版），从中国广东、湖南等地区抽取一定样本作为中国被试，从美国、英国等国家抽取一定样本作为西方被试，进行了问卷测量，通过数据处理与统计分析，了解《论语》核心思想的文化共通及差异之处。

（四）个案研究法

个案研究法是指以某一个体或团体为研究对象，收集定性或定量资料对其进行详细描述分析的一种研究方法。就翻译研究领域而言，研究对象可指特定译者或译本的语言形式、翻译策略、文体风格、思想意识等，也可指不同译者译本的对比研究。[②] 本书以辜鸿铭《论语》英译为个案，探讨其《论语》英译的动机及主要英译策略，归纳其英译特点及其向西方传播中国传统文化的成功经验和启示。

（五）跨学科研究法

跨学科研究法是指借用其他学科理论观点或理论体系、方法和成果对翻译现象进行研究的方法。[③] 当前翻译研究已运用了接受美学、文化学、心理学、符号学、文学、信息论、解构主义等不同理论，从不同视角与层面对翻译进行相关研究，具有跨学科乃至超学科性。翻译学是目前学科群中极具跨学科品质的学科，跨越了人文科学、社会科学和自然科学研究。[④]《论语》翻译不仅受文本语言制约，还受哲学、社会、文化、政治等多项因素影响，因此，本书将结合翻译学、语言学、比较文化学、心理学、传播学及译介学等相关学科的理论和方法，从跨学科视角探讨《论语》英译与传播。

---

① 杨梅：《翻译研究方法评析》，《重庆大学学报》（社会科学版）2009 年第 4 期，第 141 页。

② 杨梅：《翻译研究方法评析》，《重庆大学学报》（社会科学版）2009 年第 4 期，第 141 页。

③ 杨梅：《翻译研究方法评析》，《重庆大学学报》（社会科学版）2009 年第 4 期，第 139 页。

④ 蓝红军：《译学方法论研究》，外语教学与研究出版社 2019 年版，第 150 页。

第四节 研究内容与框架

本书分为九章。具体包括：

第一章 绪论：本章论述了研究背景与意义、研究目的与问题、研究思路与方法及研究结构与框架。

第二章 历史回眸：《论语》英译历程与研究述评。本章在介绍《论语》英译概况的基础上，阐述了《论语》英译历程、特点、存在的问题及其启示；按单译本、译本比较、核心词英译等7个研究主题对《论语》英译研究进行了系统述评，分析了研究现状及存在问题。

第三章 文本定位：《论语》的定位与现代价值。本章分析了《论语》在中国历史上的地位，阐释了将《论语》定位为传统文化经典的理由，论述了《论语》中的传统文化核心思想及其对当代中国与西方社会的现实价值。

第四章 实证研究：《论语》核心思想的跨文化比较——以"孝道"思想为例。本章以《论语》中"孝道"思想为例，论证了《论语》中核心思想的文化共通之处及差异，以期为《论语》核心思想的英译及对外传播提供实证支撑。

第五章 译本分析：《论语》文化核心概念的英译。以辜鸿铭、刘殿爵、理雅各、韦利译本为代表，结合典型译例，分析了"仁""孝""礼""君子"等核心概念的英译，探讨了各译本核心概念的英译特点、策略及其启示。

第六章 译本比较：《论语》核心思想的英译。本章仍以辜鸿铭等四个译本为代表，结合典型译例，分析了"孝道""仁爱""忠恕""德政"等核心思想的英译，归纳了各英译本的特点与策略，探讨了对《论语》等典籍英译的启示。

第七章 个案研究：辜鸿铭《论语》英译与传统文化传播。本章以辜鸿铭《论语》译本为个案，在分析辜鸿铭儒家传统道德观，阐释其《论语》英译动机和策略的基础上，探讨了辜鸿铭《论语》英译本的特点及其传播儒家传统文化的成功经验与启示。

第八章 人己通：跨越文化屏障——《论语》英译与文化传播模式。本章根据上述各章研究结果，结合传播学、译介学等学科相关理论和模式，构建以《论语》英译为载体传播传统文化的模式，提出保障该模式顺利实施的原则。

第九章 研究结论。本章总结归纳本书的主要内容、结论及其创新之处，分析存在的不足与未来可能拓展的空间。

第二章 历史回眸:《论语》英译历程与研究述评

《论语》是儒家传统文化的重要典籍,在中国传统文化中具有特殊地位。作为中国传统文化重要载体,其英译历来受到西方传教士、汉学家及国内学者的青睐。1809 年马歇曼的第一个《论语》英文节译本出版,1861 年,颇具影响力的理雅各《论语》英译本完成,此后,辜鸿铭、威妥玛、翟林奈、苏慧廉、韦利、林语堂、庞德、程石泉、刘殿爵、李天辰、老安、黄继忠、王福林、白氏夫妇、史斯林格兰德、安乐哲与罗思文、许渊冲、林戊荪、吴国珍、杨春燕以及金安平等中西方译者译本相继问世。迄今为止,已有 70 多部英译本正式出版。这些译本的问世,为中国传统文化,尤其是儒家传统文化在英语世界的传播和推广做出了重要贡献。本章在介绍《论语》英译概况基础上,回溯《论语》英译的历程,分析英译的主要特点;同时,评述英译研究现状及存在问题,以期为《论语》英译及传统文化对外传播研究提供启示。

第一节 《论语》英译历程回溯

一 《论语》英译概况

《论语》是中国最具代表性的传统文化典籍,也是中国传统文化精华所在。从 19 世纪初,《论语》英译版本数量呈不断上升趋势,尤其是 1989—1998 年 10 年间,《论语》英译本达到了 20 种。据笔者统计,截至 2021 年 12 月,《论语》英译本数量已达到 70 多部,足见《论语》在国际上的影响。

第二章 历史回眸：《论语》英译历程与研究述评

二 《论语》英译历程

《论语》英译经历了不同发展阶段。李冰梅将《论语》英译历程分为三个不同阶段，一是传教士英译阶段（1809—1895 年）；二是中国学者加入《论语》英译队伍阶段（1898—1979 年）；三是大陆《论语》英译呈现高峰态势阶段（1990 年至今）[1]。本章根据《论语》英译的不同阶段特征，将其英译历程分为萌芽与肇始、发展与壮大、交流与沟通、沉寂与转型以及多样和繁荣五个阶段。

（一）萌芽与肇始阶段

16 世纪 90 年代到 18 世纪 90 年代是《论语》英译的萌芽与肇始阶段。1593 年，意大利耶稣会会士利玛窦（Matteo Ricci，1552—1610 年）率先将儒家经典"四书"（《大学》《中庸》《论语》《孟子》）粗略地译成拉丁文，并将《论语》以伦理格言集形式简单翻译，寄回意大利出版发行。利玛窦研读并翻译儒家经典的初衷是使来华传教士通过学习其译本，了解中国语言、文化及主导中国人精神世界的思想，从而更加有效地传播上帝的"福音"。1594 年，他在《利氏致德·法比神父书》一信中提到，他用拉丁文翻译的中国"四书"是一部伦理格言集，是充满卓越智慧之书，值得一读。[2] 这是《论语》翻译的最早记录，但他的努力并未得到其教会同行们的认可，他们认为儒家思想与基督教教义相悖，将导致耶稣会一些传教士译者的思想受儒家思想影响，与中国传统意识形态相融合，而放弃基督教信仰中的某些基本观点。利玛窦《论语》翻译具有开拓性，拉开了传教士翻译、编译儒家经典著作的序幕，在《论语》翻译史上具有重要价值，但其工作也颇受争议，其英译本并未立即被译成其他语言得到广泛传播。

1687 年，比利时来华传教士柏应理（Philippe Couplet，1623—1693 年）在巴黎出版了拉丁文版《中国哲学家孔子》，在欧洲影响广泛。该译本系统介绍了先秦诸子、先秦儒家、宋明儒家、中国道教及佛教等，

---

[1] 戴俊霞：《〈论语〉英译的历史进程及文本形态研究》，《安徽工业大学学报》（社会科学版）2011 年第 1 期，第 58 页。

[2] ［意］利玛窦：《利玛窦书信集》，罗渔译，光启出版社 1986 年版，第 143 页。

收录了《论语》《中庸》《大学》的拉丁文译本。1691 年，该书的英译本 The Morals of Confucius, A Chinese Philosopher（《孔子的道德哲学：一位中国哲人》）在伦敦正式出版。该译本对《中庸》《大学》等经典文本进行了详细阐述，但对《论语》英译却过于敷衍草率。严格意义上讲，其《论语》译本只是拉丁文本的概要，而非真正的英译本。在这些概要中，《论语》表现为 80 条短小而无趣味的"箴言"，被处理成一系列道德说教，无法反映孔子本人的个性。[1] 后来，"礼仪之争"爆发，受清政府和罗马教廷干涉，耶稣会传教士在中国的传教工作终止，《论语》英译工作和中西文化交流也因此中断。

该阶段《论语》英译的最大特点为：鉴于《论语》等儒家经典在中国文化与意识形态中的重要地位，为熟悉儒家传统思想文化，更加深入地理解中国人的行为方式和思维习惯，耶稣会传教士采取了尊重中国文化和习俗的适应性翻译策略。在译介《论语》等儒家经典时，他们努力寻求基督教和儒教的共同点，用西方基督教思想诠释儒家思想文化，从而实现东西方哲学和宗教的融会贯通。[2]

（二）发展与壮大阶段

19 世纪初到 80 年代是《论语》英译与传播的发展壮大时期，其间共有 10 个译本产生，其中著名译本包括：马歇曼译本（Joshua Marshman，1809）、柯大卫译本（David Collie，1828）、理雅各译本（James Legge，1861）等。

1809 年，英国传教士马歇曼在印度出版《论语》节译本，这是世界上第一个真正的《论语》英译本。尽管它只是《论语》英译的片段，却开启了《论语》在英语世界不断被翻译和传播的序幕。它首次较翔实地将孔子的思想译介到西方世界，意义十分重大。该译本共 742 页，分为中文原文、译文、文字诠释三部分，共译了《论语》的前九章，即"学而篇"至"子罕篇"。[3] 该译本借鉴并参考了朱熹的《四书集

---

[1] 顾犇：《〈论语〉在海外的传播》，《北京图书馆馆刊》1999 年第 2 期，第 101—106 页。
[2] 杨平：《评西方传教士〈论语〉翻译的基督化倾向》，《人文杂志》2008 年第 2 期，第 42—47 页。
[3] 李钢：《历史文化视阈下的〈论语〉英译研究》，湖南人民出版社 2013 年版，第 62 页。

第二章 历史回眸:《论语》英译历程与研究述评

注》,不仅附上了《论语》中文,在每个汉字旁标注了该汉字的不同发音,还在译本前面部分刊出了正误表,对每个章节基本内容进行了简要介绍。为让西方读者更好地理解和把握《论语》思想内容,译本还对孔子生平进行了简要介绍,并用较大篇幅对该时期的中国历史作了详细阐述。

1828年,英国传教士柯大卫在马六甲出版了《四书》英译本,这是世界第一部《四书》英文全译本。该译本由《大学》《中庸》《论语》和《孟子》组成。全书总计348页,按照朱熹《四书集注》顺序排列,全部为英文,附注孔子生平以及孟子小传。译本中有脚注,它是历代圣贤哲人对"四书"所作的评注,柯大卫依据自己的理解也作了评注。译本前言说明了翻译"四书"的目的:首先,帮助西方读者学习汉语语言知识;其次,在帮助英华书院的中国学生学习英语语言知识的同时,引导启发他们认真反思古代中国圣贤观念中的"致命错误"(fatal errors)。[1] 柯大卫的身份是传教士,受基督教思想体系影响深厚,并以其作为衡量其他思想体系的根本标准。在其译本中,他大量"点评"批判中国人和中国文化。[2] 柯大卫英译《论语》等"四书"的目的在于传播基督教文化,而非儒家文化,因此他采用了"译儒攻儒"的策略,力图彰显基督教文化的优势。[3]

1861年,苏格兰传教士、著名汉学家理雅各的《中国经典》英译本在香港出版。其中《论语》译本是该书最重要的组成部分,也是西方传教士译本中最具影响力的译本,被称为西方《论语》英译的"标准译本"。该译本共计503页,附中文原文,每页附评论性与解释性注解,附录部分有专有名词及关键词的解释。译本主要采用直译法,按中文逐字翻译。理雅各是西方传教士,他英译《论语》目的在于为传教

---

[1] Collie David, *The Chinese Classical Work Commonly Called The Four Books*, Malacca: Printed at the Mission Press, 1828, pp. i-vii.
[2] 邓联健:《从柯大卫英译〈四书〉"点评"看新教传教士之"译儒攻儒"》,《外语学刊》2014年第2期,第90页。
[3] 赵长江:《译儒攻儒,传播福音——"四书"的第一个英译本评析》,《天津外国语大学学报》2012年第9期,第60页。

服务。英译时,他采取文化适应策略,力图寻求基督教文化与儒家文化的共通之处,实现中西文化的结合。当然,理雅各的传教士身份及其基督教背景使其很难真正理解儒家文化,不可避免地对儒家文化某些概念产生了误读,译本具有明显的基督教化倾向。其译本是世界首个学术型译本,之后,许多西方学者和汉学家都将其作为研究《论语》的范本。理雅各开创的《论语》译名"Analects",至今仍在西方世界通行。由此可知,理雅各译本在《论语》英译史上的地位举足轻重。

英国外交官、汉学家威妥玛于1861年完成《论语》的英译工作。该译本为四开本,共141页。威妥玛在其译本前言中提到:以往学者公认朱熹是中国最优秀的儒学大师,本人英译《论语》时,没参照朱熹的《四书集注》,只参照了汉代孔安国的《论语》注释版本。遗憾的是,因他无暇修改译文,其译本的印制量少;同时,他劝告读者,看到此译本不要私下流通,如果身体健康和时间允许,他将进一步修订其译本,使其获得更多关注。从英译时间看,他英译《论语》时,可能参考了传教士马歇曼和柯大卫的译本。其译本注解不多,多使用短句和祈使句,语言简洁。他主要采用异化翻译策略,译文中直译偏多。威妥玛翻译《论语》的目的是帮助西方人深入了解中国儒家思想文化,为英国侵略中国效劳。

该时期《论语》译本的最大特点为:译者主要为西方传教士,他们之所以翻译《论语》,目的在于帮助来华的其他传教士更加深入地了解儒家传统思想文化,为他们更好地传播基督教文化服务。因此,他们主要采用"以耶释儒"的翻译策略,促使儒家学说基督教化,将《论语》作为渗透西方文化的新工具,为基督教文化传播开辟道路。[①]

(三)交流与沟通阶段

19世纪90年代到20世纪50年代是《论语》英译的第三个阶段,即文化交流和沟通时期。该时期共有20个左右译本产生,著名译本包括辜鸿铭、林语堂、韦利、庞德等译者的译本。

1898年,中国翻译家辜鸿铭的《论语》英译本在上海出版。该译

---

① 儒风:《〈论语〉的文化翻译策略研究》,《中国翻译》2008年第5期,第50页。

第二章 历史回眸：《论语》英译历程与研究述评

本共182页，由英文序言、译文和注解三部分组成。辜鸿铭是世界上首个独立进行《论语》英译的中国人，他打破了《论语》英译工作被西方传教士和海外汉学家长期垄断的局面，在《论语》英译和中西文化交流史上具有举足轻重的地位。他英译《论语》的目的在于改善以往英译本质量，弘扬并传播儒家思想文化，修正西方人对中国人及中国文化的误解与偏见，提升中国与中国人在西方社会中的形象。在英译这部中国传统文化经典时，辜鸿铭坚持以读者为中心，把西方读者摆在十分重要的位置。他通过"以西释儒"的方式，即采用西方读者极为熟悉的文学大师、思想家或哲学名人的经典语录，参证注释中国儒家传统文化思想，让他们更加深入理解和把握儒家思想的真正内涵。[①]

20世纪30年代，现代著名作家、翻译家林语堂编译了《吾国吾民》《生活的艺术》《孔子的智慧》等，用美妙的译文向世界介绍了中国和中国文化。他编写的《孔子的智慧》(The Wisdom of Confucius)在美国享有良好的声誉，影响广泛。该书于1938年由纽约The Modern Library出版，内容涉及《论语》《礼记》《中庸》《孟子》等儒家经典。《论语》英译本是《孔子的智慧》中的第五章《论语——孔子的格言》(Aphorisms of Confucius)。他将《论语》融会贯通后，再分类进行重新组合排序，按其思想性质分为：The Conversational Style, Humanism and True Manhood, Description of Confucius by Himself and Others, The Superior Man and the Inferior 等10部分。[②] 他还精选了《论语》《礼记》等儒学典籍的相关内容进行了编译。其译文文笔流畅，追求形似和神似，力求在形与神上接近原作，将儒家文化的引申含义阐释得淋漓尽致，充满了人性与文学之美。[③] 林语堂编译《论语》的目的是实现自己的理想，让西方读者了解并接受中国传统文化的精髓。

---

① 刘宏伟：《辜鸿铭〈论语〉英译策略探析》，《重庆科技学院学报》（社会科学版）2014年第5期，第72页。
② 刘嫦：《功能翻译理论诠释下的〈论语〉林语堂英译本》，《电子科技大学学报》（社会科学版）2010年第1期，第82页。
③ 李钢：《林语堂与The Wisdom of Confucius》，《重庆理工大学学报》（社会科学版）2011年第3期，第97页。

《论语》英译与文化传播

1933年,美国诗人、翻译家庞德的《论语》译本由伦敦Peter Owen Ltd.公司出版。20世纪初,西方政治局势动荡不安,社会矛盾不断激化,西方民众对资本主义价值体系的怀疑和焦虑日渐加深。庞德对儒家道德文化十分推崇,认为中国儒学思想是拯救西方危机、医治西方社会通病的良药。他希望通过翻译《论语》解决他所处时代的症结。他提出,某些西方传教士和汉学家的译本内容繁杂琐碎,涉及范围广泛,但没有真正理解原文内涵和旨意。他力求创造一部简洁优美的译本,为西方读者提供更广阔的欣赏儒家思想的空间,让他们阅读此书时仿佛身临其境,如同与孔子进行现场对话。由于庞德对汉语知之甚少,在英译中存在许多常识性错误,与传统的"忠实"翻译标准相去甚远,其译文也常成为译界批判的对象,但他的创造性译法(拆字法)却受到译界学者的好评。他采用的创造性译法虽然对原文的真实字义有所忽略,却向西方读者充分展示了中国语言文字的独特魅力,使东方文化的异域特质在译文中得到彰显。他对汉字的别样阐释与创造性解构独具风味,在其笔下每个汉字都焕发生机与活力。他对汉字之别样理解及独特阐释,体现了他对中国古代文化圣贤孔子的无比虔诚,也反映了他对中国传统文化,尤其是儒家道德文化的极度尊重。[①]

1938年,英国东方学家、著名汉学家阿瑟·韦利的译本在英国G. Allen and Unwin出版。该译本共257页,由导言、正文、附录以及索引等组成。导言详细阐述了孔子其人、孔子心目中的古人、孔子弟子、关键术语等问题。译文中还附有较多注释,对读者理解关键词帮助极大。韦利在英译《论语》过程中,坚持自己的观点,屡次向权威挑战。他对传教士理雅各的"学术范本"提出了质疑,认为理雅各对《论语》的理解受朱熹影响太深,提出《论语》英译应坚持"一个时期,一个孔子"的原则,这样才能真正让读者理解《论语》这部具有深厚历史文化底蕴、饱含东方智慧与文化的经典著作。他的翻译策略具有明显的归化倾向,译文语言自然优美,通畅易读,极富现代气息。他将简短精

---

① 李钢、李金姝:《庞德〈论语〉英译研究》,《湖南社会科学》2013年第1期,第243页。

练的古代汉语诠释得淋漓尽致,既有效传递了原作本意,又再现了原作的风格神韵。他认为,用地道语言将他国文本译成感染力强、可读性高的文学语言,可让外国文学在本国具有更强生命力。因此,他的译本受到广泛好评,并获得众多专家的称赞,认为它"首次向西方读者生动形象地展示了中国古代思想、礼仪及其制度"[1],是当时最通行、最流行的译本,不仅在中国思想史研究中占有极其重要地位,也是英国汉学界理解中国儒家经典的典型代表,可谓《论语》英译经典。[2]

这一时期《论语》英译有三个特点:一是译者身份多元化。译者有中国儒学研究者、英国外交官、美国诗人等。二是翻译策略和方法多样化。译者根据不同的翻译目的分别采用了"意象析字""以西释中""通俗编译"等多种翻译策略和方法。三是经典译本多,影响力大。这一时期产生的辜鸿铭、韦利、庞德和林语堂的译本都是国内外读者和评论者重点关注的对象,在国内外享有极高声誉,影响力极大。

(四)沉寂与转型阶段

20世纪60—90年代是《论语》英译的第四阶段,该时期译本并不太多,处于相对沉寂状态。中国大陆没有产生新的译本,而中国香港和台湾地区则分别出现了刘殿爵和程石泉译本。国外出版了美国学者斯威特(Denniss Sweet,1977)和斯科特(Delmore Scott,1978)的译本,其中影响力较大的是刘殿爵和程石泉译本,其他译本的影响力较小,所受关注度也极其有限。

1979年,中国语言学家、翻译家和哲学家刘殿爵《论语》英译本由英国企鹅出版集团出版,并由中华书局与香港中文大学出版社分别于1983年和2008年再版。该译本共249页,由引言、正文、附录及文本注释等组成。在引言部分,译者用2页篇幅介绍了孔子的生平,用长达47页的篇幅阐释了孔子的核心思想,译文附录则用约88页详述了孔子的生平以及《论语》孔门弟子情况等。他对《论语》的解读主要沿袭

---

[1] David Hawkes, *From the Chinese*, in Ivan Morrised., *Madly Singing in the Mountains: An Appreciation and Anthology of Arhtur Waley*, London: George Allen & Unwin Ltd, 1970, p.50.

[2] 程钢:《理雅各与韦利〈论语〉译文体现的义理系统的比较分析》,《孔子研究》2002年第2期,第23页。

了朱熹《论语集注》、何晏《论语注疏》等古代经典注疏。刘殿爵英译《论语》，可能参考了理雅各、韦利、辜鸿铭等译本的个别章节，其中也有不少独到见解。他采用丰富多样的翻译手法，注重灵活变通，力求用接受性较高的译文语言，追求儒家思想的翻译充分性。① 其译本通俗易懂，言简意赅，首次出版便获得极大成功，赢得国际汉学界的普遍肯定和高度赞誉。

1986 年，中国台湾学者程石泉的《论语》英译本由台湾黎明文化事业股份有限公司出版。程石泉为著名哲学家，对易学研究倾注了毕生心血，为推动易学研究做出了极大贡献。他考据古代《论语》版本、金石古文与敦煌残卷等数年，于 1972 年在香港首次刊发了其考证多年的研究成果，即《〈论语〉读训解故》。他在自序中称："作者究心中国哲学，深感古人习于因循故典，……致使古籍之真义失明。于是乃着手搜集其相关之考据文献，……但望能使此两千四五百年之古籍重见其文通而字顺，及其含义豁然而开朗。"② 他将《论语》中的可疑之处，分为错字、衍文、字序颠倒、缺字兼衍文等 7 类，注疏时，将这些内容进行了认真分析和详细阐释。他融合多年《论语》研究成果，重新将其英译，为读者提供解读《论语》的新视角。该译本译例翔实，具有文字考订细致、义理诠释新颖、翻译风格灵活等不同特色。③

这一时期，中国大陆《论语》注释及英译基本处于沉寂状态，国外和中国港台地区虽有少量译本出现，但各译本翻译目的针对性不强，影响力不大，在当时文化背景下，受社会意识形态影响，这些译本无法在西方得到广泛传播。

（五）多样与繁荣阶段

《论语》英译第五个阶段为 20 世纪 90 年代到至今，这一时期出版了 30 多部译本。国内外形成了《论语》英译热潮，一些专家学者以及翻译名家，如潘富恩、黄继忠、丁往道、许渊冲、王佐良、史志康、吴

---

① 魏望东：《刘殿爵的〈论语〉翻译策略》，《当代外语研究》2013 年第 6 期，第 54 页。
② 程石泉：《论语读训》，上海古籍出版社 2005 年版，第 1 页。
③ 刘敬国：《细究文词义理活译字句势蕴——程石泉〈论语〉英译的独到走笔》，《四川外国语大学学报》（哲学社会科学版）2014 年第 4 期，第 45 页。

第二章 历史回眸:《论语》英译历程与研究述评

国珍等纷纷出版译本;海外华人,如菲律宾的邱氏兄弟、新加坡的 Adam Sia、金安平以及西方译者,如西蒙·利斯(Simon Leys)、安乐哲(Roger T. Ames)、罗思文(Henry Rosemont, Jr.)、白牧之(E. Bruce Brooks)、白妙子(A. Taeko Brooks)及斯林哲兰德(Edward Slingerland)等都加入了翻译行列。《论语》译本更加丰富多样,进入了前所未有的繁荣时期。

1993年,山东济南齐鲁书社出版了潘富恩等翻译的《论语》译本。潘富恩为复旦大学哲学系教授,在先秦哲学方面学术造诣深厚。他认为《论语》是中国人的《圣经》,其英译《论语》以西方传教士和汉学家译本为基础,目的在于向西方社会展示《论语》英译的最新状况及其研究成果。他的《论语》英译本以吴树平修订的《论语译注》今译本为根据,同时参考了理雅各、韦利以及赖发洛等的译本。潘富恩发现,由于英汉文化差异悬殊,《论语》中某些具有中国特色的儒家核心概念词在英文中难以找到完全对等的词语,因此,英译时只能采用含义基本相当的英语词语翻译。他在英译《论语》各章篇名时,采用统一的汉语拼音进行标示,并附一些简单注释解释说明。此外,该译本采用汉英对照方式,在每句后面还附上吴树平的今译,英文译文极为简洁、精练。①

1997年,牛津大学出版社(Oxford University Press)出版了海外华人学者黄继忠的《论语》译本。黄继忠自幼接受西式教育,曾在美国贝林顿学院(Bennington College)执教,对西方世界的社会生活、文学文化、风俗习惯、思维方式等有较全面深入的了解。与此同时,他在国内生活了60年,耳濡目染中国的传统文化习俗,深受中国儒家文化影响,因此,他熟悉中西文化的差异。为传播中国文化,使西方读者了解中国文明的独特之处,他在国外从事《论语》等中国经典的讲授之余,选择了《论语》《道德经》等儒家传统文化典籍进行英译。他先后阅读了理雅各、韦利等西方译者的译本,认为他们英译时,常从其汉学、宗教视角出发,采用意译策略,无法完整表达原文精髓。黄继忠认为,孔

---

① (春秋)孔丘:《〈论语〉今译(汉英对照)》,潘富恩、温少霞译,齐鲁书社1993年版,第10—11页。

子的道德哲学以"仁义之道"为核心，具有典型的民族独特性。英译《论语》时，他采用直译方法，一方面传达孔子的思想精髓，塑造心中的孔子形象；另一方面力求保持本民族特质，在多元文化体系中寻找文化认同。为加深西方读者对中国文化的理解，他在译本引言中概述了孔子及其思想，文中增加了大量注释，涵盖儒家概念词、民族特色词、历史背景阐释等。由于黄继忠译本大多根据原文字词顺序进行直译，较少顾及英语语言本身特性，因此，其译文原语色彩较浓。[1]

1998年，巴兰坦图书出版集团（Ballantine Books）出版了美国哲学家、汉学大师安乐哲和罗思文翻译的《论语》译本。该译本与《道德经》《易经》《孙子兵法》等中国传统古籍英译本一同收录在《中国经典》丛书。安乐哲是当代西方哲学界与汉学界的重要代表和领军人物，他酷爱儒家传统文化，认为中国哲学经典文本《论语》与西方哲学思维方式不同，蕴含中国古代哲理与智慧，在当今社会仍具有重要价值。他和罗思文都认为西方学术界对中国哲学的理解十分有限，对中国哲学存在严重误解。他们试图摆脱以西方基督教为中心的信仰，在英译《论语》以及解读与译介中国传统文化思想精髓时，往往带有同情、理解的眼光；力图通过哲学诠释和翻译，给西方读者以启迪，使他们理解原汁原味的儒家哲学思想。[2] 为尽量保留孔子哲学思想文化内涵，再现原文的特色与风格，他们英译《论语》时主要采用了异化策略。其译本行文流畅通达，适合西方读者研读。该译本最大特色是从哲学维度诠释《论语》，以"去西方中心化"的视角来审视中国文化传统，力图"原汁原味"地把中国传统文化思想推广给西方世界，从而消除"西方中心主义"长期对孔子思想本来面目遮蔽所造成的"误读"。[3]

2003年，美国当代汉学家斯林哲兰德翻译的《论语》译本

---

[1] 屠国元、许雷：《译在家国之外——黄继忠〈论语〉英译的策略选择》，《中南大学学报》（社会科学版）2013年第8期，第215—220页。

[2] 丁建海：《动态顺应翻译策略——评析〈论语〉两译本》，《四川文理学院学报》2007年第6期，第52页。

[3] 陈国兴：《论安乐哲〈论语〉翻译的哲学思想》，《中国比较文学》2010年第1期，第24—33页。

第二章 历史回眸:《论语》英译历程与研究述评

Confucius：Analects 由美国赫克特出版社（Hackett Publishing Company Inc.）出版。斯林哲兰德是美国南加利福尼亚大学教授，主攻古代汉语和中国古典文化。他熟读中国古籍，阅读了朱熹、张载等古代解经者的大量著作，为《论语》英译工作奠定了坚实基础。[1] 为使西方普通读者全面理解孔子及其思想，他利用其精深的中国古籍文化知识，采用"以中释中"的文化翻译策略，如运用四重翻译法（即"原文+英译+拼音+原文"）等翻译文化负载词；在每篇之前增加导读或介绍，以便读者对该篇内容主旨有基本的了解；他广集各种注疏，结合自身的研究成果，向读者展示了原汁原味的《论语》；增加附录，为读者提供了丰富的背景知识等。[2] 通过这些方式，他向西方读者展示了一幅幅真实的中国文化画卷，帮助西方读者更加全面深刻地理解孔子的儒家思想。该译本具有独特价值，对儒学西传具有十分重要的作用，也是西方读者了解孔子思想和儒家传统文化的出色译著。

2005 年，许渊冲英译的《论语》译本由高等教育出版社出版。许渊冲是中国具有国际影响力的翻译家，从事文学翻译工作长达七十余年，在国内外出版中、英、法文译著六十余部。由于在翻译方面取得的突出成就，2014 年许渊冲荣获国际翻译界最高奖项之一——"北极光"杰出文学翻译奖，成为首位获此殊荣的亚洲翻译家。其《论语》英译本是他多年致力于中国传统文化经典翻译最具代表性的作品之一。他提出，《论语》在中国传统古籍中居于核心地位，对于当代社会具有重要价值和启示。他认为东西方文化应取长补短，以实现东西互补，促进共同发展。他认为动态对等对于中西互译不太适应，为此他自创了"优化翻译法"。在《论语》英译过程中，他积极倡导美化之艺术，最大发挥汉语简洁精练、英文优美精确的优势，充分体现其译文的"三美"（意美、音美、形美）、"三似"（形似、意似、神似）以及"三化"（浅化、等化、深化）。他在译本中未添加任何注释，译文典雅绮丽，通畅简洁。其译本因注重文学效果、多用意译等特点而独树一帜。

---

[1] 陈亚君：《贯穿古今，圆通中西——论斯林哲兰德的〈论语〉英译本与认知不协调理论》，《天津外国语大学学报》2014 年第 1 期，第 51 页。

[2] 儒风：《〈论语〉的文化翻译策略研究》，《中国翻译》2008 年第 5 期，第 53—54 页。

《论语》英译与文化传播

2010年，外文出版社出版了林戊荪翻译的《论语》译本。林戊荪是著名翻译家及领军人物，在翻译界享有盛名。他的英译作品主要有《论语》《孙子兵法》等。其《论语新译》英译本共359页，包括：序言、译者序言、引言、正文、索引及译者简介等。其中引言23页，主要包括：孔子生平及其思想精髓，孔子、苏格拉底和耶稣三位圣人的异同，《论语》中的关键术语，如君子、小人、士、仁、礼、乐、孝、德等。译本每一章前有介绍和评论，作为阅读的提示；正文中的条目则按照编号顺序排列，便于查阅和索引；附录中的索引，包含了历史人物、孔门弟子、专门术语三类，便于读者进行专题检索。总体而言，该译本具有如下特点：其一是全书的翻译设计全面，系统性强，整体效果好；其二是采用了 thick translation（深厚翻译），体现中国文化的思想内涵；其三是汲取了当代学者对于儒家思想的研究成果，就思想理解深度而言，许多地方超越了前人；其四是行文风格简洁，文雅流畅，表现手法多样。① 该译本因其鲜明的特色和前瞻的文化立场，地位举足轻重。

除上述译本外，该时期的《论语》译本还包括：1992年山东友谊出版社出版的老安译本、1997年世界知识出版社出版的邱氏兄弟译本以及上海世界图书出版公司出版王福林的《论语英译及注释》、1999年美国 Premier Publishing Company 出版的李祥甫译本、2002年由牛津大学出版社出版的万白安（Bryan W. Van Norden）译本、2004年由中华书局出版的李天辰译本、2008年中国对外翻译出版公司出版的丁往道译本、浙江大学出版社出版的孙芝斋译本、2010年对外经济贸易出版社出版的宋德利译本、2012年福建教育出版社出版的吴国珍译本、2018年上海外语教育出版社出版的史志康译本、2019年广西师范大学出版社出版的安金平译本以及高等教育出版社出版的赵彦春译本等。

总之，《论语》英译与对外传播在经历了20世纪60年代至90年代一段时间的沉寂后，进入了百花齐放、百家争鸣时代。20世纪90年代以后，中国对外交流增多，文化对外传播力度日益加大，政府也采取了

---

① 王宏印：《译品双璧，译事典范——林戊荪先生典籍英译探究侧记》，《中国翻译》2011年第6期，第7—11页。

一系列措施,启动了系列工程(如《大中华文库》工程、"中国图书对外推广计划""中国文化著作对外翻译出版工程"等),使中国从被动接受西方文明转变为主动向西方推介中国文明。因此,中国在英美地区的图书版权输出量迅速增多,从2001年的7种上升至2010年的420种,增加了59倍。[①]《论语》译本的数量和品种也快速递增,尤其是国内译者和译本快速增长。但从西方世界对于《论语》英译的评价来看,这一时期译本在当代西方世界影响力并不大,传播效果不太理想。

三 《论语》英译特点

(一)《论语》英译方式:从"求同"为主转向"求异"为主

文化既有共通性,又有特殊性。文化共通性是指在所有文化中都共同存在的文化现象或被大多其他民族认同的文化现象。例如,中国传统价值观中的仁、义、礼、智、信、忠等就具有共通性;文化特殊性是指只在个别文化中存在的文化现象或未被绝大多数民族认同的文化现象。[②] 例如,中国传统文化中的孝、中庸等观念,就具有其独特的民族形态。具有文化共通性的东西往往给异域读者一种熟悉感,较易进入与自身文化完全不同的文化环境,具有文化独特性的则往往能使异域读者看到与自己的文化传统截然不同的风景。也就是说,具有文化的共通性的东西让异域读者容易感受和接受,而文化的独特性却是吸引异域读者的魅力之源。"求同"是指找出文化的共通之处,而"求异"是指保持文化的独特性,即保留文化的异国情调。

《论语》英译方式经历了从"求同"为主转向"求异"为主的过程,而翻译策略也从以"归化"为主逐渐转向以"异化"为主。《论语》英译初期,译者主要为西方传教士和汉学家,在当时西方中心主义语境下,他们英译《论语》时,往往受西方意识形态影响,采用"以耶释儒"方式,努力将原文中具有中国文化特色的内容归化,使其译文符合西方语言和文化规范;华人译者,如辜鸿铭、林语堂等,他们

[①] 杜晓沫:《2001年—2010年我国图书版权输出分析》,《中国出版》2012年第5期,第4页。

[②] 顾正坤:《中西文化比较导论》,北京大学出版社2012年版,第161—162页。

虽与西方译者英译《论语》的目的不同，但在当时"西强中弱"的背景下，为达到传播儒家传统文化的目的，他们也采用了归化为主的英译策略。他们坚持以读者为中心，努力寻求儒家文化与西方文化的共通之处，设法为他们提供相对熟悉的文字形式，努力使译文符合他们的接受心理和阅读习惯，从而加深他们对于孔子思想的理解。因此，"求同"是该时期《论语》英译的突出特征。

随着全球化时代的来临和多元文化语境的出现，西方话语一元主宰局面逐渐被打破，多元共存的文化格局逐步形成，众多西方学者开始摆脱"西方中心主义"的桎梏，平等地对待各民族文化，尊重各国文化差异，注重取长补短，努力汲取其他民族文化中的精髓。此时，西方《论语》译者如安乐哲与罗思文、斯林哲兰德，尊重具有"异质"成分的中国文化，在英译《论语》时，为保留中国文化的异域色彩，他们采用了以异化为主的英译策略。当前中国文化"走出去"已上升为国家的一项文化战略，中国文化的对外译介日显重要，中国译者的文化自信与自觉也日渐增强。许多中国译者英译《论语》的目的是向西方传播中国传统文化，为避免西方译者对中国传统文化产生误解，尽量保留中国传统文化的原汁原味与异质性。因此，"存异"成为该时期《论语》英译的突出特征。

（二）译介主体：从以西方译者为主转向以中国译者为主

《论语》英译历史悠久，译本众多。向欧洲国家译介《论语》，始于西方传教士。从17世纪末到20世纪中叶，其译介主体为西方传教士和汉学家，包括：马歇曼、威妥玛、翟林奈、理雅各、韦利等。他们英译《论语》的目的：一是力图让其他传教士通过对《论语》英译本的学习，深入了解中国语言和文化，促进基督教文化在中国的有效传播；二是据此找到基督教是真理且优于儒教的证据，并证明耶儒具有相通之处，进而用基督教代替儒教。受"西方中心主义"影响，他们采用的主要翻译策略是对儒学作"神学化"诠释，用基督教神学附会儒学。

1898年，文化怪杰辜鸿铭的《论语》英译本产生，首次有中国译者加入《论语》英译队伍，从而打破了《论语》英译长期被西方传教士垄断的局面。紧随其后，国学大师林语堂也加入《论语》英译行列，

第二章　历史回眸：《论语》英译历程与研究述评

但他只对其进行编译，只选编约四分之一的《论语》篇章，作为其著作《孔子的智慧》重要组成部分。这两位中国译者都深受中国传统文化的滋养，又多年接受西方文化的洗礼，中西文化的融合背景塑造了两人类似的文化心理。他们辩证审视了中西文化的异同，在《论语》英译时，采用了"以西释中"的翻译策略，力图让西方读者充分理解并接受《论语》这部儒家经典著作。[1] 这两位译者英译《论语》时，处于"西方中心主义"语境中，都从西方文化的视角对《论语》进行了详细解读和深度诠释。

中外文化的交流与互鉴是推动人类文明进步的主要动力。20世纪90年代以前，华人译本中，只有辜鸿铭的《论语》译本在国内出版，出版单位为上海别发印书馆（Kelly and Walsh），但它由英国商人开办，不属中国所有。直到1991年，李天辰等人的《论语》英译本问世，才真正揭开了国内出版《论语》译本的序幕。此后，国内出版的《论语》英译本日渐增多。其主要原因是中国自改革开放以来，国力日益增强，西方社会热切渴望了解中国及其传统文化，而中国出于增强国家文化软实力，提升国际竞争力的需要，对于典籍外译工作更加重视。《论语》作为中国传统文化的重要典籍，其英译工作日益引起关注，华人华裔参与《论语》翻译活动的热情高涨，参与人数越来越多，国内出版的译本数也日渐增多，译者身份也呈现多元化，包括翻译家、文学家、哲学家、史学家以及热爱中华文化的普通人士等。译介主体从最初以西方译者（西方传教士、汉学家）为主转向以中国本土译者为主。以往传教士翻译《论语》是为了传播基督教福音，国内译者翻译《论语》的目的与动机则各不相同，有为传播中华传统文化做贡献的，有为国内英语学习者提供学习材料的，有为满足个人兴趣锻炼自己英语能力的，还有出于商业目的牟利的，等等。译本质量也参差不齐，既有研究型学术翻译，也有普及型通俗翻译，还有商业化草率翻译等。[2]

---

[1] 李钢：《历史文化视阈下的〈论语〉英译研究》，《武陵学刊》2012年第11期，第55页。

[2] 杨平：《〈论语〉英译的概述与评析》，《浙江教育学院学报》2009年第9期，第43—44页。

四 《论语》英译问题

20世纪90年代以来,《论语》译本日益增多,尤其是国内译本增长迅速。当前译本按译者类别可分为四类:英美籍译者(如Paul White);海外华人译者(彭子游、马德五、黄继忠等);日籍译者(谷学);国内译者(许渊冲、林戊荪、吴国珍、史志康等)。译本以国内出版为主,国外出版比例不大。这些译本可谓争奇斗艳,应接不暇,但就其质量而言,不容乐观,还存在诸多问题,具体包括:

(一)缺乏读者意识,针对性不强

翻译应为一定读者群服务,只有译者事先预设了译本服务的读者群,才能确定合适的翻译策略与方法。① 以往某些译本深受读者喜爱,就在于其翻译目的明确,服务对象清楚,如理雅各译本是为西方传教士在中国传教服务,其对象主要是在中国传播基督福音的传教士;辜鸿铭、林语堂等译本是为传播中国传统文化服务,对象主要是西方普通民众。

如《论语百则》《孔子名言精选》等译本针对性也很强。《论语百则》由香港绅士蔡章阁倡议并资助编写,旨在为广大青少年包括海外华人子弟学习中国传统文化服务。② 该译本所用词语简明精练,句式灵活多样,表达恰到好处,译文中还附带丰富翔实、浅显易懂的辅助阅读材料,对海外中小学生来说,难易程度合适。由南京大学编译的《孔子名言精选》是中国海外孔子学院的适用教材,其英译目的也极为明确,主要包括两方面:第一,帮助海外汉语初学者熟悉了解孔子等古代圣贤的思想及其重要观点;第二,进一步充实海外汉语教学基础(或入门)阶段的教学资料,丰富教学内容。③ 译本精选了《论语》中百余条简短名言,包括原文、汉语拼音、今译、英译等,并附上插图,对孔子学院对外开展汉语教学具有十分重要的价值。但国内仍有不少译本缺

---

① 刘雪芹:《典籍复译的危机——〈论语〉英译二百年(1809—2009)之启示》,《广西民族大学学报》(哲学社会科学版)2010年第3期,第167页。
② 冯大建:《论语百则》,王健、李盈、谢琰译,南开大学出版社2004年版,第5页。
③ 王正文:《孔子名言精选》,上海外语教育出版社2008年版,前言。

第二章　历史回眸:《论语》英译历程与研究述评

乏读者意识,目的性和针对性不强,无法获得良好的传播效果,译本发行量也十分有限。

(二) 缺乏合理定位,特色不明显

"翻译不可能有定本。"① 经典往往是人们重点关注的对象,通常会被人们不断重译,从而会出现许多不同译本。《论语》是中国传统文化经典著作,对中国和世界影响程度极深、影响时间极长、影响范围极广。因此,它一直是中外学者关注的对象,也是译者们不断重译的文本。从1691年第一个节译本问世,至今已有300多年。截至目前,《论语》英译本已达70多个。最近20多年,国内更是掀起了典籍重译的热潮,《论语》每年都有新的译本产生。在已有众多译本的情况下,要继续重译并在市场上占有一席之地,在国内外产生一定影响,必须对文本进行合理定位,依靠质量和特色取胜。

《论语》思想内涵丰富,蕴含哲学、文学、政治学、教育学、史学、伦理学等方面的思想内容。译者身份不同,往往对《论语》文本的定位不同。如意大利传教士利玛窦将《论语》称为伦理格言集,辜鸿铭将《论语》定位为儒家传统道德文化著作,安乐哲与罗斯文将《论语》定位为哲学著作。然而,大多译者对《论语》没有清晰合理的定位,且译本往往囿于一家之言,通常只参考一个注释版本(如朱熹或杨伯峻版本),导致其译本很难在英译质量上得到提升,实现超越,凸显其译本的特色。

潘富恩、温少霞在其《论语》译本前言中提出,近年国内外的《论语》译本没有充分体现《论语》研究的最新成果,为弥补这一不足之处,他们根据吴树平最新修订《论语》今译本,进行了重译。② 因此,他们的译本相比其他译本具有自己的特色,潘富恩、温少霞认为,其他译者一般都以杨伯峻的《论语译注》作为蓝本,他们的译本却是根据吴树平最新修订的杨伯峻今译本英译而成,极富现代气息,英译效

---

① 许钧:《翻译不可能有定本》,《博览群书》1996年第4期,第13—14页。
② (春秋)孔丘:《〈论语〉今译(汉英对照)》,潘富恩、温少霞译,齐鲁书社2004年版,第10页。

果比较理想。① 国外某些译本特色比较显著，如邱氏兄弟用基督教的《圣经》来解释烘托《论语》；柯立瑞（Thomas Cleary）以《易经》卦象作为主线，把《论语》进行重新编排；白氏夫妇根据《论语》篇内的词义与风格变化来还原《论语》的历史面目。然而，不少译本对《论语》没有正确合理定位，且编排序列缺乏新意，一律为原文、今译、英译等，在创新与特色方面存在不足。

（三）缺乏精品意识，译文质量不高

《论语》属于中国经典古籍，理解具有一定难度，着手翻译前应对其展开深入研究，深刻理解并把握其思想内涵。然而，当前有些译者既无皓首穷经之决心，也没有认真扎实之研究态度，在还没对《论语》进行深入研究，把握其深刻内涵的情况下，凭借一定的外语能力就着手翻译，短短几个月就译完并出手付印，其译文质量自然难以令人满意，个别译文甚至还出现了不少低级语法错误。②

作品重译应具有精品意识。英译前，译者应对已有译本进行研究，在借鉴原有译本基础上有所改进和创新。如潘富恩、温少霞译本在英译说明中提到，其译本参考了 James Legge 的 *Confucian Analects*，Leonard A. Lyall 的 *The Saying of Confucius* 和 Arthur Waley 的 *The Analects of Confucius* 等译本。③ 但某些译本明显"借鉴"和"继承"了先期译本，在注释或前言中却没有提及，某些译者缺乏版权意识，没有充分尊重他人的英译成果。某些译者机械生硬地照搬前人的译法，没有做到去粗取精，有选择性地合理化继承。还有个别译者的译本几乎完全照抄以往译者的译本，甚至连编译都算不上，却自称为"精译"。④

在短短时间内，国内就出版了 30 多个《论语》译本，实属罕见。

---

① 刘雪芹：《典籍复译的危机——〈论语〉英译二百年（1809—2009）之启示》，《广西民族大学学报》（哲学社会科学版）2010 年第 3 期，第 168 页。

② 刘雪芹：《典籍复译的危机——〈论语〉英译二百年（1809—2009）之启示》，《广西民族大学学报》（哲学社会科学版）2010 年第 3 期，第 168 页。

③ （春秋）孔丘：《〈论语〉今译（汉英对照）》，潘富恩、温少霞译，齐鲁书社 2004 年版，第 10 页。

④ 刘雪芹：《典籍复译的危机——〈论语〉英译二百年（1809—2009）之启示》，《广西民族大学学报》（哲学社会科学版）2010 年第 3 期，第 168 页。

从积极的一面来看,这体现了译者对传统文化的高度重视,对《论语》英译具有很高的热情。但从消极的一面来看,不少译本价值不大,缺乏特色和创新,多为重复性工作,造成了时间、人力、物力的浪费。《论语》英译是难度较高且复杂的工作,涉及翻译学、语言学、文学、历史学、心理学等学科知识,要翻译出精品,往往需要各学科专家通力合作,共同努力。但当前《论语》英译工作往往各自为政,投入虽多,质量却不高。此外,不少《论语》译者往往只顾自己翻译,追求语言层面的忠实,很少考虑文化层面的因素,没有将翻译效果纳入考察范围,没有根据受众的接受心理和阅读习惯有针对性地开展英译工作。这些译者也极少与图书出版机构或进出口管理部门联系,更谈不上紧密合作,因此他们的译本难以进入国外市场,一般只能在国内自产自销,自然无法在国际上产生影响力,达到传播中国传统文化的目的。

五 《论语》英译启示

上述分析发现,《论语》英译工作取得了丰硕成果,如译本数量日渐增加,译者队伍日益壮大,但也存在读者意识不强、译本出版频率过高、缺乏特色与创新等诸多问题。通过回顾《论语》英译的历程,总结《论语》英译情况,对于当前开展《论语》重译工作,对外传播中国传统文化具有一定启示,具体体现在:

(一)开展译前自评,注重重译工作的目的性与针对性

《论语》内涵丰富,言简意赅,是中华五千年传统文化的积淀,也是儒家典籍最具代表性的作品之一。因此,在中国传统文化日益受到重视的背景下,有必要对其进行重译。许钧认为作品重译的原因在于:已有译本不完整、或为转译本、或译本失误较多、或译本语言陈旧,不符合当代人审美习惯、或译本为合译本,风格上不和谐等。[1] 当然,上述可视为重译的基本条件。但某些经典作品,如有明确的目的或服务于某些特定的读者群体,可以重译。这样可以使新旧译本实现功能互补,满足不同读者需求。因此,译者在进行《论语》重译前,需做好自评工

---

[1] 许钧:《重复·超越——名著复译现象剖析》,《中国翻译》1994年第3期,第3—4页。

作,确定是否满足重译的基本条件,是否具有目的性和针对性,以确保所做的重译工作具有价值。

(二) 进行筛选积淀,实现译本的创新和超越

"筛选积淀"是指筛选旧译的长处或值得重译的作品。北京大学辜正坤于2000年提出"筛选积淀重译论",该理论对于《论语》等典籍重译工作富有启示和指导意义。它是指"在合理利用一切已经产生的译本的基础上,去粗取精,并注入新的更好的表达法,最终合成翻译出最佳度近似于原作的译作"①。这说明在《论语》等典籍英译过程中,可以结合以往译者的英译成果,继承以往译者的长处,去除他们的短处,做到取长补短,去粗取精,既要合理继承,又要实现创新。该理论提出应在旧译本的基础上再次或多次丰富,不断提升译本的质量。它不仅提出了重译的必要性,而且强调了重译的原则,即"让旧译的长处尽可能得到保留"②。2003年著名典籍译者汪榕培在"第二届全国典籍英译研讨会"上提出类似思想观点,即"比读是复译的基础,复译是比读的升华"③。由于古今汉语、中西文化的巨大差异,比读对于中国人重译《论语》等古籍具有启发意义。然而,在当前的《论语》重译过程中,"一些重译者没有对先期译本进行过认真的比较和研究,没有辨别出各个译本的长处和短处,反而弃人之长,袭人之短,造成翻译质量下滑"④。目前《论语》已有70多个英译本,因此,在着手重译前,应该比读并借鉴国内外多种已有译本,在利用以往译本长处的基础上,实现译本的创新与超越。

(三) 提升译者素养,促进译文质量的提高

《论语》等典籍翻译难度较大,译者不仅应精通两种语言,还应具

---

① 辜正坤:《筛选积淀重译论与人类文化积淀重创论》,《外语与外语教学》2003年第11期,第37页。

② 辜正坤:《筛选积淀重译论与人类文化积淀重创论》,《外语与外语教学》2003年第11期,第39页。

③ 黄中习:《中国典籍英译事业:机遇与挑战》,《宁夏社会科学》2008年第6期,第179页。

④ 刘雪芹:《典籍复译的危机——〈论语〉英译二百年(1809—2009)之启示》,《广西民族大学学报》(哲学社会科学版)2010年第3期,第169页。

备深厚的中西文化素养。理雅各、韦利、辜鸿铭、林语堂等译者的译本之所以成功，在国内外产生极大影响，缘于他们具有极强的英语语言能力，精湛的中西文化素养。英译《论语》时，他们能对中西文化进行深入比较，发现中西文化的相通之处及存在的差异，灵活运用动态对等、归化、改写等翻译策略与方法。因此，他们的译本质量较高，成功传播了儒家传统文化，完成了儒经英译史上前无古人的事业。因此，要成功英译《论语》等儒家典籍，推动中国传统文化"走出去"，必须注重提升译者的中西文化素养。

第二节　《论语》英译研究述评

近年来，随着中国传统文化日益重视与翻译学科的迅猛发展，《论语》英译研究引起国内外学术界高度重视与广泛关注。不少学者纷纷撰写著作或论文，结合相关理论从不同视角对《论语》英译开展了深入研究。如何刚强、黄国文等分别撰文从功能语言学等视角探讨了《论语》英译；康太一、魏思明等的硕博士论文以《论语》英译为主题，对其进行了考察与分析；杨平、金学勤、王勇、张德福等还相继出版了相关研究专著。尤其值得一提的是，为促进中国传统文化对外传播，《中国外语》杂志社还与相关高校联合，定期举办高层次高规格的《论语》翻译研讨会。可见，学界已充分认识到《论语》英译研究的重要性，意识到它对于促进中国传统文化传播的重要价值。在此背景下，本章将梳理国内外《论语》英译研究专著及学术论文，按研究主题对其进行述评，分析其研究现状及存在的问题，探讨国内外研究的差异及其空白点，从而为以《论语》英译为载体，推动中国传统文化"走出去"的研究提供理据。

一　国内《论语》英译研究回溯

（一）国内《论语》英译研究概况

近年来，随着国家文化"走出去"战略的实施，儒学研究在中国大陆的重新振兴及典籍研究的不断升温，《论语》英译研究正逐渐引起国内学者的重视与关注。经笔者统计，截至 2021 年底，出版《论语》英译研究著作 10 部，完成博士学位论文 17 篇；按篇名"论语+翻译""论语+英译"统计并进行筛选，共完成硕士学位论文 184 篇，发表学术期刊论文 497 篇，其中 109 篇论文刊载于核心期刊（包括 CSSCI 论文 98 篇）。从发表论文期刊层次看，核心期刊发表论文数占论文总数的 21.9%。从研究主题看，《论语》英译研究主要集中在单译、译本比较与核心词英译等方面。

（二）国内《论语》英译研究评述

1. 博士学位论文述评

毋庸置疑，博士学位论文是体现学科建设成就成果的重要组成部分。[①] 通过《论语》英译研究博士学位论文的探究，我们可以管窥《论语》英译系统研究的成果，全面了解《论语》英译的现状、存在问题及有待努力的方向。因此，在对《论语》概况进行介绍的基础上，首先对《论语》英译研究博士学位论文进行简要述评。

自 2006 年以来共撰写完成的 17 篇博士学位论文。最早是陈可培撰写的《偏见与宽容 翻译与吸纳——理雅各的汉学研究与〈论语〉英译》，该文以马克思历史唯物主义思想为指导，通过阅读大量原典，利用阐释学理论对理雅各的汉学研究与翻译作品进行了评述；同时，运用比较文化的理论探讨了理雅各东方主义研究；此外，运用西方翻译理论考察分析了译者的动机、策略以及翻译效果；在其研究中，他从微观层面，即语言与民族精神、直译与忠实等角度来探讨理雅各对《论语》中某些关键词的处理方式及其所体现的译者主体性与文化交流之关系。[②]

2008 年金学勤、王东波、杨平三位学者分别完成了《论语》英译研究的博士学位论文。前两位学者都选择了理雅各译本和辜鸿铭译本作为研究对象，但研究视角存在差异。金学勤的《〈论语〉英译：跨文化阐释——以理雅各、辜鸿铭〈论语〉英译为例》（2009 年由四川大学

---

① 穆雷、邹兵：《中国翻译学研究现状的文献计量分析（1992—2013）——对两岸四地近 700 篇博论文的考察》，《中国翻译》2014 年第 2 期，第 14 页。
② 陈可培：《偏见与宽容 翻译与吸纳——理雅各的汉学研究与〈论语〉英译》，博士学位论文，上海师范大学，2006 年，第 i—ii 页。

第二章 历史回眸：《论语》英译历程与研究述评

出版社出版）通过对理雅各、辜鸿铭两位译者的《论语》译本的对比分析，探讨经典翻译中文化的阐释问题。他提出，在《论语》英译中，译者不同，翻译动机和目的就会不同，而翻译动机和目的与译者翻译《论语》的策略和具体方法关系密切。[①] 王东波的《〈论语〉英译比较研究——以理雅各译本与辜鸿铭译本为案例》（2012年由广西师范大学出版社出版）在简要介绍理雅各和辜鸿铭学术水平的基础上，结合严复所提出的"信""达""雅"标准，以两位译者《论语》译本为例，通过典型译例分析，对其进行深入系统的对比研究，总结归纳了他们各自译本的特点。他认为，理雅各译本具有旁引博涉、紧扣原文、译注结合等特点，而辜鸿铭译本则具有意译为主、流畅自然、尊重读者等特点；他提出典籍英译是一项复杂工程，既需对原语和文化有深刻理解，又需要有深厚的目的语造诣。[②] 杨平的《中西文化交流视域下的〈论语〉英译研究》（2011年由光明日报出版社出版）在对《论语》英译历史和现状进行述评的基础上，从中西文化交流的视角，分别对西方传教士、西方汉学家及海内外华人译者和译本进行系统研究，总结每个译本的特点及其传播中国文化的成功经验，探讨了《论语》等典籍外译的几个重要问题，如主张中国译者应充当外译的主要角色，但中外译者合作是最理想的翻译模式；中译外应重视保留中国文化的特色和原貌，尽量采取直译或异化翻译策略等。[③]

2009年《论语》英译仍是学者关注的热点，当年有三位学者撰写了相关的博士学位论文，分别为李冰梅的《冲突与融合：阿瑟·韦利的文化身份与〈论语〉翻译研究》、王勇的《〈论语〉英译的转喻视角研究》及王琰的《〈论语〉英译的学术品格》。李冰梅的博士学位论文以英国汉学家阿瑟·韦利的《论语》英译本为基础，借用当代文化学

[①] 金学勤：《〈论语〉英译之跨文化阐释：以理雅各、辜鸿铭为例》，博士学位论文，四川大学，2008年，第 i—iii 页。
[②] 王东波：《〈论语〉英译比较研究——以理雅各译本与辜鸿铭译本为案例》，博士学位论文，山东大学，2008年，第6页。
[③] 杨平：《中西文化交流视域下的〈论语〉英译研究》，博士学位论文，四川大学，2008年，第1—3页。

派的翻译理论，参考阐释学、读者接受等理论的相关观点，从多角度对韦利的文化身份对其《论语》翻译的影响进行分析与探讨，揭示了他在翻译和推介中国文化和文学经典中的独特意义及其对中国经典外译的重要启示。[①] 王勇的博士学位论文在全面描述《论语》英译的历史过程的基础上，从转喻的视角，纵向对比分析《论语》英译中所涉及的五方面问题；研究结果表明，翻译只能是一个部分代替整体的转喻过程，《论语》等经典作品翻译也不例外，译者取舍受意识形态、赞助人等外在因素及译者主体性等内在因素制约。[②] 王琰的博士学位论文从西方汉学视角切入，结合相关史实及理论，选取《论语》译本作为个案，运用跨学科研究方法，通过宏观层面与微观层面的文本分析，对《论语》英译进行了较为全面系统的研究；其研究既展示了各时期《论语》英译的学术形态，厘清了其学术发展的脉络，又探索了《论语》英译与西方汉学之关系，挖掘了它对该学科的学术贡献及价值，为翻译史及其汉学研究提供了新的思路。[③]

2010—2013年国内总共完成了四篇博士学位论文，分别为曹威的《英译〈论语〉的哲学诠释研究》（2010）、刘雪芹的《〈论语〉英译语境化探索》（2011）、李钢的《和而不同——历史文化视阈下的〈论语〉英译研究》（2012）、康太一的《从英译〈论语〉到汉译〈圣经〉：马士曼与早期中西对话初探》（2013）。曹威的博士学位论文从哲学诠释学理论入手，分析了芬格莱特（Herbert Fingarette）、史华慈（Benjamin I. Schwartz）、葛瑞汉（Angus Charles Graham）、安乐哲（Roger T. Ames）及郝大维（David L. Hall）等人在孔子的礼学、仁学、天道观及自我问题上的基本观点；其研究表明，20世纪70年代以来，《论语》翻译与研究已基本跳出西方中心主义局限，西方汉学家乃至哲学家已自

---

① 李冰梅：《冲突与融合：阿瑟·韦利的文化身份与〈论语〉翻译研究》，博士学位论文，首都师范大学，2009年，第152—157页。
② 王勇：《〈论语〉英译的转喻视角研究》，博士学位论文，上海交通大学，2009年，第V—Vii页。
③ 王琰：《〈论语〉英译的学术品格》，博士学位论文，解放军国际关系学院，2009年，第I—II页。

第二章 历史回眸：《论语》英译历程与研究述评

觉将中国哲学与西方哲学置于平等地位，来发掘中国古老人文精神及仁爱思想。① 刘雪芹的博士学位论文从《论语》译本的辅文本视角，在对各种不同的"语境化"概念进行区分的基础上，通过观察译本中的辅文本，重点探讨了《论语》英译本在生产和接受过程中所涉及的各种"语境化"②。李钢的博士学位论文（2013年已由湖南人民出版社出版）采取定性与定量相结合的研究方法，从译本产生的历史文化语境入手，对《论语》英译进行了全面系统的历时研究；其研究表明，《论语》英译经历了从西方中心主义历史语境向文化多元化历史文化语境嬗变的过程；不同时期、不同身份的译者，出于不同的翻译目的，在《论语》英译时所采取的翻译策略大体上经历了从"求同"到"存异"、从"归化"到"异化"的历史进程。③ 康太一的博士学位论文在跨文化研究视域下，首次将马士曼及其塞兰坡的中文事业作为海外汉学史上一个重要案例予以专题研究：以一手档案资料为依托，结合其历史背景考察其作品之翻译策略、独有创新、历史影响及出版情况；同时，深入其英译《论语》与汉译《圣经》之文本，对儒家经典概念与基督教神学概念的翻译进行比对式分析，并关注文本所呈现出的早期中西文化与思想之对话与共融。④

2014年至今，国内相继完成了六篇博士学位论文，其中五篇已正式出版，出版的著作分别是张德福的《汉学家〈论语〉英译研究》、陈莹的《〈论语〉英译变异的功能语篇分析》、高生文的《语域视角下的翻译研究：理雅各和辜鸿铭〈论语〉英译比较》、陈旸的的《〈论语〉英译本研究的功能语篇分析途径》、胡红辉的《〈论语〉及其英译本的投射语言对等研究》。张德福运用跨学科理论多维度探研

---

① 曹威：《英译〈论语〉的哲学诠释研究》，博士学位论文，黑龙江大学，2010年，第Ⅰ页。
② 刘雪芹：《〈论语〉英译语境化探索》，博士学位论文，上海外国语大学，2011年，第iii—V页。
③ 李钢：《历史文化视阈下的〈论语〉英译研究》，博士学位论文，湖南师范大学，2012年，第i—iii页。
④ 康太一：《从英译〈论语〉到汉译〈圣经〉：马士曼与早期中西对话初探》，博士学位论文，北京外国语大学，2013年，第v—vi页。

汉学家《论语》英译现象，考察译者个人背景、历史文化语境、翻译动机与翻译目的等因素以及初步构建中国典籍的跨文化传播模式等。① 陈莹采用系统功能语言学理论中的语篇分析程序模式，以《论语》英译本为例，说明功能语篇分析方法能有效探索语言形式变异和意义变异的关系。② 高生文以理雅各和辜鸿铭两个《论语》英译本为研究对象，从系统功能语言学语域分析视角对《论语》英译所涉问题进行了探索。③ 陈旸探讨了功能语篇分析视角研究《论语》英译的可行性和可操作性，从功能语篇分析出发研究《论语》英译本的翻译。④ 胡红辉基于系统功能语言学理论，从词汇语法层面、语义功能层面及语境层面对《论语》原文及英译本中投射语言的对等问题进行了系统描述和分析。⑤ 此外，刘宏伟的博士学位论文《人己通——〈论语〉英译与道德文化传播》融合传播学、哲学与比较文化学等相关理论，运用了文本分析、个案研究、跨学科研究及问卷测量法等研究方法，对《论语》英译与道德文化传播进行了研究。⑥

2. 期刊论文研究主题分述

为更深入了解《论语》英译研究概况，本书以王勇⑦、李钢、李金姝⑧等的分类框架为基础，结合《论语》英译研究特点，分为单译本、译文（本）比较、核心词英译、译者、历史与传播、不同视角以及其他方面7个研究主题对其进行简要评述。

（1）单译本研究

单译本研究包括单个译本评析、不同学科视角对单译本的考察及单

---

① 张德福：《汉学家〈论语〉英译研究》，中国社会科学出版社2018年版。
② 陈莹：《〈论语〉英译变异的功能语篇分析》，中国社会科学出版社2020年版。
③ 高生文：《语域视角下的翻译研究：理雅各和辜鸿铭〈论语〉英译比较》，对外经济贸易大学出版社2016年版。
④ 陈旸：《〈论语〉英译本研究的功能语篇分析途径》，暨南大学出版社2020年版。
⑤ 胡红辉：《〈论语〉及其英译本的投射语言对等研究》，中山大学出版社2019年版。
⑥ 刘宏伟：《人己通——〈论语〉英译与道德文化传播》，博士学位论文，广东外语外贸大学，2015年，第v—vi页。
⑦ 王勇：《20年来的〈论语〉英译研究》，《求索》2006年第5期，第178—181页。
⑧ 李钢、李金姝：《〈论语〉英译研究综述》，《湖南师范大学社会科学学报》2013年第1期，第131—137页。

第二章 历史回眸:《论语》英译历程与研究述评

译本文化和翻译策略探讨等。由于《论语》译本众多,单译本研究成果最为丰硕,发文数最多。海内外华人译本集中于辜鸿铭与林语堂等译本研究,而西方传教士、汉学家译本则以韦利、庞德、安乐哲与罗思文等译本的探讨为主。

"文坛怪杰"辜鸿铭译本是最早、最具影响力的华人译本之一,学界评价极高,大部分研究者对其译文持肯定态度。王东波认为,其译本积极运用了类比、衔接与损益等多种英译策略,摒弃了"形式对等"的桎梏,从而达到了传播传统文化之翻译目的。[1] 孟健等指出,其译本在人名与地名、文化习俗、修辞等方面顺应了文化差异,突破了翻译中信息传递的障碍,其译文体现了原文旨意与风格。[2] 屠国元、许雷从"文化适应""文化共核""文化缺省"等角度出发,从转喻视角审视了其译本中的有意改写,认为他通过"创造性叛逆"彰显了儒家文化的精髓与中华文化之价值。[3] 李广伟、戈玲玲以顺应论为理论指导,在对辜鸿铭《论语》译本中本源概念英译策略进行深入研究后,认为辜鸿铭对本源概念所采取的翻译方法值得肯定,达到了传播中国文化的目的。[4] 然而,也有少数学者对其英译策略提出了质疑。钟明国提出其译本采用了完全贴近英语语言规范与西方文化价值体系的归化策略,使译作具有强烈的自我东方化倾向,消解其翻译目的,无法真正将中国文化精髓译介给西方。[5] 此外,其他学者如李霜(2008),边立红、吴鹏(2011),朱芳(2020)等,还从意识形态、后殖民理论、哲学阐释学、文化顺应理论、读者接受理论、翻译适应选择论、译者主体性、多元系统论、翻译目的论、语境等视角对辜鸿铭译本进行了探讨。

---

[1] 王东波:《辜鸿铭〈论语〉翻译思想探析——文化翻译的范例》,《孔子研究》2011年第2期,第121—126页。

[2] 孟健、曲涛、夏洋:《文化顺应理论视阈下的典籍英译——以辜鸿铭〈论语〉英译为例》,《外语学刊》2012年第3期,第104—108页。

[3] 屠国元、许雷:《立足于民族文化的彰显——转喻视角下辜鸿铭英译〈论语〉策略研究》,《中南大学学报》(社会科学版)2012年第6期,第211—215页。

[4] 李广伟、戈玲玲:《基于汉英平行语料库的〈论语〉中本源概念英译策略研究》,《外语教学》2018年第1期,第87—91页。

[5] 钟明国:《辜鸿铭〈论语〉翻译的自我东方化倾向及其对翻译目的的消解》,《外国语文》2009年第2期,第135—139页。

《论语》英译与文化传播

中国现代作家、翻译家林语堂作为传播中国文化的杰出代表,其《论语》英译也引起了学界广泛关注。李冰梅提出林语堂翻译方式独特,通过"以'人'释'仁'""以释代译"等方式,向西方读者生动阐释了孔子的儒家思想。[①] 李钢从生态翻译学视角探讨了林语堂的编译策略,指出其成功关键在于根据译语面临的生态环境,采用了适合西方读者意识形态和接受习惯的归化策略,将中国优秀典籍译介至西方世界。[②] 尚延延、杨萍基于生态翻译学理论对林语堂《论语》英译本进行了个案研究,认为译者在翻译过程中发挥了中心作用,表现之一在于译者对翻译生态环境的选择性适应。[③] 张伟从文化传播的角度分析了林语堂的《孔子的智慧》对孔子形象的重塑,探究了《论语》英译适应时代发展和读者需求的新模式。[④]

著名汉学家韦利的译本在我国流传甚广,其英译准确传神,被选入《大中华文库》,学界对其研究兴趣也甚为浓厚。如刘重德对韦利《论语》英译的特点和值得商榷之处进行了探讨。[⑤] 何刚强评析了韦利译本的得失,阐释了典籍英译的语义与句法的合理性,指出其译本在语义合理上尽管存在瑕疵,但在句法合理上的确有精彩之处。[⑥] 徐珺以韦利《论语》英译为案例,采用文化批判模式,依据意识形态操控理论,从社会文化、政治制度等方面分析了中国经典英译中的误读误译现象,发现经典误读误译与意识形态关系密切。[⑦] 高志强从文化翻译角度考察韦

[①] 李冰梅:《林语堂〈论语〉英译与跨文化阐释》,《作家》2008年第10期,第184—185页。

[②] 李钢:《林语堂〈论语〉英译编译的生态翻译学解读》,《湖南社会科学》2013年第6期,第263—265页。

[③] 尚延延、杨萍:《译者对翻译生态环境的主动选择——林语堂〈论语〉英译的译者中心性研究》,《中国海洋大学学报》(社会科学版)2017年第5期,第112—117页。

[④] 张伟:《林语堂〈孔子的智慧〉之传播学阐释》,《武夷学院学报》2019年第4期,第74—77页。

[⑤] 刘重德:《〈论语〉韦利英译本之研究——兼议里雅各、刘殿爵英译本》,《山东外语教学》2001年第2期,第15—17页。

[⑥] 何刚强:《瑕瑜分明,得失可鉴——从 Arthur Waley 的译本悟〈论语〉的英译之道》,《上海翻译》2005年第4期,第15—19页。

[⑦] 徐珺:《汉文化经典误读误译现象解析:以威利〈论语〉译本为例》,《外国语》2010年第6期,第61—69页。

第二章 历史回眸:《论语》英译历程与研究述评

利译本的导论,结合对汉学"去圣化"与"君子"英译的论述,窥见《论语》英译经历了跨民族、跨文化的再生产过程,以及在此过程中的中西思想交汇融通。① 刘正光、陈弋、徐皓琪基于认知语言学视角,以韦利《论语》英译为例,从辖域、视角和凸显的维度考察了译者主体性对原语文本的理解和译文输出的影响,解释了《论语》英译产生偏离的深层认知原因。②

美国著名诗人庞德"意象拆字"的独特译法赢得了广大读者的青睐,也引起了学界广泛兴趣。倪蓓锋指出,庞德《论语》英译特色在于采用了拆字法、提供多种译文及运用了创造性翻译等,其译本为西方读者了解中国经典《论语》提供了广阔空间,为弘扬儒家思想发挥了重大作用。③ 邱爱英认为,其译本是翻译与创造相结合的典范,尽管译文不够准确忠实,但拆字法的运用强化了汉字意象,明快的语言再现了孔子及其弟子的个性形象。④ 李钢、李金姝指出庞德英译《论语》并不强调忠实原文,译作以理想化创作为主,摆脱了西方中心主义桎梏,迈进了文化多元化主义的新语境。⑤

此外,对中西哲学比较研究专家安乐哲与罗思文译本的关注度也不断升温。陈国兴对其英译背景与策略等进行了论述,指出其英译过程实际是中西哲学在《论语》中的遭遇、碰撞和融合过程。⑥ 李钢认为,其译本最大特色是从哲学维度解读《论语》,以新的哲学阐释"仁""天""礼""君子"等核心词汇,消除了西方文化中心主义对儒家思

---

① 高志强:《"去圣"与"一词一译"——阿瑟·韦利的〈论语〉导论研究》,《中国文化研究》2013年第1期,第32—42页。
② 刘正光、陈弋、徐皓琪:《亚瑟·韦利〈论语〉英译"偏离"的认知解释》,《外国语(上海外国语大学学报)》2016年第2期,第89—96页。
③ 倪蓓锋:《论庞德翻译的〈论语〉——兼与理雅各比较》,《西南交通大学学报》(社会科学版)2007年第1期,第101—104页。
④ 邱爱英:《对汉字的痴迷,对孔子的信仰——庞德的〈论语〉翻译》,《电子科技大学学报》(社会科学版)2009年第6期,第19—22页。
⑤ 李钢、李金姝:《庞德〈论语〉英译研究》,《湖南社会科学》2013年第1期,第242—244页。
⑥ 陈国兴:《论安乐哲〈论语〉翻译的哲学思想》,《中国比较文学》2010年第1期,第24—33页。

想的误读,向西方世界彰显了中国传统文化与中国哲学的特殊性。① 谭晓丽提出其译本采取了凸显儒学中人的社会性、创造性诠释、凸显汉思维的关联性与过程性、多视角引用中西哲学言论等英译策略,认为创造、解释与归化等方法可成为民族宣扬其文化文本思想性、赢取广泛理解与认同的手段。② 史学冬认为安乐哲从比较哲学角度对《论语》等中国哲学著作进行诠释和翻译,提出他在《论语》翻译中所持有的诠释主义观点和异化策略,对向世界译介中国哲学典籍具有重要启示意义。③

苏格兰传教士理雅各译本是《论语》在世界的第一个完整英译本,曾被奉为儒经英译的"标准译本",历来受到学界重视。谭文介通过典型译例分析,指出了理雅各《论语》翻译不够准确之处。④ 韩彩英和王正仁结合理雅各译本,对语境差别问题进行了客观描述,提出文献翻译中语境补全的两个基本方法。⑤ 甄春亮归纳出理雅各《论语》译本的特点,即具有详尽学术注释、采取直译方法传达原意,分析其采取这种译法的原因,在肯定的同时,也指出其因直译而产生的问题。⑥ 段怀清论述了理雅各《中国经典》的翻译体例、翻译及出版过程、儒家经典翻译的研究与教学生涯等。⑦ 张雪飞以其译本为语料,论述了运用语义翻译策略的优势,它有助于保留原作的内容、再现原作的形式、体现原作

---

① 李钢:《翻译的哲学之维——论安乐哲、罗思文〈论语〉英译》,《译林》2011年第10期,第133—140页。
② 谭晓丽:《会通中西的文化阐释——以安乐哲、罗思文英译〈论语〉为例》,《上海翻译》2012年第1期,第61—65页。
③ 史学冬:《比较哲学视野中的〈论语〉研究》,《中华文化论坛》2015年第12期,第79—84页。
④ 谭文介:《对James Legge译〈论语〉中若干译文的看法》,《湘潭大学学报》(社会科学版)1992年第3期,第73—75页。
⑤ 韩彩英、王正仁:《语境差别与文献翻译中的语境补全》,《中国翻译》2000年第3期,第17—20页。
⑥ 甄春亮:《里雅各翻译的〈论语〉》,《天津外国语学院学报》2001年第2期,第5—8页。
⑦ 段怀清:《理雅各与儒家经典》,《孔子研究》2006年第6期,第52—63页。

第二章　历史回眸:《论语》英译历程与研究述评

的韵味以及凸显原作的特色。① 李丽琴从哲学诠释学视域对理雅各《论语》英译中的"崇德辨惑"一词进行了探讨。② 但近年来对理雅各译本的关注度有所下降,高质量成果不多,与其译本影响力极不相称。

其他译者如戴维·亨顿、苏慧廉、刘殿爵、黄继忠、威妥玛、金安平等的译本也开始受到学界关注。如王勇简要介绍了译者森柯澜的基本情况,阐述了其英译《论语》的目的及其译本与众不同的特色。③ 金学勤对戴维·亨顿译本进行了评析,认为其译本通俗流畅、行文简洁,独具一格,其翻译策略和方法可为译介中国传统文化典籍提供借鉴与参考。④ 魏望东评述了刘殿爵《论语》英译策略,指出其译本采用逐字逐句适当调整语序的直译手段,兼用词句增译等译法,力求用具有较高接受性的译文语言,向西方读者传播孔子思想与儒家思想文化。⑤ 张德福结合相关史料,考察译者的个人背景及其所处历史文化语境等因素,多维度探究威妥玛独特的跨文化身份与文化观的转变过程及其对《论语》英译策略的影响。⑥ 朱峰以金安平《论语》英译本为个案,探讨深度翻译时的译者角色,结合译文中的注释,总结深度翻译时的翻译策略。⑦ 当然对这些译本的研究仍偏少,还有很大的拓展空间。

(2) 译本(文)对比研究

译本对比研究包括两译本对比研究和多译本对比研究。两译本对比是指将两个译本进行比较,旨在发现两译本特点及译者在翻译目的、策略与风格等方面的异同。《论语》两译本对比研究是近年学界研究的重

---

① 张雪飞:《语义翻译策略的应用——以理雅各〈论语〉英译本为例》,《洛阳师范学院学报》2009 年第 6 期,第 168—170 页。
② 李丽琴:《理雅各英译"崇德辨惑"辨——以哲学诠释学的视域》,《中国人民大学学报》2012 年第 5 期,第 23—28 页。
③ 王勇:《E. 斯林格伦德〈论语〉译本介评》,《中国科技翻译》2007 年第 1 期,第 59—61 页。
④ 金学勤:《通俗简练瑕不掩瑜——评戴维·亨顿的〈论语〉和〈孟子〉英译》,《孔子研究》2010 年第 9 期,第 117—123 页。
⑤ 魏望东:《刘殿爵的〈论语〉翻译策略》,《当代外语研究》2013 年第 6 期,第 50—55 页。
⑥ 张德福:《威妥玛与〈论语〉翻译》,《外语研究》2016 年第 1 期,第 86—91 页。
⑦ 朱峰:《深度翻译中的译者角色与翻译策略——以金安平〈论语〉英译本为例》,《中国文化研究》2019 年第 4 期,第 149—159 页。

点。崔永禄对韦利和柯立瑞译本进行了对比,探讨了译者对文本的理解和翻译意图对翻译的影响。① 张小波分析了理雅各和辜鸿铭译本,比较了译本的不同翻译风格,论证了不同风格译本存在的意义。② 程钢以《论语》中的关键范畴,如"君子""一贯忠恕""克己复礼为仁"等为例,比较分析了韦利与理雅各译本的义理系统。③ 王辉在对比分析庞德和理雅各译本的翻译目的、解经方法、译文风格后指出,理雅各译本非常严谨、注释详尽,尽管用词古旧正规,显得呆板笨重,但其译本却是近代汉学开山之作与重要文献;庞德译本古怪精灵,轻松俏皮,虽犯了少数低级错误,却深受普通读者欢迎。④ 何刚强对理雅各和韦利译本开展了深入研究,赞扬两译本"妙译纷呈、文质颉颃、各领风骚",但以今天的翻译标准来评判,总体质量还不算高,他提出有必要创译出21世纪《论语》英译的新经典。⑤ 王建从权力话语视角对理雅各和辜鸿铭《论语》英译目的、策略选择、译本接受度等方面进行了比较,认为两者分别采用了以原文为导向和以读者为导向的翻译原则,采取了异化和归化的翻译策略。⑥ 杨林对照《论语》开篇"劝学"原文,从功能语言学视角比较理雅各和辜鸿铭《论语》译本在处理概念意义、人际意义和语篇意义上存在的主要差异,发现理雅各译本偏于直译,辜鸿铭译本偏重意译。⑦ 此外,他还以辜鸿铭、安乐哲译本为例,根据译者身处的不同历史时代,从译者主观能动性的角度,分析对比两者的归化

---

① 崔永禄:《理解的困惑与译者的意图——阅读〈论语〉两个译本的札记》,《外语教学》1999年第1期,第21—25页。
② 张小波:《关于理雅各和辜鸿铭〈论语〉翻译的对比研究》,《株洲工学院学报》2000年第4期,第37—40页。
③ 程钢:《理雅各与韦利〈论语〉译文体现的义理系统的比较分析》,《孔子研究》2002年第2期,第17—28页。
④ 王辉:《理雅各、庞德〈论语〉译本比较》,《四川外语学院学报》2004年第5期,第140—144页。
⑤ 何刚强:《文质颉颃,各领风骚——对〈论语〉两个海外著名英译本的技术评鉴》,《中国翻译》2007年第4期,第77—82页。
⑥ 王建:《权力话语视角下〈论语〉英译本的对比解读》,《山东外语教学》2012年第4期,第97—103页。
⑦ 杨林:《直译与意译——理雅各与辜鸿铭〈论语〉英译本的功能语言学比较与分析》,《北方民族大学学报》(哲学社会科学版)2017年第6期,第136—139页。

第二章 历史回眸：《论语》英译历程与研究述评

和异化翻译策略。① 吕鹏飞、陈道胜以辜鸿铭和韦利《论语》英译本为语料，采用定性和定量相结合的研究方法，并基于层次分析法，对两译本在翻译风格上的共性和个性进行对比研究。② 张宏雨、刘华文采用 Biber 的多维度分析模型对比考察了理雅各、安乐哲《论语》两译本的语域特征。③

多译本对比研究是翻译批评的重要方法，通过同一作品多种译本比较，能发现某些翻译规律，反映译者在翻译过程中优先考虑的因素，促进译学理论研究的深入。熊德米对辜鸿铭、王福林、韦利、理雅各等译者的译文进行了比较，提出由于译者在语言文化素质方面存在差异，必将导致他们对同一翻译作品的理解迥然不同，也会导致他们在译文表达上大相径庭。④ 王辉以韦利、理雅各与刘殿爵三位译者的译本为例，指出中国大陆出版界在编选西方汉学家译文时，存在不注重保全原译本的特色，对译者引言、注释等任意删除，却不加以解释说明等问题。⑤ 魏望东基于多视角对理雅各、庞德和斯林哲兰德三个译本进行了描述、分析和阐释，指出理雅各和斯林哲兰德基于其翻译目的采用了厚重翻译法、语义翻译法、确当翻译法，而庞德却未采用这三种翻译方法，但他们都为翻译中华典籍、传播中华文化做出了巨大贡献。⑥ 李贻荫对理雅各、韦利与辜鸿铭译本进行了分析与比较，认为不同译本适应了不同需要，以理雅各为代表的"直译"具有里程碑作用，以韦利为代表的"意译"极富参考价值，以辜鸿铭为代表的"改写译"具有广泛应用前

---

① 杨林：《典籍英译中译者的主体性选择——〈论语〉英译本比较研究》，《北方民族大学学报》2020 年第 6 期，第 139—143 页。
② 吕鹏飞、陈道胜：《基于语料库的〈论语〉英译本翻译风格比较研究——以辜鸿铭和亚瑟·威利两译本为例》，《上海翻译》2021 年第 3 期，第 61—65 页。
③ 张宏雨、刘华文：《MDA 模型驱动下〈论语〉译本语域变异的多维对比研究——以理雅各、安乐哲的英译本为例》，《外语电化教学》2021 年第 5 期，第 41—47 页。
④ 熊德米：《有关〈论语〉的五种英语译文比较研究》，《西南政法大学学报》2002 年第 2 期，第 50—53 页。
⑤ 王辉：《从〈论语〉三个译本看古籍英译的出版工作——兼与刘重德教授商榷》，《广东外语外贸大学学报》2003 年第 3 期，第 13—17 页。
⑥ 魏望东：《跨世纪〈论语〉三译本的多视角研究：从理雅各、庞德到斯林哲兰德——兼议典籍复译的必要性》，《中国翻译》2005 年第 3 期，第 52—57 页。

景。① 黄国文以理雅各、韦利、李天辰与许渊冲等的译本为例，通过文本和实例，对比分析了典籍英译的过程，证明像《论语》《老子》等典籍的英译通常要经语内翻译和语际翻译两过程。②

（3）核心概念英译研究

《论语》形成了以"仁"为核心的独立完整的道德思想体系，包括"仁""孝""礼""忠""信""智""悌""恕"等核心概念。如何选择有效的英译策略与方法，对译文成败十分关键。以往译者对此用力颇多，采用了"以耶释儒""以西释中""意象拆字"等方法，在当时的历史语境下取得了良好的翻译效果。然而，这些核心概念内涵极为丰富，以往译者受学术视野与时代局限，对其理解和翻译还存在某些误解和歪曲。因此，在当前多元文化背景下，如何准确阐释和译介这些核心概念成为学界同人探讨的焦点。

"仁"是儒家文化核心理念，也是《论语》中出现频率最高的概念词。然而，在英语中难以找到与"仁"严格对等意义的词，以往译者根据不同语境采用了不同译法，分别译为：benevolence、perfect virtue、love、kindness、goodness、true manhood、authoritative conduct、human-heartedness、humanity 等，然而这些译法在学界还存在极大争议。杨平在总结分析《论语》中"仁"的数种英译方法利弊得失后，提出不译或音译更能原汁原味全面客观表达孔子思想。③ 他认为，"音译或不译对于一些内涵丰富、思想独特、中西文化差异巨大的中国哲学概念尤为重要。"④ 郑易通过对理雅各和韦利译本中"仁"的英译比较，认为他们英译核心概念时往往使用带有强烈西方传统色彩的词汇，加载了独特的基督教教义，其译法值得推敲。⑤ 刘白玉等分析了《论语》中"仁"

---

① 李贻荫：《关于〈论语〉英译的几个问题》，《中国外语》2006年第1期，第67—70页。
② 黄国文：《典籍翻译：从语内翻译到语际翻译——以〈论语〉英译为例》，《中国外语》2012年第6期，第64—71页。
③ 杨平：《〈论语〉核心概念"仁"的英译分析》，《外语与外语教学》2008年第2期，第61—63页。
④ 杨平：《论中国哲学的翻译》，《外国语》2012年第6期，第77—87页。
⑤ 郑易：《比较理雅各与威利〈论语〉英译本中对"仁"字的翻译》，《福建论坛》（人文社会科学版）2010年第S1期，第200—201页。

第二章 历史回眸:《论语》英译历程与研究述评

的英译和五种文化翻译策略,指出中国传统文化元素最好采用"音译+注释"的"和谐翻译"策略。① 王福祥、徐庆利提出《论语》中"仁"等核心词英译应以异化翻译策略为指导,结合使用音译法和综合性注释法。② 胡翠娥从译入语文化语境自身入手,采用描写性研究方法,重新梳理海外译"仁"的发展脉络,并提出海外译"仁"不仅是翻译,更是一种思想活动。③ 可见,目前多数学者主张翻译"仁"等核心概念时,宜采用异化策略,以直译、音译为主,但直译和音译能否准确传达其文化内涵并被西方读者理解和接受,还值得推敲。

"礼""孝""君子"等是孔子思想的核心范畴,文化内涵丰富,它们的英译也引起了学者的重视。边立红分析了"君子"一词的历史演变与内涵,探讨了辜鸿铭、韦利、老安等译者对"君子"的译法,提出"君子"等核心概念的英译应采用异化策略,即保留"君子"的音译形式,或将音译与意译结合,或通过造词,使其"陌生化",凸显汉民族文化特色。④ 韩星、韩秋宇以《论语》为例,选取理雅各和韦利的译本,结合儒家文化中"君子"概念本身包含的道德和政治双重意蕴,分析对比英译"君子"概念的异同。⑤ 李玉良、张彩霞评析了《论语》等译本中"礼"的英译情况,认为"礼"的英译普遍存在曲译、误译现象,原因在于译者大都局限于字面意思,没有真正透彻理解儒家思想,传达儒学真谛,导致西方读者无法真正领悟儒家思想,不利于儒家思想对外传播。⑥ 徐向群从《论语》中"孝"的语句入手,对比分析了

---

① 刘白玉、扈珺、刘夏青:《中国传统文化元素翻译策略探讨——以〈论语〉核心词"仁"英译为例》,《山东外语教学》2011年第1期,第96—100页。
② 王福祥、徐庆利:《民族文化身份嬗变与古代典籍核心词汇翻译——以〈论语〉中的"仁"为例》,《西安外国语大学学报》2013年第2期,第98—102页。
③ 胡翠娥:《"殊德之仁"与"全德之仁"——海外译"仁"及其对儒家思想的认识之发展》,《外国语(上海外国语大学学报)》2020年第1期,第94—101页。
④ 边立红:《"君子"英译现象的文化透视》,《外语学刊》2006年第4期,第94—99页。
⑤ 韩星、韩秋宇:《儒家"君子"概念英译浅析——以理雅各、韦利英译〈论语〉为例》,《外语学刊》2016年第1期,第94—97页。
⑥ 李玉良、张彩霞:《"礼"的英译问题研究》,《山东师范大学学报》(人文社会科学版)2009年第3期,第126—129页。

《论语》英译与文化传播

理雅各和辜鸿铭的译法，阐释了两位译者的翻译特色及其原因。[①]《论语》中的其他核心概念词，如"道""天""命""义""忠""信"等也都有所涉及，然而对这些词的英译研究还存在明显不足，有待进一步探讨。

还有许多学者综合探讨了这些核心概念或文化负载词的翻译。王辉以理雅各、韦利、辜鸿铭、苏慧廉四译本为例，探讨了《论语》中"仁""礼""君子""中庸"等核心概念词的英译，指出译者既要忠实原文，又须保持译名的一致，这对于对外传播中国传统文化，推动中国文化"走出去"至关重要。[②]张继文以理雅各、庞德、斯林哲兰德三位译者为例，对比分析他们对《论语》核心概念的词义解读与英译方法和策略，提出英译应以"异化"策略与"直译法"为主。[③]李钢、陈勇选择韦利、安乐哲与罗思文、赖波与夏玉和及辜鸿铭的四个译本，比较和分析了他们在英译《论语》中的"德""过""政""信"等政治隐喻以及对政治隐喻来源域的处理方法。[④]黄玉霞讨论了《论语》中文化专有项的翻译，分析了所采取的翻译策略。[⑤]李丽琴从哲学诠释学视域对理雅各《论语》中的"崇德辨惑"的英译进行了辨析。[⑥]张政、胡文潇以《论语》的英译为例，探究了"天"字的文化内涵，对辜鸿铭等五个主要译本中"天"的翻译进行了对比分析，重点评析辜鸿铭God与理雅各Heaven的译法，提出应将"天"音译为Tian。[⑦]范敏借助

---

① 徐向群：《从英译〈论语〉孝论语句看中西译者的翻译特色——以辜鸿铭与理雅各译文为例》，《船山学刊》2009年第4期，第229—232页。
② 王辉：《〈论语〉中基本概念词的英译》，《深圳大学学报》（人文社会科学版）2001年第5期，第116—121页。
③ 张继文：《〈论语〉概念词词义解读与翻译——以〈论语〉英译为例》，《长春大学学报》2009年第7期，第46—49页。
④ 李钢、陈勇：《〈论语〉中的政治隐喻及其"来源域"的翻译特点》，《佛山科学技术学院学报》（社会科学版）2010年第5期，第7—10页。
⑤ 黄玉霞：《〈论语〉中文化专有项的英译》，《重庆交通大学学报》（社会科学版）2011年第5期，第134—137页。
⑥ 李丽琴：《理雅各英译"崇德辨惑"辨——以哲学诠释学的视域》，《中国人民大学学报》2012年第5期，第23—28页。
⑦ 张政、胡文潇：《〈论语〉中"天"的英译探析——兼论其对中国文化核心关键词英译的启示》，《中国翻译》2015年第6期，第92—96页。

《论语》汉英双语平行语料库,比较和探讨了森舸斓等五位《论语》译者的译本文化高频词的翻译,提出采用"意译+拼音+汉字"策略翻译中国传统哲学概念,能促进优秀中国传统文化在海外的传播与接受。①当然,《论语》中的核心概念词还有很多,还有待进一步深入探索。

(4) 英译历史与传播研究

自1809年马歇曼的《论语》英语节译本问世,已有200多年历史。不少学者从《论语》英译历史的视角进行了深入的探讨。王东波以不同历史时期《论语》译本为例,回溯《论语》英译的缘起与历程,阐述了不同译本的翻译目的与翻译手法,指出《论语》译本研究对中国传统文化对外传播意义重大。②王琰探讨了20世纪90年代后西方汉学发展与《论语》英译间的关系,认为当代《论语》英译可分为面向理论与现实译本和面向文本和历史译本两种诠释定向,提出《论语》英译不仅有助于西方儒学多元化局面的形成,也有利于促进西方汉学与其他学界的对话。③杨平对20世纪《论语》英译概况进行了评介,分析了不同时期《论语》英译与诠释特点,阐释了庞德、刘殿爵等中外译者的不同诠释方法。④朱峰选取1828年至2007年欧美汉学界17个《论语》英文全译本为研究对象,通过分析其元文本、副文本和正文,考证了汉学家所参照的经学底本和文献,研究发现,汉学家译本逐渐彰显了学术特征,运用单一理论诠释《论语》译本,易遮蔽其个体、历史及文本的复杂性。⑤

关于《论语》在英语世界的译介和传播,也有学者进行了相关探讨。如Th. H. 康、衣俊卿将《论语》等儒家经典在西方的翻译与传播

---

① 范敏:《基于语料库的〈论语〉五译本文化高频词翻译研究》,《外语教学》2017年第6期,第80—83页。
② 王东波:《〈论语〉英译的缘起与发展》,《孔子研究》2008年第4期,第119—125页。
③ 王琰:《国内外〈论语〉英译研究比较》,《外语研究》2010年第2期,第70—73页。
④ 杨平:《20世纪〈论语〉的英译与诠释》,《孔子研究》2010年第2期,第19—30页。
⑤ 朱峰:《西方汉学家17个〈论语〉英译本之底本探析(1828—2007)》,《国际汉学》2020年第3期,第101—112页。

《论语》英译与文化传播

分成了三个阶段,并对每一阶段进行了简要介绍。① 顾犇对《论语》在海外的传播情况进行了比较系统的梳理。② 王丽雅按时间顺序论述了《论语》等儒家经典英译与跨文化传播的历史过程。③ 王永强通过评析理雅各、利斯、刘殿爵的《论语》英译本,探讨了其在英美等国的译介与传播情况。④ 李伟荣分析了《论语》在向西方世界传播过程中所凸显的诠释精神,即早期凸显基督化倾向,后期表现出怀疑精神和求实精神。⑤ 陈亚君、陈永进提出了《论语》英译与传播的信息易懂性、信息对比性和信息多样性,注重这三个原则,就能使《论语》等儒家典籍英译获得更好的跨文化传播效果。⑥ 郝景春则对儒家思想在西方的传播历程、途径和影响进行了探讨。⑦ 罗莹梳理和回顾了 17、18 世纪 "四书" 在欧洲的译介与出版情况。⑧ 范敏通过分析《论语》翻译传播发展路径与原因,探索新时代《论语》翻译策略,阐释新时代《论语》翻译传播的主要创新路径。⑨ 秦洪武、孔蕾、徐欣基于文本数据挖掘方法,对比分析《论语》译本和非翻译性儒学传播文本,观察影响《论语》译本传播效应的可能因素;研究发现,华人译者与非华人译者的《论语》译本在语言特征上并无明显差异,差异明显的是对儒学核心概

---

① Th. H. 康、衣俊卿:《西方儒学研究文献的回顾与展望》,《国外社会科学》1990 年第 10 期,第 55—59 页。
② 顾犇:《〈论语〉在海外的传播》,《北京图书馆馆刊》1999 年第 2 期,第 101—106 页。
③ 王丽雅:《儒家经典英译与儒家思想的跨文化传播》,《管子学刊》2008 年第 2 期,第 113—115 页。
④ 王永强:《〈论语〉在英美的译介与传播》,《时代文学》(下半月)2009 年第 6 期,第 25—26 页。
⑤ 李伟荣:《试析〈论语〉向西方世界传播过程中的诠释精神》,《江西社会科学》2009 年第 5 期,第 235—238 页。
⑥ 陈亚君、陈永进:《〈论语〉英译与传播三原则》,《广东海洋大学学报》2011 年第 2 期,第 74—78 页。
⑦ 郝景春:《儒家思想在西方的传播》,《河北学刊》2012 年第 5 期,第 191—193 页。
⑧ 罗莹:《十七、十八世纪 "四书" 在欧洲的译介与出版》,《中国翻译》2012 年第 3 期,第 34—41 页。
⑨ 范敏:《新时代〈论语〉翻译策略及其传播路径创新》,《西安外国语大学学报》2019 年第 3 期,第 94—98 页。

念的表达。① 刘立胜以金安平《论语》英译本为研究对象,从多个层面分析其在海外成功传播的经验,并提出促进中国文学"走出去"的具体对策。② 刘宏伟、王湘玲构建了中国传统文化典籍"人己通"对外译介新模式,并以《论语》英译为例,提出实施该模式促进中国传统文化对外传播应遵循的原则。③ 但总体而言,针对这一主题发表的论文并不太多,研究有待进一步深化。

(5) 跨学科视角研究

随着 20 世纪 80 年代以来翻译研究的文化转向,翻译研究从过去囿于文本与语言的微观层面逐渐拓展至基于文化大背景的宏观层面,研究视野进一步拓宽。为此,不少学者对《论语》译本进行了跨学科研究,既有从生态学、传播学与接受美学等角度的阐述,也有结合功能语言学、关联理论等的深入剖析。

诠释学理论由德国哲学家施莱尔马赫(Schleiermacher)提出并引入翻译研究,对于《论语》英译研究具有重要价值。张幼军认为,采用阐释学的三层意义分析方法可解决《论语》等儒家经典英译中的问题。④ 曹威指出,《论语》等儒家经典英译应以诠释学理论为指导,译者须掌握中西方诠释的共性与个性,这是儒家经典英译的前提。⑤ 杨平认为,以往西方传教士英译《论语》的目的是要证明基督教优于儒教,耶儒具有相通之处,其英译策略是对儒学进行"神学化"诠释,用基督教神学附会儒学。⑥ 其后,他进一步指出哲学诠释学对《论语》英译具有重要指导意义,具体表现在三个方面,即"文本开放性与意义不

---

① 秦洪武、孔蕾、徐欣:《〈论语〉英语多译本受纳状况多维数据分析》,《外语教学与研究》2020 年第 4 期,第 580—593 页。

② 刘立胜:《金安平〈论语〉英译与海外传播研究》,《民族翻译》2020 年第 5 期,第 47—53 页。

③ 刘宏伟、王湘玲:《"人己通"外译模式与中国传统文化对外传播研究》,《湖南大学学报》(社会科学版) 2020 年第 4 期,第 99—106 页。

④ 张幼军:《阐释学与儒家经典英译》,《湖南师范大学社会科学学报》2003 年第 1 期,第 112—116 页。

⑤ 曹威:《儒家经典翻译的诠释学理论前提——以英译〈论语〉为例》,《外语学刊》2010 年第 6 期,第 109—113 页。

⑥ 杨平:《20 世纪〈论语〉的英译与诠释》,《孔子研究》2010 年第 2 期,第 19—30 页。

确定性；理解历史性与视域融合有效性；诠释多元性与孔子形象多面性"。①

系统功能语言学由英国著名语言学家韩礼德创立，经黄国文等学者引入国内并应用于翻译研究，为翻译研究的语言学途径开辟了新的天地。近年来不少学者将其应用于《论语》英译研究，取得了可喜成就。陈旸依据黄国文提出的功能语篇六个步骤：观察、解读、描述、分析、解释和评估，对《论语》英译进行了描述和讨论，论述了功能语篇分析对于《论语》英译研究的可行性和可操作性。②高生文从系统功能语言学语域对等与语域衔接视角，以理雅各、辜鸿铭、韦利、刘殿爵及许渊冲五个译本为例，对其英译中的理解和表达问题进行了探讨，验证了语域分析对于《论语》英译研究与实践的指导意义。③黄国文从系统功能句法角度对《论语》英译进行研究后提出：句法分析有助于研究与评估《论语》译本，揭示译者语言选择与意义表达动机。④胡红辉运用系统功能语言学语篇功能主位结构与衔接，对《论语》原文及四个英译本中投射语言语篇意义的实现方式进行了对比分析与探讨⑤。

翻译研究的文化转向促使从文化学、历史学及生态学等其他视角探讨《论语》英译的研究成果不断增多。儒风对《论语》英译的五种文化翻译策略，即"以耶释儒""意象拆字""以西释中""通俗编译""以中释中"进行了阐释，认为译本能否被目的语文化所接受，与译者采用的翻译策略关系密切。⑥刘静提出，《论语》等儒家典籍译介应以中国译者为主体，在"文化平等对话"理念指导下，采取异化阻抗式

---

① 杨平：《哲学诠释学视域下的〈论语〉翻译》，《中国外语》2012年第3期，第101—109页。
② 陈旸：《〈论语〉英译本研究的功能语篇分析方法》，《外国语文》2010年第1期，第105—109页。
③ 高生文：《语域分析与〈论语〉翻译研究》，《北京科技大学学报》（社会科学版）2012年第3期，第34—43页。
④ 黄国文：《〈论语〉英译意译方法研究的功能句法视角》，《北京科技大学学报》（社会科学版）2012年第3期，第16—21页。
⑤ 胡红辉：《〈论语〉及其英译本中投射语言的语篇功能研究》，《北京科技大学学报》（社会科学版）2013年第4期，第44—49页。
⑥ 儒风：《〈论语〉的文化翻译策略研究》，《中国翻译》2008年第5期，第50—54页。

第二章　历史回眸:《论语》英译历程与研究述评

译介策略。① 李钢对西方中心主义观照下不同时期《论语》英译本进行了描述研究,指出其在英语世界的英译与接受有其特殊历史文化语境。② 陈国华以《论语》中有关教育的五条著名论述为研究对象,从教育哲学视角对其进行了重新解读,在对《论语》的11个重要英译本进行对比分析后,提出了这五条著名论述的新译文。③ 刘雪芹从语码转换角度分析了辜鸿铭、理雅各和苏慧廉等译本,提出通过语码转换可洞悉译者的翻译目的与动机,有助于更好地开展翻译批评。④ 薛冰、向明友借助Docu Scope软件和相关统计工具,以理雅各和韦利的《论语》英译本为例,从修辞功能上进行了定量对比分析,发现理雅各译本以角色刻画为主,韦利译本注重对事件的描述。⑤ 研究发现,从心理学和传播学等视角进行的相关研究偏少,有待进一步加强。

（6）其他研究

除上述研究外,还有学者撰写了《论语》英译的研究综述、会议综述及译序等。如王勇以1985—2005年发表的43篇《论语》英译学术论文为例,按照研究主题对其进行了评述,系统客观地分析了《论语》英译研究的现状与问题。⑥ 王琰在对国内外《论语》英译研究进行比较分析后指出,国内外研究在方法与主题上存在差异,国内研究偏重语言层面研究,而国外研究侧重从多层面对译本思想进行诠释。⑦ 李钢对中外《论语》英译研究成果进行了较为系统的分析与总结,认为研

---

① 刘静:《论文化自觉意识观照下的儒家典籍的译介》,《河南社会科学》2010年第1期,第199—201页。
② 李钢、李金姝:《描述翻译学视域中的〈论语〉英译研究》,《外语学刊》2013年第1期,第127—131页。
③ 陈国华:《对孔子教育哲学五个基本理念的重新解读与英译》,《中国翻译》2013年第6期,第50—56页。
④ 刘雪芹:《译本中的语码转换:一种语境化信号——以〈论语〉英译为例》,《中国外语》2013年第4期,第99—107页。
⑤ 薛冰、向明友:《数字人文视域下〈论语〉英译本的修辞对比研究》,《外语研究》2020年第4期,第83—93页。
⑥ 王勇:《20年来的〈论语〉英译研究》,《求索》2006年第5期,第178—181页。
⑦ 王琰:《国内外〈论语〉英译研究比较》,《外语研究》2010年第2期,第70—73页。

究有待进一步拓展。① 张晓雪为直观地展示国内《论语》英译本的研究现状与热点,对2001—2017年有关《论语》英译研究文献进行了共词聚类分析。② 潘文国在吴国珍《论语》新译本的序言中提出了典籍翻译的一个重要原则:心里要有读者。而要做到这一点,《论语》英译应采用英文详注办法,"兼顾学术性与通俗性,受者文化和正确传播文化,文字的准确和语言的流畅"等。③ 吴国向(2012),肖家燕、李儒寿(2013),杨延宁(2013),杨林、闫丽君、王冬梅(2014)等分别对近年来举办的四届《论语》翻译学术研讨会的主要内容及学术观点进行了综述,认为研讨会展示了《论语》英译的最新研究成果,反映了《论语》英译研究的前沿动态,具有很好的学术导向意义。

二 国外《论语》英译研究审视

国外不少学者对《论语》及其研究兴趣浓厚,撰写的研究著作和发表的论文也很多。然而,针对《论语》英译的研究论文较少,且既有之研究也主要集中在书评、学术论文以及译本序言等。有学者对苏慧廉、韦利、林语堂、利斯等单个译本进行了评价。如乔西(Sunder Joshi)在简介苏慧廉译本的基础上,又特别阐释了《论语》文本中蕴含的实践智慧及其"道德"意识。④ 英国汉学家德效骞(Homer H. Dubs)对韦利译本进行了评述,认为其译本质量上乘,可读性很强,且极富文学色彩。⑤ 美籍华人陈荣捷(Wing-Tsit Chan)对林语堂译本进行了评述,认为译文既"信"又"美",质量甚高,而且译本条目翻译

---

① 李钢、李金姝:《〈论语〉英译研究综述》,《湖南师范大学社会科学学报》2013年第1期,第131—137页。

② 张晓雪:《〈论语〉英译研究热点、领域构成及展望——基于CNKI学术期刊2001至2017年文献的共词可视化分析》,《上海翻译》2017年第5期,第69—74页。

③ 潘文国:《典籍英译心里要有读者——序吴国珍〈论语〉最新英文全译全注本》,《吉林师范大学学报》(人文社会科学版)2012年第1期,第16—19页。

④ Sunder Joshi, *The Analects of Confucius by W. E. Soothill*, The Journal of Religion, Vol. 18, No. 3, 1938, pp. 373-374.

⑤ Homer H. Dubs, *Review of The Analects of Confucius by Arthur Waley*, The Journal of Philosophy, Vol. 36, No. 20, 1939, pp. 557-558.

第二章 历史回眸：《论语》英译历程与研究述评

选译恰到好处。① 美国学者杜润德（Stephen W. Durrant）论述了刘殿爵译本序言的学术价值及其具体词语翻译问题，指出了译本的弊端（如没有注释等），探讨了中国哲学典籍翻译应注意的问题，提出应结合最新《论语》研究成果，重视措辞的表达和原文风格传达等。② 美国汉学家何谷理（Robert E. Hegel）指出刘殿爵译本的优势是提供了中文原文，劣势是无英文注释，适合普通读者阅读，对专业读者价值不大。③ 还有学者对白氏夫妇的译本进行了评述，如克莱恩（T. C. Kline III）认为，白氏夫妇在译本中提出了具有新意的《论语》成书"层累理论"，学术研究价值极大，但译注过于详尽，不太合适初学者。④ 斯林哲兰德（Edward Slingerland）认为白氏夫妇是从政治视角对《论语》进行解读，其译本臃肿冗长，不适合西方普通读者阅读。⑤ 谭卓垣（Cheuk-Woon Tamm）简略评价了二战前所有的英译本。⑥

国外也有学者对不同译本进行了比较，探讨各译本的优劣。美国汉学家史景迁（Jonathan Spence）将利斯译本与柏应理、理雅各译本进行了对比，分析了译本间的差异及其原因，认为利斯译本加入了主观诠释，译文优美、简洁。⑦ 法籍华人程艾兰（Anne Cheng）对黄继忠和利斯的译本进行比较和评论，指出黄继忠译本只是刘殿爵、道森英译本的

---

① Wing-Tsit Chan, *The Wisdom of Confucius by Lin Yutang*, Pacific Affairs, Vol. 13, No. 4, 1940, pp. 483-487.
② Stephen W. Durrant, *On Translating Lun Yu*, Chinese Literature: Essays, Articles, Reviews, Vol. 3, No. 1, 1981, pp. 109-119.
③ Robert E. Hegel, *Review of Confucius, The Analects by D.C Lau*, Chinese Literature, Vol. 6, No. 1/2, 1984, p. 204.
④ T. C. Kline III, *Review of The Original Analects: Sayings of Confucius and His Successors by E. Bruce Brooks and A. Taeko Brooks*, Pacific Affairs, Vol. 72, No. 2, 1999, pp. 266-267.
⑤ Edward Slingerland, *Why Philosophy is not "Extra" in Understanding the Analects: Review on The Original Analects by E. Bruce Brooks and A. Taeko Brooks*, Philosophy East and West, Vol. 50, No. 1, 2000, pp. 137-141.
⑥ Cheuk-Woon Taam, *On studies of Confucius*: Philosophy East and West, Vol. 3 No. 2, 1953, pp. 147-165.
⑦ Jonathan Spence, *What Confucius Said: The Analects of Confucius / Translation and Notes by Simon Leys*, The New York Review of Books, Vol. XLIV, No. 6, 1997, pp. 8-13.

重复，而利斯译本语言行文简洁，但过于口语化且不忠实原文。[1] 美国翻译家郑文君（Alice W. Cheang）对安乐哲和罗思文、白氏夫妇、黄继忠、利斯等译本进行对比研究，提出各译本只是译者对于孔子思想的个人化诠释，而且由于这些思想在翻译过程中经历了各种各样的过滤，丢失内容太多，无法准确传达孔子的本意。[2] 美国加州大学的史嘉柏（David Schaberg）对黄继忠、利斯、刘殿爵、道森、亨顿、白氏夫妇、安乐哲和罗思文等多个译本进行了研究，提出各译本没有优劣之分，只有风格之别，每个译本都有特定的目标读者群，都为《论语》及中国文化在世界各地的传播和推广做出了不可磨灭的贡献。[3] 随着翻译研究理论和视角的增多，也有学者结合不同理论和视角对《论语》英译进行研究。如美国加尔文大学学者凯利·克拉克（Kelly James Clark）从诠释学的视角研究了译本诠释定向问题，总结了现有翻译中面向历史和面向当下的两种诠释定向。[4] 也有不少学者专门论述《论语》"礼""仁""道"等核心概念的英译，大多学者将《论语》作为哲学文本，力求找到哲学本旨。

总之，研究发现，国外《论语》英译研究虽取得了一定研究成果，但与国内研究成果相比，略显单薄，与《论语》在国外的影响力不太相称。而且这些研究成果发布的渠道比较单一，主要集中在英美等少数国家的几种学术刊物，研究主体也是这些国家的少数学者、高校或研究机构，大部分研究者为旅居海外的华人，真正从事《论语》英译研究的英美学者极少，这对《论语》在海外的传播极为不利。

---

[1] Anne Cheng, *Review of The Analects of Confucius by Simon Leys and The Analects of Confucius (Lunyu): A Literal Translation by Huang Chichung*, Bulletin of the School of Oriental and African Studies, University of London, 1999, pp. 387-388.

[2] Alice W. Cheang, *The Master's Voice: On Reading, Translating and Interpreting The Analects of Confucius*, The Review of Politics, Vol. 62, No. 3, 2000, pp. 563-581.

[3] David Schaber, *"Sell it! Sell it!": Recent Translations of Lunyu*: Chinese Literature: Essays, Articles, Reviews, Vol. 23, 2001, pp. 115-139.

[4] Kelly James Clark, *Three kinds of Confucian Scholarship*, Journal of Chinese Philosophy, Vol. 33, No. 5, 2006, pp. 109-133.

三 《论语》英译研究问题考辨

全球化和文化多元化时代的到来，打破了文化疆界和学科疆域，使翻译研究领域进一步扩大。《论语》英译作为一种文化翻译，其英译研究已成翻译研究热点。近年来，《论语》英译研究成果数量不断增多，研究主题不断丰富，研究视角也呈多样化趋势，但还存在如下问题。

（一）研究主题过于集中，重复研究问题比较突出

《论语》英译研究已成翻译研究热点，论文数量呈递增趋势。但当前研究主题过于集中，主要集中在单译本、译本比较与核心词英译等方面，对其他主题的研究仍比较薄弱，如《论语》英译与文化传播等。《论语》英译本已达 70 余部，但当前的探讨仍主要围绕辜鸿铭、理雅各、韦利与林语堂等极少数译本，对于其他译者（如刘殿爵、黄继忠等）的译本研究较少。《论语》英译作为一种文化翻译，其研究须超越语言局限，上升至跨文化、跨语际阐释。然而，大多研究仍局限于语言层面的转换，对于翻译背后的文化因素缺乏深入分析，即使有研究探讨了文化对于《论语》英译的影响，也只注重文化差异性的一面，对于文化共性（共通之处）涉及较少。《论语》作为中国传统文化经典，蕴含丰富的传统文化思想，这些思想与西方文化思想有哪些共性和差异？它们对于《论语》英译与传播有哪些影响？这方面的研究几乎没有涉及，可见当前研究存在重微观轻宏观、低层次重复研究的现象和问题。

（二）研究视角可进一步拓展，研究方法有待规范

曹佩升、刘绍龙提出，"缺乏有效的研究方法和手段已经成了妨碍我国译学研究取得实质性进展的一个瓶颈问题"。[①] 当前国内翻译研究难以取得重大突破的重要原因就是没有方法论意识，缺乏正确的研究方法指导。[②]《论语》英译研究要取得突破性进展，就应增强研究者的方法论意识，积极借鉴其他学科如社会学、心理学、语言学、文化学及人

---

① 曹佩升、刘绍龙：《翻译实证研究方法体系建构》，《甘肃社会科学》2011 年第 1 期，第 256 页。

② 刘宏伟、穆雷：《我国翻译教学研究方法现状与反思——基于 2002—2011 年外语类核心期刊论文的统计分析》，《外语教学》2013 年第 2 期，第 109 页。

类学等的研究方法,从不同视角开展研究。当前《论语》英译研究视角逐渐呈多元化趋势,已从哲学、语言学与文化学等不同视角,结合功能翻译论、目的论、诠释学、文化顺应论、系统功能语言学、解构主义、对话理论、接受理论、后殖民理论等进行了研究。但当前研究视角仍集中在语言学,其他研究视角如传播学、心理学、人类学等偏少,还有很大拓展空间。从研究方法上看,目前采取定性思辨研究比例偏大,定量实证研究有待加强,此外还存在研究方法运用欠规范等问题。

(三)研究者范围有待拓宽,跨学科研究有待丰富

《论语》英译不仅受文本语言制约,还受哲学、社会、文化、政治等多项因素影响。其英译研究综合性较强,涉及翻译学、语言学、古代文学、文化学及传播学等众多学科,具有跨学科乃至超学科特性。运用单一理论或方法往往无法深入了解译者误读、误解、误译背后的文化因素、历史背景、意识形态等,无法真正深入推进研究。《论语》英译研究具有跨学科性和交叉性,对研究者要求较高,目前此类研究人员极其缺乏。国内从事《论语》英译研究者绝大部分来源于高校外语教师,他们虽掌握丰富的语言学、翻译学理论知识,也具有一定的翻译实践经验,但对其他学科理论知识不甚了解,受研究视野局限,导致跨学科乃至多学科或超学科研究比较缺乏。

总之,通过对国内外《论语》英译研究专著、期刊论文进行考察,我们发现:从研究数量看,国内外《论语》英译研究成果在持续增长;从研究主题分布看,国内《论语》研究的主题涵盖面还不够宽;从研究方法看,国内《论语》英译定量实证研究有待加强。总之,国内外《论语》英译研究已取得丰硕成果,但还有广阔的拓展空间和发展前景。

第三章 文本定位:《论语》的定位与现代价值

从盘古开天地到现代文明社会,人类历经数千年,悠久灿烂的中华文明史创造了博大精深的中国道德文化,在某种意义上讲,中华文明发展史就是中国道德文化发展史。《论语》《孟子》《礼记》《大学》《孝经》《中庸》等经典著作,都蕴含丰富的传统道德思想,孔子、孟子、曾子、荀子等先秦诸子都系统阐述了中国传统道德文化观,经历代学者阐释、丰富与发展,形成了以"仁"为核心,统治中国社会长达 2000 多年之久的道德文化。作为"四书"之一的《论语》,是中国传统道德文化中最重要、最典型,也是最具代表性的典籍。它集中反映了孔子的伦理思想和道德学问,蕴含着丰富的伦理道德思想精华,如"仁爱""孝敬""和谐""诚信""友善""忠恕"等,值得深入挖掘、继承、发扬与传播。本章以儒家经典《论语》为例,分析其在国内外的重要地位,论述其定位为道德文化文本的理由,阐释其蕴含的传统道德文化思想精华,探讨这些思想对于当代中国、世界乃至整个人类社会的现实价值,以期为《论语》英译以及传统文化对外传播提供理据。

第一节 《论语》的地位与定位

一 《论语》的重要地位

《论语》成书于战国初期,是记载孔子及其弟子言行的儒家学派经典著作。《论语》中的内容包罗宏富,思想博大精深,涵盖人生哲学、文学文化与伦理道德等诸多方面,在中华民族的思想和文化发展史上影响时间最久、范围最广、程度最深。该著作构成了儒家学术体系的基本框架，是"十三经"中最直接、最集中、最鲜明反映孔子及其弟子的道德品质、性格特征、政治主张以及教育思想的经典著作，是研究孔子与先秦儒家思想的最重要文本，也是中国历史上最权威、最可靠的文献典籍。

《论语》是中国传统文化宝库中最绚丽夺目的明珠，在人类史上具有极其重要的地位，是古代中国人必读的"圣书"。历代学者都对它给予极高评价。两汉时，它被看成是儒家传记经典作品，是皇族培育品格和操行的必读之书。《汉书·扬雄传》有"传莫大于《论语》"之说。①《汉书·匡衡传》称之为"圣人言行之要"②。东汉赵岐在《孟子题辞》中说，"《论语》者，五经之錧鎋，六艺之喉衿也"③，将其视为六经之统领。唐朝时，《论语》作为传记作品获得了真正意义的经典地位，成为官方认可的儒家经典，与《五经》并立。唐朝薛放称："《论语》者，六经之菁华。"④ 两宋时期，儒家经典体系变化极大，《论语》一跃成为群经之首。宋代《二程遗书》曰："《论语》为书，传道立言，深得圣人之学。"⑤ 南宋朱熹将《论语》与《大学》《中庸》《孟子》合编为《四书》，《论语》成为中国传统社会士子们必读的重要典籍。

《论语》被列为四书之一后，地位上升至与"五经"并列。明代士人尊崇朱熹之学，以其《四书章句集注》作为首要经典。明朝杨宗吾提出应取道《论语》，才可进入对"六经"的研读，他说："《论语》其泛海之航，上山之阶乎。"⑥ 清政权入主中原后，《论语》逐渐成为实学家致力研读之对象，学者对《论语》多有赞扬。清代朱彝尊的《经义考》引谭贞默语："孔子一生仕止久速，造次颠沛，纂修删述，盛德大业，靡一不具《论语》。"⑦ 清朝李元度说："《论语》所言之义理，精且粹矣。即以文论，非诸经所能及也。《易》《诗》《书》《礼》《春

---

① 陈桐生：《〈论语〉十论》，暨南大学出版社2012年版，第16页。
② (东汉) 班固：《汉书》，中华书局1962年版，第3343页。
③ (清) 焦循：《孟子正义》（诸子集成本），中华书局1954年版，第8页。
④ (五代) 刘昫：《旧唐书》，中华书局1975年版，第4127页。
⑤ (宋) 程颢、程颐：《二程集》，中华书局2004年版，第44页。
⑥ 转引自 (清) 朱彝尊《经义考》，中华书局1998年版，第1083页。
⑦ (清) 朱彝尊：《经义考》，中华书局1998年版，第1083页。

第三章 文本定位:《论语》的定位与现代价值

秋》之文,各造其极,亦各不相谋,而简括处终不及《论语》。《论语》之文,能以数语抵人千百言,如太和元气,如化工之肖物,各无遁形。"① 晚清康有为认为:"盖千年来,自学子束发诵读,至于天下推施奉行,皆以《论语》为孔教大宗正统,以代六经。"② 民国前后,现代新儒家以复兴儒学为宗旨,对《论语》极度重视。马一浮说:"《论语》群经之管钥,观于夫子之雅言,则知六艺之要也。"③ 国学大师钱穆在其《论语新解》序言中提出《论语》是自"西汉以来中国识字人的必读之书"④。哲学家李泽厚则认为,《论语》一书是中国文化的"心魂"所在,他说:"我远非钟爱此书,但它偏偏是有关中国文化的'心魂'所在。"⑤

改革开放以来,随着中国的重新崛起,经济文化的日益繁荣,儒学重新焕发生机和活力,《论语》一书更受到追捧。学者杜维明将《论语》比作《新约》,把孔子比作耶稣或苏格拉底,他认为:"孔子和弟子们相互切磋,这种互相促进的方式在中国历史上还没有过先例,在宗教史上也是独一无二的。"⑥ 毛子水则坚持认为《论语》乃世界第一,当之无愧的"第一书",并借用他人言论来证明,他说:"《论语》为中国的第一书,是世人所共同承认的。我记得英国近代一位文学家威尔斯曾把《论语》列为世界十大书之一……日本一位学者伊藤仁斋在他所撰的《论语古义》的首页刻有'最上至极,宇宙第一'八个字。他这个'第一',当是就孔子所讲的道理而言。……我们自然可以说他的见解是很公正的。"⑦

可以说,《论语》是中国儒家文化,乃至中华文化的代名词,不仅在国内家喻户晓,地位独特,影响深远,而且在国外也广为人知,极受重视,备受推崇。受《论语》影响最早的国家当数中国近邻朝鲜和日

---

① (清)李元度:《读〈论语〉三》,载《天岳山馆文钞》卷三十八,清光绪四年刻本。
② 康有为:《论语注》,中华书局1984年版,第3页。
③ 马一浮:《复性书院讲录》,山东人民出版社1998年版,第22页。
④ 钱穆:《论语新解》,生活·读书·新知三联书店2012年版,第1页。
⑤ 李泽厚:《论语今读》,天津社会科学院出版社2008年版,第9页。
⑥ 杜维明:《孔子的〈论语〉》,《学术月刊》2007年第9期,第24页。
⑦ 毛子水:《论语今注今译》,重庆出版社2011年版,第1页。

本。西汉时期,《论语》传入朝鲜,其后两国交流日渐频繁,对朝鲜的文化影响加深,并被指定为必修课程以及人才选拔的基本项目之一。《论语》传至日本后,在日本社会各领域扎下了根,对其政治、文化、经济与教育等方面影响深远。1593年,意大利著名传教士利玛窦花费大量时间和精力,将"四书"首次译为拉丁文,《论语》由此传入欧洲,这是最早将儒家经典译成外文的文本之一。后来,《论语》分别被译成欧洲其他国家语言,产生了法、德、英、俄等不同语言译本,使《论语》中的思想精华在西方社会得以更广泛地传播,产生程度不一的影响。法国著名思想家伏尔泰提出,《论语》中的"己所不欲,勿施于人""以直报怨,以德报德"等思想,是最纯粹的道德,远超过西方基督教教义,他说:"西方民族,无论如何格言,如何教理,无可与此纯粹道德相比拟者。"[1] 法国重农学派创始人弗朗斯瓦·魁奈(Francois Quesnay),自命为孔子的继承人,被人称为"欧洲的孔子",他十分推崇孔子儒家道德学说,认为《论语》满载原理及德行之言,"都是讨论善政、道德及美事,胜过希腊七圣之言"[2]。如今,随着中国影响力日渐增强,西方也有不少学者对其产生了浓厚的兴趣,致力于诠释与阐发《论语》,分析其现代意义。可见,《论语》在国内外地位极其重要,是对中西方社会思想文化产生过巨大影响的中国文化古籍。

二 道德与传统道德文化

何为道德?时至今日,对该概念的界定仍然分歧很大。古代中国,"道"与"德"是分开使用的。"道"的本意为道路,引申义为做事的规律、境界、途径、原则以及方法等。《道德经》开篇就说:"道可道,非常道;名可名,非常名。无名天地之始,有名万物之母。"[3] 老子提出,"道"是开辟天地之始,是生育万物之母。孔子说,"朝闻

---

[1] 转引自朱谦之《中国哲学对于欧洲的影响》,福建人民出版社1983年版,第292页。
[2] 转引自[德]利奇温《十八世纪中国与欧洲文化的接触》,朱志勤译,商务印书馆1962年版,第94页。
[3] 陈鼓应:《老子注译及评介》(修订增补本),中华书局2009年版,第53页。

第三章　文本定位：《论语》的定位与现代价值

道，夕死可矣"①，就是指做人的道理、原则。《周易大传·系辞上》说"一阴一阳之谓道"，道是指基本规律。《春秋·左传》记载"天道远，人道迩，非所及也"②，"天道"是指与天象或气象相联系的自然规律。《庄子·缮性》"道，理也。……道无不理"③，"道"指顺应自然之道。上述论述表明，"道"是宇宙大自然的本根、核心，是指客观世界固有的、顺应自然规律独立存在的、决定各种事物存在和发展的天理。

"德"字最早出现在商朝出土的甲骨文中。它的基本含义最初并非道德或品行。许慎《说文解字》讲"德，升也"④，其意是"攀登""行走"等意思。东汉时期经学家、训诂学家刘熙将"德"释为"德者，得也，得事宜也"，意为人们处理事情和他们之间关系时要遵守规则，合乎常理，使自己和他人各得其所。⑤根据《辞海》或《辞源》，最早具有现代意义的"德"出于《易乾文言》中，譬如："君子进德修业"，此时"德"的含义即：有德行，贤能通达之人，与为人相联系，成为一种高雅的、大众乐于追求的理想或目标。⑥"德"的本义为顺应自然，是指人们在交往过程中，按正确道路和方向（即遵循事物的客观规律）行事，待人正直；将其含义进一步扩展，就是不违背自然发展规律（即"道"）去适应自然、改造自然，使社会、自然界和人类社会长久发展、和谐共存。⑦

春秋战国时期的《庄子》《管子》《荀子》等书中，开始将"道"和"德"二字连用。荀子在《劝学篇》中说道："故学至乎礼而止矣，夫是之谓道德之极。"⑧《韩非子·五蠹》中说："上古竞于道德，中世

---

① 杨伯峻：《论语译注》，中华书局2006年版，第40页。
② 杨伯峻：《春秋左传注》（修订本），中华书局2009年版，第1395页。
③ 陈鼓应：《庄子今注今译》，中华书局2009年版，第432页。
④ （汉）许慎：《说文解字》，汤可敬译注，中华书局2018年版，第390页。
⑤ 程方平：《汲古释"德"》，《中国德育》2007年第10期，第5页。
⑥ 程方平：《汲古释"德"》，《中国德育》2007年第10期，第5页。
⑦ 杨韶刚：《道德教育的返本归真》，《中小学德育》2004年第4期，第1页。
⑧ （战国）荀子：《荀子（汉英对照）》，张觉今译，[美]诺布洛克英译，湖南人民出版社1999年版，第14页。

逐于智谋，当今争于气力。"① 《礼记·曲礼》曰："道德仁义，非礼不成。"② 在西方，"道德"一词的形成也非一蹴而就，它经历了一个相当漫长的时期。"道德"（morality）一词，最早起源于拉丁文"moralis"（摩里西），它的单数形式"mos"是指个人的品质、性格，复数形式"mores"意为传统民俗；其后，"morality"意指高尚道德、道德标准、道德原则以及道义等。③ 此后，中外历代思想家对道德的内涵进行了解释和界定。经过中西文化交流与融合，道德概念演化至今，其基本含义包括两方面：一方面指个人的道德修养和基本的人格品质；另一方面指正确处理和调节人与社会、人与人、人与自然之间关系的行为规范和准则的总和。④

何谓道德文化？道德文化是指人们在长期的社会生活中所形成的道德规范、道德原则、道德理想、道德观念及风俗习惯等的总和。那么中国传统道德文化即是指我国在过去特定的客观环境和历史条件下，经过长期发展所形成的，为人们所接受和认同的，确定而持久的道德规范、道德原则、道德理想、道德观念及风俗习惯等的总和。一般而言，中国传统道德文化主要是指先秦到明清时期，以儒家传统伦理道德文化为主要内容，包括墨、道、法、佛等学派在内的传统伦理道德思想和道德实践活动。它是中华民族在长期的社会实践中逐渐凝聚起来的，是中国思想家对中华民族道德实践经验的总结，是中华文化最重要的组成部分，也可以说"是中华民族思想文化的核心"⑤。

三 《论语》的道德文化定位

《论语》的内涵丰富，蕴含哲学、文学、政治、伦理等方面的思想内容。它不仅反映出先秦哲学的风貌，也是历代帝王治国理政的法宝，

---

① （战国）韩非：《韩非子》，高华平、王齐洲、张三夕译注，中华书局2016年版，第367页。
② 杨天宇：《礼记译注》，上海古籍出版社2004年版，第2页。
③ 杨韶刚：《道德教育心理学》，上海教育出版社2007年版，第5页。
④ 杨韶刚：《道德教育心理学》，上海教育出版社2007年版，第4—5页。
⑤ 罗国杰：《中国传统道德（德行卷）》，中国人民大学出版社2012年版，第1页。

第三章 文本定位：《论语》的定位与现代价值

更是古代人修身养性的宝典。它还被称为语录体散文，具有独特的语言系统，也具有重要的文学价值。它是历代哲学、历史学、文献学、政治学、经济学等众多领域注释与研究的对象。资产阶级改良主义代表人物康有为、文化怪杰辜鸿铭、著名作家林语堂、语言学家杨树达、历史学家钱穆、哲学家冯友兰、法律史学家程树德、古代文学研究专家陈桐生、国学大师傅佩荣、知名文化学者于丹、自由学者戴维、日本实业之父涩泽荣一等都对《论语》进行过注释或研究。

《论语》研究具有多学科性和跨学科性，研究者的身份不同，视角不同，对《论语》文本的定位也就不同。政治学家对《论语》的定位与语言学家、社会学家、人类学家、经济学家、心理学家、文学家对《论语》的定位就存在差别。如康有为的《论语注》具有强烈的政治色彩，他将儒家经典作为变革现实的思想武器，力图达到"化古昔为今务"的政治功效，具有鲜明的时代性；胡适、钱穆将《论语》作为史学研究对象，以历史主义眼光看待《论语》；哲学家冯友兰视《论语》为标准的哲学史材料，以哲学的眼光来对待《论语》；赵记彬的《论语新探》将《论语》当作研究春秋时期社会性质问题的"证件"，历史学意义的"史料"；董连祥将《论语》当作文学作品赏析，评价了其在文学史上的地位；安乐哲与罗斯文将《论语》定位为哲学文本，从哲学视角英译和诠释《论语》；涩泽荣一从企业管理与经营的角度来看待《论语》，其所著的《左手论语，右手算盘》集中体现了儒学的经营理念和儒商的处世之道，被称为"商业圣经"；肖知兴用管理学思路来解读《论语》，他结合西方管理理论，则从全球视野重新审视中国传统经典，以期提升个人和企业的核心竞争力。

当然，以上学者的学术背景不同，对《论语》的文本定位也就不同，这无可非议，但从《论语》的本质而言，它属于传统道德文化典籍。黑格尔认为《论语》讲的都是"常识道德"，只不过是"善良的、老练的道德教训"；意大利传教士利玛窦将《论语》称为伦理格言集；儒学大师辜鸿铭将《论语》定位为儒家传统道德文化经典著作，并对其进行了英译与传播；陈桐生认为《论语》记载了孔子及其弟子门人大量的道德教诲与言论，堪称是一部道德教科书，它以"仁"为核心，

"已经形成了一套特别重要的伦理道德思想体系"①;徐刚提出《论语》"是一部关于道德修养的经典"②。本研究将《论语》定位为传统道德文化文本,它是一部关于孔子道德学问和道德思想的经典著作,全面反映了孔子与其弟子的道德性格及思想观点,涉及大量伦理道德思想内容,蕴含很多具有重要价值的伦理道德观念,诸如"仁""孝""礼""忠""信""智""悌""恕""温""良""恭""宽""俭""让""慈""直""刚""毅""木""讷""勇""和""德""敏""信""惠""中庸""知耻""君子"等。它构建了一套以"仁"为核心,以"礼"为形式的伦理道德规范体系,在中国传统文化中占据着十分重要的地位。同时,孔子提出的道德行为准则、道德规范、道德修养、理想人格等丰富了中国传统道德思想的内容。《论语》为以后两千多年伦理道德思想的发展奠定了坚实基础,是后人研究孔子与儒家道德思想的重要文本。

第二节 《论语》的传统道德文化思想

《论语》构建了以"仁"为核心的传统道德思想体系,包括"仁者爱人""忠恕之道""克己复礼""孝悌为本""为政以德"等道德核心思想等,现对其一一阐述。

一 仁者爱人

"仁爱"是儒家道德文化的核心理念和首要价值。以"仁爱"为核心的传统道德思想对中国社会的发展发挥了重要作用,对中华民族心理和观念的形成产生了极大影响。自先秦儒家孔孟提出"仁爱"道德思想后,不同历史时期的很多思想家、学者,如汉唐时的董仲舒、韩愈,宋元明清时的张载、程颐、朱熹、王夫之以及近代思想家康有为、谭嗣同、孙中山等,都从不同角度对其进行了解读与诠释,"仁爱"思想的

---

① 陈桐生:《〈论语〉十论》,暨南大学出版社2012年版,第84页。
② 徐刚:《孔子之道与〈论语〉其书》,北京大学出版社2009年版,第208页。

第三章 文本定位：《论语》的定位与现代价值

内涵也随之不断深化，在中国伦理道德思想体系中占据重要地位。2012年，樊浩等编著的《中国伦理道德调查报告》一书中指出，当今中国社会最重要也是最需要的德性中，"仁爱"仍排在第一位。①

何谓"仁爱"？哲学、政治学、宗教学、伦理学、社会学、教育学与心理学等诸多领域学者都提出了各种不同观点，不同时代的学者对"仁爱"概念界定也存在极大分歧。要理解《论语》中"仁爱"的内涵，首先要理解"仁"到底是什么？只有理解了"仁"的历史起源和最初含义，才能理解"仁爱"概念及其道德思想内涵。

"仁"这一字并非孔子所创，古代甲骨文也没有出现"仁"字。最早出现"仁"字的古籍是《尚书》。《尚书·金縢》曰"予仁若考，能多才多艺，能事鬼神"②，"仁"主要意思为王者的为人品格与德性；③《尚书·泰誓》中有"虽有周亲，不如仁人"④，此处"仁"是指一种能见之于外的美善行为，或深藏于内心的良好德性。⑤《诗经》中有"洵美且仁"，"仁"则是指高尚品德（即美德）。⑥ 春秋时期，"仁"在《国语》和《左传》中更是频繁出现。《国语》中"仁"出现24次，《左传》中出现33次。如《国语》中的"为仁者，爱亲之谓仁"⑦，《左传》中的"亲仁善邻，国之宝也"，"仁"都是指关爱亲人；⑧《吕氏春秋》中"仁也者，仁乎其类者也"，"仁"指的是对同类的关爱。⑨ 总体而言，此前"仁"的出现还较零散，而且只是将"仁"作为诸多道德中的一种。孔子在前人基础上，进一步发展了"仁"的内涵，将其作为统摄其他道德条目的纲领。在《论语》一书中，"仁"字共出现了109次，远高于其他道德范畴关键词。他认为"仁"的核心思想即

---

① 樊浩：《中国伦理道德调查报告》，中国社会科学出版社2012年版，第55页。
② 王世舜、王翠叶：《尚书译注》，中华书局2012年版，第160—161页。
③ 余治平：《"仁"字之起源与初义》，《河北学刊》2010年第1期，第45页。
④ 王世舜、王翠叶：《尚书译注》，中华书局2012年版，第435页。
⑤ 余治平：《"仁"字之起源与初义》，《河北学刊》2010年第1期，第45页。
⑥ 周振甫：《诗经译注》（修订本），中华书局2010年版，第103页。
⑦ 陈桐生：《国语》，中华书局2013年版，第295页。
⑧ 白奚：《从〈左传〉〈国语〉的"仁"观念看孔子对"仁"的价值提升》，《首都师范大学学报》2007年第4期，第12页。
⑨ 余治平：《"仁"字之起源与初义》，《河北学刊》2010年第1期，第45页。

为爱人,从而形成了以"仁爱"为核心的独立完整的伦理道德思想体系。[①]

孔子认为"仁"的最基本含义和根本要求是"爱人"。他在《论语》中明确提出了"仁者爱人"的道德规范。"樊迟问仁。子曰:'爱人'。"[②](《论语·颜渊篇》)孔子所倡导的"仁"就是"仁爱",是一种基于血缘亲情的有差等的爱,具有亲疏远近之别。依据其关爱对象不同,可分为亲亲、爱人、爱物三个层次,即家庭血缘关系的爱、社会人际关系的爱和宇宙物我之间的爱。

"亲亲"是"仁爱"的起点,是爱人的基础与前提。"亲亲"是指亲近与自己有血缘亲情的人,最重要的是孝顺父母,敬爱兄长。这种基于血缘亲情的爱,最初体现在孝道。"悌也者,其为仁之本与!"[③](《论语·学而篇》)孔子的"仁爱"就是从亲情之爱开始,而"孝"是其真正的起点。孔子的"孝""悌"不仅体现了父母对子女的养与教,也体现了子女对父母的养与敬。"今之孝者,是谓能养。至于犬马,皆能有养;不敬,何以别乎?"[④](《论语·为政篇》)这体现了子女对父母的真诚敬爱和关怀。"惟孝,友于兄弟。"[⑤](《论语·为政篇》)则表明了孔子对兄弟姐妹手足之情的重视。可见,《论语》中的亲亲之爱是以家庭血缘关系为出发点,由对父母、兄弟姐妹之爱,再拓展到家庭其他人员之爱,如夫妻、妯娌、姑嫂以及婆媳相互之爱,从而达成家庭关系的和谐。

《论语》中的"仁者爱人"并未停留在亲情之爱,而是从亲情的孝悌出发,将爱的范围逐渐扩大,由爱自己亲人(如父母、兄弟、父母、子女)推己及人,由近及远,把亲亲之爱升华至普遍的人类之爱。"君子笃于亲,则民兴于仁。"[⑥](《论语·泰伯篇》)"弟子入则孝,出则

---

① 陈桐生:《〈论语〉十论》,暨南大学出版社2012年版,第84页。
② 杨伯峻:《论语译注》,中华书局2011年版,第129页。
③ 杨伯峻:《论语译注》,中华书局2011年版,第2页。
④ 杨伯峻:《论语译注》,中华书局2011年版,第14页。
⑤ 杨伯峻:《论语译注》,中华书局2011年版,第20页。
⑥ 杨伯峻:《论语译注》,中华书局2011年版,第77页。

悌，谨而信，泛爱众，而亲仁。"①（《论语·学而篇》）以及"博施于民而能济众"②（《论语·雍也篇》），都表示孔子之仁爱从"笃亲"开始，最终达到"泛爱众""济天下"及"四海之内，皆兄弟也"的目的。"厩焚，子退朝，曰：'伤人乎？'不问马"③（《论语·乡党篇》）。马棚失火，孔子首先关心的是人员伤亡，且关心的是当时地位低下的马夫，从此可以看出孔子对他人生命的关爱以及"仁爱"思想的普遍意义。

《论语》中的"仁爱"思想不仅限于人类，而且推及自然与宇宙万物。孔子倡导对自然宇宙所生之物，都要具有同情和爱。他主张人类要爱护自然、尊重自然，与自然和谐相处。所谓"知者乐水，仁者乐山"④（《论语·雍也篇》）是人的最高体念，表达人类与自然应该和谐相处。孔子认为对自然界的动物也应尊重与爱护。"子钓而不纲，弋不射宿。"⑤（《论语·述而篇》）动物也有生命，不应妄捕滥杀，而应节制取用。孔子对自然宇宙中的生命产生的怜惜之情，体现了对所有生命的尊重与热爱，这是"仁爱"思想的最高境界。

二 忠恕之道

"忠恕"是儒家思想的核心内容之一，也是中国传统道德文化的精髓。何谓"忠"？从该字结构看，"忠"，由"中"和"心"两字组成。许慎在《说文解字》中说"忠，敬也。从心，中声，尽心曰忠"⑥，即尽心尽力就是"忠"。段玉裁在其基础上进一步补充为，"忠，敬也。敬者，肃也，未有尽心而不敬者"⑦，表示以恭敬之心做好自己的本分事。历代其他学者在古籍中也多有阐释，《左传》中"忠"出现 70 多处，

---

① 杨伯峻：《论语译注》，中华书局 2011 年版，第 4 页。
② 杨伯峻：《论语译注》，中华书局 2011 年版，第 63 页。
③ 杨伯峻：《论语译注》，中华书局 2011 年版，第 104 页。
④ 杨伯峻：《论语译注》，中华书局 2011 年版，第 61 页。
⑤ 杨伯峻：《论语译注》，中华书局 2011 年版，第 72 页。
⑥ （汉）许慎：《说文解字》，汤可敬译注，中华书局 2018 年版，第 2149 页。
⑦ 毕宝魁：《〈论语〉"忠""恕"本义考》，《清华大学学报》（哲学社会科学版）2009 年第 6 期，第 156 页。

《国语》50多处,《论语》则有18处涉及"忠"。① 《左传》解释为"忠之属也",《玉篇》解释为"直也",《广韵》解释为"无私也";② 邢昺《论语注疏》注释为:"忠,谓尽中心也"③;朱熹《论语集注》注释为"尽己之谓忠"④ 等。从上可知,"忠"的主要含义包括"尽""中"与"敬"等,而最本质含义是尽心尽力做好自己本分工作,善意对待他人;同时,它还涉及"公而无私""推心置腹"等含义。

"恕"字虽非孔子独创和发明,但他却在前人基础上,将其提高至"一以贯之""终身行之"的重要地位。何谓"恕"?《说文解字》曰:"恕,仁也。从心,如声"⑤;《说文解字段注》曰:"恕,仁也",将"恕"解释为"仁";⑥《周礼·大司徒》曰:"如心曰恕","如心"即"心相似",将心比心;《声类》说:"以心度物曰恕";《贾子·道术》说:"以己量人谓之恕";《战国策》有"窃自恕",意为原谅;《左传》记载"君子恕,以为必归","恕"为"心宽"之意;古籍对"恕"之解释,多从"宽容""宽宥"理解。⑦ 王夫之解释为:"恕,推己也";刘宝楠《论语正义》注解为"恕者,仁也。如己之心,以推诸人,此求仁之道";⑧ 朱熹《论语集注》解释为:"推己之谓恕。"⑨ 这些阐述多从"将心比心"意义去理解"恕",即用自己之心体会他人之心,进行换位思考。⑩ 因此,"恕"的本义就是"将心比心""推己及人",能站在他人立场进行换位思考。

忠恕之道的重要内容之一就是"己所不欲,勿施于人"。"其恕乎,

---

① 赵谦、车凤:《"忠"的传统内涵与现实意义》,《前线》2014年第3期,第106页。
② 赵谦、车凤:《"忠"的传统内涵与现实意义》,《前线》2014年第3期,第106页。
③ (清)阮元:《十三经注疏》,中华书局1980年版,第2471页。
④ (宋)朱熹:《四书章句集注》,金良年今译,上海古籍出版社2006年版,第91页。
⑤ (汉)许慎:《说文解字》,汤可敬译注,中华书局2018年版,第2156页。
⑥ (汉)许慎:《说文解字》,汤可敬译注,中华书局2018年版,第2156页。
⑦ 曾小五:《孔子道德哲学的内在理路——从对"忠"和"恕"的剖析入手》,《湖南大学学报》(社会科学版)2008年第6期,第102页。
⑧ (清)刘宝楠:《论语正义》,中华书局1990年版,第250页。
⑨ (宋)朱熹:《四书集注》(上),金良年今译,上海古籍出版社2006年版,第91页。
⑩ 毕宝魁:《〈论语〉"忠""恕"本义考》,《清华大学学报》(哲学社会科学版)2009年第6期,第156页。

第三章 文本定位：《论语》的定位与现代价值

己所不欲，勿施于人"①（《论语·卫灵公篇》）；当仲弓问什么是"仁"时，孔子回答"出门如见大宾，……己所不欲，勿施于人"②（《论语·颜渊篇》）。这是对"仁"的直接定义，"仁"就是孔子的"恕道"，即"己所不欲，勿施于人"，体现出孔子对"仁"的新理解，阐明了如何对待他人的伦理原则。③按照子贡的理解，意即"我不欲人之加诸我也，吾亦欲无加诸人"④（《论语·公冶长篇》）。《论语》中对"忠"的解释就是"夫仁者，己欲立而立人，己欲达而达人"⑤（《论语·雍也篇》）。这就是说，"忠"是指有仁德的人，如自己能站得住，也要使他人站住。如今，"己所不欲，勿施于人"已成为世界各国所提倡与推崇的道德金律，当今全球共同认可的伦理准则。⑥

"和"作为孔子道德的一个重要范畴，也是孔子忠恕之道的重要内容之一。"礼之用，和为贵"⑦（《论语·学而篇》），孔子认为讲究礼让，社会就会和谐。子曰："君子和而不同，小人同而不和"⑧（《论语·子路篇》）。"和而不同"就是要尊重别人，善待别人，这也是对待他人和处理人际关系的根本态度或原则，即在人际交往中应该求"和"而不求"同"。人们在思想上必然存在差异，对某一问题可能有不同看法，对此应当持宽容态度，不把自己的思想和看法强加于人，不应寻求时刻保持一致；相反，应当容忍对方独立的见解。"盖均无贫，和无寡，安无倾"⑨（《论语·季氏篇》）。只有做到和而不同，才能和无寡。保持宽容心态，做到和而不同，是保障多样性和个性发展的需要，也是促进社会和谐发展的前提。

---

① 杨伯峻：《论语译注》，中华书局 2011 年版，第 164 页。
② 杨伯峻：《论语译注》，中华书局 2011 年版，第 121 页。
③ 陈来：《〈论语〉的德行伦理体系》，《清华大学学报》（哲学社会科学版）2011 年第 1 期，第 132 页。
④ 杨伯峻：《论语译注》，中华书局 2011 年版，第 45 页。
⑤ 杨伯峻：《论语译注》，中华书局 2011 年版，第 64 页。
⑥ 戢斗勇：《儒家全球伦理》，甘肃人民出版社 2004 年版，第 152 页。
⑦ 杨伯峻：《论语译注》，中华书局 2011 年版，第 7 页。
⑧ 杨伯峻：《论语译注》，中华书局 2011 年版，第 140 页。
⑨ 杨伯峻：《论语译注》，中华书局 2011 年版，第 170 页。

忠恕之道也讲究言行一致。"言必信,行必果"①(《论语·子路篇》),孔子提出为人处世应做到言行一致,只有做到言而有信,以诚为本,才能真正取信于人。生活中得到朋友的信赖与支持,在人际交往中就能站稳脚跟,从而实现远大的理想和人生目标。孔子在《论语》中多次论述言与行的关系,并强调行要重于言,认为君子应"敏于事而慎于言",而反对言过其行。"巧言令色,鲜矣仁"②(《论语·学而篇》),"有德者必有言,有言者不必有德"③(《论语·宪问篇》),这些都说明孔子重视言行一致,认为说话做事一定要讲信用。"人而无信,不知其可也"④(《论语·为政篇》),可见他把信作为一个人在世上立身的准则。另外,如"君子不以言举人,不以人废言"⑤(《论语·卫灵公篇》),"始吾于人也,听其言而信其行,今吾于人也,听其言而观其行"⑥(《论语·公冶长篇》)及"不知言,无以知人也"⑦(《论语·尧曰篇》)等,都说明观察一个人,不仅要注重其言,更要重视其行。

忠信是孔子时代的重要德行,《论语》中多次强调忠信的重要性。"十室之邑,必有忠信如丘者焉"⑧(《论语·公冶长篇》),"子以四教:'文,行,忠,信'"⑨(《论语·述而篇》),这表明忠信是当时社会的基本德行,也是孔子教育活动中的主要科目。子张问行,子曰:"言忠信,行笃敬,虽蛮貊之邦,行矣。言不忠信,行不笃敬,虽州里,行乎哉?"⑩(《论语·卫灵公篇》)忠信笃敬的德行是基本道德。"主忠信,徙义,崇德也"⑪(《论语·颜渊篇》)。主忠信为"崇德"

---

① 杨伯峻:《论语译注》,中华书局2011年版,第138页。
② 杨伯峻:《论语译注》,中华书局2011年版,第3页。
③ 杨伯峻:《论语译注》,中华书局2011年版,第144页。
④ 杨伯峻:《论语译注》,中华书局2011年版,第21页。
⑤ 杨伯峻:《论语译注》,中华书局2011年版,第164页。
⑥ 杨伯峻:《论语译注》,中华书局2011年版,第44页。
⑦ 杨伯峻:《论语译注》,中华书局2011年版,第209页。
⑧ 杨伯峻:《论语译注》,中华书局2011年版,第52页。
⑨ 杨伯峻:《论语译注》,中华书局2011年版,第71页。
⑩ 杨伯峻:《论语译注》,中华书局2011年版,第160页。
⑪ 杨伯峻:《论语译注》,中华书局2011年版,第125页。

之事，这个德既是道德，也是德行。那么何为忠信之德？孔子在《论语》中并未对"忠信"意义作明确说明，只有其学生曾子有一处表述，曰"吾日三省吾身：为人谋而不忠乎？与朋友交而不信乎？"①（《论语·学而篇》）这里的"忠"表示应充分替人考虑，为人着想，"信"则是表示交朋友一定要讲求信用，说到做到。

三 克己复礼

"克己复礼"是儒家道德核心命题之一，也是《论语》中的道德核心思想。它是实现"仁"的途径，也是"仁"的客观准则。"克己复礼为仁。一日克己复礼，天下归仁焉。为仁由己，而由人乎哉"②（《论语·颜渊篇》）。何谓"克"？许慎《说文解字》中说"克，肩也"③，即"用肩扛"。古代汉语中一般为"克制"或"战胜"之意。"克己"出自《左传》，即"仲尼曰：'古也有志，克己复礼，仁也'"④，其意为：孔子认为"克己复礼"是古时就有记载，如能"克己"又能"复礼"，"仁"便能获得。但他没解释"克"的意思。南宋朱熹认为"克己"的真正含义是战胜自我私欲，"礼"是指天理，"复礼"就是遵循天理。实际上，"克"应该是"克服""约束"之含义，"礼"是指"礼仪规范"或"周礼"。"克己复礼"就是克制或约束自己，通过践履礼仪规范使自己言行举止符合道德规范和周礼精神。⑤

"为仁由己，而由人乎哉"⑥（《论语·颜渊篇》）。要达到仁的境界，必须通过个体的主观努力，求仁完全是自觉的，而不必依靠他人。"躬自厚而薄责于人"⑦（《论语·卫灵公篇》），"君子去仁，恶乎成

---

① 杨伯峻：《论语译注》，中华书局2011年版，第3页。
② 杨伯峻：《论语译注》，中华书局2011年版，第121页。
③ （汉）许慎：《说文解字》，汤可敬译注，中华书局2018年版，第1410页。
④ 杨伯峻：《春秋左传注》（修订本），中华书局2009年版。
⑤ 张自慧：《"克己复礼"的千年聚讼与当代价值》，《河北学刊》2011年第2期，第8页。
⑥ 杨伯峻：《论语译注》，中华书局2011年版，第121页。
⑦ 杨伯峻：《论语译注》，中华书局2011年版，第163页。

名？君子无终食之间违仁，造次必于是，颠沛必于是"①（《论语·里仁篇》），这说明孔子认为要靠后天修养（修己）造就仁人。尽管每人的资质各异，成就亦会有所不同，但阻碍人们前进的往往是非人为因素，"力不足者，中道而废"②（《论语·雍也篇》）。同时，孔子认为"仁"并非遥不可及，它可以通过不断学习逐步实现。"仁远乎哉？我欲仁，斯仁至矣"③（《论语·述而篇》），"能近取譬，可谓仁之方也已"④（《论语·雍也篇》）。由此可见，孔子认为求仁不必好高骛远，应先从自身做起，再推己及人。

"过而不改，是谓过矣"⑤（《论语·卫灵公篇》）。孔子主张要实现"仁"必须时刻自检反省，了解自己的对错得失，做到"过则勿惮改"。曾子也深受其影响，做到每日三省其身，即"为人谋而不忠乎？与朋友交而不信乎？传不习乎"⑥（《论语·学而篇》）。孔子认为人们如能约束自己，克服内心私欲，便会获得他人敬仰与崇拜。"君子之过也，如日月之食焉；过也，人皆见之；更也，人皆仰之"⑦（《论语·子张篇》）。他提出君子不能见义思利，而应见利思义，"君子喻于义，小人喻于利"⑧（《论语·里仁篇》）。君子有追求功名利禄、荣华富贵的权利，即"富而可求也，虽执鞭之士，吾亦为之"⑨（《论语·述而篇》），但应做到"君子爱财，取之以道"，他反复申明"不义而富且贵，于我如浮云"⑩（《论语·述而篇》）。他十分赞赏弟子颜回安贫乐道的气节，赞扬他"人不堪其忧，回也不改其乐"⑪（《论语·雍也篇》）。此外，他还提出要"取义成仁"，时刻做好舍生取义之准备，

---

① 杨伯峻：《论语译注》，中华书局2011年版，第35页。
② 杨伯峻：《论语译注》，中华书局2011年版，第58页。
③ 杨伯峻：《论语译注》，中华书局2011年版，第73页。
④ 杨伯峻：《论语译注》，中华书局2011年版，第64页。
⑤ 杨伯峻：《论语译注》，中华书局2011年版，第166页。
⑥ 杨伯峻：《论语译注》，中华书局2011年版，第3页。
⑦ 杨伯峻：《论语译注》，中华书局2011年版，第201页。
⑧ 杨伯峻：《论语译注》，中华书局2011年版，第38页。
⑨ 杨伯峻：《论语译注》，中华书局2011年版，第68页。
⑩ 杨伯峻：《论语译注》，中华书局2011年版，第69页。
⑪ 杨伯峻：《论语译注》，中华书局2011年版，第58页。

即"志士仁人,无求生以害仁,有杀身以成仁"① (《论语·卫灵公篇》)。

值得一提的是,"克己复礼"体现了礼与法的紧密关系。在《论语》中礼与法互相结合,礼指导法律的制定。中国历朝许多法律条文就是由礼典、礼文发展而来。如"唐律"的制定除总的方面受礼指导外,有些律文几乎是"礼"的翻版。礼法具有互补性,两者结合有利于维护社会稳定与国家长治久安。礼是法的一种初级形式,是德之先声,礼和法是他律,德是自律,从他律到自律才符合道德发展的基本规律,自律和他律完美结合才能达到最佳效果。"礼"通过相关礼仪制度或规范约束人们,引导人们向善发展,侧重于预防犯罪;"法"通过法律条文禁止人们为非作歹,侧重于惩罚犯罪。通过礼法结合,实现礼法互补,才能更好地推动国家和社会的良性运转。

四 孝悌为本

《论语》一书中指出,孝悌既是人性中最初的、首要的内容,也是"仁爱"道德思想之根基。"孝弟也者,其为仁之本与"②(《论语·学而篇》)。孔子将"孝""弟"(悌)作为"仁"的基础,其具体思想内涵包括:养亲敬亲、顺亲谏亲、祭亲念亲、荣亲护亲等。

1. 养亲敬亲。"养亲"是指在物质生活上使父母得到满足,使他们衣食无忧,居住有处,这是孔子时代"孝"的主要内涵,也是《论语》中孝道最起码的要求。具体包括两个方面:一是子女应该承担父母的赡养责任,使其安度晚年,"有事,弟子服其劳,有酒食,先生馔"③(《论语·为政篇》);二是赡养父母应该尽力而为,"事父母,能竭其力"④(《论语·学而篇》)。"敬亲"是指除奉养父母外,应充分尊敬父母,满足他们的精神生活需求。主要表现在:一是对父母保持尊敬的

---

① 杨伯峻:《论语译注》,中华书局2011年版,第161页。
② 杨伯峻:《论语译注》,中华书局2011年版,第2页。
③ 杨伯峻:《论语译注》,中华书局2011年版,第15页。
④ 杨伯峻:《论语译注》,中华书局2011年版,第5页。

态度。"今之孝者，是谓能养。至于犬马，皆能有养；不敬，何以别乎"①（《论语·为政篇》）。在孔子看来，物质供养并非"孝"的要义，"孝"不仅在"养"，更在"敬"，这是人与动物相区别的关键。他提出侍奉父母难在始终保持和颜悦色的态度。二是关注父母精神生活，满足父母情感需求。"父母之年，不可不知也。一则以喜，一则以惧"②（《论语·里仁篇》）。他认为，子女应牢记父母年龄，既要为他们高寿而高兴，又要为他们年迈而担忧。同时，应将父母健康放在心上，时刻关注父母的精神需求。

2. 顺亲谏亲。"顺亲"即遵从父母意愿，按他们要求行事。《论语》中"孟懿子问孝"，孔子回答"无违"。什么是"无违"？孔子认为"无违"是指："生，事之以礼；死，葬之以礼，祭之以礼"③（《论语·为政篇》）。可见，"无违"就是行为不违背礼节。"谏亲"是指子女对父母过错应用委婉语气进行劝谏。"事父母几谏，见志不从，又敬不违，劳而不怨"④《论语·里仁篇》。孔子认为发现父母有过错，应婉言劝止，如多次劝谏，父母仍不听劝告，仍应尊重他们，不应有怨恨之心，做到"父母有过，谏而不逆"。同时，劝谏父母要注重方式与方法，做到"父母有过，下气怡色柔声以谏，谏若不入，起敬起孝，悦则复谏"⑤（《礼记·内则》）。

3. 祭亲念亲。"祭亲"是指父母去世后，子女应该适时祭奠父母。埋葬和祭祀都表示对父母尊重。"生，事之以礼；死，葬之以礼，祭之以礼"⑥（《论语·为政篇》）。父母在世时，应以礼相待，他们去世后也应以礼相待。孔子提出，父母去世后，子女应守丧三年。当子张提出"《书》云：'高宗谅阴，三年不言。'何谓也"时，孔子回答"何必高宗，古之人皆然。君薨，百官总己以听于冢宰三年"⑦（《论语·宪问

---

① 杨伯峻：《论语译注》，中华书局2011年版，第14页
② 杨伯峻：《论语译注》，中华书局2011年版，第39页
③ 杨伯峻：《论语译注》，中华书局2011年版，第13页
④ 杨伯峻：《论语译注》，中华书局2011年版，第38页
⑤ 丁鼎：《礼记解读》，中国人民大学出版社2010年版。
⑥ 杨伯峻：《论语译注》，中华书局2011年版，第13页
⑦ 杨伯峻：《论语译注》，中华书局2011年版，第156页。

第三章 文本定位：《论语》的定位与现代价值

篇》）。中国古代，从国君到庶民，都将为父母守丧看成大事，这也是评价儿女是否孝顺的重要标准。"三年之丧，期已久矣。君子三年不为礼，礼必坏；三年不为乐，乐必崩。"[1]（《论语·阳货篇》）当宰我提出没有必要守丧三年时，孔子回答："予之不仁也！子生三年，然后免于父母之怀。夫三年之丧，天下之通丧也。予也有三年之爱于其父母乎。"[2]《论语·阳货篇》）这说明孔子对守丧极为看重。《论语》中孔子还提出祭丧活动不仅应注重内容，也要重视形式与情感。"虽疏食菜羹，必祭，必齐如也"[3]（《论语·乡党篇》），"朋友之馈，虽车马，非祭肉，不拜"[4]（《论语·乡党篇》）。这表明在祭祀祖先和前辈时，礼节不能缺失，表情要庄重严肃，注重情感。孔子还提出应做到"祭如在，祭神如神在"，"吾不与祭，如不祭。"[5]（《论语·八佾篇》）他认为如不亲自参加祭祀（由别人代祭），那就如同不祭祀一样。祭祀先逝的父母和祖辈时，应该注重礼仪，保持崇敬和哀戚心情。但对于祭祀活动，孔子反对铺张浪费，"礼，与其奢也，宁俭；丧，与其易也，宁戚"[6]（《论语·八佾篇》）。他指出"礼"反映了人内在的情感、美德，并非给别人看，要注重节俭，丧礼不宜过于隆重。

4. 荣亲护亲。孝敬还体现在子女应关爱自己身体，注意自身安全，避免父母担忧。父母尤其关心子女的身体健康，常为子女疾病而担忧。"父母唯其疾之忧"[7]（《论语·为政篇》）。父母子女久不相聚交流，为人生一大不幸。父母负丧子之痛，更是人生大悲伤。因此，子女应保护好自己身体，避免父母担忧，这是对父母极大孝顺。子女身亡于父母之后，也应做到以"全身而归"，以示他们生前谨行爱护，不敢毁损伤残其身。"曾子有疾，召门弟子曰：启予足！启予手！《诗》云：'战战

---

[1] 杨伯峻：《论语译注》，中华书局2011年版，第186页。
[2] 杨伯峻：《论语译注》，中华书局2011年版，第186页。
[3] 杨伯峻：《论语译注》，中华书局2011年版，第102页。
[4] 杨伯峻：《论语译注》，中华书局2011年版，第105页。
[5] 杨伯峻：《论语译注》，中华书局2011年版，第27页。
[6] 杨伯峻：《论语译注》，中华书局2011年版，第24页。
[7] 杨伯峻：《论语译注》，中华书局2011年版，第14页。

兢兢,如临深渊,如履薄冰。'而今而后,吾知免夫!小子。"①(《论语·泰伯篇》)曾子认为身体为父母所赐,应注重保护,不可有任何损伤,这也是孝的体现。

五 为政以德

孔子在《论语》中还将"仁爱"道德运用到政治层面,明确提出了"为政以德"的政治主张,形成了较为完善的德政策略。如"为政以德,譬如北辰,居其所而众星拱之"②(《论语·为政篇》),"道之以政,齐之以刑,民免而无耻;道之以德,齐之以礼,有耻且格"③(《论语·为政篇》)。孔子主张实施仁政与德政,他认为只有实施德政,才会得到人民的真心拥护,使民心归服。《论语》中孔子关于德政思想的论述既丰富又系统,主要包括:

"为政以德"的重要内容之一是为政者应以身作则,上行下效。孔子提出为政者应该严格要求自己的言行,努力做老百姓的表率,才能真正治理好国家。④《论语》中关于执政要求的语句很多。如"子帅以正,孰敢不正"⑤(《论语·颜渊篇》),"其身正,不令而行,其身不正,虽令不从"⑥(《论语·子路篇》),"苟正其身矣,于从政乎何有"⑦(《论语·子路篇》)等。孔子特别强调为政者的表率和示范作用,当政者如果能以身作则,还有谁敢不端正呢?"苟子之不欲,虽赏之不窃"⑧(《论语·颜渊篇》)。倘若为政者正直清廉,不贪财好利,普通老百姓自然会遵规守法,社会风气就会良好。"君子之德风,小人之德草,草上之风必偃"⑨(《论语·颜渊篇》),也就是说为政者只有具备

---

① 杨伯峻:《论语译注》,中华书局2011年版,第78页。
② 杨伯峻:《论语译注》,中华书局2011年版,第11页。
③ 杨伯峻:《论语译注》,中华书局2011年版,第11页。
④ 李佩馨:《〈论语〉的"仁学"研究》,硕士学位论文,中南大学,2011年,第16页。
⑤ 杨伯峻:《论语译注》,中华书局2011年版,第127页。
⑥ 杨伯峻:《论语译注》,中华书局2011年版,第134页。
⑦ 杨伯峻:《论语译注》,中华书局2011年版,第136页。
⑧ 杨伯峻:《论语译注》,中华书局2011年版,第127页。
⑨ 杨伯峻:《论语译注》,中华书局2011年版,第127页。

第三章 文本定位：《论语》的定位与现代价值

高尚的道德品格，身先士卒，为老百姓树立榜样，才具有示范带动作用，从而赢得他们的爱戴和拥护。①"恭己正南面而已矣"②（《论语·卫灵公篇》），这也是要求统治者以身作则，通过自己的言行举止为老百姓做表率。此外，孔子还提出"恭则不侮，宽则得众，信则人任焉，敏则有功，惠则足以使人"③（《论语·阳货篇》），认为统治者要端正自身行为，应做到"恭""宽""信""敏""惠"五个德目，如能做到这些，表明其已接近仁德。

孔子认为为政者应具备正确的人才观，能够知人善任、选贤举才。"举直错诸枉，则民服；举枉错诸直，则民不服"④（《论语·为政篇》），孔子主张统治者应注意选拔贤能之士来辅佐政治，提拔任用正直的人，百姓就会拥护，就能树立良好风气，人民才会心悦诚服。那么，如何选贤任能呢？孔子提出要做到三个方面：其一是识别人才，言行并举。孔子提出"不以言举人，不以人废言"⑤（《论语·卫灵公篇》），意思是为政者不因为某人话说得好就举荐他，也不因某人有缺点就否认他的一切言论，正确做法是"听其言而观其行"⑥（《论语·公冶长篇》），只有"视其所以，观其所由，察其所安"⑦（《论语·为政篇》），才能选拔出确实有才能和作为的人。其二是选拔人才，不拘一格。孔子选拔人才不以长幼、贵贱、亲疏等作为标准，而是不拘一格选拔真才实学，具有扎实本领之人。"先进于礼乐，野人也；后进于礼乐，君子也。如用之，则吾从先进"⑧（《论语·先进篇》）。其三是使用人才，用其所长。孔子对自己弟子了如指掌，充分把握每人所长，能根据职位要求举荐合适之人，做到人尽其才，才尽其用。⑨

---

① 杨丽红：《孔孟德治思想及其现代价值》，硕士学位论文，山东大学，2008年，第20页。
② 杨伯峻：《论语译注》，中华书局2011年版，第160页。
③ 杨伯峻：《论语译注》，中华书局2011年版，第181页。
④ 杨伯峻：《论语译注》，中华书局2011年版，第19页。
⑤ 杨伯峻：《论语译注》，中华书局2011年版，第164页。
⑥ 杨伯峻：《论语译注》，中华书局2011年版，第44页。
⑦ 杨伯峻：《论语译注》，中华书局2011年版，第16页。
⑧ 杨伯峻：《论语译注》，中华书局2011年版，第108页。
⑨ 韩延明、李文婷：《探析孔子的"仁爱"思想及其和谐社会理念》，《江苏社会科学》2011年第4期，第79页。

古人云："得民心者得天下。"要想得到民众的支持，就须抓住民心，也就是说要爱民，"爱民"是德政的重心。一方面要求为政者"养民以惠"，即为人民谋福利。子谓子产："有君子之道四焉：其行己也恭，其事上也敬，其养民也惠，使民也义。"①（《论语·公冶长篇》）另一方面要求为政者"使民以时"，即征用徭役应讲究时节，对百姓要厚施薄敛。"道千乘之国，敬事而信，节用而爱人，使民以时"②（《论语·学而篇》），为政者处理国家政事时，必须严谨认真，注重诚信，节省开支，爱护官吏臣僚，而役使百姓应注意时节，以免影响生产。同时，《论语》中还提出了以德为本、以法为辅，德法结合的执政理念。孔子主张德政，坚决反对杀戮、苛政、暴政，支持实行富民政策。子曰："善人为邦百年，亦可以胜残去杀矣"（《论语·子路篇》），"子为政，焉用杀？子欲善而民善矣"③（《论语·颜渊篇》），这些都说明治国要以礼与德为本，严刑峻法只能控制人们的行为，道德教化和礼制规范能使百姓心悦诚服、知耻行义。此外，孔子还主张宽猛相济，德主刑辅、德法结合，这样才能使人民的思想言行合礼合法，达到"近者悦，远者来"（《论语·子路篇》）。

第三节 《论语》的传统道德文化思想之价值

汤恩佳认为，以孔子道德为核心的儒学思想涵盖四大功能，其一是促进世界和平；其二是提升全人类道德素质；其三是与世界多元文化共存共荣；其四是促进世界各宗教文化平起平坐。④ 在中国历史上，《论语》中"仁者爱人""忠恕之道""孝悌为本"等道德文化思想为人与人、人与社会、人与自然等方面关系的处理发挥了重要作用。随着全球化时代的到来和多元文化背景的出现，这些核心思想精华不仅没有过时，而且在当今中国乃至世界日益彰显出更大价值，为建设世界新道德

---

① 杨伯峻：《论语译注》，中华书局2011年版，第46页。
② 杨伯峻：《论语译注》，中华书局2011年版，第4页。
③ 杨伯峻：《论语译注》，中华书局2011年版，第127页。
④ 汤恩佳：《全球化时代与孔子儒家思想》，《闽台文化交流》2009年第1期，第30页。

第三章　文本定位：《论语》的定位与现代价值

伦理秩序，构建人类命运共同体做出重要贡献，具体体现在以下方面。

一　对促进中国建设之价值

（一）有利于调节人际关系，促进社会主义和谐社会建设

和谐社会倡导人与人之间、人与社会之间关系的和谐。在中国城镇化进程中，竞争不断加剧，社会矛盾日益突出，人际关系日渐淡化，社会和谐稳定受到威胁。《论语》中的"泛爱众""和而不同""毋意，毋必，毋固，毋我""己所不欲，勿施于人""己欲立而立人，己欲达而达人"等语句包含着丰富的促进人际关系和谐的思想以及协调人际关系的道德准则，对于处理人际关系具有重要的实践价值。学者樊浩提出，"推己及人"是"忠恕之道"的思想精髓，是"消弭人我疆界、达到人我互通互动的最富有操作性和有效性的智慧"，对于化解人伦矛盾，构建和谐人际关系具有重要价值。[1] 骆郁廷、赵方认为，"推己及人"被称之为"忠恕之道"，是处理人际关系的一个重要原则，对于协调当今社会己与人、己与群的相互关系有很大启发，它不仅"有助于缓解人际关系紧张，建立和谐、良好的人际关系"，而且"有助于减少人与人之间的摩擦和猜忌，在己与人的理解关怀和良性互动之中形成道德自觉，规范社会行为，进而培养理性平和的社会心态，化解社会矛盾，构建和谐社会秩序"。[2] 因此，在构建社会主义和谐社会过程中，应大力弘扬"忠恕之道"以及"仁爱"精神，倡导人与人之间互帮互助、平等友爱与和睦相处，这样有利于克服现实生活中的冷漠、疏离以及对立状态，调节人与人之间的紧张关系，缓和社会矛盾，促进社会和谐。

（二）有利于抑制市场经济负面效应，促进社会主义市场经济建设

市场经济的深入推进，极大激发和调动了人们生产的积极性，促进了中国社会经济的快速发展和人们物质财富的丰富。然而，市场经济是一把"双刃剑"，在给中国带来了巨大发展机遇的同时，也带来了某些

---

[1] 樊浩：《中国伦理精神的历史建构》，江苏人民出版社1991年版，第423页。
[2] 骆郁廷、赵方：《新时代推己及人的德育价值》，《学校党建与思想教育》2018年第17期，第16—19页。

不为人称道的经济理念,很多人在市场经济大潮中迷失了自我,甚至放弃了基本的做人准则,"拜金主义""享乐主义""利益至上"等不正之风和不良思想急剧膨胀,给社会带来一系列消极影响与负面效应。目前,中国市场经济制度还不够健全,部分人受利益驱使,追求利润最大化,出现了各种违法行为,如制假贩假、坑蒙拐骗、不正当竞争等。近年发生的"阜阳大头娃娃""三鹿奶粉""苏丹红""瘦肉精""染色馒头""地沟油""皮革奶"等食品安全事件,不仅严重损害了中国普通民众的利益,危害了他们的生命健康与安全,也说明了少部分人诚信的缺失、良心的泯灭以及道德的沦丧。《论语》中所提出的"言必信,行必果""君子喻于义,小人喻于利"等道德文化思想,是医治和拯救这部分人的良药。传承和弘扬这些优秀传统道德文化,不仅有利于提高人民的道德水平,引导他们增强仁爱之心,善待他人,尊重生命和珍爱生命,也有助于他们在市场经济活动中树立诚信意识,不做有悖良心的事,促进社会主义市场经济良性循环发展。

(三)有利于"以德治国"方略实施,促进国家政治文明建设

党的十九大报告中指出,必须"坚持依法治国和以德治国相结合"。之所以要实行德政,德治之所以有效,就在于它能使民众"知耻",从而自觉地做到有所不为,自觉地避免犯罪。[①]《论语》中有很多德政思想,如以身作则、上行下效、选贤举能、知人善任、敬事而信、节用爱民、德主刑辅、德法结合等,都是孔子"为政以德"治国之道思想的具体表现。在全面建设社会主义现代化强国,实现中华民族伟大复兴的新征程中,我们应坚持依法治国和以德治国相结合,在继承发扬《论语》中"德政"思想的基础上,从优秀传统道德中汲取治理智慧,吸纳中外优秀文化传统和现代文明成果,形成富有中国特色的"以德治国"方略。

二 对推动人类发展之作用

(一)有利于保护自然资源,促进生态文明建设

保护自然环境,加强生态文明建设是中华民族永续发展的千年大

---

① 杨韶刚:《明荣辱、知廉耻:道德教育的时代呼唤》,《当代教育科学》2007年第9期,第45—48页。

计。随着科学技术的进步,人们改造自然的能力大大提高。人类为提高物质生活水平,满足自己的欲望,开始大规模肆无忌惮地开发自然,不断向自然界索取,无暇顾及生态环境平衡和自然环境保护,致使全球环境污染、资源枯竭、生态破坏等问题日渐严重。"近几十年以来,由于人类面临日益严峻的生态危机,各国思想家、科学家在对天人之际进行哲学反思中,有一个明显的思想摆动是向东方生态智慧回归。"① 而儒家生态智慧的核心是"德性",《论语》中孔子提倡"天人合一",主张以"仁爱"之心对待自然、保护自然,保持人与自然界的和谐统一,"钓而不纲,弋不射宿"② 就是其生态道德思想的具体体现。近年来,沙尘暴、酸雨、赤潮、旱涝、地震等灾害频繁暴发,直接影响乃至危及人类的生命财产安全,这些自然灾害的发生,与人们对待自然的方式有直接关系。《论语》"仁爱"思想中充满人文情怀的生态理念如能得到弘扬,人人具有"泛爱万物"的意识,向对待生命一样,用最友好的方式对待自然和生态环境,这样就能更好地保护自然生态环境平衡,实现人与自然的和谐相处。

(二) 有利于老龄化社会,实现社会的稳定发展

随着全球化进程的不断提速,人口老龄化在世界范围内迅速蔓延。联合国人口司的《2013年老龄化剖面图》显示,2013年世界60岁以上的老年人口已达8.4亿,预计至2050年,将达20.3亿,占世界人口总数的22%。③ 穆迪2014年发布的报告表明,2020年世界13个国家将成"超高龄"国(20%以上人口超65岁),2030年"超高龄"国将升至34个。④ 2030年中国65岁及以上老年人口占比将达16.2%,与目前世界主要发达国家老龄化平均水平相当。⑤ 2015—2050年,中国老年人口(65岁及以上)规模将从1.4亿增至3.65亿左右,预计在2055—

---

① 杨润根:《发现论语》,华夏出版社2003年版,第236页。
② 杨伯峻:《论语译注》,中华书局2011年版,第72页。
③ 胡玉坤、温煦:《全球化与国际老龄化政策——基于社会性别视野的考察》,《妇女研究论丛》2015年第1期,第34页。
④ 《数字》,《中国民政》2014年第10期,第6页。
⑤ 陈卫民、施美程:《发达国家人口老龄化过程中的产业结构转变》,《南开学报》(哲学社会科学版)2013年第6期,第32—41页。

2060年达到峰值（4亿以上）。① 全球人口老龄化，成为当代国际社会无法回避的世界性难题。面对人口老龄化的问题，社会需要孝道来主导稳定的家庭关系和社会关系，发展稳定的社会结构。《论语》中孝养、敬养等是其中的精华，孔子在"孝"道衡量标准上坚持物质奉养与精神慰藉统一，重视感情付出以及精神文化需求。孝道是人类繁衍过程中家庭养老抚幼的自然功能反映，它具有超越时空的永恒价值，对解决人口老龄化带来的社会问题具有重要价值。

（三）有利于国际和谐，推进世界和平与发展

英国哲学家伯特兰·罗素（Bertrand Russell）在其1922年出版的著作《中国问题》中也提到"中国至高无上的伦理品质中的一些东西，对现代世界极为重要"②，他指出，在中国的伦理品质中"和气"应摆在首位，"和气"若能被全世界采纳，世界将会有更多欢乐与祥和。③"和谐"是《论语》中最核心的传统文化思想。如"和为贵""协和万邦"体现了对和谐、秩序、仁爱的向往和追求。"恕道"中的"己所不欲，勿施于人"为不同文化传统的民族和国家所共同接受，成为公认的伦理准则和"道德金律"，它们对于推进世界和平和发展意义重大。2004年8月，在马来西亚吉隆坡召开的"以忠恕之道促进世界和平"为主题的首届儒学国际学术研讨会上，与会专家学者一致认为孔子的"恕道"思想对于维护世界和平，促进人际和谐具有重要作用。马来西亚学者冯镇安认为"恕道"是一种人际关系和处世态度的价值观念，他说："普及恕道，在个人修养和国家治理上贯彻这个伟大情操，那么世界和平便指日可待了。"④ 由此可见，《论语》中的"忠恕""和谐"等核心思想对于构建和平共处、相互尊重的国际环境，维护不同民族、国家之间关系的和谐，推进世界的和平与发展以及构建人类命运共同体

---

① 胡湛、彭希哲：《应对中国人口老龄化的治理选择》，《中国社会科学》2018年第12期，第135页。
② ［英］伯特兰·罗素：《中国问题》，秦悦译，学林出版社1996年版，第167—168页。
③ 杨明、吴翠丽：《中国传统文化中的"中和"思想及其现代价值》，《南京社会科学》2006年第2期，第24页。
④ 孙君恒：《忠恕之道促进世界和平》，《社科经纬》2005年第5期，第6—7页。

具有十分重要的价值。

三 对丰富世界文明之意义

当今世界全球性交往日益密切,呈现出文化与发展的多样性。世界文明发展历史事实表明,多样性是世界文明的基本特质,多样性就意味着差异,差异则意味着需要相互学习与借鉴。① 一种文明无法在自我封闭中孤立生成与发展,需要通过与不同文明交往,互相融会与学习,从而不断丰富与发展,这是人类文明进步发展的必然要求。中国德性文化具有无可置疑的优越性,在世界文化中处于领先地位。中国儒家传统道德价值观(如仁、义、礼、智、信、忠、孝、廉、耻、勇等),具有相当范围的文化共通性。②《论语》中的"仁"是贯穿孔子道德的中心范畴,它是一种人的本性。"为仁由己,而由人乎哉?"③ 这里的"仁"就是人性精髓,实际上"仁"或"人性"是一种普遍人类尊严,是遵循公正与真理而做事的一种行为,具有文化共通性。④

西方主导的现代化在改造世界的同时也给世界带来了很大的破坏,中华文化追求的和谐与秩序价值观恰恰是对现代化危机进行反思的重要思想。以儒家道德文化为核心的中华文化中蕴藏着丰富的和谐因素。在处理人与人之间矛盾时,孔子主张的"和为贵""和而不同""己所不欲,勿施于人"以及"人而无信,不知其可也"等优秀传统文化思想,要求人与人之间求同存异、相互尊重和相互信任,这是全球化、多元文化社会应具备的品质,对构建和谐世界有重要价值。1988年,世界诺贝尔奖获得者在法国巴黎呼吁:"如果人类要在二十一世纪更好地生存下去,必须回顾二千五百年,去汲取孔子的智慧。"⑤ 联合国教科文组织(UNESCO)约翰·泰勒(John W. Taylor)指出:"孔子所确立和阐

---

① 李忠杰:《怎样认识和对待世界文明的多样性——"怎样认识和把握当今的国际战略形势"之五》,《瞭望新闻周刊》2002年第25期,第8—9页。
② 辜正坤:《中西文化比较导论》,北京大学出版社2012年版,第161页。
③ 杨伯峻:《论语译注》,中华书局2011年版,第121页。
④ 杨韶刚:《集体主义与个体主义道德文化的教育反思》,《教育学报》2011年第5期,第37页。
⑤ 汤恩佳:《全球化时代与孔子儒家思想》,《闽台文化交流》2009年第1期,第29页。

述过的很多价值观念，这些价值观念是超越国界，超越时代的，属于中国，也属于世界。"① 这进一步肯定了孔子道德价值观念对中国和世界的当代意义和未来价值。孔子道德思想精华既属于中国，也属于世界，是全世界的共同文化遗产，也是人类取之不尽、用之不竭的宝贵精神资源。

总之，《论语》中的道德核心概念（如仁、义、礼、智、信）以及核心道德思想（如仁爱、忠恕、孝道、信义、德政、和谐等②）与西方文化具有共通之处，是世界各国人们的精神追求与信念，在不同时空环境中都具有价值导向功能，不仅对于今天构建和谐的人际关系、抑制市场经济负面效应、保护自然生态环境以及"以德治国"战略的实施等都具有重要价值，而且对促进世界的和平发展以及构建人类命运共同体意义重大。因此，我们应积极挖掘并吸收《论语》传统文化思想中的核心精华，在现代社会加以转化运用并将其对外传播。

---

① 汤恩佳：《孔学论集》，文津出版社1996年版，第236页。
② 郭齐勇：《东亚儒学核心价值观及其现代意义》，《孔子研究》2000年第4期，第23页。

第四章 实证研究:《论语》核心思想的跨文化比较
——以"孝道"思想为例

第一节 引言

人类社会发展的历史表明,虽然不同国家和民族都存在各自的文化,但也存在某些被全人类所共同认可和信奉的核心价值观,如诚实、勇敢、公正、尊重、公平等。① 近年来,相关实证研究表明,西方社会所主张和提倡的人权、自由与平等核心价值观念,并不仅仅是西方文化传统,而是出现于各种不同的文化中;权利和民主观念是人类的普世价值观,其效用和关联超出了西方文化。② 同时,中国儒家传统价值观,如仁、义、礼、智、信、忠、孝、廉、耻、勇等,也并非中国独有,它们也具有相当大的文化共通性。③ 文化具有共通性,这就意味着不同社会、文化及民族间可开展平等且有意义的对话。当前中国已成为世界第二大经济体,综合国力和国际影响力实现了历史性跨越,但文化软实力方面与发达国家相比还存在一定的差距。为此,有必要挖掘并提炼《论语》中具有文化共通性的传统文化思想精华,存异求同,实现平等对话、交流与传播。

"孝道"是《论语》的灵魂,是中国传统文化的支柱和核心,在中国人的社会生活中极为重要。国学大师梁漱溟在《中国文化要义》一

---

① 杨韶刚:《道德价值的文化溯源与道德教育》,《思想理论教育》2010年第1期,第31页。
② 杨韶刚:《集体主义与个体主义道德文化的教育反思》,《教育学报》2011年第5期,第35—40页。
③ 辜正坤:《中西文化比较导论》,北京大学出版社2012年版,第161页。

书中写道："说中国文化是孝的文化,自是没错。"① 谢幼伟认为孝在中国文化中地位极高,中国社会以孝为基础而建立,是孝所支配的社会;他说:"谈中国文化而忽视孝,即非于中国文化真有所知。"② 中国台湾学者杨国枢在其《中国人之孝道的概念分析》一文中指出,传统中国以孝立国,孝是中国最重要的善行与德行;他说:"在诸善之中,孝最具有超越性;在诸德之中,孝最具有普遍性。"③ 可见孝道在中国传统文化中的重要地位。

近年来,相关实证研究也表明,即使中国社会发生了巨大变迁,孝道仍是中国人社会生活中最重要的生活价值和德行。杨韶刚、万增奎的调查研究表明,青少年认同的最重要德目依次为:"仁""孝""信""诚""廉""礼""忠""耻""义""恕"等,"孝"在所有德目中居于第二位,仅次于"仁"。④ 中南大学应用伦理学研究中心从中国道德文化传统理念中提炼出十三项指标,即:"忠""孝""礼""义""仁""恕""廉""耻""智""节""谦""诚""和",在全国范围内对中国道德文化传统理念的践行情况进行了电话调查,结果表明:传统理念中的"孝""智""和"践行评价最高,"耻""廉"评价较差,"孝""诚""和""廉"为最重要维度⑤。因此可以说,时至今日,"孝道"依然是中国传统文化中最基本的、最重要的德行,也是中国传统文化中最突出、最富特色的内容,是"中国文化最显著的特征"⑥。

第二节 文献探讨

孝文化是中国传统文化的核心思想。⑦ "孝道"作为中国社会最重

---

① 梁漱溟:《中国文化要义》,上海人民出版社2011年版,第278页。
② 谢幼伟:《孝与中国文化》,青年军出版社印行1946年版,第1页。
③ 杨国枢:《中国人的蜕变》,中国人民大学出版社2013年版,第27页。
④ 樊浩:《中国伦理道德调查报告》,中国社会科学出版社2012年版,第181页。
⑤ 李建华、董海军:《当代中国民众对道德文化传统理念践行状况评价的实证分析报告》,《道德与文明》2011年第3期,第135页。
⑥ 杨建海:《论"孝"的起源、演变及其当代转化》,《华中农业大学学报》(社会科学版)2017年第1期,第134页。
⑦ 王晓文:《孝文化的历史透视及其现代反思》,《理论学刊》2017年第1期,第163页。

第四章 实证研究:《论语》核心思想的跨文化比较

要的伦理核心,在中国传统文化所有德行中影响力最大,为诸德之首。历代学者都对"孝道"研究极为关注和重视,它也一直是哲学、伦理学以及历史学等诸多领域研究的重要课题。

现代新儒学代表人物对中国传统孝道,尤其是孔孟孝道给予肯定与高度评价。哲学家贺麟从先秦儒家孝道出发,提出"五伦"观念是支配中国人道德生活的最有力传统观念之一。[①] 他从伦理道德范畴,提出了传统孝道的现实意义。被誉为新儒家"三圣"之一的马一浮给予《孝经》极高评价,将它置于与《论语》同等重要地位,认为两者都是儒家经典中的经典,孝为"至德要道"。但他没有宣扬宋明理学家所说的"天下无不是的君父"等封建道德观念,而是把"孝"解释为"道德理性"根本之所在,人之所以为人的基本原则,赋予五等之孝以恪尽职守、做好本职工作的新意。[②] 徐复观提出需大力弘扬孔孟孝道思想,然《孝经》中的"忠孝合一"思想,已被专制扭曲,应进行批判。[③] 谢幼伟在其撰写的《孝治与民主》《孝与中国社会》两篇重要文章中谈道,孝是中国文化与社会的特殊产物,中国文化以孝为根本,孝道与孝治、道德与政治可以相结合。[④] 综上所述,现代新儒家从传统孝道的重要地位、合理内核、现代价值等方面进行了深入探讨,充分肯定了儒家孝道思想精华的价值。

中华人民共和国成立后,马克思主义在中国政治中的指导地位得以确立,作为中国传统文化遗产的孝道被批判性地继承,该时期唯物史观在孝道研究中开始得以运用。中国著名历史学家侯外庐在《中国思想通史》中将社会史与思想史相结合,对中国传统孝道思想进行了深入全面的探讨,为传统孝道研究提供了重要理论武器。[⑤] 同时,一系列"孝道"相关的文章纷纷在《中国青年》《光明日报》等重要报刊上发

[①] 贺麟:《文化与人生·五伦观念的新检讨》,商务印书馆1988年版,第51—61页。
[②] 马一浮:《复性书院讲录》,山东人民出版社1998年版,第6页。
[③] 李维武:《徐复观文集》,湖北人民出版社2009年版,第42—56页。
[④] 罗义俊:《理性与生命——当代新俗家之萃》,上海书店出版社1994年版,第522—523页。
[⑤] 王长坤:《先秦孝道研究》,四川出版集团2007年版,第10—11页。

表，但该时期以批判传统孝道为主，许多学者提出传统孝道封建色彩太浓，不合理因素太多。也有少数文章指出，传统孝道中某些内容，如赡养父母、尊敬长辈等，是我国优良的道德传统，应予以继承发扬。总体而言，这一时期学术研究对传统孝道大体上持否定态度。

改革开放以后，人们的思想观念日渐开放，儒学在中国开始复兴，孝道思想受到学界高度重视，研究逐渐走向深入。第一部研究我国先秦孝道的专著《先秦孝道研究》于1991年在我国台湾地区正式出版，该书是大陆学者康学伟在其博士学位论文基础上修订而成，对先秦孝道思想进行了全面系统考察，探讨孝道思想在中国的整个历史发展过程。[①] 其后，林安弘的《儒家孝道思想研究》、肖群忠的《孝与中国文化》、吴锋的《中国传统孝观念的传承研究》、肖波的《中国孝文化概论》、李蕾的《中华传统孝道创新性发展研究》等学术著作相继出版（见表4-1）。同时，国内学者如罗国杰、肖群忠、朱岚、李景林、张践、李锦全、黄修明、杨清哲以及西方学者安乐哲、罗斯文等也发表了大量的相关论文，从哲学、伦理学、心理学、社会学及历史学等多角度探讨了中国传统孝道文化思想，深化了人们对孝道的本质、根源、内容、特征、功能、历史演变以及现代价值等方面的认识。

表4-1　　　　　　　中国目前出版主要孝道学术著作一览

序号	著作名称	作者	出版社	出版年份
1	先秦孝道研究	康学伟	（台湾）文津出版社	1991
2	儒家孝道思想研究	林安弘	（台湾）文津出版社	1992
3	中国孝文化漫谈	宁业高等	中央民族大学出版社	1995
4	孝与中国文化	肖群忠	人民出版社	2001
5	中国孝文化研究	肖群忠	（台湾）五南图书出版股份有限公司	2002
6	社会变迁中的养老和孝观念研究	陈功	中国社会出版社	2009

---

① 王长坤：《先秦孝道研究》，四川出版集团2007年版，第12页。

第四章 实证研究：《论语》核心思想的跨文化比较

续表

序号	著作名称	作者	出版社	出版年份
7	中国传统孝观念的传承研究	吴锋	吉林人民出版社	2005
8	先秦孝道研究	王长坤	巴蜀书社	2007
9	中国传统孝道七讲	朱岚	中国社会出版社	2008
10	《孝经》与孝文化	黄宛峰、黄炜玮	杭州出版社	2011
11	孝道文化与社会和谐	王廷信、崔大华	大象出版社	2011
12	《孝经》与孝文化研究	王玉德	湖北长江社集团	2009
13	当代学者论孝	肖波、丁么明	湖北人民出版社	2008
14	中国孝道精华	谢宝耿	上海社会科学院出版社	2000
15	儒家孝道	高望之	江苏人民出版社	2010
16	中国孝文化十讲	许刚	凤凰出版社	2011
17	漫说中华孝文化	张云风	四川人民出版社	2012
18	中国传统孝道的历史考察	朱岚	中国社会出版社	2012
19	中国孝文化概论	肖波	人民出版社	2012
20	中国孝道文化研究	杜改仙	中国时代经济出版社	2013
21	中国传统文化中的孝道思想研究	朱良钰	吉林大学出版社	2014
22	中国传统孝道教育及其当代建构研究	范高社	陕西人民出版社	2015
23	汉魏两晋南北朝道教孝道的研究	周山东	（台湾）花木兰文化出版社	2015
24	孝道之网：客家孝道的历史人类学研究	王天鹏	中国社会科学出版社	2015
25	文化哲学视域中的孝道研究	郭远	云南人民出版社	2017
26	青少年孝道研究：链接家庭与自我	韦雪艳、薛琳芳	南京大学出版社	2017
27	传统孝道与代际伦理：老龄化进程中的审视	郭德君	中国社会科学出版社	2018

续表

序号	著作名称	作者	出版社	出版年份
28	儒家孝道伦理的历史变迁	赵宏宇	广州出版社	2019
29	舜帝与孝道的历史传承及当代意义	陈支平、陈世哲	厦门大学出版社	2019
30	孝道价值演变的法理解析	胡尹慧	中国社会出版社	2019
31	儒家孝道伦理的历史变迁	赵宏宇	广州出版社	2019
32	中华传统孝道创新性发展研究	李蕾	中国社会科学出版社	2020

从社会学和行为科学等新视角研究孝道始于20世纪70年代，研究者主要为我国台湾学者。其研究方法可分两类：一是定性研究。主要采用科尔伯格道德两难故事法，利用个别访谈方式探讨孝道认知结构与类型。Lee B. 将"孝"相关问题设计成两难故事形式，以我国台湾青少年儿童为研究对象，采用半结构访谈方法进行孝道认知研究，结合美国心理学家科尔伯格（Kohlberg）所提出的儿童道德发展阶段理论，提出孝道认知发展的五阶段模型。① 二是定量研究。主要采用自编调查问卷或量表对孝道开展相关研究。其代表人物主要包括黄坚厚、黄月霞、杨国枢与叶光辉等。黄坚厚采用问卷法对中国台湾地区国中、高中与大专生的孝道态度进行了调查，其研究结果显示：年龄、受教育程度对孝行无显著性影响；他们所认为的重要孝行主要包括："奉养父母""悦亲，不使父母生气"及"听从父母意见"等（见表4-2）。② 三是对孝道与其他心理因素的相关研究。李启明、陈志霞、徐海燕探讨了父母的教养方式及性别对孝道代际传递的影响，结果表明：权威性孝道和互惠性孝道都存在直接显著的代际传递效应，父母教养方式在权威性孝道和互惠性孝道代际传递过程中起了重要中介作用，父母性别在双元孝道代际传

---

① Lee B., *A Cognitive Developmental Approach to Filiality Development*, Master's Thesis, University of Chicago, 1974.
② 杨国枢：《中国人的心理》，中国人民大学出版社2012年版，第20—31页。

第四章 实证研究:《论语》核心思想的跨文化比较

递模型中起了显著调节作用。①

表4-2 青少年所认为的重要的孝行②

国中组	高中组	大学组
1. 听从父母的意见 2. 悦亲,不使父母生气 3. 保护自己的身体,勿使父母操心 4. 帮父母做事,减少其辛劳 5. 尊敬父母 6. 显亲,荣耀父母 7. 不在外面做坏事 8. 体贴父母的心意 9. 奉养父母,使其过舒适的生活 10. 父母交代的事,立刻去做	1. 悦亲,不使父母生气 2. 奉养父母,使其安享晚年 3. 听从父母的意见 4. 不使父母操心 5. 尊敬父母 6. 不使父母蒙羞 7. 体贴父母的心意 8. 显扬父母 9. 帮助父母做事,分担辛劳 10. 关心父母健康	1. 奉养父母,使其衣食无缺 2. 听从父母的意见 3. 学有所成,使父母以己为荣 4. 使父母快乐 5. 关心父母健康、生活、起居 6. 不使父母担忧、操心 7. 善体亲心 8. 爱护自己,注意健康 9. 对父母的态度要恭敬 10. 不做对不起父母的事

大陆学者从社会学和行为科学视角研究孝道起步较晚,于20世纪90年代才开始。邓希泉、风笑天运用问卷调查法,以武汉市老、中、青三代城镇居民为研究对象,对他们的孝道态度与行为开展了研究,结果发现:孝文化仍为中国传统文化的有机组成部分,"照顾父母""尊敬父母""体贴父母"等孝道行为仍为人们认可;孝文化有由他律性向自律性、由物质层面向精神层面转变的趋势。③ 张坤、张文新参照以往学者编制的传统孝道量表,经进一步修订与完善,运用问卷调查与访谈法,以初三至高三的青少年为研究对象,对他们的传统孝道态度进行了初步探讨,结果表明:青少年在传统孝道四个维度上存在显著差异;年级、城乡背景及是否独生对传统孝道的态度存在显著影响。④ 刘新玲从

---

① 李启明、陈志霞、徐海燕:《父母的教养方式及性别对孝道代际传递的影响》,《心理学探新》2016年第4期,第358—364页。
② 杨国枢:《中国人的心理》,中国人民大学出版社2012年版,第28页。
③ 邓希泉、风笑天:《城市居民孝道态度与行为的代际比较》,《中国青年研究》2003年第3期,第51—55页。
④ 张坤、张文新:《青少年对传统孝道的态度研究》,《心理科学》2004年第6期,第1317—1321页。

实证调查角度，考察了大学生"孝"观念的特点及其与传统孝道观的差异，调查发现：大学生"孝"观念呈现出自律性特点；他们对于敬亲与自尊的关系能正确理性把握；传统孝道中"事死"观念在大学生群体中已逐渐淡化，但仍十分重视对父母的精神赡养及生活照料；孝敬父母的内涵已衍生至关爱社会及他人等。① 邓凌采用自编孝道调查问卷，以重庆市大学生为研究对象，对传统孝道观念进行了调查研究，研究发现大学生孝道价值观呈现如下特点：尊重父母、关爱父母，履行子女对父母的责任，重视对父母的精神赡养；提倡基于亲子之间的平等。② 刘晓红对上海市 778 名青少年进行了孝道认知问卷调查，发现传统孝道美德仍占主流，整体呈现双向互益性特征，留后防老观念淡化等。③ 李超、杨心琰、李悦对医科大学生的孝情感认知进行了调查，结果发现：多数大学生认同孝是一种情感，且孝情感彰显了其价值的现代性等。④ 可见，传统孝道的内涵已经发生了新的变化，从物质层面为主转变为精神层面为主。

综上所述，不少学者对孝道的起源、内涵、类型、历史演变、历史地位与作用、现代价值以及人们对于传统孝道的态度等问题均予以较为详尽考察、分析及有益探讨。但这一领域研究仍存在诸多问题，需要进一步探索与思考，具体包括：一、孝道的基本理论研究还有待进一步探讨。对于孝道的起源与内涵等，目前学界仍存在较大分歧，需进一步研究与探讨；二、孝道思想的核心思想精华及其现代价值有待深入挖掘。中国经典孝论文献众多，包括《论语》《孝经》《礼记》《孟子》等，它们中到底哪些属于孝道思想之精华，它们对于当代中国乃至世界具有哪些价值，值得深入研究；三、关于孝道的实证研究比较薄弱，对中外孝道跨文化实证比较研究更是欠缺。在中国文化"走出去"大背景下，

---

① 刘新玲：《对传统"孝道"的继承和超越——大学生"孝"观念调查》，《河北科技大学学报》（社会科学版）2005 年第 2 期，第 68—72 页。
② 邓凌：《大学生孝道观的调查研究》，《青年研究》2004 年第 11 期，第 38—42 页。
③ 刘晓红：《传承与扬弃共存——对"90 后"青少年孝道观的调查研究》，《教育科学研究》2009 年第 10 期，第 48—51 页。
④ 李超、杨心琰、李悦：《当代青年大学生对孝情感认知状况的调查分析》，《东南大学学报》（哲学社会科学版）2020 年第 S2 期，第 11 页。

第四章　实证研究：《论语》核心思想的跨文化比较

开展中外孝道跨文化实证比较研究，探索中外孝道的文化差异性和共通性，有针对性地开展英译和对外传播，无疑具有十分重要的意义。

第三节　研究假设

本章主要探讨《论语》中的传统孝道思想在中西文化中的差异与共性。本研究的假设为：

研究假设一：孝道不管在中国文化还是在西方文化中都广泛存在，中国人和西方人都十分重视孝道，因此，《论语》中的孝道思想与西方孝道具有文化共通之处；

研究假设二：中国人与西方人对于孝道内涵理解不同，表达方式与表现形式存在差异，《论语》中的孝道思想具有特殊性；

研究假设三：中国人深受儒家传统孝道文化的影响，比西方人更加重视孝道。

第四节　概念架构

要深入探讨中西孝道文化的共性与差异，必须制作科学合理的测量工具（即测量问卷或量表）。测量问卷的标准化设计应从建立孝道概念架构开始。

目前国内学界对于孝道概念架构的阐释各不相同。黄坚厚对古籍中所言的孝道进行了归纳，发现孝的内涵包括：奉养父母、向父母进谏、使父母无忧、尊敬父母、不辱其亲及爱护自己六项；他认为古人所提到的孝道，直接以父母为对象的只占很少一部分，更多为子女立身处世之道。[①] 杨国枢将孝道视为由孝知、孝感、孝意及孝行四个层次所组成的以父母为对象的复杂心理与行为形态（见图4-1）；他认为尽管随着时

---

① 杨国枢：《中国人的心理与行为：本土化研究》，中国人民大学出版社2004年版，第202页。

代变化，孝道内涵会有所改变，但古今孝道基本都具有这四个层次。[①]他通过对《四书》《孝经》《礼记》等古籍中孝道语句的分析，发现以父母为对象的传统孝道内涵主要包括：奉养双亲（养体与养志）、敬爱双亲、谏亲以理（勿陷不义）、顺从双亲（无违）、事亲以礼、使亲无忧、继承志业、爱护自己、思慕亲情、显扬亲名、葬之以礼、随侍在侧、祀之以礼、娱亲以道、为亲留后十五项。[②] 后来，他与叶光辉、黄囇莉将上述内涵进一步简化为：尊亲恳亲、奉养祭念、抑己顺亲与护亲荣亲四个方面。[③]

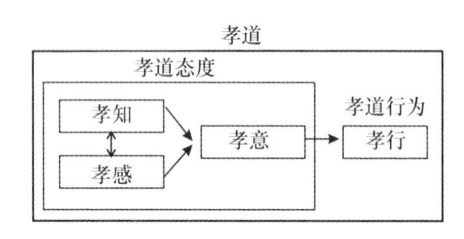

图 4-1 孝道态度与行为层次[④]

叶光辉在杨国枢研究基础上进一步深化，提出了"双元孝道模型"（Dual Filial Piety Model），并对该模型假设观点进行了系列实证研究。该模型将孝道概念区分为"互惠性"与"权威性"两个面向，取代以往笼统概括的孝道概念，阐释其在概念内涵与运作功能方面明显不同的孝道特征。其特征正好反映了传统华人社会在不同发展时期，对孝道概念的不同诉求。"互惠性孝道"表征是先秦时期所提倡的相对主义孝道观念特征，运作时所依循的人际互动原则是以人性中的"爱与亲密情感"为根源，遵循儒家传统思想中的"报"与"亲亲"原则，其动力

[①] 杨国枢：《中国人的心理与行为：本土化研究》，中国人民大学出版社 2004 年版，第 203 页。
[②] 叶光辉：《中国人的孝道》，重庆大学出版社 2009 年版，第 67—75 页。
[③] 杨国枢：《中国人的心理与行为：本土化研究》，中国人民大学出版社 2004 年版，第 203 页。
[④] 叶光辉：《中国人的孝道》，重庆大学出版社 2009 年版，第 351—352 页。

第四章 实证研究:《论语》核心思想的跨文化比较

根源是人性中的善良情感本质。"互惠性孝道"由"尊亲养亲""奉养祭念"两个次级层分组成。"尊亲养亲"是指子女感谢父母的养育之恩,在情感上及精神上表达对父母的敬爱与关怀;"奉养祭念"是指子女感谢父母的养育之恩,在物质上愿意奉养父母,给予父母照料与支持,在父母过世后,提供合乎礼仪的追思与祭念。①"权威性孝道"表征以西汉晚期至明清时期华人绝对主义孝道观念为特征,以社会制度下的"角色责任与义务"为基础,展现的是对阶级权威的顺从及对个人角色规范的服从,即儒家传统思想中的"尊尊原则"。"权威性孝道"亦分成"抑己顺亲"与"护亲荣亲"两个次级层分。"抑己顺亲"是指子女地位比较卑下,必须压抑或牺牲自己的需求来迎合或遵从父母愿望;"护亲荣亲"是指子女应尽力荣耀双亲和延续家族命脉。实证研究表明:互惠性孝道信念对个体心理与行为发展会产生正向的影响,而权威性孝道信念对个体心理与行为发展则会产生负向的影响。②

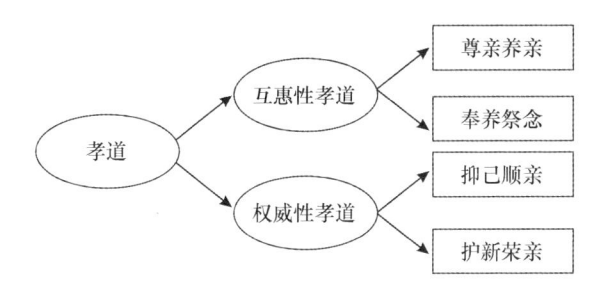

图 4-2 叶光辉的双元孝道模型③

范丰慧、黄希庭等通过对《论语》《孝经》《中庸》《荀子》《礼记》等儒家经典文献中有关孝道语句及词汇的分析,在开放式调查的基础上,结合以往学者编制的孝道个人认知量表、孝道期望量表以及孝道行为量表,从侍生、侍死、立身、行道四个角度编制了孝道认知测量

---

① 叶光辉:《中国人的孝道》,重庆大学出版社 2009 年版,第 352—353 页。
② 叶光辉:《中国人的孝道》,重庆大学出版社 2009 年版,第 352—353 页。
③ Kuang-Hui Yeh and Olwen Bedford, *A Test of the Dual Filial Piety Mode*, Asian Journal of Social Psychology, Vol. 6, No. 3, 2003, pp. 215-228.

问卷，经问卷调查及探索性因素分析后，将孝道划分为：养亲尊亲、护亲荣亲、丧葬祭念、顺亲延亲四个维度。[①] 张坤、张文新参照以往传统孝道观念问卷，参阅大量古籍文献以及已有相关研究资料，选定12项中21条与传统孝道具有密切关系的题项编成测量问卷，此12项包括：敬爱双亲、顺从双亲、继承志业、思慕亲情、事亲以礼、显扬亲名、使亲无忧、随侍在侧、奉养双亲、为亲留后、葬之以礼、祀之以礼等。将传统孝道分为：敬爱祭念、随侍奉养、荣亲留后、抑己顺亲四个维度。[②]

根据上述研究成果以及孝道维度划分，本书通过对《论语》中的主要孝道语句及其思想内涵分析，发现《论语》中的孝道内涵主要包括：奉养双亲、敬爱双亲、谏亲以理、顺从双亲、使亲无忧、爱护自己、继承志业、葬之以礼、祀之以礼、思慕亲情10项。并将其初步划分为：养亲敬亲、顺亲谏亲、祭亲念亲、荣亲护亲四个维度（具体见表4-3）。

表4-3　　　　　　　《论语》关于孝道的主要语句

分类	主要章句
养亲敬亲	1. 今之孝者，是谓能养。至于犬马，皆能有养；不敬，何以别乎？（《论语·为政篇》） 2. 色难。有事，弟子服其劳；有酒食，先生馔，曾是以为孝乎？（《论语·为政篇》） 3. 父母之年，不可不知也。一则以喜，一则以惧。（《论语·里仁篇》） 4. 贤贤易色；事父母，能竭其力；事君，能致其身；与朋友交，言而有信。虽曰未学，吾必谓之学矣。（《论语·学而篇》）
顺亲谏亲	1. "孟懿子问孝"，孔子回答"无违"。（《论语·为政篇》） 2. 事父母几谏，见志不从，又敬不违，劳而不怨。（《论语·里仁篇》） 3. 其为人也孝悌，而好犯上者，鲜矣；不好犯上，而好作乱者，未之有也。君子务本，本立而道生。孝悌也者，其为仁之本与！（《论语·学而篇》）

---

① 范丰慧等：《当代中国人的孝道认知结构》，《心理科学》2009年第3期，第751页。
② 张坤、张文新：《青少年对传统孝道的态度研究》，《心理科学》2004年第6期，第1317—1318页。

续表

分类	主要章句
祭亲念亲	1. 生，事之以礼；死，葬之以礼，祭之以礼。(《论语·为政篇》) 2. 虽疏食菜羹，必祭，必齐如也。(《论语·乡党篇》) 3. 林放问礼之本。子曰："大哉问！礼，与其奢也，宁俭；丧，与其易也，宁戚。"(《论语·八佾篇》) 4. "祭如在，祭神如神在"。子曰："吾不与祭，如不祭。"(《论语·八佾篇》) 5. 慎终，追远，民德归厚矣。(《论语·学而篇》)
荣亲护亲	1. 孟武伯问孝，子曰："父母唯其疾之忧。"(《论语·为政篇》) 2. 父母在，不远游。游必有方。(《论语·里仁篇》) 3. "曾子有疾，召门弟子曰：启予足！启予手！《诗》云：'战战兢兢，如临深渊，如履薄冰。'而今而后，吾知免夫！小子！"(《论语·泰伯篇》)

第五节 研究方法

一 研究对象

国内正式测量采用分层随机取样方法，以班级为单位，从广州、长沙两地抽取不同层次的高校大学生为研究对象，包括：国防科技大学、中南大学、中山大学、广东工业大学、广东外语外贸大学、长沙师范学院、广州体育学院、广东培正学院、长沙职业技术学院、湖南幼儿师范高等专科学校10所高校，其中既有重点院校又有普通院校，既有本科院校又有专科院校，涵盖了英语、体育、学前教育、法学、计算机技术、法语等多个学科与专业。国内共发放问卷1000份，回收问卷956份，回收率为95.6%。回收问卷后剔除无效问卷，剔除原则为：答案不全的；整份问卷答案呈规则作答者；作答相同或同一题目选两个或两个以上答案者。最后国内有效被试为826名，其中男性323名（占39.1%），女性503名（占60.9%）。国外正式测量采用随机抽样方式，主要在英国、美国、澳大利亚等大学及广东外语外贸大学留学生中抽取，共发放问卷250份，回收问卷192份，回收率为78.4%，剔除无效问卷7份（剔除方法与国内问卷相同），获得有效问卷185份，有效率为74%。

二　问卷编制

关于孝道的相关研究近年来在心理学领域比较活跃,成为当前行为心理学研究的重要内容,但有效测量孝道的工具很少,尤其是针对传统孝道态度和认知的测量工具更少。为此,笔者在国内外研究的基础上,重新设计调查测量工具。本研究采用文本分析、查阅文献两种途径对孝道认知结构进行了初步探索。首先,对《论语》文本进行内容分析,收集整理有关孝道的章句共28个,将其译成现代汉语,确定《论语》中的孝道内涵。结合文献分析,参照以往学者对于孝道的概念架构,在进行开放式问卷调查后,将孝道分成养亲敬亲、顺亲谏亲、祭亲念亲、荣亲护亲四个维度。对现有测量工具,如杨国枢孝道个人认知量表、叶光辉双元孝道量表等进行了分析,参考相关项目,结合杨国枢孝道量表编写方式,所有题项以"我应该……"为基本结构,采用里克特5点量表计分(分别评定为1—5分,其中1="非常不同意",2="不同意",3="不确定",4="同意",5="非常同意"),确定预测问卷题项50个。选择长沙师范学院、国防科技大学等高校的350名大学生作为最初被试进行了预测,对所得结果进行了探索性因素分析,以各题项的共同度和因素分析负荷作为区分度指标对量表项目进行了筛选,删除了因素负荷偏小意义重叠的20个题项,形成了传统孝道量表中文版。在此基础上,由2名多年从事翻译工作的高校教师将其译成英文。为保证翻译的准确性,英文译稿由另2名高校翻译教师回译成中文,与中文版对照后再次进行修改。中文版和英文版由双语评定员进行评估,对不一致之处再次进行修改和调整,最终形成了中文版和英文版正式量表(见附录1、附录2)。

三　施测程序

以团体为单位(主要以班级为单位)进行施测,采取纸笔施测方式,由任课教师和研究者协同指导学生利用课间休息时间在教室完成问卷。具体为以下方式:第一,与任课老师提前沟通好,利用学生上课前10分钟进行答题;第二,委托部分高校老师、辅导员在其任课或管理班级内发放完成。事先告知调查对象所得调查研究结果会完全保密,仅用于科学研究,被试问卷填完后当场收回,剔除无效问卷后,对有效问卷进行编号。

四 统计处理

采用 Excel2007、SPSS18.0 和 AMOS20.0 专业软件包等进行了统计分析与处理,获取问卷调查的有效数据。主要采用独立样本 t 检验、项目分析、探索性因素分析以及验证性因素分析。

第六节 研究结果分析

在完成问卷整理和数据准备工作后,为保证研究结果的有效性,首先应对问卷进行评价。在对问卷进行自我评价、专家评价和同行评价基础上,还须对题项进行分析,对信度和结构效度进行检验。本调查共发放问卷 1250 份(包括中西样本),回收问卷 1048 份,经剔除无效问卷,共获有效问卷 1011 份,有效率为 80.88%。将数据进行编码后输入 Excel 和 SPSS,获得样本总数据。为保证研究结果的科学性和有效性,按奇、偶数标准重新编码后,将总样本拆分为二,即奇数样本(样本 1,N=506)和偶数样本(样本 2,N=505),前者用于项目分析与探索性因素分析,后者用于验证性因素分析。最后,将两个样本重新合并,检验测量问卷的整体信度及其效度,进一步分析人口统计学变量对中西样本各自的影响。

一 项目分析

项目分析是指"通过一定统计程序检验项目区分度,其主要目的在于检验编制的量表或测验个别题项的适切或可靠程度"[1]。在问卷测量过程中,即便在内容、形式和样本选择上均采取了有效措施以确保问卷

---

[1] 吴明隆:《问卷统计分析实务:SPSS 操作与应用》,重庆大学出版社 2010 年版,第 158 页。

质量，在问卷设计完成后，也经过了认真修订和预测，在问卷调查过程中也考虑了各种可能出现的问题，但在实际调查过程中仍可能会出现一些意想不到的问题，如有些被试回答问题比较草率等。因此，有必要进行项目分析，一方面求出量表各题项的 CR 值（即临界比率值），将未达到显著性水准的题项删除（极端分组法）；另一方面对量表所有题项进行同质性检验，删除与整体量表同质性较低的题项（内部一致性分析法）。

（一）求决断值——临界比（极端分组法）

首先，根据拆分后的样本 1 的统计数据，用 SPSS 求出各题项总分，将其按从高到低顺序排列，以 27% 为标准抽取高分组和低分组（总分位于前 27% 的样本视为高分组，总分位于后 27% 视为低分组）；其次，对样本重新编码，将高分组设定为 1，低分组为 2，生成一个新的变量（分组变量）；最后，采用独立样本 t 检验，检查高低两组在所有变量上的差异，将未达到显著性及区分度不高的题项删除。统计结果（见表 4-4）表明，从 CR 值指标而言，该量表 30 个题项的显著性均为 0.00（$P<0.05$），t 分数远远高于标准值 3.00，各题项均达到统计学上要求，具有良好的区分度。

（二）量表题项与总分之间的相关（同质性检验）

对量表各题项进行同质性检验，也是筛选题项的重要指标。某题项与总分相关系数愈高，表明该题项与量表的同质性愈高，所要测量的心理特质或潜在行为就更接近；根据量表同质性检验要求，如题项与总分相关系数不高（$r<0.4$），或题项与总分未达显著差异，最好将其删除。[①] 统计结果（见表 4-4）显示，从题项与总分关系而言，该量表中的题项 4（a4）与总分的相关系数为 0.350（$r=0.350<0.4$），未达到统计学要求，其余各项均高于 0.4，因此，可考虑删除 a4。

---

① 吴明隆：《问卷统计分析实务：SPSS 操作与应用》，重庆大学出版社 2010 年版，第 181 页。

表 4-4　　　　　问卷的描述性统计与项目分析（N=506）

	均值(M)	标准差(S)	决断值(T)	与总分相关	显著性水平(sig.)		均值(M)	标准差(S)	决断值(T)	与总分相关	显著性水平(sig.)
a1	4.15	0.960	11.646	0.589**	0	a16	4.38	0.815	14.685	0.676**	0
a2	4.58	0.647	7.472	0.434**	0	a17	4.00	0.872	13.478	0.588**	0
a3	4.41	0.681	10.678	0.502**	0	a18	3.82	0.841	12.079	0.524**	0
a4	4.20	0.796	7.071	0.350**	0	a19	3.65	0.935	14.260	0.602**	0
a5	4.33	0.770	13.713	0.533**	0	a20	4.42	0.800	14.205	0.625**	0
a6	4.60	0.628	10.003	0.528**	0	a21	3.90	0.985	15.636	0.655**	0
a7	4.36	0.789	14.986	0.671**	0	a22	4.19	0.875	14.659	0.642**	0
a8	4.03	0.826	12.338	0.545**	0	a23	4.28	0.789	16.289	0.696**	0
a9	3.64	0.964	13.914	0.542**	0	a24	4.69	0.580	10.405	0.566**	0
a10	4.32	0.807	16.317	0.695**	0	a25	4.33	1.013	13.998	0.682**	0
a11	4.42	0.644	15.355	0.611**	0	a26	4.18	0.854	15.791	0.648**	0
a12	3.89	0.870	15.012	0.610**	0	a27	4.44	0.764	14.594	0.697**	0
a13	4.58	0.609	14.573	0.643**	0	a28	4.50	0.699	14.608	0.680**	0
a14	4.03	0.831	15.027	0.697**	0	a29	4.35	0.918	13.475	0.632**	0
a15	4.46	0.647	10.939	0.455**	0	a30	4.49	0.687	15.129	0.622**	0

注：* 表示 P<0.05 水平上显著相关；** 表示 P<0.01 水平上显著相关。

（三）内部一致性检验

为保证量表的科学性，除采用极端分组法和计算量表各题项与总分的相关系数进行共同性检验外，还可采用信度检验、共同性与因素负荷量检验等方法对量表进一步检验。检验过程中，也可根据统计结果，删除相关题项。

1. 信度检验

信度检验是指在检验题项删除后，整体量表的信度系数的变化情形。① 它主要有两种判断标准：其一是观察校正题项与总分的相关系数，如校正题项与总分的相关系数不高，表明该题项与其他各题项关联度不高；其二是观察题项删除后的整体系数，一般而言，量表所包含题项愈多，内部一致性α系数愈高，删除某一题项后，量表的内部一致性α系数会降低，若删除某题项后，α系数不降反升，则表明该题项与其余题项同质性太低，项目分析时可考虑将其删除。经统计，就校正题项与总分相关而言，除题项a2、a4（分别为0.396和0.300）低于0.400外，其余题项均高于0.400；同时，删除题项a2、a4后，α系数不降反升，比原来信度系数略高（见表4-5）。由此可判断a2、a4与其他题项的同质性不高，可将这两题项删除。

2. 共同性和因素负荷量

共同性表示题项能解释的共同特质或属性的变异量。② 各题项的共同性愈大，表明题项与共同因素间的关系愈密切；各题项共同性愈小，则表明题项与共同因素间的关系愈弱。③ 按照统计学标准，通常以共同性值大于或等于0.20作为题项的选取标准，若题项共同性值小于0.20，则表明题项与共同因素间的关系不密切，可考虑删除此题项。本章运用因子分析法（Factor Analysis），采取主成分分析（Principal Component Analysis，PCA）抽取共同因素，以特征值1作为抽取因子的判断基准，进行统计后发现：题项a2、a4的共同性分别为0.186和0.103，均小于0.20，可考虑删除这两题项（见表4-5）。

因素负荷量（Factor Loading）是指题项与因素的关系程度。④ 各题

---

① 吴明隆：《问卷统计分析实务：SPSS操作与应用》，重庆大学出版社2010年版，第184页。
② 吴明隆：《问卷统计分析实务：SPSS操作与应用》，重庆大学出版社2010年版，第188页。
③ 李沁：《组织需求下的大学生服务意识研究》，硕士学位论文，广东外语外贸大学，2013年，第43页。
④ 吴明隆：《问卷统计分析实务：SPSS操作与应用》，重庆大学出版社2010年版，第188页。

第四章 实证研究:《论语》核心思想的跨文化比较

项的因素负荷量越大,表示其与共同因素的关系越密切,亦即共同性越高;相反,题项因素负荷量越低,表示其与共同因素的关系越不明确,同质性越低。按照统计学或心理测量学标准,各题项因素负荷量一般应大于0.45,如题项的因素负荷量小于0.45,可考虑将之删除。统计结果发现,题项a2、a4的因素负荷量分别为0.432和0.320,低于0.45,可考虑将其删除(见表4-5)。

总之,通过上述不同方法对量表项目分析发现,题项a2、a4无论从其共同性还是因素负荷量方面来讲都不符合统计学要求,应将它们删除,量表由原来30个题项减少为28个题项。

表4-5　　　　　　　内部一致性检验(N=506)

题项 (Items)	校正题项与总分相关	题项删除后的α值	共同性	因素负荷量	题项 (Items)	校正题项与总分相关	题项已删除的α值	共同性	因素负荷量
a1	0.543	0.935	0.346	0.588	a16	0.643	0.934	0.470	0.686
a2	0.396	0.937	0.186	0.432	a17	0.546	0.935	0.327	0.572
a3	0.466	0.936	0.242	0.492	a18	0.480	0.936	0.249	0.499
a4	0.300	0.938	0.103	0.320	a19	0.558	0.935	0.336	0.580
a5	0.493	0.936	0.272	0.521	a20	0.589	0.935	0.402	0.634
a6	0.495	0.936	0.281	0.530	a21	0.613	0.934	0.414	0.644
a7	0.639	0.934	0.452	0.672	a22	0.604	0.934	0.409	0.639
a8	0.503	0.936	0.281	0.530	a23	0.666	0.934	0.499	0.706
a9	0.492	0.936	0.266	0.516	a24	0.538	0.935	0.343	0.586
a10	0.665	0.934	0.502	0.709	a25	0.642	0.934	0.481	0.693
a11	0.582	0.935	0.388	0.623	a26	0.611	0.934	0.426	0.653
a12	0.569	0.935	0.356	0.596	a27	0.668	0.934	0.520	0.721
a13	0.617	0.935	0.440	0.663	a28	0.653	0.934	0.495	0.703

续表

题项 (Items)	校正题项与总分相关	同质性检验 (Homogeneity Test) 题项删除后的α值	共同性	因素负荷量	题项 (Items)	校正题项与总分相关	同质性检验 (Homogeneity Test) 题项已删除的α值	共同性	因素负荷量
a14	0.665	0.934	0.481	0.693	a29	0.591	0.935	0.409	0.640
a15	0.418	0.936	0.206	0.454	q30	0.591	0.935	0.400	0.632

总量表α系数　0.937

二　因素分析

因素分析（Factor Analysis），又称因子分析，是一种用于分析影响变量、支配变量的共同因素有几个且各因素本质为何的一种统计方法。[①] 因素分析可分两种：探索性因素分析（EFA）和验证性因素分析（CFA）。仅利用因素分析来确定因素的维度数目，称为探索性因素分析；根据某些理论或者其他先验知识对因素的可能个数或因素结构作出假设，然后采用因素分析方法对这一假设进行检验，称为验证性因素分析。探索性因素分析一般在项目分析完成后进行，其目的在于确定量表的维度数目，进行数据简化，以较少的构念来代表原来复杂数据结构。[②]

（一）探索性因素分析

进行探索性因素分析，首先应确定样本数是否达到要求。进行探索性因素的人数最好不要低于100人，样本数达300人以上或样本数与题项数的比例为10∶1时，样本数比较理想，适合进行探索性分析。[③] 本章拆分的样本1的人数为506，题项总数为30，样本数超过了题项数的10倍，样本数比较理想，适合进行因素分析。同时，在进行因素分析之前，

[①] 吴明隆：《问卷统计分析实务：SPSS操作与应用》，重庆大学出版社2010年版，第188页。

[②] 吴明隆：《问卷统计分析实务：SPSS操作与应用》，重庆大学出版社2010年版，第196页。

[③] 涂金堂：《量表编制与SPSS》，五南图书出版公司2016年版，第65页。

第四章 实证研究:《论语》核心思想的跨文化比较

须分析验证该数据,确定其是否适合做因素分析。美国著名统计学教授冯启思(Kaiser Fung,1974)提出了 KMO(Kaiser-Meyer-Olkin)的度量标准,根据他的观点,KMO 值(一般介于 0—1 之间)的大小可用于判断该数据是否适合进行因素分析,若 KMO 值大于 0.90,说明非常适合,KMO 值位于 0.90 和 0.80 之间,说明较为适合,若 KMO 值小于 0.50,则说明不太适合。[①] 经 SPSS 统计检验发现,该量表的 KMO 值为 0.944(>0.90),说明非常适合进行因素分析(见表 4-6)。

表 4-6　　　　　KMO 和 Bartlett 的检验(N=506)

量表类型	KMO 值	Sig.
孝道量表	0.944	0

因素分析最重要的工作是确定保留多少项共同因素,目前筛选准则主要有:Kaiser 的特征值大于 1 的方法、碎石图检验法、方差百分比决定法以及事先决定准则法等。最常用的方法是利用如下两个准则确定因素数目。

一、特征值准则,即学者 Kaiser 所提出的选取特征值大于 1 的因素准则。Kaiser 认为采用该方法时,因素分析题项总数最好不超过 30 个,题项平均共同性值最好在 0.7 以上,若样本数大于 250,则平均共同性值可稍微降低,但应在 0.6 以上,若题项数在 50 题以上,使用者可限定因素抽取项目数。

二、碎石图检验准则,即学者 Cattell(1996)提出并倡导的碎石图检验方法,此图根据每一主成分特征值由高到低排序绘制而成,它可帮助使用者决定因素数目。判断标准则择取碎石图坡线突然剧升因素。当然,在因素数目挑选时,还可考虑被试的样本数、题项数及变量共同性大小等。

本研究在删除 a2、a4 之后,共保留 28 道题,题项总数少于 30 道,

---

① Kaiser, H. F. *An Index of Factorial Simplicity*, Psychometrika, 1974, pp. 31-36.

符合选取特征值大于1的因素准则。然后，运用主成分分析（Principal Component Analysis，PCA），选择正交旋转（Varimax）法抽取因素，根据特征值大于1作为因子抽取原则，参照碎石图检验法确定题项抽取因子的有效数目。① 具体包括如下七个步骤：

1. 参照相关矩阵（Correlation Matrix），将与其余题项相关程度系数低（<0.3）且未达到显著水平的题项删除。

2. 参照反映像矩阵中（Anti-image Correlation Mmatrix）变量取样适当性量数MSA值。题项MSA值越接近1，说明越适合对其进行因素分析，若题项MSA值小于0.5，则表明该题不适合进行因素分析，可将其删除。

3. 共同性估计值高低可作为筛选题项的最重要指标之一。参照公因子方差（Communalities，即共同性），共同性愈高，表示该题项适合进行主成分分析（PCA）；反之，共同性愈低，则不适合，如某一题项的共同性小于0.2，则将其删除。

4. 参照旋转后成分矩阵（Rotated Component Matrix），提取因素负荷量（Factor Loadings）大于0.45的题项，而将因素负荷量小于0.45的题项删除。

5. 提取因素合理性的判断标准有两个：一是每一共同因素（Common Factors）能够命名；二是所提取每一共同因素至少包含3个题项。

6. 若一个共同因素中包含原来构念不同的题项，而且该题项的因素负荷量最大，则将其删除。

7. 若同一题项在两因素间的负荷值都大于0.45，一般按原标准划分。

根据选取特征值大于1的因素准则，本研究删除a2、a4、a7、a30等相关题项，经多次因素分析，最终提取的因素分析情况见表4-7。

---

① 李沁：《组织需求下的大学生服务意识研究》，硕士学位论文，广东外语外贸大学，2013年，第44页。

第四章 实证研究:《论语》核心思想的跨文化比较

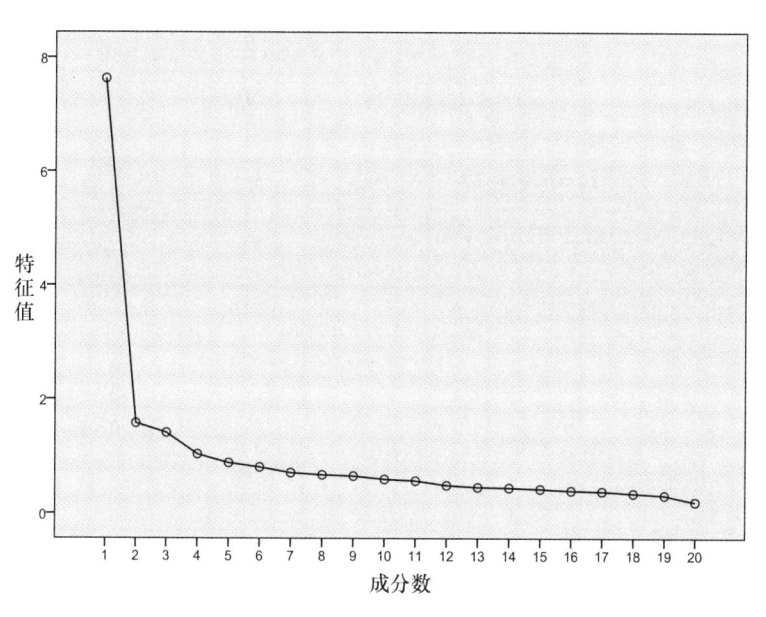

图 4-3 碎石图

表 4-7　　　　　孝道问卷因素分析（N=506）

	题项	F1 顺亲谏亲	F2 尊亲恳亲	F3 护亲荣亲	F4 奉养祭念	共同度
a18	与父母之间出现矛盾时，我应该作出让步	0.721				0.582
a9	当正确意见不被父母接受时，我仍应保持恭敬，不生气	0.674				0.529
a17	和父母争吵后，我应该道歉	0.674				0.565
a19	父母责骂时，我应该不顶嘴	0.660				0.581
a12	选择工作时，我应该考虑便于照顾父母	0.565				0.468
a14	我应该听从父母的教诲	0.514				0.543
a10	当不在父母身边时，我应该经常问候父母		0.699			0.654

续表

	题项	F1 顺亲谏亲	F2 尊亲恳亲	F3 护亲荣亲	F4 奉养祭念	共同度
a11	当父母忙碌时，我应该帮助父母做家务		0.682			0.587
a13	我应该关注父母的身体健康状况		0.652			0.631
a16	出门在外时，我应该跟父母保持联络		0.575			0.568
a1	外出时，我应该向父母告知去处		0.546			0.503
a24	我应该尊敬父母		0.520			0.574
a26	为了不让父母担心，我应该小心谨慎少惹麻烦			0.781		0.707
a28	我应该好好照顾自己，不让父母为我操心			0.709		0.720
a27	我应该注意自己的安全，以免父母担心			0.697		0.751
a22	为不使父母丢脸，我应该遵纪守法			0.687		0.599
a6	父母去世后，我应该心存怀念				0.739	0.626
a8	父母去世后，我应该努力实现父母生前遗愿				0.608	0.554
a15	父母去世后，我应该遵从父母本人意愿，妥善安葬				0.590	0.434
a5	我应该亲自照顾年老的父母				0.563	0.481
	特征值	7.633	1.579	1.410	1.035	11.657
	解释方差	38.165	7.896	7.049	5.174	58.284
	累计方差	38.165	46.061	53.110	58.284	

注：①提取方法：主成分分析方法；②旋转在7次迭代后收敛；③旋转法：具有Kaiser的标准化正交旋转法。

根据上述探索性因素分析结果，依据相关指标筛选并删除相关题项后，最终留下20道题，将其分为四个因素。

因素一（F1）共包括六个题项，分别为a9、a12、a14、a17、a18、

a19，其主要内容为子女顺从父母，遵循父母意愿和要求行事；同时，对待父母过错应用委婉语气进行劝谏，如父母仍不听劝告，也不应有怨恨之心。故将此维度命名为"顺亲谏亲"。

因素二（F2）共包括六个题项，分别为 a1、a10、a11、a13、a16、a24，其主要内容为对父母的生育和抚养之恩表达感激之情，也就是说，子女从情感与精神上对父母表示敬爱与关心。故将该维度命名为"尊亲恳亲"。

因素三（F3）共包括四个题项，分别为 a26、a27、a28、a22 等，其主要内容为子女应保护自己的身体健康，注重自己的生命财产安全；同时，不做令父母丢脸的事，而做一些令父母高兴引以为自豪的事情。故将该维度命名为"护亲荣亲"。

因素四（F4）共包括四个题项，分别为 a26、a27、a28、a22，其主要内容为子女在物质生活和经济生活上给予年老父母照料与支持；同时，父母去世后，子女还应适时祭奠父母。故将此维度命名为"奉养祭念"。

上述研究表明，传统孝道量表结构由四个维度，即"顺亲谏亲""尊亲恳亲""荣亲护亲""奉养祭念"构成。统计结果显示，四个因素的项目数分布较合理，且每一题项相应因素上的负荷较高，量表累积解释方差变异率为 58.284%，解释率较高，表明此传统孝道量表结构可以接受。

（二）验证性因素分析

验证性因素分析（Confirmatory Factor Analysis，CFA）可用来检验模型的结构效度，可从构想模型出发，考察观测数据与构想模型的拟合情况，检验观测数据对构想模型的支持程度。[1] 它可以通过观察数据判断假设因素结构及其因果模型质量的优劣，也能对多个样本模型的相似性进行比较，而其最主要的功能是对测量模型优劣进行比较，从而验证量表的构想模型。

---

[1] 李永鑫、张阔、赵国祥：《工作倦怠结构的验证性因素分析》，《心理学探新》2005 年第 4 期，第 72 页。

1. 研究目的

根据正式问卷测量结果可知，传统孝道量表由四因素结构组成（共包括 20 个题项），但它只是量表的初步结构，由上述探索性因素分析获得。判断该模型结构是否合理，与单一模型或其他模型相比是否更具优势，则需要在探索性因素分析的基础上，通过验证性因素分析做进一步检验。本研究采用交叉验证法，将总样本拆分成两个样本（样本 1 和样本 2）后，首先利用样本 1 做探索性因素分析，初步确定量表的变量因素结构；其次，利用样本 2 进行验证性因素分析，对抽取的因素结构进行再次验证，检验该因素结构是否合理。

2. 统计方法

主要运用统计软件 Amos17.0 对量表的因素结构进行验证性因素分析（CFA）。

3. 假设模型

以往传统孝道的实证研究，大多将其视为一个因素进行研究。但单因素模型与四因素模型相比，究竟哪种模型更有效度、更科学合理呢？传统孝道的单因素与四因素假设模型构想可用图 4-4、图 4-5 表示。

模型评估采用拟合度检验，通常通过卡方值、拟合指数和近似均方差误差（即 RMSEA 值）等来对结构模型的拟合情况进行判断（Crowley & Fan 1997）。[①] 对于各项拟合指数，不同统计学家提出的标准存在差异，综合涂金堂（2016）[②]，张伟豪、郑时宜（2012）[③] 以及 Barbara M. Byrne（2010）[④] 等人建议。一般而言，进行检验时，如果 Chi-square/df 值<3，拟合指数（包括 CFI、IFI、TLI、GFI 等）>0.90，绝对拟合指数 AGFI>0.85，近似均方根误差 RMSEA<0.08，表示该模

[①] Crowley, S. & X. Fan. *Structural Equation Modeling: Basic Concepts and Applications in Personality Assessment Research*, Journal of Personality Assessment, 1997, Vol. 68, No. 3, pp. 508–531.

[②] 涂金堂：《量表编制与 SPSS》，五南图书出版公司 2016 年版，第 273—274 页。

[③] 张伟豪、郑时宜：《与结构方程模型共舞》，前程文化事业有限公司 2012 年版，第 108—109 页。

[④] Barbara M. Byrne, *Structural Equation Modeling with AMOS: Basic Concepts, Applications and Programming*, London: Routledge, 2010. pp. 73-84.

第四章 实证研究:《论语》核心思想的跨文化比较

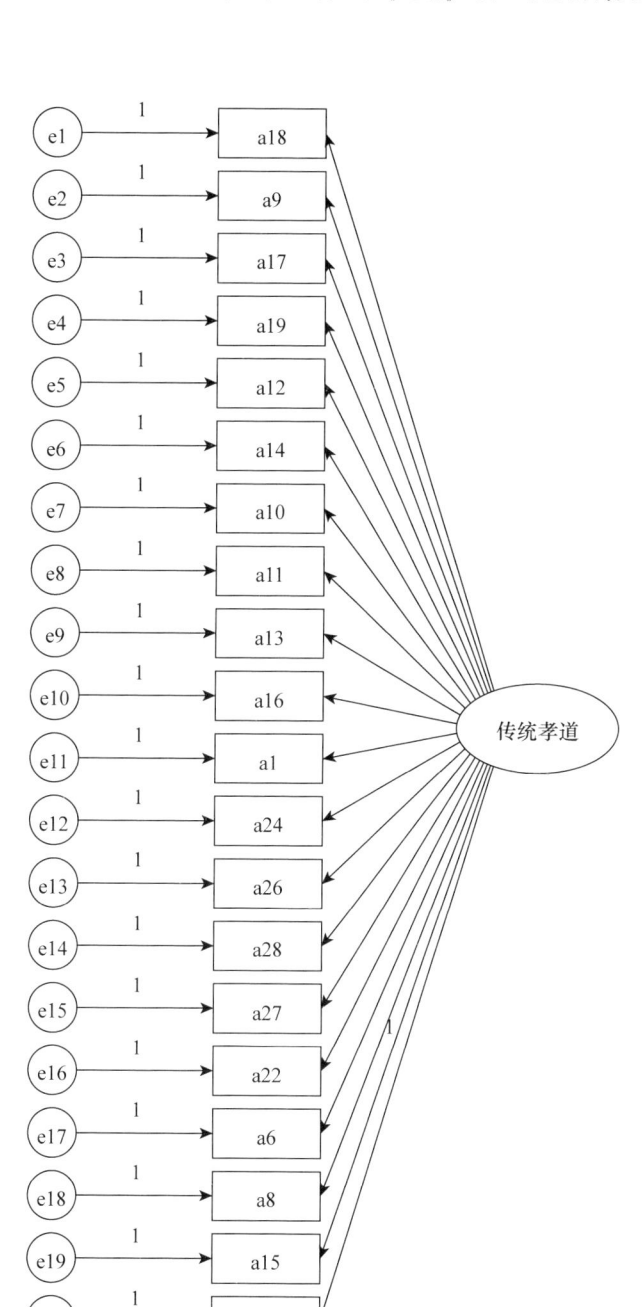

图 4-4 传统孝道单因素模型

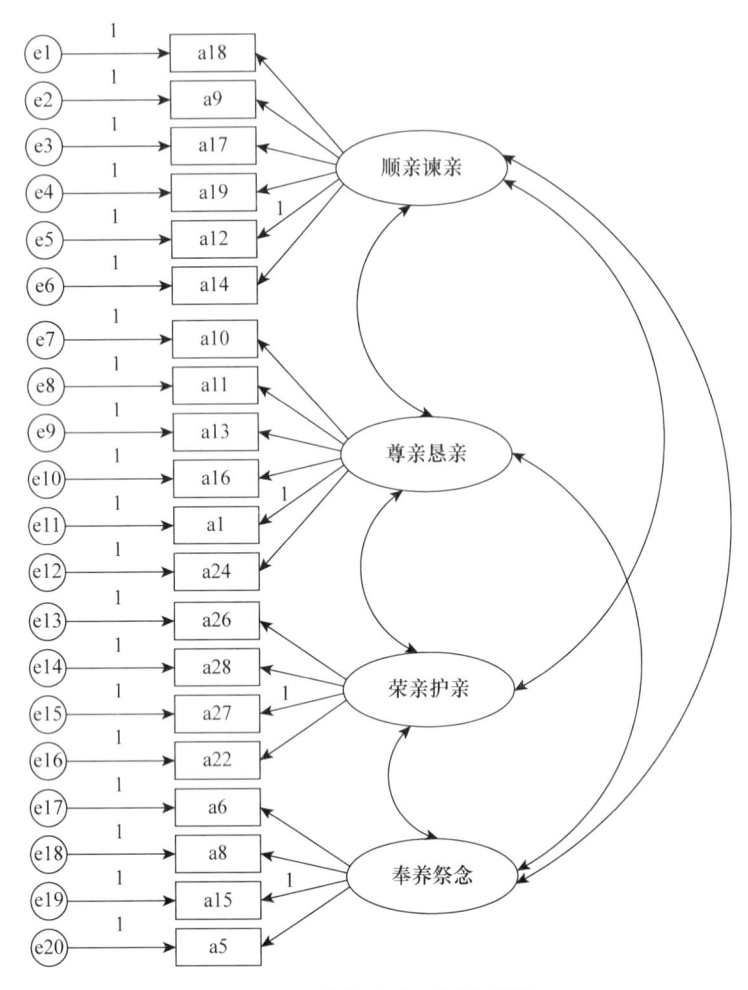

图 4-5 传统孝道四因素模型

型的拟合度很好。根据数据拟合程度指标对模型进行评价发现，传统孝道四因素模型的各项指标都优于单因素孝道模型（见表 4-8），说明传统孝道四因素模型明显比单因素模型理想，但统计数据表明，四因素模型适配各项指标拟合指数还不够理想，NFI、TLI、IFI、CFI、χ^2/df 等指标达不到统计学要求。为此，对模型进一步进行修正（见图 4-6），通过修正其各项指标基本达到了理想水平（见表 4-8）。

第四章 实证研究:《论语》核心思想的跨文化比较

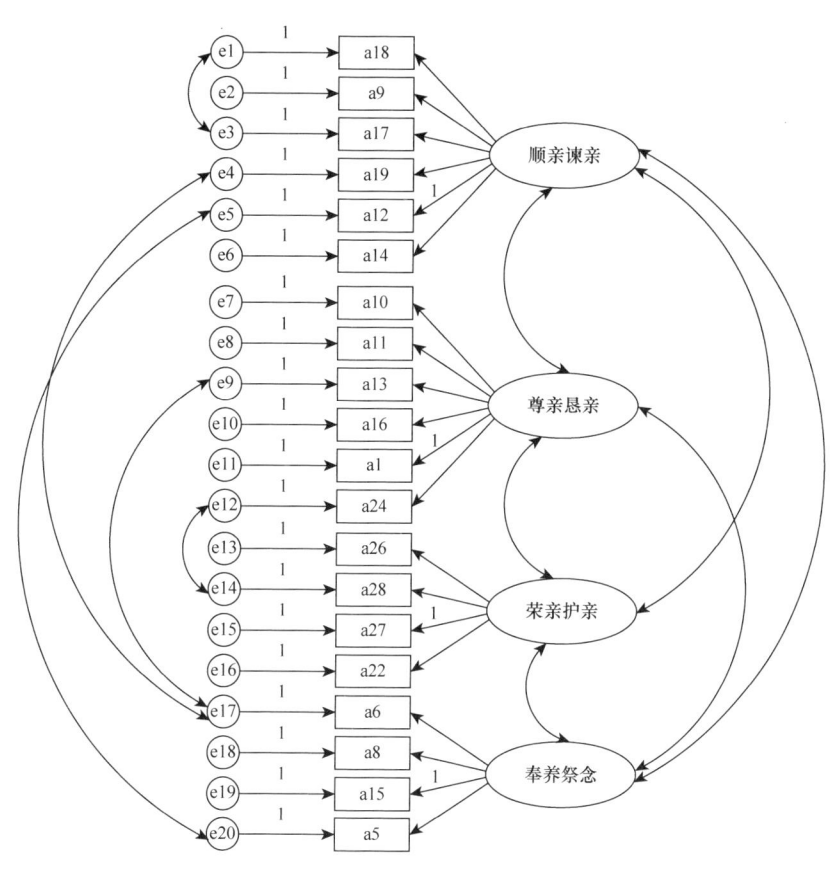

图 4-6 传统孝道四因素修正模型

表 4-8　　传统孝道量表验证性因素分析结果（N=505）

模型	χ²/df	GFI	RMR	RMSEA	PNFI	AGFI	PGFI	NFI	TLI	IFI	CFI
适配标准或临界值	<3	>0.9	<0.05	<0.08	>0.5	>0.85	>0.5	>0.90	>0.90	>0.90	>0.90
单因素模型	6.294	0.788	0.048	0.102	0.659	0.738	0.638	0.737	0.741	0.769	0.768
四因素模型（修正前）	3.998	0.875	0.044	0.077	0.724	0.840	0.683	0.839	0.853	0.874	0.873

续表

模型	X^2/df	GFI	RMR	RMSEA	PNFI	AGFI	PGFI	NFI	TLI	IFI	CFI
四因素模型（修正后）	2.970	0.908	0.038	0.063	0.740	0.879	0.688	0.884	0.904	0.920	0.919

评价模型优劣的标准，包括每个观测变量在误差变量和潜变量上的负荷。一般而言，因素负荷量最好介于 0.50—0.90。若观测变量在误差变量上的负荷不高，在潜变量上的负荷较低，则说明该模型的结构理想。

表4-9　传统孝道单因素模型在外显变量与误差上的负荷（N=505）

题项	负荷	误差	题项	负荷	误差	题项	负荷	误差	题项	负荷	误差
a18	0.42	0.18	a10	0.70	0.49	a26	0.62	0.38	a6	0.44	0.19
a9	0.49	0.24	a11	0.58	0.34	a28	0.72	0.52	a8	0.48	0.23
a17	0.48	0.23	a13	0.65	0.43	a27	0.71	0.51	a15	0.48	0.23
a19	0.53	0.28	a16	0.65	0.42	a22	0.66	0.43	a5	0.53	0.28
a12	0.59	0.35	a1	0.54	0.29						
a14	0.67	0.45	a24	0.48	0.23						

表4-10　传统孝道四因素模型在外显变量与误差上的负荷（N=505）

	F1			F2			F3			F4	
题项	负荷	误差	题项	负荷	误差	题项	负荷	误差	题项	负荷	误差
a18	0.59	0.35	a10	0.73	0.54	a26	0.61	0.37	a6	0.57	0.32
a9	0.60	0.36	a11	0.63	0.40	a28	0.86	0.73	a8	0.57	0.33
a17	0.58	0.34	a13	0.71	0.50	a27	0.86	0.73	a15	0.58	0.34
a19	0.67	0.44	a16	0.67	0.44	a22	0.64	0.40	a5	0.63	0.39
a12	0.67	0.45	a1	0.56	0.32						
a14	0.71	0.61	a24	0.51	0.26						

通过上述单因素模型与四因素模型比较发现，就外显变量与误差负

荷而言，两模型的外显变量负荷均大于误差负荷。但进一步比较发现，两者的外显变量负荷指数范围存在差异，单因素模型负荷指数范围在0.44—0.72区间（见表4-9），不少题项负荷值低于适用范围；四因素模型的外显变量负荷范围在0.51—0.86区间（见表4-10），所有题项均满足参适配区间的要求。由此可见，传统孝道结构四因素模型比单因素模型更加理想。

三 信度效度研究

（一）被试分布

本研究被试为中国长沙、广州两地高校以及英美等国的十多所高校在校生，共发放问卷1250份，其中中国样本1000份，西方国家样本250份，最终回收有效问卷1011份，有效率为80.88%，整体被试分布情况如表4-11。

表4-11　　　　中西大学生样本的组成（N=1011）

国家	性别	有效问卷	有效率
中国	男	323	82.6%
	女	503	
西方国家	男	102	74.0%
	女	83	

（二）信度检验

信度是指测量工具测得结果的一致性、稳定性程度。① 量表信度系数越高，表明其测量标准误越小，量表越可靠、稳定。在因素分析完成后，为了解量表的可靠性和稳定性，应对总量表和量表各维度的信度进行检验。量表信度检验的方法很多，其中最常用方法有重测信度、复本信度、分半信度、同质性信度等。②

---

① 秦晓晴：《外语教学研究中的定量数据分析》，华中科技大学出版社2003年版，第74页。
② 秦晓晴：《外语教学研究中的定量数据分析》，华中科技大学出版社2003年版，第74页。

本研究主要采用同质性信度、分半信度两种方法来检验传统孝道量表的信度。分半信度是将量表的所有题项拆分为两组后计算两者之间的相关系数。[①] 同质性信度（内部一致性系数或 α 系数）为态度量表中最常用的检验信度的方法。就整体量表（即量表总信度）而言，经内部一致性检验，若 α 值大于或等于 0.80，表明量表信度较高，若 α 值介于 0.70 和 0.80 之间，表示量表信度尚可，能够接受，但若 α 值小于 0.60，则表示量表信度太低，需重新修改与调整。就分量表（即各维度）而言，α 值则应降低档次，若 α 值大于或等于 0.70，说明量表信度较高，若 α 值介于 0.60 和 0.70 之间，表明量表信度尚可以接受，若 α 值小于 0.50，则说明量表应做修改与调整。

经统计发现，从内部一致性检验来看，传统孝道量表整体信度为 0.935（≥0.80），说明量表信度极高。而从四个维度，即四个分量表来看，除 F4（α=0.674）信度稍低，处于可以接受范围外，其他三个分量表，即 F1、F2、F3 的内部一致性 α 系数均大于 0.8，信度甚佳，说明量表比较理想（见表 4-12）。从分半信度层面看，传统孝道分量表及总量表的分半信度 α 值都在 0.70 以上，表明量表具有较高的信度（见表 4-13）。

表 4-12　　　　传统孝道量表的信度检验结果（N=1011）

因素（维度）	内部一致性 （α 系数）	分半信度 （Spearman—Brown 系数）	各分量表的项目数
F1 顺亲谏亲	0.810	0.764	6
F2 尊亲恳亲	0.802	0.792	6
F3 护亲荣亲	0.819	0.853	4
F4 奉养祭念	0.674	0.701	4
量表总信度	0.935	0.882	20

（三）效度分析

效度是指测量工具对测量对象的测量能力，即测量工具究竟在多大

[①] 秦晓晴：《外语教学研究中的定量数据分析》，华中科技大学出版社 2003 年版，第 76 页。

程度上能测量出所要测量的东西。① 一般而言，效度可分两类，即内在效度与外在效度，前者包括内容效度和结构效度，后者包括预示效度和共时效度。本研究主要对量表的内在效度，即结构效度及内容效度进行了检验。

1. 内容效度

内容效度主要考察量表题项在多大程度上体现了所要测定的特征范畴。② 本研究的传统孝道量表各题项是在文献研究基础上，经过对《论语》文本的分析，通过半开放式问卷调查与访谈，参考相关量表题项编制而成。在问卷编制过程中，进行了三场访谈，参与访谈人员包括心理学专家、高校教授、硕博士研究生、已毕业和在校大学生等，参与访谈人数合计超百人。最终，请相关专家（主要包括心理学专家和统计测量学专家）对传统孝道量表的原始题项以及初试题项进行了评估，从而正式确定量表的题项，确保量表的内容效度理想。通过测量发现，此量表内容基本涵盖了《论语》中传统孝道的思想内容。而根据心理测验理论，量表总分与各因素之间的相关系数可用来检验内容效度的指标。③ 表4-13所示，传统孝道量表各维度在0.01水平上呈显著相关。由此可见，本研究的传统孝道量表具有较强的内容效度。

2. 结构效度

结构效度是指能够测量出理论特质和概念的程度。④ 根据《论语》传统孝道思想内涵以及以往学者构建的传统孝道结构模型，本研究大致确定传统孝道架构的基本框架。经过预测和正式测验，通过对量表进行项目分析、探索性因素分析以及验证性因素分析，我们发现，传统孝道量表各项指标均符合测量学要求，与原来构想的结构基本一致。

---

① 秦晓晴：《外语教学研究中的定量数据分析》，华中科技大学出版社2003年版，第48页。

② 吴明隆：《问卷统计分析实务：SPSS操作与应用》，重庆大学出版社2010年版，第195页。

③ Foster etc., *Validity Assessment in Clinical Assessment*, Psychological Assesment, Vol. 7, No. 3, 1995, pp. 248-260.

④ 吴明隆：《问卷统计分析实务：SPSS操作与应用》，重庆大学出版社2010年版，第188页。

因素分析法是检验结构效度的常用方法。按照因素分析理论，量表各因素间相关不能太高，也不能太低，应呈中等程度，以确保各因素间虽存在不同，但所测的是同一心理特征。量表各因素相关太高，表明各因素间存在重合之处，也就说明某些因素可能没有存在的必要性；如果各因素间相关太低，表明某些因素所测的内容与真正所需测量的内容可能不一致，甚至截然不同。统计结果表明，各因素在 0.01 水平上呈显著相关，各因素间的相关系数介于 0.4 和 0.7 之间（见表 4-13）。由此可见，各因素基本都呈中等或中等偏低相关，表明各因素既存在差异，又具有一定独立性，能测量传统孝道的基本内容。表 4-13 表明，各因素与总分相关都呈中等偏高，且在 0.01 水平上呈显著相关，表明量表的结构效度较好，能反映所需测验的内容。

表 4-13　　传统孝道量表各因素间相关及因素与总分相关统计结果（N=1011）

	顺亲谏亲	尊亲恳亲	荣亲护亲	奉养祭念	总分
顺亲谏亲	1				
尊亲恳亲	0.589**	1			
荣亲护亲	0.555**	0.673**	1		
奉养祭念	0.515**	0.538**	0.494**	1	
总　分	0.853**	0.861**	0.815**	0.731**	1

注：** 表示在 0.01 水平（双侧）上呈显著相关。

四　中国传统孝道现状与特点

（一）总体情况

本书传统孝道量表是在借鉴以往量表基础上，自编设计完成，因而没有相应的常模参照指标体系。通过对量表的总分、各维度得分均值及其理论均值的比较，结合众数分值范围的分析，可以了解当前中国被试的孝道水平。从表 4-14、图 4-7 可知，中国被试传统孝道总分理论均值为 60，根据实际测量结果，其总分均值为 86.13，实际均值远远高于理论均值。按照众数分值，中国被试的孝道总分均值为 87，高于理论均值与实际均值。由此可见,当前中国被试传统孝道的整体水平较高。就各维度而言,其实际均值皆超过理论均值,尤其是"尊亲恳亲""荣亲护亲"维度,实际均值比理论均值分别高 8.52 和 5.93。由此可以得出,孝道在中国仍占有十分重要的地位,现今中国大学生对父母的身体和精神健康都比较关注。

表 4-14 中国传统孝道总体得分及各维度得分的描述统计结果（N=826）

	全距	极小值	极大值	理论均值	实际均值	中值	众数	标准差
顺亲谏亲	20	10	30	18	23.40	23.00	23	3.569
尊亲恳亲	15	15	30	18	27.27	28.00	30	2.543
荣亲护亲	9	11	20	12	17.93	18.00	20	2.003
奉养祭念	11	9	20	12	17.52	18.00	20	1.981
总体	45	55	100	60	86.13	87.00	87	8.161

（二）不同人口统计学变量上的中国传统孝道

1. 性别与中国传统孝道

通过独立样本 t 检验发现,总体而言,中国被试的传统孝道水平不存在性别差异（p=0.144>0.05）,但女生孝道均值略高于男生（见表 4-15）。通过进一步分析发现,就传统孝道四个维度而言,在"尊亲恳亲"（p=0.00<0.05）和"荣亲护亲"（p=0.014<0.05）维度上存在性别差异,女生孝道水平明显高于男生。但在"奉养祭念"（p=0.079>0.05）和"顺亲谏亲"（p=0.129>0.05）维度上却不存在性别差异。

表 4-15 中国传统孝道的性别差异（N=826）

组统计量	性别	N	均值	标准差	t	Sig.
顺亲谏亲	男	323	3.95	0.618	1.756	0.079
	女	503	3.87	0.578		

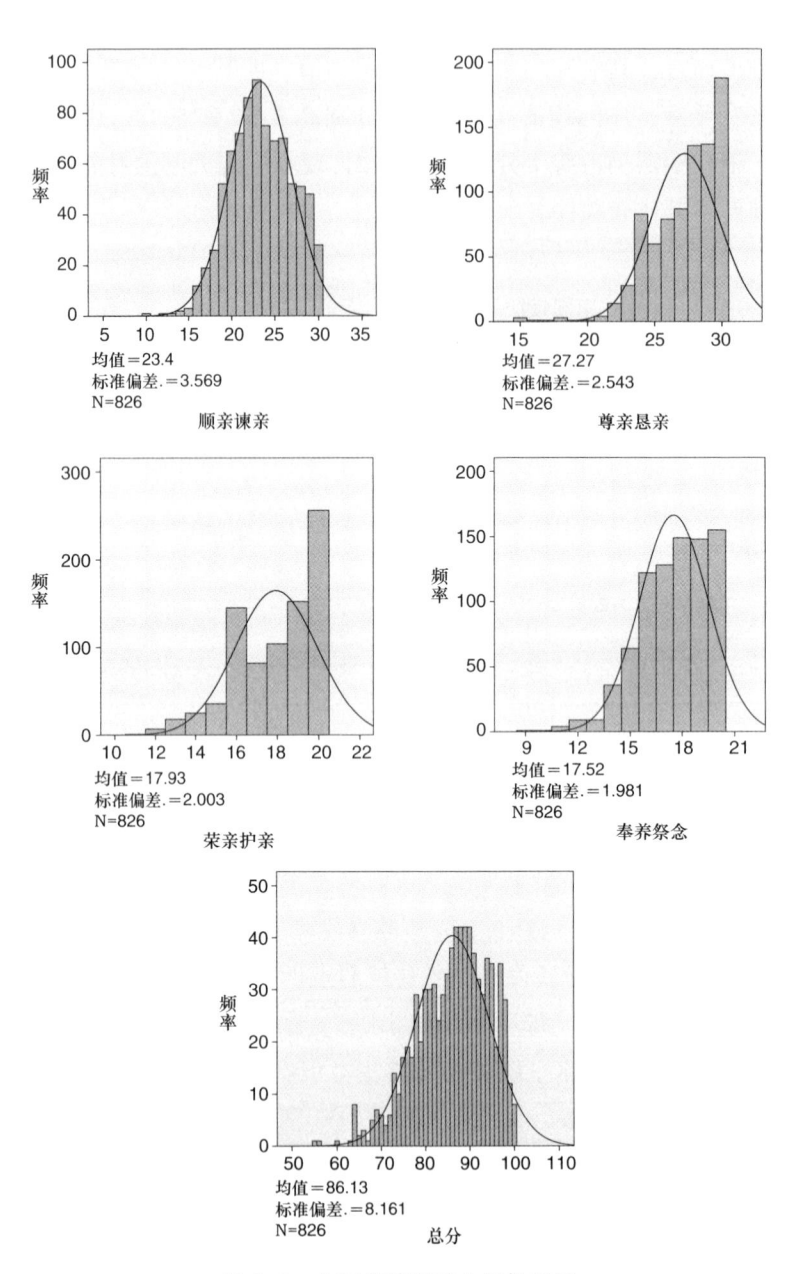

图 4-7　中国传统孝道水平柱状图

续表

组统计量	性别	N	均值	标准差	t	Sig.
尊亲恳亲	男	323	4.47	0.466	-3.983	0**
	女	503	4.59	0.387		
荣亲护亲	男	323	4.43	0.529	-2.463	0.014*
	女	503	4.52	0.479		
奉养祭念	男	323	4.35	0.549	-1.521	0.129
	女	503	4.40	0.456		
总体	男	323	4.28	0.445	-1.464	0.144
	女	503	4.32	0.382		

注：* 表示 $p<0.05$ 水平上显著相关；** 表示 $p<0.01$ 水平上显著相关，后各表同此注，不再一一标注。

2. 年级与中国传统孝道

采用单因素方差分析（One-way ANOVA）检验中国传统孝道的年级差异。如表4-16显示，年级对中国传统孝道具有显著影响（$p=0.000<0.05$），中国传统孝道存在年级差异。整体而言，大一学生孝道水平最高，但随着年级的增加，孝道水平呈下降趋势，这一方面说明大学生的知识越多，并不意味着其孝道水平就越高；另一方面也可能与中国现行大学教育有密切关系。目前中国大学教育往往重视学生专业技能的培养，而忽视学生人文素质的提升，很少开展专门的孝道教育。但进一步研究发现，中国大学生在"奉养祭念"这一维度上不存在年级差异（$p=0.092>0.05$）。

表4-16　　　　　中国传统孝道的年级差异（N=826）

组统计量	年级	N	均值	标准差	F	Sig.
顺亲谏亲	大一	410	3.96	0.577	5.629	0.004
	大二	288	3.87	0.589		
	大三等	128	3.77	0.644		

续表

组统计量	年级	N	均值	标准差	F	Sig.
尊亲恳亲	大一	410	4.61	0.379	10.614	0**
	大二	288	4.49	0.415		
	大三等	128	4.45	0.534		
荣亲护亲	大一	410	4.53	0.465	7.788	0**
	大二	288	4.48	0.492		
	大三等	128	4.33	0.596		
奉养祭念	大一	410	4.42	1.849	2.396	0.092
	大二	288	4.35	2.046		
	大三等	128	4.33	2.208		
总分	大一	410	4.36	0.384	9.262	0**
	大二	288	4.27	0.398		
	大三等	128	4.20	0.474		

3. 地区与中国传统孝道

采用独立样本 t 检验，检测不同地区（长沙、广州）对中国传统孝道的影响。经统计，总体而言，中国传统孝道存在地区差异（p=0.019<0.05），长沙地区大学生孝道水平要高于广州地区，这可能是由于长沙位于中国内陆地区，受中国传统文化影响较深，而广州位于沿海开放地区，受西方影响较深。进一步分析发现，就中国传统孝道四个维度而言，在"尊亲恳亲"（p=0.01<0.05）维度上并不存在地区差异（见表4-17）。这说明不管中国哪个地区的大学生都注重对父母精神上的关心与照料。

表4-17　　　　中国不同地区孝道的差异（N=826）

组统计量	性别	N	均值	标准差	t	Sig.
顺亲谏亲	广州	421	3.86	0.608	-2.164	0.031
	长沙	405	3.95	0.578		

续表

组统计量	性别	N	均值	标准差	t	Sig.
尊亲恳亲	广州	421	4.50	0.454	-3.277	0.001**
	长沙	405	4.59	0.384		
荣亲护亲	广州	421	4.47	0.520	-0.939	0.348
	长沙	405	4.50	0.479		
奉养祭念	广州	421	4.37	0.514	-0.675	0.500
	长沙	405	4.39	0.475		
总体	广州	421	4.27	0.424	-2.356	0.019*
	长沙	405	4.34	0.389		

4. 高校与中国传统孝道

采用单因素方差分析检验不同高校中国大学生传统孝道的影响。表4-18显示，不同高校间的中国传统孝道水平存在显著性差异（p=0.000<0.05）。从分值来看，国防科技大学和广东体育学院的大学生中国传统孝道水平最高。整体而言，内陆地区的高校大学生孝道水平要高于沿海地区，这与地区对中国传统孝道的影响结果相一致。

表4-18　　　　高校间中国传统孝道比较（N=826）

组统计量	校 别	N	均值	标准差	F	显著性
顺亲谏亲	中山大学	80	3.62	0.602	10.933	0**
	广东外语外贸大学	92	3.82	0.609		
	广东工业大学	94	3.83	0.593		
	广东体育学院	79	4.23	0.533		
	广东培正学院	76	3.79	0.543		
	中南大学	85	4.03	0.598		
	国防科技大学	51	4.36	0.451		
	长沙师范学院	94	3.74	0.614		
	湖南幼师	94	3.90	0.509		
	长沙职业技术学院	81	3.88	0.522		

续表

组统计量	校 别	N	均值	标准差	F	显著性
尊亲恳亲	中山大学	80	4.45	.414	6.458	0**
	广东外语外贸大学	92	4.42	0.579		
	广东工业大学	94	4.47	0.438		
	广东体育学院	79	4.64	0.342		
	广东培正学院	76	4.52	0.421		
	中南大学	85	4.71	0.364		
	国防科技大学	51	4.79	0.268		
	长沙师范学院	94	4.57	0.373		
	湖南幼师	94	4.54	0.389		
	长沙职业技术学院	81	4.43	0.392		
荣亲护亲	中山大学	80	4.35	0.572	5.407	0**
	广东外语外贸大学	92	4.46	0.585		
	广东工业大学	94	4.37	0.514		
	广东体育学院	79	4.63	0.394		
	广东培正学院	76	4.55	0.454		
	中南大学	85	4.61	0.454		
	国防科技大学	51	4.76	0.316		
	长沙师范学院	94	4.45	0.514		
	湖南幼师	94	4.42	0.468		
	长沙职业技术学院	81	4.36	0.486		
奉养祭念	中山大学	80	4.23	0.480	4.878	0**
	广东外语外贸大学	92	4.30	0.592		
	广东工业大学	94	4.36	0.532		
	广东体育学院	79	4.53	0.424		
	广东培正学院	76	4.43	0.468		
	中南大学	85	4.51	0.434		
	国防科技大学	51	4.63	0.372		
	长沙师范学院	94	4.28	0.535		
	湖南幼师	94	4.33	0.448		
	长沙职业技术学院	81	4.32	0.464		

续表

组统计量	校 别	N	均值	标准差	F	显著性
总体	中山大学	80	4.14	.424	10.161	0**
	广东外语外贸大学	92	4.23	0.463		
	广东工业大学	94	4.24	0.430		
	广东体育学院	79	4.49	0.333		
	广东培正学院	76	4.29	0.369		
	中南大学	85	4.45	0.383		
	国防科技大学	51	4.62	0.264		
	长沙师范学院	94	4.24	0.408		
	湖南幼师	94	4.28	0.351		
	长沙职业技术学院	81	4.23	0.370		

五 西方传统孝道现状与特点

国外正式调查采用随机抽样方式，主要在英国、美国、澳大利亚等国家及广东外语外贸大学留学生中抽取，共发放问卷250份，回收问卷192份，回收率76.8%。剔除无效问卷后，共保留有效问卷185份，有效率为74%。经统计发现，调查样本中包括40名非洲人和亚洲人，为保证研究结果的科学性，将其剔除，只保留欧美等西方国家被试145名，其中男性82名，女性63名。

（一）总体情况

统计结果表明，西方被试传统孝道实际均值为74.99，理论均值为60，实际均值远高于理论均值（见表4-19、图4-8）。从众数分值可知，大多数西方被试的孝道实际均值为80，远远高于理论均值60。由此可知，当前西方被试孝道整体水平较高，孝道意识较为突出。从各维度而言，其实际均值皆超过理论均值，尤其是在"奉养祭念""尊亲恳亲"维度上，实际均值更远远高于理论均值。这表明西方被试不仅注重对父母的奉养，更关注父母的精神情感需求等。

表4-19 西方传统孝道总体得分、与各维度得分描述统计结果（N=145）

	全距	极小值	极大值	理论均值	实际均值	中值	众数	标准差
顺亲谏亲	23	6	29	18	20.02	20.00	20	3.904

续表

	全距	极小值	极大值	理论均值	实际均值	中值	众数	标准差
尊亲恳亲	17	13	30	18	22.97	23.00	25	3.422
荣亲护亲	16	4	20	12	14.70	15.00	16	3.121
奉养祭念	37	10	47	12	17.30	17.00	16	3.315
总体	74	38	112	60	74.99	75.00	80	10.499

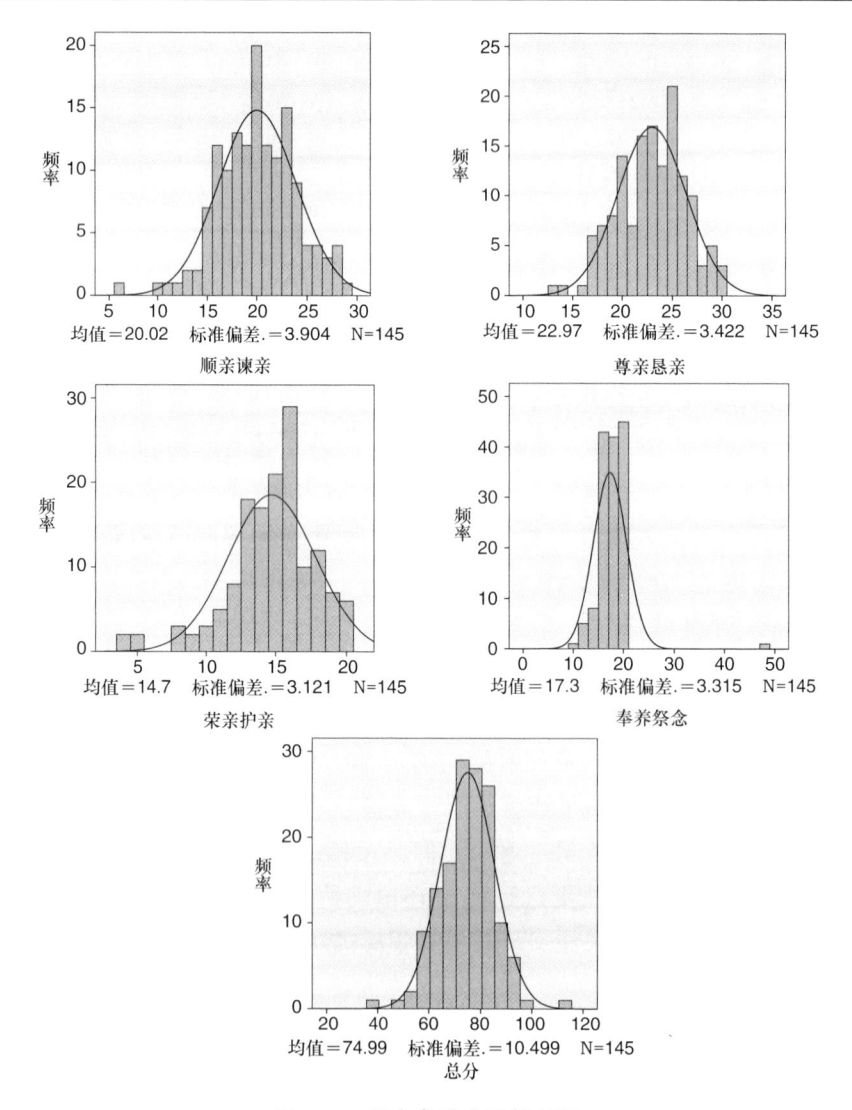

图4-8 西方孝道水平柱状图

（二） 不同人口统计学变量上西方传统孝道的差异

1. 性别与西方被试的传统孝道

通过独立样本 t 检验发现，西方被试的传统孝道水平不存在性别差异（p=0.245>0.05），但西方男性被试孝道分值略高于女性（如表4-20），这与中国被试的性别差异检验结果相反，且西方被试在四个维度上都不存在性别差异。

表4-20　　　　性别对西方被试传统孝道的影响（N=145）

组统计量	性别	N	均值	标准差	t	Sig.
顺亲谏亲	男	82	3.42	0.649	1.830	0.069
	女	63	3.22	0.641		
尊亲恳亲	男	82	3.82	0.580	−0.231	0.817
	女	63	3.84	0.561		
荣亲护亲	男	82	3.72	0.876	0.744	0.458
	女	63	3.62	0.636		
奉养祭念	男	82	4.39	0.996	1.097	0.275
	女	63	4.24	0.534		
总体	男	82	3.79	0.572	1.168	0.245
	女	63	3.69	0.455		

2. 宗教与西方被试的传统孝道

西方国家以基督教信仰为主，深受基督教文化影响。然而，根据调查，过去五十年来，英国无宗教信仰人数已从总人口数的3%增长至40%，且在年龄低于25岁的成年人中，接近三分之二的人是"无宗教信仰"或属于无宗教关系的人。[①] 本研究主要采用随机抽样方式，样本主要为英国大学生，从统计数据可知，大部分被试属非基督教人士。同时，根据独立样本 t 检验发现，是否信仰基督教对西方被试的孝道没有显著性影响（p=0.654>0.05）。除"奉养祭念"维度

[①] 李乐慧：《新数字显示英国有宗教信仰的人大幅下降》，《基督时报》2014年11月4日。

外，其他三个维度信仰基督教的西方被试比不信仰基督教的分值略高（见表4-21）。

表4-21　　　　宗教对西方被试孝道的影响（N=145）

组统计量	宗教	N	均值	标准差	t	Sig.
顺亲谏亲	基督教	57	3.35	0.632	0.122	0.903
	非基督教	88	3.33	0.666		
尊亲恳亲	基督教	57	3.87	0.578	0.623	0.534
	非基督教	88	3.80	0.567		
荣亲护亲	基督教	57	3.76	0.735	1.052	0.295
	非基督教	88	3.62	0.808		
奉养祭念	基督教	57	4.29	0.505	−0.353	0.725
	非基督教	88	4.34	0.986		
总体	基督教	57	3.77	0.508	0.449	0.654
	非基督教	88	3.73	0.538		

3. 国籍与西方被试的传统孝道

本研究的西方被试的国籍涉及英国[①]、西欧（包括法国、德国、西班牙等）、东欧（包括俄罗斯、乌克兰等）及美国等英语国家与地区（包括美国、加拿大、澳大利亚、新西兰等）。单因素方差分析发现，国籍对西方被试的孝道没有显著性影响，西方被试的孝道不存在国籍差异（p=0.175>0.05）。从表4-22可知，西方被试在"顺亲谏亲"维度上分值最低，而在"奉养祭念"维度上分值最高，这说明"奉养祭念"维度更容易得到西方被试认可。

---

① 本次调查主要在英国进行，英国有效被试最多，所以将英国与其他国家分开，划分成一类。

表4-22　　　　　国籍对西方被试孝道的影响（N=145）

组统计量	国籍	N	均值	标准差	F	显著性
顺亲谏亲	英国	60	3.20	0.607	4.400	0.005**
	西欧	33	3.23	0.737		
	美国等国	33	3.67	0.532		
	东欧国家	19	3.39	0.648		
尊亲恳亲	英国	60	3.74	0.558	1.000	0.395
	西欧	33	3.82	0.570		
	美国等国	33	3.94	0.586		
	东欧国家等	19	3.90	0.584		
荣亲护亲	英国	60	3.62	0.848	0.183	0.908
	西欧	33	3.68	0.756		
	美国等国	33	3.73	0.837		
	东欧国家等	19	3.74	0.482		
奉养祭念	英国	60	4.30	0.541	0.998	0.396
	西欧	33	4.22	0.514		
	美国等国	33	4.30	0.550		
	东欧国家等	19	4.62	1.847		
总体	英国	60	3.67	0.518	1.675	0.175
	西欧	33	3.70	0.538		
	美国等国	33	3.89	0.428		
	东欧国家等	19	3.86	0.639		

4. 母语与西方被试的传统孝道

语言只存在形式和结构差异，无"简单"与"复杂"、"原始"与"发达"之分，更无"低劣"与"优秀"之别。[①] 然而，从当前世界范围看，英语仍处于强势地位，其他语言相对比较弱势。语言是一个民族、一种文化的标志。语言不仅能影响人们的受教育程度、工作能力、

---

① 王远新：《论语言功能和语言价值观》，《湘潭大学学报》（哲学社会科学版）2008年第9期，第148页。

社会地位等,也具有情感认同及文化认同功能,还能折射出不同国家和民族文化的价值观念形态。① 那么母语为英语和非英语的被试是否在孝道上存在差异?采用独立样本t检验发现,母语为英语的西方被试和母语为非英语的被试的孝道并不存在显著性差异(p=0.883>0.05),只是在孝道的不同维度上存在略微区别(见表4-23)。

表4-23　　　　　母语对西方被试孝道的影响(N=145)

组统计量	语言	N	均值	标准差	t	Sig.
顺亲谏亲	英语	86	3.35	0.604	0.312	0.756
	非英语	59	3.32	0.718		
尊亲恳亲	英语	86	3.83	0.537	-0.080	0.936
	非英语	59	3.83	0.620		
荣亲护亲	英语	86	3.70	0.851	0.491	0.624
	非英语	59	3.64	0.668		
奉养祭念	英语	86	4.31	0.546	-0.280	0.780
	非英语	59	4.35	1.126		
总体	英语	86	3.75	0.498	0.147	0.883
	非英语	59	3.74	0.567		

六　中西孝道文化之比较

(一) 研究对象

由于在国外抽取与国内样本数相当的大样本具有一定难度,如果中西两个样本数相差太大,就无法保证研究结果的科学性和合理性。为此,在进行中西孝道比较研究时,为保证样本的大致相当,分别从中国和英国各选取一所大学作为代表。中国选取中山大学,英国选取兰卡斯特大学(Lancaster University)。选择中山大学是因为它是中国教育部直属院校,面向全国招生,生源面广,具有一定代表性;选择英国兰卡斯特大学主要原因在于:第一,英国是西方最古老的国家之一,是英语语

---

① 王远新:《论语言功能和语言价值观》,《湘潭大学学报》(哲学社会科学版) 2008年第9期,第149页。

言的起源地；第二，兰卡斯特大学在全球享有较好的学术声誉，在英国大学排名中名列前茅；第三，笔者所攻读博士高校与兰卡斯特大学合作关系密切，便于样本的抽取。本研究在中山大学共发放问卷100份，有效问卷80份，有效率为80%。兰卡斯特大学共发放问卷100份，回收80份，其中有效问卷76份，有效率为76%。

（二）研究信度与效度

为进一步验证测量问卷的科学性、可靠性与合理性，本研究对其信度和效度进行了重新检验。

1. 信度检验

信度检验采用克龙巴赫阿尔法系数（α系数）和分半信度，检验各因素及所有项目的内部一致性，如表4-24所示。

表4-24　　　　传统孝道量表的信度检验结果（N=156）

因素（维度）	内部一致性（α系数）	分半信度（Spearman—Brown系数）	分量表的项目数
F1 顺亲谏亲	0.793	0.713	6
F2 尊亲恳亲	0.810	0.831	6
F3 护亲荣亲	0.852	0.801	4
F4 奉养祭念	0.724	0.755	4
量表总信度	0.917	0.895	20

经统计，该量表整体信度为0.917（α≥0.80），表明量表的信度非常高。四个因素除F4的α值为0.724处于信度尚佳外，F1、F2、F3内部一致性α系数都在0.8以上，信度比较理想。从分半信度层面看，各因素及所有项目的分半信度α值都在0.70以上，表明量表具有较高信度。

2. 效度检验

本研究依据量表总分及各因素之间的相关系数检验结构效度。

表 4-25　　　　传统孝道量表的效度检验结果　（N=156）

	顺亲谏亲	尊亲恳亲	荣亲护亲	奉养祭念	总分
顺亲谏亲	1				
尊亲恳亲	0.643**	1			
荣亲护亲	0.622**	0.732**	1		
奉养祭念	0.564**	0.540**	0.496**	1	
总　分	0.865**	0.886**	0.855**	0.730**	1

注：** 表示在 0.01 水平（双侧）上呈显著相关。

从表 4-25 可知，各因素的相关系数介于 0.4 和 0.7 之间，均呈中等或中等偏低相关，表明各因素之间存在差异，具有一定独立性；各因素与总分的相关系数均大于 0.7，呈中等偏高相关，且 r 小于 0.01，达到了显著水平，这说明本量表具有较好的结构效度。

(三) 总体情况

为了解当前中国被试与西方被试的孝道水平，本研究运用 SPSS 软件统计了中国被试和西方被试的传统孝道的均值，结果显示，中西方被试的孝道总分实际测量均值为 77.71（见表 4-26、图 4-9），远高于理论均值 60。从表 4-26 的众数值可知，大多被试的孝道得分均值为 73，远高于理论均值，略低于实际均值。

表 4-26　　中西孝道总体得分以及各维度得分描述统计结果　（N=156）

组统计量	N	全距	极小值	极大值	理论均值	实际均值	中值	众数	标准差
顺亲谏亲	156	24	6	30	18	20.39	20.39	19	4.106
尊亲恳亲	156	24	6	30	18	24.64	24.64	25	3.915
荣亲护亲	156	16	4	20	12	15.81	15.81	16	3.320
奉养祭念	156	16	4	20	12	16.87	16.87	16	2.399
总体	156	80	20	100	60	77.71	77.71	73	11.610

第四章 实证研究:《论语》核心思想的跨文化比较

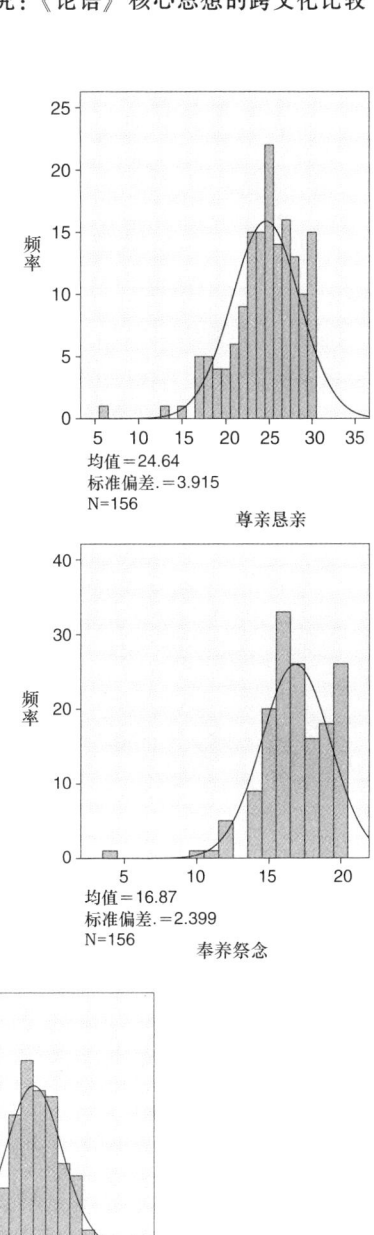

图4-9 中西孝道水平柱状图

独立样本 t 检验结果显示，整体而言，中西方被试的孝道呈显著性差异（p=0.000<0.05），中国被试的孝道均值远远高于西方被试；就各维度而言，中西方被试在"奉养祭念"不存在显著性差异（P=0.704>0.05），在其他维度上呈显著性差异（p=0.000<0.05）（见表 4-27）。中国被试认可度最高的是"尊亲恳亲"（M=4.45），而西方被试认可度最高的是"奉养祭念"（M=4.20），两者都不太认可的是"顺亲谏亲"（见表 4-28）。通过对各维度所有题项分析发现，题项 a24、a6、a13 的均值处于前三位（见表 4-29），这说明中西方被试都注重对父母的尊敬，重视父母的精神需求等。

表 4-27　　　　　　中西孝道对比总体情况统计（N=156）

组统计量	文化	N	均值	标准差	t	Sig.
顺亲谏亲	中国	80	3.62	0.602	4.450	0**
	西方	76	3.16	0.690		
尊亲恳亲	中国	80	4.45	0.414	7.967	0**
	西方	76	3.74	0.662		
荣亲护亲	中国	80	4.35	0.572	6.972	0**
	西方	76	3.54	0.859		
奉养祭念	中国	80	4.23	0.480	0.380	0.704
	西方	76	4.20	0.707		
总体	中国	80	4.14	0.424	6.244	0**
	西方	76	3.62	0.605		

表 4-28　　　　　　中西孝道认同的排序情况

孝道维度		尊亲恳亲	荣亲护亲	奉养祭念	顺亲谏亲
中国	排名	1	2	3	4
	分值	4.45	4.35	4.23	3.62
西方	排名	2	3	1	4
	分值	3.74	3.54	4.20	3.16

第四章 实证研究：《论语》核心思想的跨文化比较

表 4-29　　　　　　　中西孝道各题项的排序情况

题项		总体 均值	总体 排序	中国 均值	中国 排序	西方 均值	西方 排序
a24	我应该尊敬父母	4.62	1	4.69	1	4.55	2
a6	父母去世后，我应该心存怀念	4.58	2	4.59	2	4.58	1
a13	我应该关注父母的身体健康状况	4.40	3	4.56	5	4.24	4
a15	父母去世后，我应该遵从父母本人意愿，妥善安葬	4.33	4	4.43	6	4.24	3
a11	当父母忙碌时，我应该帮助父母做家务	4.24	5	4.40	7	4.07	5
a28	我应该好好照顾自己，不让父母为我操心	4.22	6	4.58	3	3.86	8
a5	我应该亲自照顾年老的父母	4.14	7	4.21	11	4.07	6
a27	我应该注意自己的安全，以免父母担心	4.13	8	4.57	4	3.67	10
a10	当不在父母身边时，我应该经常问候父母	3.85	9	4.36	8	3.30	13
a26	为了不让父母担心，我应该小心谨慎少惹麻烦	3.82	10	4.13	12	3.50	12
a16	出门在外时，我应该跟父母保持联络	3.81	11	4.35	10	3.24	14
a8	父母去世后，我应该努力实现父母生前遗愿	3.81	12	3.71	17	3.91	7
a17	和父母争吵后，我应该道歉	3.76	13	3.79	15	3.72	9
a1	外出时，我应该向父母告知去处	3.72	14	4.35	9	3.07	17
a22	为不使父母丢脸，我应该遵纪守法	3.63	15	4.11	13	3.12	16
a18	与父母之间出现矛盾时，我应该作出让步	3.56	16	3.50	18	3.62	11
a14	我应该听从父母的教诲	3.50	17	3.97	14	3.00	18
a12	选择工作时，我应该考虑便于照顾父母	3.44	18	3.71	16	3.14	15

续表

题项		总体		中国		西方	
		均值	排序	均值	排序	均值	排序
a19	父母责骂时，我应该不顶嘴	3.10	19	3.29	20	2.89	19
a9	当正确意见不被父母接受，我仍应保持恭敬，不生气	3.04	20	3.48	19	2.59	20

（四）不同孝道维度的中西比较

1. "尊亲恳亲"维度

经独立样本 t 检验，中西方被试在"尊亲恳亲"维度上呈显著性差异（P=0.000<0.05），中国被试得分较高，均值为 4.45，西方均值为 3.74（见表 4-30），中西方被试都不存在性别差异（见表 4-31）。通过对各题项统计分析发现，中西方被试都对 a24、a13 认可度最高，且中西方不存在显著性差异（P=0.207＞0.05），中西方被试对 a1 认可度最低，两者存在显著性差异（P=0.000<0.05），中国被试均值（M=4.35）远高于西方被试（M=3.07）（见表 4-32），这表明《论语》中的"父母在，不远游，游必有方"不太被西方社会认可。

表 4-30　　　　　中西在"尊亲恳亲"维度的检验结果

组统计量	文化	N	均值	标准差	t	显著性
尊亲恳亲	中国	80	4.45	0.414	7.967	0**
	西方	76	3.74	0.662		

表 4-31　　　　中西在"尊亲恳亲"维度上各题项的检验结果

组统计量	文化	N	均值	标准差	t	显著性
中国	男性	32	4.43	0.438	-0.439	0.662
	女性	48	4.47	0.400		
西方	男性	39	3.71	0.733	-0.400	0.691
	女性	37	3.77	0.587		

第四章 实证研究：《论语》核心思想的跨文化比较

续表

组统计量	文化	N	均值	标准差	t	显著性
总体	男性	71	4.04	0.710	-1.255	0.211
	女性	85	4.17	0.598		

表4-32　　中西在"尊亲恳亲"维度上各题项的检验结果

序号	题项	文化	N	均值	标准差	t	显著性
a1	外出时，我应该向父母告知去处	中国	80	4.35	0.731	7.845	0**
		西方	76	3.07	1.237		
a10	当不在父母身边时，我应该经常问候父母	中国	80	4.36	0.601	7.313	0**
		西方	76	3.30	1.120		
a11	当父母忙碌时，我应该帮助父母做家务	中国	80	4.40	0.608	3.179	0.002**
		西方	76	4.07	0.699		
a13	我应该关注父母的身体健康状况	中国	80	4.56	0.548	3.219	0.002**
		西方	76	4.24	0.709		
a16	出门在外时，我应该跟父母保持联络	中国	80	4.35	0.638	7.349	0**
		西方	76	3.24	1.165		
a24	我应该尊敬父母	中国	80	4.69	0.466	1.270	0.207
		西方	76	4.55	0.807		

2."顺亲谏亲"维度

经独立样本t检验，中西方被试在"顺亲谏亲"维度上呈显著性差异（P=0.000<0.05），中国被试均值（M=3.62）比西方要高（M=3.16）（见表4-33），但两者都不存在性别差异（见表4-34）。通过对各题项统计分析发现，中西方被试对a17、a18比较认可，且不存显著性差异，两者对a9、a1认可度较低，尤其是西方被试的均值低于理论均值3.0（见表4-35）。可见，中西方子女都愿意听从父母的正确意见，自己做得不对时，愿意作出让步或向父母道歉，但不太赞同盲目顺从。

表 4-33　　　　　中西在"顺亲谏亲"维度的检验结果

组统计量	文化	N	均值	标准差	t	显著性
顺亲谏亲	中国	80	3.62	0.602	4.450	0**
	西方	76	3.16	0.690		

表 4-34　　　　　中西在"顺亲谏亲"维度的性别差异

组统计量	文化	N	均值	标准差	t	显著性
中国	男性	32	3.72	0.620	1.166	0.247
	女性	48	3.56	0.587		
西方	男性	39	3.16	0.744	-0.054	0.957
	女性	37	3.17	0.638		
总体	男性	71	3.41	0.742	0.204	0.838
	女性	85	3.39	0.637		

表 4-35　　　　中西在"顺亲谏亲"维度上各题项的检验结果

序号	题项	文化	N	均值	标准差	t	显著性
a9	当正确意见不被父母接受，我仍应保持恭敬，不生气	中国	80	3.48	0.927	5.947	0**
		西方	76	2.59	0.926		
a12	选择工作时，我应该考虑便于照顾父母	中国	80	3.71	0.874	3.891	0**
		西方	76	3.14	0.948		
a14	我应该听从父母的教诲	中国	80	3.98	0.746	6.730	0**
		西方	76	3.00	1.033		
a17	和父母争吵后，我应该道歉	中国	80	3.79	0.822	0.439	0.661
		西方	76	3.72	0.988		
a18	与父母之间出现矛盾时，我应该作出让步	中国	80	3.50	0.842	-0.805	0.422
		西方	76	3.62	0.993		
a19	父母责骂时，我应该不顶嘴	中国	80	3.29	0.957	2.409	0.017*
		西方	76	2.89	1.078		

第四章 实证研究:《论语》核心思想的跨文化比较

3. "荣亲护亲"维度

经独立样本 t 检验,中西方被试在"荣亲护亲"维度上呈显著性差异(P=0.000<0.05),中国被试对其认可度较高(M=4.35),均值明显高于西方被试(M=3.54)(见表4-36)。中西方被试都不存在性别差异(P=0.797>0.05),但女性均值比男性略高(见表4-37)。各题项都存在显著性差异,但从分值看,中西方被试都在 a28、a27 得分最高,说明其认可度较高,在 a22 得分最低,说明其认可度低(见表4-38)。可见,中西方被试在该维度和各题项的认可上具有一致性。

表4-36　　　　　中西在"荣亲护亲"维度的检验结果

组统计量	文化	N	均值	标准差	t	显著性
荣亲护亲	中国	80	4.35	0.572	6.972	0**
	西方	76	3.54	0.859		

表4-37　　　　　中西在"荣亲护亲"维度的性别差异

组统计量	文化	N	均值	标准差	t	显著性
中国	男性	32	4.34	0.625	-0.040	0.968
	女性	48	4.35	0.540		
西方	男性	39	3.60	0.936	0.622	0.536
	女性	37	3.47	0.777		
总体	男性	71	3.93	0.888	-0.258	0.797
	女性	85	3.97	0.783		

表4-38　　　　中西在"荣亲护亲"维度上各题项的检验结果

序号	题 项	文化	N	均值	标准差	t	显著性
a22	为不使父母丢脸,我应该遵纪守法	中国	80	4.11	0.886	5.863	0**
		西方	76	3.12	1.200		

续表

序号	题项	文化	N	均值	标准差	t	显著性
a26	为了不让父母担心，我应该小心谨慎少惹麻烦	中国	80	4.13	0.905	3.957	0**
		西方	76	3.50	1.065		
a27	我应该注意自己的安全，以免父母担心	中国	80	4.58	0.546	6.757	0**
		西方	76	3.67	1.038		
a28	我应该好好照顾自己，不让父母为我操心	中国	80	4.58	0.522	5.980	0**
		西方	76	3.86	0.934		

4. "奉养祭念"维度

经独立样本 t 检验可以看出，中国被试（M=4.38）和西方被试（M=4.27）在"奉养祭念"维度上不存在显著性差异（P=0.827＞0.05），均值都在4.0以上，说明两者对其认可度都高（见表4-39）。检验结果显示，P=0.187＞0.05，中西方被试在总体及各维度上都不存在性别差异（见表4-40）。通过对各题项统计分析发现，中西方被试在a6（父母去世后，我应该心存怀念）得分较高，分别为：4.59、4.58，这说明这一题项的认同度较高，而对a8（父母去世后，我应该努力实现父母生前遗愿）得分最低，分别为：3.71、3.91，说明其认同度较低（见表4-41）。可见，中西方被试对怀念父母都比较认同，但对继承父母遗志不太认同。

表4-39　　　　　　中西在"奉养祭念"维度的检验结果

组统计量	文化	N	均值	标准差	F	显著性
奉养祭念	中国	80	4.23	0.480	0.380	0.704
	西方	76	4.20	0.707		

表 4-40　　　　　中西在"奉养祭念"维度的性别差异

组统计量	文化	N	均值	标准差	F	显著性
中国	男性	32	4.20	0.542	-0.592	0.555
	女性	48	4.26	0.437		
西方	男性	39	4.10	0.838	-1.203	0.233
	女性	37	4.30	0.530		
总体	中国	71	4.14	0.717	-1.327	0.187
	西方	85	4.28	0.477		

表 4-41　　　　中西在"奉养祭念"维度上各题项的检验结果

序号	题项	文化	N	均值	标准差	t	显著性
a5	我应该亲自照顾年老的父母	中国	80	4.21	0.741	1.077	0.283
		西方	76	4.07	0.943		
a6	父母去世后，我应该心存怀念	中国	80	4.59	0.520	0.082	0.935
		西方	76	4.58	0.771		
a8	父母去世后，我应该努力实现父母生前遗愿	中国	80	3.71	0.889	-1.258	0.210
		西方	76	3.91	1.048		
a15	父母去世后，我应该遵从父母本人意愿，妥善安葬	中国	80	4.43	0.591	1.597	0.112
		西方	76	4.24	0.862		

第七节　研究结论

本章探讨了《论语》中的传统孝道思想在中西方文化中的差异与共性。上述研究提供了强有力的实证支撑，在一定程度上证实了本章所提出的三个研究假设，即孝道在中西方文化中都居于十分重要的地位，中西方在孝道各维度的认同度上都较高；中西方孝道存在文化共通之处，孝道是全人类共同认可和信奉的类道德价值，具有超越时空的文化共通性；同时，中国孝道思想具有文化特殊之处。具体表现在：

第一，孝道位居中西方文化重要地位。

本章通过对中国（长沙、广州）10多所高校的被试调查，发现其孝道均值分别为4.3，远远高于理论平均值3.0，接近最大值5，这证实孝道是中国当代社会最重要的价值和德行，说明《论语》中所提倡的"孝道"在现代中国仍占有十分重要的地位。而通过对西方国家被试的调查发现，其孝道均值为3.7，高于3.0，这说明孝道在西方社会也得到认可。通过对孝道的四个维度分析发现，中国台湾学者叶光辉提出"互惠性孝道"中的"尊亲恳亲"并没有随着现代化及民主化进程的发展而丧失，相反，在现代社会得到越来越多中国人和西方人的认可。而"权威性孝道"中的"顺亲谏亲"在现代社会却没有得到认可，孝道已从传统的对父母的顺从与父母权威转向互相关爱和子女关系的平等。中西方被试在"顺亲谏亲"维度的分值最低，分别为3.62、3.16，且该维度的相关题项a19（父母责骂时，我应该不顶嘴）、a9（当正确意见不被父母接受，我仍应该保持恭敬，不生气）分值最低，中国被试分别为3.29、3.48，而西方被试只有2.75、2.51。可见，中西方被试对其都不太认可，这说明"基于威权的顺亲观念式微"①。

当然，有些人认为，随着中国社会的转型，孝道在中国社会已经衰落或不复存在；也有人认为西方社会是利己主义社会，强调彼此独立，西方人不讲究孝道，父母与子女关系冷淡，这两种观点都站不住脚。本研究证明，孝道在中国和西方社会中仍占有十分重要的地位。尽管中西方被试在孝道维度上存在显著性差异，但传统孝道的精髓：养亲、尊亲、敬亲、悦亲等并未随着历史发展、时代变迁与社会进步而弱化，仍在中西方文化中得到广泛认可。当然，某些孝道行为，如随侍在侧、绝对顺从等，已与现代社会生活不太适应，逐渐被人们所抛弃。

第二，中西方孝道存在文化共通之处。

人类作为一种类存在，必然具有超越时间与地域的道德文化；人类的道德文化既存在特殊性与时代性，也存在共通性与永恒性；它是世界各民族和国家经长时间实践而认识到的共同道德底线，也是为维系人类

---

① 刘汶蓉：《当代家庭代际支持观念与群体差异——兼论反馈模式的文化基础变迁》，《当代青年研究》2013年第3期，第11页。

第四章 实证研究:《论语》核心思想的跨文化比较

作为一个族类存在下去而必须遵守的责任和义务。[①]"孝道"作为中国传统道德文化的核心,是基于人性而产生的最真实、最自然的情感内容,是发自内心地对父母养育之恩的报答。它历经几千年人类与社会历史变迁,已成为全人类共同认可的类道德价值,具有超越时代的文化共通性。

通过SPSS统计发现,中国被试的孝道实际测量均值为86.13,西方实际测量结果为74.99,两者都远高于理论均值60。这说明中西方被试孝道整体水平较强,孝道意识较为突出,《论语》中的孝道思想无论在中国还是西方都有极高的认同度。通过独立样本t检验发现,中西方被试在"奉养祭念"维度上不存在显著差异。尽管在其他维度上呈显著差异,但两者在四个维度及各题项的认同上基本一致。由此看出,尊敬父母,满足父母的情感需求是中国和西方社会都认同的道德要求。

英国著名哲学家伯特兰·罗素在其《中国问题》一书中说道:"孝道并不是中国人独有,它是某个文化阶段全世界共有的现象。"[②] 中国台湾学者杨国枢也提出"在诸善之中,孝最具有超越性;在诸德之中,孝最具有普遍性"[③]。韩望喜认为孝无国界,他说"孝敬父母的观念一定是普适性的,没有一种文化是叫你不尊重父母,不怀念父母,不挂记父母的。所有的文化都是,西方的世界都是这样讲的,没有爱、没有尊重的话,这个人完全不称其为人,这是最基本的东西"[④]。作为中国传统文化核心价值的"孝道",是基于亲情本位的伦理精神,是人类共同认可的核心价值观,具有文化的共通性。传统孝道在维系人伦秩序、传递亲情以及稳定家庭方面发挥了其他道德规范不可替代的作用。尽管中西方政治制度不尽相同,文化传统相异,生活习俗大相径庭,对"孝"的表达方式也南辕北辙,但西方社会长期存在的新教伦理意识对孝之价值理解恰与儒家道德哲学中的孝之理念有着最大的文化交集,促

---

① 杨韶刚:《道德价值的文化溯源与道德教育》,《思想理论教育》2010年第1期,第27—31页。
② [英]罗素:《中国问题》,秦悦译,学林出版社1996年版,第30页。
③ 杨国枢:《中国人的蜕变》,中国人民大学出版社2013年版,第27页。
④ 韩望喜:《孝无国界:孝敬父母是一种普适文化》,《深圳特区报》2012年5月14日。

使中西方形成了对"孝敬"的价值共识,这是对人性的尊重。①

第三,中国孝道具有文化特殊之处。

每个民族都有自己本民族优秀的道德文化。②优秀道德文化都具有一种特殊的适应现实功能的,即"不管社会现实如何变,该道德的精华部分,总是能够为新时代所汲取、利用",且其渗透力极强、附着力极大,总能在新的道德建设中"显示出自己的特有价值",这就是道德文化的特殊性。③中国的"孝道"也自有其特殊性。

独立样本 t 检验发现,中西方被试在"尊亲恩亲""荣亲护亲""顺亲谏亲"三个维度上都存在显著差异,中国被试的均值依次为 4.45、4.35、3.62,西方被试依次为 3.74、3.54、3.16(见表 4-28),中国被试在这三个维度的孝道水平远高于西方被试。这说明中西方被试对于孝道的理解和认知存在极大差异,也进一步证明"孝道"不仅具有文化的共通性,也具有文化的特殊性。

追本溯源,中国"孝道"之所以具有特殊性,主要源于中国传统文化的影响,其理论基石是儒家道德思想。中国传统文化绵延五千余载,虽与域外文化几经融合,但总体上依然保留了以儒家孝道文化为主流的德性伦理气质;孝不仅成为一切道德的根本与核心,统摄一切伦理道德的准则,更成为齐家、治国、平天下的基本纲领,也是天经地义普遍有效的基本原则及中国人安身立命之道。④诚如徐复观所提到的孔子最大贡献之一——将以宗法为骨干的孝悌观念拓展至一般平民百姓,"使孝弟得以成为中国人伦的基本原理,以形成中国社会的基础历史支柱"⑤。受悠久传统历史文化的熏陶,中国孝道文化充满了人情味,也富有人文关怀。它已渗入中国人的日常生活和精神世界,成为最基本的行为准则和伦理道德规范。

---

① 朱海龙:《价值观与行动——多元文化视域下的中美大学生道德教育研究》,博士学位论文,广东外语外贸大学,2015 年,第 172—173 页。
② 杨韶刚:《道德价值的文化溯源与道德教育》,《思想理论教育》2010 年第 1 期,第 28 页。
③ 黄钊等:《中国道德文化》,湖北人民出版社 2000 年版,第 487 页。
④ 王菊英:《曾子的大孝境界》,《武汉科技学院学报》2010 年第 5 期,第 11 页。
⑤ 徐复观:《中国人性论史》,华东师范大学出版社 2005 年版,第 554 页。

第四章 实证研究：《论语》核心思想的跨文化比较

第八节 研究局限性

本章调查研究具有以下四点局限性。

第一，自编量表设计有待完善。本研究量表虽参照以往信度和效度较高的孝道量表设计而成，但由于以《论语》中的核心孝道思想作为主要内容设计的传统孝道量表并不存在，故本量表基本自编而成。该量表设计多次请教专家学者，反复校正问卷题项，进行了信度效度检验，项目分析，探索性和验证性因素分析，但因时间和条件限制，加之笔者研究能力所限，自制量表仍存在诸多不足，还有待进一步完善。

第二，样本抽取范围还可进一步拓宽。本调查研究的样本抽取的范围有限，中国样本主要在广州和长沙地区，西方样本主要集中于英国、美国等国家，选取对象主要为在校大学生。由于诸多客观条件的限制，最终抽取的欧美等西方国家有效样本只有145人，与中国有效样本826人相比尚有差距，这在一定程度上会影响实证调查的结果。

第三，调查内容还有待深入。虽然研究表明中西方被试在孝道认知上存在显著差异，但这并不意味西方不同国家或同一国家不同文化间就不存在差异。要深入了解中西方孝道文化，还需进一步研究国与国之间、国家内部之间孝道文化的共性与差异，以便为中西方孝道文化比较提供更有力的实证支撑。

第四，研究方法还可多样化。本章主要采用的方法是定量研究。从人类学视角看，采用定性研究方法来进一步补充完善也极为重要；同时，还可采用文化领域分析法（culture domain analysis）或语义分析法（semantic analysis）等其他不同方法进行更为深入的研究。

本研究虽有一些局限性，但为中西孝道跨文化比较作出了有益的尝试。研究结果表明，《论语》中的孝道既具有一定文化共通性，又具有一定文化特殊性。孝道是人类本性所固有，是人性的精髓，也是人类不同文化群体中所共同认可的核心价值观。

上述调查研究结果还为当前《论语》等典籍英译及"孝道"文化传播提供了有力的实证支撑。一方面，它解决了是否值得英译和传播的问题。实证研究表明,《论语》中的孝道思想在中西方均得到广泛认可,这说明它具有文化共通性,具有对外传播的价值;另一方面,它有助于解决译介内容的问题。要成功实现文化的对外传播,需尽量避开分歧,多传播共通的内容,以易于读者接受。当前中国文化外译存在"时间差"和"语言差"两个问题,前者是指在文化外译过程中不能操之过急,一味"贪多、贪大、贪全"①;后者是说不能过分凸显差异,强调个性,而忽视共性。实证调查研究表明,儒家道德文化内容与他国文化具有共通性时,往往容易被传播所在国接受,引起他们的共鸣。②那么,哪些内容具有文化共通性?近年来,中国学者杨韶刚、刘春琼等与西方学者(如 Charles Helwig 等)合作,已就公正、民主、权利等核心价值观进行了跨文化对比研究,提供了富有价值的实证材料,但目前对"孝道""仁爱""忠恕""和谐"等中国传统核心思想的跨文化实证研究并不多见,本研究就做了这方面的有益尝试,这有利于我们在《论语》等典籍英译和传播中,选择正确适宜策略。总之,要实现良好的传播效果,可首先选择与西方文化具有共通之处的中国文化核心思想进行编译。

---

① 谢天振:《超越文本,超越翻译》,复旦大学出版社 2014 年版,第 240 页。
② 吴瑛:《让物质文化先走出去——基于对海外孔子学院的调查》,《对外传播》2010 年第 9 期,第 42—43 页。

第五章 译本分析:《论语》文化核心概念的英译

文化核心概念是指字词形式简单,文化意蕴深厚的符号单位。[①] 它是一个民族独特生产和生活方式的反映,是人们在漫长的生产和生活实践中逐渐积累而成的。《论语》中丰富的文化核心概念,如"仁、义、礼、智、信、道、德、勇、诚、恭、宽、俭、敏、惠、让、忠、恕、孝、悌、恭、敬、君子、小人"等,是中华民族特有的文化符号。这些文化核心概念贯穿全书,出现频繁,其中频率最高的文化概念词依次为:"仁"(109次)、"君子"(107次)、"礼"(74次)、"德"(40次)、"信"(38次)、"小人"(24次)、"孝"(19次)、"忠"(18次)等。[②] 这些高频度的文化核心概念,给翻译带来了极大挑战,恰当地翻译这些文化核心概念,是保证《论语》译文质量的关键之一。

近年来,随着《论语》英译研究的不断升温,其文化核心概念翻译也引起了学界关注。众多学者分别选择不同的文化核心概念,对它们的译法进行了研究与探讨。如杨平探究了《论语》中核心概念"仁"的多种翻译方法,总结归纳了其利弊得失;[③] 刘白玉、扈珺、刘夏青分析了《论语》中"仁"的翻译及五种文化翻译策略,在此基础上提出了"和谐法"的翻译策略。[④] 此外,"礼""君子""孝"等负载词的英

[①] 王宏印:《中国文化典籍英译》,外语教学与研究出版社2009年版,第88页。
[②] 姬岳江:《〈论语〉概念词英译之道——和谐翻译》,《西南科技大学学报》(哲学社会科学版)2013年第1期,第53页。
[③] 杨平:《〈论语〉核心概念"仁"的英译分析》,《外语与外语教学》2008年第2期,第61—63页。
[④] 刘白玉、扈珺、刘夏青:《中国传统文化元素翻译策略探讨——以〈论语〉核心词"仁"英译为例》,《山东外语教学》2011年第1期,第96—100页。

译也引起了学者的重视。边立红分析了《论语》等典籍中"君子"一词的历史演变及其不同的英译。① 韩星、韩秋宇从词源、翻译和文化角度考察了《论语》中"君子"一词的英译。② 李玉良、张彩霞评析了西方传教士和汉学家《论语》等儒家经典译本中"礼"的英译。③ 徐向群从辜鸿铭与理雅各译本中有关"孝"的语句入手,对比分析了两位译者的翻译特色等。④ 但整体而言,这方面的研究还不够深入,大多译者只是将其作为核心概念进行探讨,没有抓住这些词的本质即"道德"进行分析。《论语》道德思想的根基为"孝",核心为"仁",外在要求为"礼",其目标是促使人们成为具有高尚道德人格的"君子"。⑤ 有鉴于此,本章选取了西方社会最流行、最具代表性的四个《论语》经典译本,即理雅各译本、辜鸿铭译本、韦利译本、刘殿爵译本,结合"孝""仁""礼""君子"四个核心概念英译的相关实例,分析探讨了传统文化核心概念的英译特点与策略,以期为中国传统文化核心概念的英译与对外传播提供启示。

第一节 《论语》文化核心概念英译实例分析

一 "仁"之英译

"仁"作为儒家文化的核心概念,在《论语》中出现频率最高,总共达109次。⑥ "仁"的内涵丰富,不仅可表示君王的品德与德性,

---

① 边立红:《"君子"英译现象的文化透视》,《外语学刊》2006年第4期,第94—99页。
② 韩星、韩秋宇:《儒家"君子"概念英译浅析——以理雅各、韦利英译〈论语〉为例》,《外语学刊》2016年第1期,第94—97页。
③ 李玉良、张彩霞:《"礼"的英译问题研究》,《山东师范大学学报》(人文社会科学版)2009年第3期,第126—129页。
④ 徐向群:《从英译〈论语〉孝论语句看中西译者的翻译特色——以辜鸿铭与理雅各译文为例》,《船山学刊》2009年第4期,第229—232页。
⑤ 姬岳江:《〈论语〉概念词英译之道——和谐翻译》,《西南科技大学学报》(哲学社会科学版)2013年第1期,第52页。
⑥ 刘文娜:《〈论语〉英译本比较研究——以理雅各、威利、刘殿爵三种英译本为例》,硕士学位论文,山东大学,2012年,第62页。

第五章 译本分析：《论语》文化核心概念的英译

还可指一种见之于外的美善行为，或一种深藏于内心的良好德性。① 它可指世人皆有、出自天然情分的爱，还可指敬贤良、爱父母和尊长辈等。由于《论语》中"仁"的内涵丰富、寓意广泛深远，英语中难以找到与之意义严格对等的词。以往译者在"仁"的英译上都颇下功夫，根据上下文语境和自己的理解，采用了迥然不同的译法，包括"benevolence""virtue""Goodness""love""altruism""kindness""moral character""humanity""humaneness""true manhood""manhood at its best""authoritative conduct""human-heartedness"等。理雅各、辜鸿铭、韦利、刘殿爵四位译者对"仁"的英译也存在极大差异，最常用译法分别为："virtue""moral character""Goodness""benevolence"等（具体见表5-1）。本章将结合实例，对《论语》中"仁"的常用英译方法进行深入探讨。

表5-1　理雅各、辜鸿铭、韦利、刘殿爵译本中"仁"的英译

译 者	"仁"的译法（单位：次）
理雅各	virtue（36）、perfect virtue（21）、be perfectly virtuous（8）、be virtuous（5）、the virtuous（5）、benevolence（3）、virtuous（3）、act virtuously（2）、be truly virtuous（2）、benevolent government（2）、men of principle（2）、perfectly virtuous（2）、the virtues proper to humanity（2）、virtuous manners（2）、a benevolent man（1）、a man（1）、being benevolent（1）、benevolent（1）、benevolent actions（1）、the good（1）、the man of perfect virtue（1）、the man of virtue（1）、the most virtuous（1）、the truly virtuous man（1）、true virtue（1）、virtuous men（1）、what kind of man（1）
辜鸿铭	moral character（25）、moral life（19）、a moral character（16）、a moral man（6）、live a moral life（5）、morality（5）、be moral（3）、moral men（3）、a moral life（2）、a high moral life（2）、an immoral life（2）、become moral（2）、men of moral character（2）、moral well-being（2）、the moral character（2）、a good man（1）、a good moral man（1）、a man（1）、a man of moral worth（1）、a moral surrounding（1）、a pure moral life（1）、being moral（1）、immoral men（1）、immoral people（1）、men of moral worth（1）、moral feeling（1）、the least immoral（1）

---

① 余治平：《"仁"字之起源与初义》，《河北学刊》2010年第1期，第44页。

续表

译 者	"仁"的译法（单位：次）
韦利	Goodness（52）、Good（29）、the Good（8）、Wickedness（5）、a Good Man（4）、the Good man（2）、another Good Man（1）、be Good（1）、do Good（1）、doing Good（1）、Good Man（1）、Good men（1）、inhuman（1）、the Good Men（1）
刘殿爵	benevolence（56）、benevolent（14）、be benevolent（14）、a benevolent man（5）、the benevolent man（3）、the benevolent（3）、benevolent men（3）、unbenevolence（2）、unfeeling（1）、unbenevolent（1）、the most benevolent Gentlemen（1）、the man（1）、fellow men（1）、being benevolent（1）、a man's character（1）、a man（1）

第一，关于"virtue"。理雅各对"仁"的译法丰富多样，共采用了27种译法，包括"virtue""perfect virtues""true virtue""the good""the most virtuous""benevolent actions""the virtues proper to humanity"等。其中频率最高的为"virtue""virtuous""virtuously"，共使用94次，占87.4%，其次为"benevolence""benevolent"，共使用9次。虽然理雅各认为英语中的"benevolence"与"仁"的含义比较接近，但在实际英译中却主要采用了"virtue"，认为"virtue"的含义更广泛，更能反映"仁"的丰富内涵，如：

例1. 仁者安仁，知者利仁。① （《论语·里仁篇》）

理译：The virtuous rest in virtue; the wise desire virtue.② （Legge，1893：165）

例2. 能行五者于天下为仁矣。③ （《论语·阳货篇》）

理译：To be able to practice five things everywhere under heaven constitutes perfect virtue.④ （Legge，1893：320）

---

① 杨伯峻：《论语译注》，中华书局2011年版，第34页。
② James Legge, *The Chinese Classics*, Hong Kong: Hong Kong University Press, 1893, p. 165.
③ 杨伯峻：《论语译注》，中华书局2011年版，第181页。
④ James Legge, *The Chinese Classics*, Hong Kong: Hong Kong University Press, 1893, p. 320.

第五章　译本分析：《论语》文化核心概念的英译

例 3. 由也，千乘之国，可使治其赋也，不知其 仁 也。① （《论语·公冶长篇》）

理译：In a kingdom of a thousand chariots, You might be employed to manage the military levies, but I do not know whether he is perfectly virtuous.② （Legge，1893：175）

例 4. 知者动，仁 者静。③ （《论语·雍也篇》）

理译：The wise are active; the virtuous are tranquil.④ （Legge，1893：192）

那么，"virtue""virtuous" 的意思是什么呢？《韦氏词典》对 "virtue" 的解释为："conformity to a standard of right"（符合正确标准），"a particular moral excellence"（特别高尚的道德），"a commendable quality：MERIT"（可贵的品质，优点）；"virtuous" 的解释为："having or showing virtue esp. moral virtue"（道德高尚的，拥有或表现出良好德行的）。⑤ 可见，"virtue" 一般是指个人高尚的道德品质，其中文对应词最好为 "德"，"仁" 与 "德" 意义有交集，但并不完全相同，"virtue" 不能概括 "仁" 的全部内涵。

第二，关于 "moral"。辜鸿铭在英译《论语》时，十分注重儒家道德文化的共通性，强调 "仁" 的基本含义为 "人道"，与 "humanity" 一词含义最接近。但在实际翻译中，他却没有采用该词来翻译，而主要采用了 "moral character" 和 "moral life"，以及 "morality""live a moral life""be moral" 等，如：

例 1. 仁 远乎哉？我欲 仁，斯 仁 至矣。⑥ （《论语·述而篇》）

---

① 杨伯峻：《论语译注》，中华书局2011年版，第43页。
② James Legge, *The Chinese Classics*, Hong Kong: Hong Kong University Press, 1893, p. 175.
③ 杨伯峻：《论语译注》，中华书局2011年版，第61页。
④ James Legge, *The Chinese Classics*, Hong Kong: Hong Kong University Press, 1893, p. 192.
⑤ Merriam Webster, *Merriam Webster Dictionary*, U.S: Merriam-Webster Mass Market, 2004, p. 809.
⑥ 杨伯峻：《论语译注》，中华书局2011年版，第73页。

辜译：Is moral life something remote or difficult? If a man will only wish to live a moral life —there and then his life becomes moral .① （Ku，1898：55）。

例2. 我未见好仁者，恶不仁者。好仁者，无以尚之；恶不仁者，其为仁矣，不使不仁者加乎其身。有能一日用其力于仁矣乎?②（《论语·里仁篇》）

辜译：I do not now see a man who really loves a moral life ; or one who really hates an immoral life . One who really loves a moral life would esteem nothing above it. One who really hates an immoral life would be a moral man who would not allow anything the least immoral in his life.③ （Ku，1898：24）．

例3. 不仁者，不可以久处约，不可以长处乐。仁者安仁，知者利仁。④（《论语·里仁篇》）

辜译：A man without moral character cannot long put up with adversity, nor can he long enjoy prosperity. Men of moral character find themselves at home in being moral ; men of intelligence find it advantageous to be moral .⑤ （Ku，1898：23）

上述例子中，辜鸿铭对于"仁"的译法，都与"moral"一词相关。《韦氏词典》对"moral"解释为"of or relating to principles of right and wrong"（与人们行为对错相关的）；"conforming to a standard of right behavior"（符合正确行为标准的）。⑥ 其中文意思为"与人们行为对错相关的；符合正确行为标准的"。而"morality"则意为"moral conduct"，

---

① Ku Hung-ming, *The Discourse and Sayings of Confucius*, Shanghai：Kelly and Walsh, Ltd., 1898, p. 55.
② 杨伯峻：《论语译注》，中华书局2011年版，第35页。
③ Ku Hung-ming, *The Discourse and Sayings of Confucius*, Shanghai：Kelly and Walsh, Ltd., 1898, p. 24.
④ 杨伯峻：《论语译注》，中华书局2011年版，第34页。
⑤ Ku Hung-ming, *The Discourse and Sayings of Confucius*, Shanghai：Kelly and Walsh, Ltd, 1898, p. 23.
⑥ Merriam Webster, Merriam Webster Dictionary, U. S：Merriam-Webster Mass Market, 2004, p. 469.

第五章 译本分析:《论语》文化核心概念的英译

是指"德行;道德行为"。由上可知,"moral"一般指道德行为的对错或是非曲直。而"仁"可指品德与德性、善良行为等。辜鸿铭英译时,都运用"moral"一词,突出"仁"的道德内涵,力图向西方读者展现中国优秀儒家道德文明,有其合理性,但却无法表达"仁"的全部内涵。

第三,关于"Good"或"Goodness"。韦利在英译"仁"时,主要使用了"Goodness""Good"和"the Good"。他指出"仁"最早是指部落里的自由人,后特指部落里具有优良品质的人,后又泛指"善良、温厚、仁慈"与动物相区别的人。[1] 他提出《论语》中的"仁"是一种"神秘统一体",其他任何英语词语,如"benevolence""humanity"等都无法表达其广泛含义,"仁"的英译对应词最好是"Good"或"Goodness",如:

例1. 博学而笃志,切问而近思,仁在其中矣。[2]（《论语·子张篇》）

韦译:One who studies widely and with set purpose, who questions earnestly, then thinks for himself about what he has heard-such a one will incidentally achieve <u>Goodness</u>.[3]（Waley,1989:225）

例2. 克、伐、怨、欲不行焉,可以为<u>仁</u>矣?[4]（《论语·宪问篇》）

韦译:He upon whom neither love of mastery, vanity, resentment nor covetousness have any hold may be called <u>Good</u>.[5]（Waley,1989:180）

例3. <u>仁</u>者必有勇,勇者不必有<u>仁</u>。[6]（《论语·宪问篇》）

韦译:<u>A Good Man</u> will certainly also possess courage; but a brave man is not necessarily <u>Good</u>.[7]（Waley,1989:180）

---

[1] Arthur Waley, *The Analects of Confucius*, London: Vintage Books, 1989, pp.27-29.
[2] 杨伯峻:《论语译注》,中华书局2011年版,第198页。
[3] Arthur Waley, *The Analects of Confucius*, London: Vintage Books, 1989, p.225.
[4] 杨伯峻:《论语译注》,中华书局2011年版,第143页。
[5] Arthur Waley, *The Analects of Confucius*, London: Vintage Books, 1989, p.180.
[6] 杨伯峻:《论语译注》,中华书局2011年版,第144页。
[7] Arthur Waley, *The Analects of Confucius*, London: Vintage Books, 1989, p.180.

那么,"Goodness""Good"能否表达"仁"的文化内涵呢?《韦氏词典》对"Goodness"一词的解释为"Exellence,Virtue"。其解释过于简单,经进一步查阅《韦氏网络词典》(*Merriam Webster Online Dictionary*),"Goodness"的词义为:"the quality or state of being good; used interjectionally or in phrases especially to express mild surprise or shock; the nutritious, flavorful, or beneficial part of something"[①]。中文意思分别为:善良的品质,完美的状态;作为插入语或短语来表达轻微的惊奇或震惊;指东西最有营养、最有口味及最有益部分;"Good"的英文释义为"of high quality; of somewhat high but not excellent quality; correct or proper"[②],中文意思为:高质量的或高品质的;质量或品质较高但并非优秀的;正确的或合适的。可见,"Good""Goodness"能够表达品质善良的意思,但"仁"的内涵绝非仅限于此。孔子在《论语》中大力提倡的"仁",不仅包含优良品质、关爱他人,还包括为人之道等。如将"仁"单纯译为"Goodness",它包含"为人之道"的含义就无法传递,也就不能反映出"仁"之深刻内涵和本质特征。[③]

第四,关于"benevolence"。刘殿爵认为,"仁"是孔子思想的核心概念,是人拥有的最重要道德品质。该术语并非孔子发明,但孔子赋予了它丰富的内涵,并将其置于十分突出的位置。刘殿爵把"仁"译成"benevolence""benevolent"等,其中"benevolence"出现了56次,"benevolent"出现了47次,如:

例1. 里 仁 为美。择不处 仁,焉得知?[④](《论语·里仁篇》)

刘译:Of neighbourhoods benevolence is the most beautiful. How can the man be considered wise who, when he has the choice, does not settle in benevolence ?[⑤] (D. C. Lau, 1979: 72)

[①] 《韦氏网络词典》,http://www.merriam-webster.com/dictionary/goodness。
[②] 《韦氏网络词典》,http://www.merriam-webster.com/dictionary/good。
[③] 徐珺:《汉文化经典误读误译现象解析:以威利〈论语〉译本为例》,《外国语(上海外国语大学学报)》2010年第6期,第61—69页。
[④] 杨伯峻:《论语译注》,中华书局2011年版,第34页。
[⑤] D. C. Lau, *The Analects*, London: Penguin Books, 1979, p. 72.

第五章 译本分析：《论语》文化核心概念的英译

例2. 怀其宝而迷其邦，可谓 仁 乎？① （《论语·阳货篇》）

刘译：Can the man be said to be benevolent who, while hoarding his treasure, allows the state to go astray? ②（D. C. Lau, 1979：141）

例3. 仁 者先难而后获，可谓 仁 矣。③ （《论语·雍也篇》）

刘译：The benevolent man reaps the benefit only after encountering difficulties. That can be called benevolence . ④ （D. C. Lau, 1979：84）

"benevolence" "benevolent" 在英文中的含义是什么？这两词能否表达出"仁"的内涵？根据《韦氏词典》对"benevolence"的解释，该词的意思为"charitable nature; an act of kindness"⑤。其中文意思为：慈善性；善举，善行。《朗文当代英语辞典》和《新牛津英汉双解大词典》⑥ 对"benevolent"的解释分别为"kind and generous"（心地善良的，宽容大度的）⑦ 和 "(of an organization) serving a charitable rather than a profit-making purpose"［（机构、组织）非营利性的，慈善的］。可见，"benevolence"表达的是"仁慈" "善行" "善举"的意思，主要表达的是"仁"的"仁慈"方面内涵，但"仁"的道德含义没有得到充分凸显。

"仁"的内涵极其丰富，四位译者译法多样，各不相同，每种译法都有其合理性，但均无法表达出"仁"的全部内涵。有鉴于此，有学者提出为原汁原味全面客观地传达儒家思想，《论语》中"仁"等核心词最好是不译或音译。⑧ 也有译者提出应该以异化翻译策略为指导，采

---

① 杨伯峻：《论语译注》，中华书局2011年版，第178页。
② D. C. Lau, The Analects, London: Penguin Books, 1979, p.141.
③ 杨伯峻：《论语译注》，中华书局2011年版，第60页。
④ D. C. Lau, The Analects, London: Penguin Books, 1979, p.84.
⑤ Merriam Webster, Merriam Webster Dictionary, U.S: Merriam-Webster Mass Market, 2004, p.65.
⑥ ［英］Judy Pearsall 等编：《新牛津英汉双解大词典》，上海外语教育出版社2013年版，第191页。
⑦ 英国培生教育出版有限公司：《朗文当代英语辞典》，外语教学与研究出版社2004年版，第128页。
⑧ 杨平：《论中国哲学的翻译》，《外国语（上海外国语大学学报）》2012年第6期，第84页。

用"音译+注释"的"和谐翻译"策略。① 笔者认为,《论语》最大限度地体现了儒家的伦理道德思想,孔子将"仁"作为道德完善的最高追求,翻译时应尽量体现"仁"的道德内涵,忠实全面地传达孔子的伦理道德思想。目前国际上比较认可的译法为"benevolence""virtue"。但《论语》中的"仁"更多是指一种高尚的道德行为与品质,辜鸿铭将"仁"译成"moral character"和"moral life"等,更好地凸显了道德内涵,更有其合理之处。

二 "孝"之英译

"孝道"是《论语》的灵魂。② "孝"是人性中的最初内容,也是"仁爱"思想之根基。促进中国传统文化对外传播,应当重点探讨核心概念"孝"之英译和传播。"孝"的内涵广泛、寓意丰富,在英语中也难以找到与其意义严格对等的词语,理雅各、辜鸿铭、韦利、刘殿爵等译者根据不同语境及自身理解,采用了"filial""filial piety""filial obligation/duty""a good son""behave well towards their parents""treatment of parents""obedient(to one's parents)""dutiful"等各种不同译法(具体见表5-2)。

表5-2 理雅各、辜鸿铭、韦利、刘殿爵译本中"孝"的英译

译 者	"孝"的译法(单位:次)
理雅各	filial piety(11)、be filial(5)、filial(3)
辜鸿铭	a good son(7)、the duty of a good son(5)、be dutiful to your parents(1)、filial piety(1)、honor your parents(1)、省译(4)
韦利	the treatment of parents(5)、filial piety(3)、be a good son(2)、in private life behave well towards their parents(1)、surely proper behaviour towards parents(1)、behave well to his parents at home(1)、filial son(1)、show piety towards your parents(1)、the duties of a good son(1)、be dutiful to your parents(1)、be a very good son(1)、省译(1)

---

① 刘白玉、扈珺、刘夏青:《中国传统文化元素翻译策略探讨——以〈论语〉核心词"仁"英译为例》,《山东外语教学》2011年第1期,第99页。
② 吴龙辉:《〈论语〉是儒家集团的共同纲领》,《湖南大学学报》(社会科学版)2010年第1期,第81页。

第五章 译本分析：《论语》文化核心概念的英译

续表

译者	"孝"的译法（单位：次）
刘殿爵	a good son（5）、being filial（5）、be filial（3）、being good as a son（1）、treat them with kindness（1）、be good as a son（1）、being a good son（1）、filial（1）、省译（1）

由上表可知，四位译者对于"孝"的译法各不相同，其中最常用译法为"filial piety""a good son""the treatment of parents"等，下面将结合相关实例对"孝"的主要译法进行探讨。

第一，关于"filial"和"filial piety"。西方传教士理雅各的译法较统一，主要采用了具有宗教意味的词"filial piety"及"be filial"，如：

例1. 孟懿子问孝。子曰："无违。"①（《论语·为政篇》）

理译：Meng Yi asked what filial piety was. The Master said, "It is not being disobedient."② （Legge，1893：147）

例2. 其为人也孝弟，而好犯上者，鲜矣。③（《论语·学而篇》）

理译：They are few who, being filial and fraternal, are fond of offending against their superiors.④（Legge，1893：139）

例3. 三年无改于父之道，可谓孝矣。⑤（《论语·学而篇》）

理译：If for three years he does not alter from the way of his father, he may be called filial.⑥（Legge，1893：142）

那么，"filial""filial piety"在英语中是什么意思？它们能否表达《论语》中"孝"的全部内涵呢？《韦氏词典》对"filial"的解释为："of, relating to, or befitting a son or daughter"；其意为子女的，与子女

---

① 杨伯峻：《论语译注》，中华书局2011年版，第13页。
② James Legge, *The Chinese Classics*, Hong Kong: Hong Kong University Press, 1893, p. 147.
③ 杨伯峻：《论语译注》，中华书局2011年版，第2页。
④ James Legge, *The Chinese Classics*, Hong Kong: Hong Kong University Press, 1893, p. 139.
⑤ 杨伯峻：《论语译注》，中华书局2011年版，第7页。
⑥ James Legge, *The Chinese Classics*, Hong Kong: Hong Kong University Press, 1893, p. 142.

有关的或适合子女的；而对"piety"的解释为："fidelity to natural obligations（as to parents）；dutifulness in religion；DEVOUTNESS；a pious act"，其意为："忠诚于自然义务（如对父母的义务）；忠诚于宗教（上帝）；虔诚的行动"①。将"filial"与"piety"连用成"filial piety"可表达子女的虔诚，对父母应承担的责任之意。目前"filial piety"已得到广泛认可，并被《维基百科全书》收录为一个词条，解释为："In Confucian philosophy，filial piety（Chinese：孝，xiào）is a virtue of respect for one's parents，elders，and ancestors."② 其意思是："在儒家思想中，'filial piety'是指尊重父母、长辈和祖先的优秀品德"。它基本反映出"孝"的含义，但若要体现"孝"的其他内涵，如"敬""养""顺""礼"和"葬"等，在英译时，还可在适当地方（如前言部分）对"filial piety"做更为详尽的解释。"filial obligation/duty"的意思为"子女的义务"，确切而言，它是指法律规定的子女应尽的义务。然而，《论语》中的"孝"是一种伦理道德，一种自觉自愿的行为，两者性质不同。与"filial piety"相比较，采用"filial obligation/duty"来翻译"孝"并不太合理。

第二，关于"a good son"和"the duty of a good son"。辜鸿铭十分推崇孔子的道德教义——"良民宗教"。良民宗教第一原则就是要相信人性本善，相信仁慈的力量，它教导人们爱的法则就是爱你的父母。③辜鸿铭提出儒家就是宗教，孝顺父母、崇拜祖先是中国人的最高精神信仰，是维护中国社会良好秩序的重要法宝，也是最有效的力量。他号召人们做孝顺儿子和社会良民。在《论语》英译中，他将其译为"be a good son""the duty of a good son"与"be dutiful to your parents"等，如：

例1. **孝哉，闵子骞！人不间于其父母昆弟之言。**④（《论语·先进篇》）

---

① 《韦氏网络词典》，http：//www.merriam-webster.com/dictionary/filial。
② 《维基百科全书》，https：//en.wikipedia.org/wiki/Filial_piety。
③ 辜鸿铭：《中国人的精神》，李晨曦译，上海三联书店2010年版，第7页。
④ 杨伯峻：《论语译注》，中华书局2011年版，第110页。

第五章 译本分析：《论语》文化核心概念的英译

辜译：He was indeed <u>a good son</u>. People found nothing in him different from what his parents said of him.① （Ku，1898：85）

例 2. 今之 孝 者，是谓能养。② （《论语·为政篇》）

辜译：<u>The duty of a good son</u> nowadays means only to be able to support his parents.③ （Ku，1898：9）

例 3. 宗族称 孝 焉，乡党称弟焉。④ （《论语·子路篇》）

辜译：One whom the members of his family hold up as <u>a good son</u> and his fellow citizens hold up as a good citizen.⑤ （Ku，1898：114）

"good"形容人时，表示"善良的，好的"。"a good son"意为"好儿子"，即具有善良本性、良好德行的儿子。"孝子"肯定是好儿子，但英美人的"a good son"（好儿子）与孔子的"孝子"内涵存在差异，比如，孔子认为"父母在，不远游，游必有方"，但西方父母更希望孩子长大后，能到外面去游历锻炼。

第三，关于"treatment"和"behave well"。韦利对"孝"的英译比较灵活，分别译为："the treatment of parents""behave well towards their parents""be a good son""show piety towards your parents""the duties of a good son""be dutiful to your parents"等，其中频率最高的译法为"the treatment of parents"和"behave well towards their parents"，如：

例 1. 孟武伯问 孝 。子曰："父母唯其疾之忧。"⑥ （《论语·为政篇》）

韦译：Meng Wu Po asked about <u>the treatment of parents</u>. The Master

---

① Ku Hung-ming, *The Discourse and Sayings of Confucius*, Shanghai: Kelly and Walsh, Ltd., 1898, p. 85.
② 杨伯峻：《论语译注》，中华书局 2011 年版，第 14 页。
③ Ku Hung-ming, *The Discourse and Sayings of Confucius*, Shanghai: Kelly and Walsh, Ltd., 1898, p. 9.
④ 杨伯峻：《论语译注》，中华书局 2011 年版，第 138 页。
⑤ Ku Hung-ming, *The Discourse and Sayings of Confucius*, Shanghai: Kelly and Walsh, Ltd., 1898, p. 114.
⑥ 杨伯峻：《论语译注》，中华书局 2011 年版，第 14 页。

said, "Behave in such a way that your father and mother have no anxiety about you, except concerning your health."① (Waley, 1989: 89)

例2. 弟子入则孝，出则悌……② （《论语·学而篇》）

韦译：A young man's duty is to behave well to his parents at home and to his elders abroad……③ (Waley, 1989: 84)

"孝"可表示一种行为，也可表示一种态度和内心修养，还可指一个人，即孝子。韦利根据不同语境，采用了不同译法，其中"treatment of parents"出现频率最高。那么，"treatment"是什么意思呢？《韦氏词典》对"treatment"的解释为："the act or manner or an instance of treating someone or something"和"a substance or method used in treating"，其意为："对待某人或某事的行为或方式"和"治疗或处理的物质或方法等"。"treatment of parents"只表达了对待父母的行为方式，因而没反映出"孝"的全部内涵。"behave"的解释为："to bear, comport, or conduct oneself in a particular way esp. a proper manner; to act, function, or react in a particular way"，其意为："用特殊方法，特别是适宜的方式管理自己的行为"和"以一种特殊的方式行动、运作或反应"。"behave well towards their parents"意思是在父母面前表现良好，可用来表示孝行，但"其为人也孝弟"中的"孝"，既指内心也指行为，具有双重意义。韦利的译法"behave well towards their parents"也不太恰当。

此外，刘殿爵把"孝"分别译成"being filial""be a good son""filial""treat them with kindness""be good as a son"等，其中译法频率最高的是"being filial"，其次为"be a good son"。刘殿爵对"孝"的上述两种译法，可能分别参考借鉴了理雅各和辜鸿铭的译法，如：

例1. 孝乎惟孝，友于兄弟，施于有政。④ （《论语·为政篇》）

刘译：Oh! Simply by being a good son and friendly to his brothers a man

---

① Arthur Waley, *The Analects of Confucius*, London: Vintage Books, 1989, p.89.
② 杨伯峻：《论语译注》，中华书局2011年版，第4页。
③ Arthur Waley, *The Analects of Confucius*, London: Vintage Books, 1989, p.84.
④ 杨伯峻：《论语译注》，中华书局2011年版，第20页。

第五章 译本分析：《论语》文化核心概念的英译

can exert an influence upon government.① （D. C. Lau，1979：66）

例2. 有事，弟子服其劳；有酒食，先生馔，曾是以为孝乎？②（《论语·为政篇》）

刘译：As for the young taking on the burden when there is work to be done or letting the old enjoy the wine and the food when these are available, that hardly deserves to be called <u>filial</u> . ③（D. C. Lau，1979：64）

通过分析以上四位译者对"孝"的译法分析，我们发现，他们的译文可能都无法表达中国传统文化核心词"孝"的深刻内涵。当然，"孝"还有许多其他译法，诸如"filial obligation/duty""a good son""behave well towards their parents""treatment of parents"等，均或多或少存在文化信息的流失。为此，有学者提出，为保持中国文化特色，应采用音译法，该译法已收录入维基百科全书，即 Xiao（Chinese："孝"，English："filial piety"，Janpanese：Ko）in Confucianism, the attitude of obedience, devotion, and care toward one's parents and elder family members that is the basis of individual moral conduct and social harmony。然而该译法是否贴切，还值得斟酌。尤其值得注意的是，在英译时，不能将"孝"简单理解为顺从，这是对"孝"的极大误读。通过第四章的研究可以发现，中西方对"孝"的顺从之意都不认可，实际上，在《论语》的孝道思想中，"孝"也没有无限顺从的含义。综合上述四位译者的译文，"filial piety"最贴近原文，更容易为西方读者理解，"piety"一词最大限度地表达了"孝"的内涵，把父母地位提升到了与上帝并列的高度，表明子女对待父母需要有对宗教的虔心。

三 "礼"之英译

"礼"是"仁"的外在表现形式，是《论语》中仅次于"仁"的

---

① D. C. Lau, *The Analects*, London：Penguin Books, 1979, p.66.
② 杨伯峻：《论语译注》，中华书局2011年版，第15页。
③ D. C. Lau, *The Analects*, London：Penguin Books, 1979, p.64.

《论语》英译与文化传播

文化核心概念。① 它在《论语》中出现频率也很高，共达74次，与"孝""仁"等文化核心词一样，在儒家思想体系中占据重要地位。从辞源角度来看，古代"礼"字，本写作"禮"。左边是示（神），右边为豊（一种行礼用的器皿），其本义是"敬神"，表示向神奉献祭品的行为。许慎在《说文解字》中对"礼"的解释为："礼，履也。所以事神致福也。"② 也就是说，"礼"的本义是"履"，指举行仪式，祭神以求福的行为。《辞海》对"礼"的解释为：其一是本义为敬神，引申为表示敬意的通称；其二泛指奴隶社会或封建社会贵族等级制的社会规范和道德规范；其三为表敬意或隆重而举行的仪式；其四是礼物；其五是古书名。③ 可见，《辞海》对"礼"的解释宽泛而全面。根据历代儒家古籍对核心概念"礼"的阐释，其含义主要包括：社会等级制度；礼节，即具体的社交行为规范；仪式，如祭礼、婚丧礼等。④ 虽然在《论语》中孔子并没阐释"礼"的具体含义，但通过对"君使臣以礼，臣事君以忠""生，事之以礼；……祭之以礼"等语句的分析，"礼"的含义也基本包括上述方面。

关于"礼"的英译，以往译者根据不同语境，分别译为："religion""ceremony""deportment""decorum""propriety""formality""propriety""politeness""courtesy""etiquette""good form or behaviour or manners""an offering as an indication of respect"等。通过分析理雅各、辜鸿铭、韦利、刘殿爵四位译者的译本，可知他们最常用的译法有九种，包括：1. propriety；2. ceremony；3. rules of propriety；4. rites；5. ritual principles；6. ritual；7. regulations；8. the rules of proper conduct；9. what is proper。⑤ 上述译法中，以"propriety""art""ritual""rites"

---

① 王辉：《〈论语〉中基本概念词的英译》，《深圳大学学报》（人文社会科学版）2001年第5期，第118页。
② （汉）许慎：《说文解字》，汤可敬译注，中华书局2018年版，第8页。
③ 《辞海》编辑委员会：《辞海》，人民出版社1989年版，第4134页。
④ 李玉良、张彩霞：《"礼"的英译问题研究》，《山东师范大学学报》（人文社会科学版）2009年第3期，第127页。
⑤ 李玉良、张彩霞：《"礼"的英译问题研究》，《山东师范大学学报》（人文社会科学版）2009年第3期，第127页。

第五章 译本分析：《论语》文化核心概念的英译

和"ceremony"出现次数最多（见表5-3）。

表5-3　理雅各、辜鸿铭、韦利、刘殿爵译本中"礼"的英译对比

译者	"礼"的译法（单位：次）
理雅各	rules of propriety（36）、propriety（21）、ceremony（12）、what is proper（1）
辜鸿铭	art（18）、judgment and taste/sense/modesty（11）、ideal of decency and good senser（6）、art and civilization/literature（5）、propriety（5）、courtesy and good manners（5）、judgment（4）、taste（4）、omission/pronoun（so, them）（4）、correct forms（3）、education and good manners（3）、honor（2）、civilization（2）、rules of etiquette and formality（1）、the principle of the rite（1）①
韦利	ritual（52）；rituals；rites（10）；prescriptions of ritual（2）；a student of ritual（1）；orders concerning ritual（1）；orders（1）；省译（3）
刘殿爵	rites（59）、spirit of the rites（2）、observing the rites（1）、observance of rites（1）、gift（1）

第一，关于"propriety"。理雅各在翻译"礼"时，主要采用了"rules of propriety""propriety"等译法。经统计，《论语》中共有74个有关"礼"的章句，其译本中"propriety"一词出现了55次，其中"rules of propriety"32次，"propriety"18次，"the observances of propriety""the principles of propriety""the rites of propriety"各1次，如：

例1. 君使臣以礼，臣事君以忠。②（《论语·八佾篇》）

理译：A prince should employ his ministers according to the rules of propriety; ministers should serve their prince with faithfulness.③（Legge, 1893：161）

例2. 非礼勿视，非礼勿听，非礼勿言，非礼勿动。④（《论语·颜渊篇》）

---

① 富苏苏：《论辜鸿铭〈论语〉英译本中译者创造性叛逆的表现》，硕士学位论文，河北大学，2011年，第19页。
② 杨伯峻：《论语译注》，中华书局2011年版，第30页。
③ James Legge, *The Chinese Classics*, Hong Kong: Hong Kong University Press, 1893, p.161.
④ 杨伯峻：《论语译注》，中华书局2011年版，第121页。

理译：Look not at what is contrary to propriety; listen not to what is contrary to propriety; speak not what is contrary to propriety; make no movement which is contrary to propriety.① （Legge，1893：250）

例3. 一日克己复礼，天下归仁焉。②（《论语·颜渊篇》）

理译：If a man can for one day subdue himself and return to propriety, all under heaven will ascribe perfect virtue to him.③（Legge，1893：250）

那么，"propriety"的意思是什么？将"礼"译成"propriety"是否有效地表达并传播了"礼"的文化内涵？根据《韦氏词典》，该词有两种含义："the standard of what is socially acceptable in conduct or speech"（行为或言语在社会上可接受的标准）和"the customs of polite society"（社会礼仪习俗）；④而《韦氏网络词典》（Merriam Webster Online Dictionary）对于"propriety"的释义主要有四种："a special characteristic"（特点），"true nature"（本性），"the quality or state of being proper or suitable"（合适、合理的状态），"appropriateness"（适当）和"conformity to what is socially acceptable in conduct or speech"（社交礼节、社交礼仪）。⑤为更深入了解其内涵，笔者进一步查阅了 Oxford Advanced Learner's Dictionary，该词典对于"propriety"一词的解释为："the state or quality of conforming to conventionally accepted standards of behavior or morals"（行为，道德）正当、得体、合宜。⑥可见，"propriety"主要是指社交礼节和社会行为规范。理雅各在翻译"礼"时，根据其出现的不同语境，将其理解为具体与抽象两种不同意思。他把"礼"译成"rules of propriety"，将"礼"（rules）作为制度理解，

---

① James Legge, *The Chinese Classics*, Hong Kong: Hong Kong University Press, 1893, p. 250.
② 杨伯峻：《论语译注》，中华书局2011年版，第121页。
③ James Legge, *The Chinese Classics*, Hong Kong: Hong Kong University Press, 1893, p. 250.
④ Merriam Webster, *Merriam Webster Dictionary*, U.S: Merriam Webster Mass Market, 2004, p. 578.
⑤ 《韦氏网络词典》，https://www.merriam-webster.com/dictionary/propriety。
⑥ ［英］Judy Pearsall 等编：《新牛津英汉双解大词典》，上海外语教育出版社2013年版，第1758页。

第五章 译本分析：《论语》文化核心概念的英译

这是正确的。但不管"propriety"作何种含义理解，"rules of propriety"都无法将"礼"的制度意思体现出来，而且在《论语》中，"礼"作为制度意思理解时，不是笼统指言行等社交方式"合理或适当"，还包括君臣、夫妻、父子、朋友、兄弟五伦之间的社会政治伦理关系，而"propriety"一般只指代社交方面的礼节或礼仪，不涵盖社会政治伦理制度。① 因此，当"礼"仅指社交礼节时，译成"propriety"是可以接受的。但当"礼"作为社会政治伦理制度来讲时，"propriety"就不足以表达其内涵。

第二，关于"ceremony"。"ceremony"是理雅各采用的另一种主要译法，共出现了12次，如：

例1. 礼，与其奢也，宁俭。②（《论语·八佾篇》）

理译：In festive ceremonies, it is better to be sparing than extravagant.③（Legge，1893：155-156）

例2. 夏礼，吾能言之，杞不足征也；殷礼，吾能言之，宋不足征也。④（《论语·八佾篇》）

理译：I am able to describe the ceremonies of the Xia dynasty, but Qi cannot sufficiently attest my words. I am able to describe the ceremonies of the Yin dynasty, but Song cannot sufficiently attest my words.⑤（Legge，1893：158）

例3. 尔爱其羊，我爱其礼。⑥（《论语·八佾篇》）

理译：Ci, you love the sheep; I love the ceremony.⑦（Legge，1893：161）

---

① 李玉良、张彩霞：《"礼"的英译问题研究》，《山东师范大学学报》（人文社会科学版）2009年第3期，第127页。
② 杨伯峻：《论语译注》，中华书局2011年版，第24页。
③ James Legge, *The Chinese Classics*, Hong Kong: Hong Kong University Press, 1893, pp. 155-156.
④ 杨伯峻：《论语译注》，中华书局2011年版，第26页。
⑤ James Legge, *The Chinese Classics*, Hong Kong: Hong Kong University Press, 1893, p. 158.
⑥ 杨伯峻：《论语译注》，中华书局2011年版，第29页。
⑦ James Legge, *The Chinese Classics*, Hong Kong: Hong Kong University Press, 1893, 161.

《韦氏词典》对"ceremony"一词主要有如下三种解释:"a formal act or series of acts prescribed by law, ritual, or convention; a conventional act of politeness; a mere outward form with no deeper significance etc."① 中文含义为:法律、典礼、习俗等规定的正式行为(礼仪);出于礼貌的规定行为(礼貌);无深层含义的外在形式活动(礼节)。可见,"ceremony"一词的主要含义是外在的仪式或礼节,在某些语境下用来英译《论语》中"礼",能够表达出"礼"的内涵。② 从上述三个关于"礼"的翻译实例可以看出,例1中"礼"的意思是"仪式"或"典礼",理雅各将其译成"ceremony"比较合适;例2中的"夏礼"与"殷礼"中的"礼"是指夏殷(商)朝社会政治伦理制度,将其译成"ceremonies"不是很合理;例3中的"礼",从表面上看,指古代宰羊祭天的仪式,但实际上并非如此,其真实内涵是人神伦理制度,将此处的"礼"译成"ceremony"不太合适。③

第三,关于"art"。辜鸿铭对于"礼"的翻译比较灵活,分别译成"art""judgment and taste/sense/modesty""art and civilization""propriety""the principle of the rite"等,其中以"art"出现频次最高,如:

例1. 不学礼,无以立。④ (《论语·季氏篇》)

辜译:If you do not study the arts, you will lack judgment and taste.⑤ (Ku, 1898: 150)

例2. 礼云礼云,玉帛云乎哉?⑥ (《论语·阳货篇》)

辜译:Men speak about Art! Art! Do you really think that merely

---

① Merriam Webster, *Merriam Webster Dictionary*, U.S: Merriam Webster Mass Market, 2004, p. 117.
② 李玉良、张彩霞:《"礼"的英译问题研究》,《山东师范大学学报》(人文社会科学版) 2009 年第 3 期,第 127 页。
③ 李玉良、张彩霞:《"礼"的英译问题研究》,《山东师范大学学报》(人文社会科学版) 2009 年第 3 期,第 128 页。
④ 杨伯峻:《论语译注》,中华书局 2011 年版,第 176 页。
⑤ Ku Hung-ming, *The Discourse and Sayings of Confucius*, Shanghai: Kelly and Walsh, Ltd., 1898, p. 150.
⑥ 杨伯峻:《论语译注》,中华书局 2011 年版,第 183 页。

第五章 译本分析:《论语》文化核心概念的英译

means painting and sculpture?① (Ku, 1898: 156)

例3. 礼之用,和为贵。②(《论语·学而篇》)

辜译:In the practice of art, what is valuable is natural spontaneity.③ (Ku, 1898: 4)

辜鸿铭认为,"propriety"虽得"礼"之大体,于"礼"意却有所失。他所理解的"礼"的意思是"严格的人文原则",认为应当译作"art"。《韦氏词典》中"art"的解释为:"skill acquired by experience, study; a branch of learning; the use of skill and imagination in the production of things of beauty etc."④ 其中文意思分别为:通过锻炼和学习获得的技能;一门学科(艺术);在创造具有美感的作品过程中运用的技能和想象力。从对"art"的释义可以看出,其意主要为"艺术",辜鸿铭将"礼"译成"art",容易受到"art"普遍意义的误导,失去对"礼"这一基本概念的正确把握,与《论语》中"礼"的本义相去甚远。然而,他并非每次都将"礼"翻译成"art",而是根据不同语境进行了相应调整;同时,他对"礼"有自己独特的理解,认为"礼"是一种艺术,而通常所说的礼仪是一种行为上的艺术。

第四,关于"ritual"。"ritual"是韦利对《论语》中"礼"的主要译法,共出现54次,其中4次为复数形式"rituals",10次用了"rites",例如:

例1. 恭而无礼则劳,慎而无礼则葸,勇而无礼则乱,直而无礼则绞。⑤(《论语·泰伯篇》)

韦译:Courtesy not bounded by the prescriptions of ritual becomes tiresome. Caution not bounded by the prescriptions of ritual becomes timidity,

---

① Ku Hung-ming, *The Discourse and Sayings of Confucius*, Shanghai: Kelly and Walsh, Ltd., 1898, p. 156.

② 杨伯峻:《论语译注》,中华书局2011年版,第7页。

③ Ku Hung-ming, *The Discourse and Sayings of Confucius*, Shanghai: Kelly and Walsh, Ltd., 1898, p. 4.

④ Merriam Webster, *Merriam Webster Dictionary*, U.S: Merriam Webster Mass Marktet, 2004, p. 39.

⑤ 杨伯峻:《论语译注》,中华书局2011年版,第77页。

daring becomes turbulence inflexibility becomes harshness.① (Waley, 1989: 132)

例 2. 兴于《诗》，立于礼，成于乐。② (《论语·泰伯篇》)

韦译：Let a man be first incited by the *Songs*, then given a firm footing by the study of ritual, and finally perfected by music.③ (Waley, 1989: 134)

例 3. 麻冕，礼也；今也纯，俭，吾从众。④ (《论语·子罕篇》)

韦译：The hemp-thread crown is prescribed by ritual. Nowadays people wear black silk, which is economical; and I follow the general practice.⑤ (Waley, 1989: 138)

用"ritual"一词翻译"礼"，究竟是否得当呢？《韦氏词典》对"ritual"的解释为："the established form for a ceremony; specifically for a religious ceremony; a system of rites; a ceremonial act or action; an act or series of acts regularly repeated in a set precise manner."⑥ 其中文含义为：既定的仪式（特别是宗教仪式）；仪式制度；仪式行为；例行公事式的正式典礼或系列行动。可见，在英语中，"ritual"一词主要是指宗教或民俗仪式，宗教和民俗意味很强。⑦ 韦利使用"ritual"一词来英译，主要是因为他在翻译中国典籍时，一般是从文化学和民俗学角度进行阐释，《论语》也不例外。但《论语》中的"礼"大多是指社会礼仪制度、政治制度或社会行为规范，而非宗教或民俗仪式。因此，韦利将"礼"与"ritual"对应，一律英译为"ritual"，而没有根据"礼"出现的不同语境和场合加以区分，存在不妥之处。

---

① Arthur Waley, *The Analects of Confucius*, London: Vintage Books, 1989, p. 132.
② 杨伯峻：《论语译注》，中华书局 2011 年版，第 80 页。
③ Arthur Waley, *The Analects of Confucius*, London: Vintage Books, 1989, p. 134.
④ 杨伯峻：《论语译注》，中华书局 2011 年版，第 86 页。
⑤ Arthur Waley, *The Analects of Confucius*, London: Vintage Books, 1989, p. 138.
⑥ Merriam Webster, *Merriam Webster Dictionary*, U.S.: Merriam Webster Mass Market, 2004. p. 628.
⑦ 李玉良、张彩霞：《"礼"的英译问题研究》，《山东师范大学学报》（人文社会科学版）2009 年第 3 期，第 128 页。

第五章 译本分析：《论语》文化核心概念的英译

第五，关于"rite"。刘殿爵主要采用该译法，其译本中"rites"一词共出现了74次，如：

例1. 不知<u>礼</u>，无以立也。① （《论语·尧曰篇》）

刘译：He has no way of taking his stand unless he understands the <u>rites</u>.② （D. C. Lau，1979：160）

例2. 上好<u>礼</u>，则民莫敢不敬。③ （《论语·子路篇》）

刘译：When those above love the <u>rites</u>, none of the common people will dare be irreverent.④ （D. C. Lau，1979：119）

例3. 君子博学于文，约之以<u>礼</u>，亦可以弗畔矣夫!⑤ （《论语·雍也篇》）

刘译：The gentleman widely versed in culture but brought back to essentials by the <u>rites</u> can, I suppose, be relied upon not to turn against what he stood for.⑥ （D. C. Lau，1979：85）

此外，其他三位译者理雅各、辜鸿铭、韦利在翻译"礼"时，也偶尔使用该词，如：

例1. 人而不仁，如<u>礼</u>何?⑦ （《论语·八佾篇》）

理译：If a man be without the virtues proper to humanity, what has he to do with <u>the rites of propriety</u>?⑧（Legge，1893：155）

例2. 生，事之以<u>礼</u>；死，葬之以<u>礼</u>，祭之以<u>礼</u>。⑨ （《论语·为政篇》）

辜译：When his parents are living, a good son should do his duties to them according to the usage prescribed by propriety；when they are dead, he

---

① 杨伯峻：《论语译注》，中华书局2011年版，第209页。
② D. C. Lau, *The Analects*, London: Penguin Books, 1979, p. 160.
③ 杨伯峻：《论语译注》，中华书局2011年版，第133页。
④ D. C. Lau, *The Analects*, London: Penguin Books, 1979, p. 119.
⑤ 杨伯峻：《论语译注》，中华书局2011年版，第62页。
⑥ James Legge, *The Chinese Classics*, Hong Kong: Hong Kong University Press, 1893, p. 85.
⑦ 杨伯峻：《论语译注》，中华书局2011年版，第24页。
⑧ James Legge, *The Chinese Classics*, Hong Kong: Hong Kong University Press, 1893, p. 155.
⑨ 杨伯峻：《论语译注》，中华书局2011年版，第13页。

should bury them and honour their memory according to the rites prescribed by propriety.① (KU,1898:8)

例3. 君而知礼,孰不知礼?②（《论语·述而篇》）

韦译：If his Highness knew the rites, who does not know the rites?③ (Waley,1989:130)

根据《韦氏词典》，"rites"的含义为："a set form for conducting a ceremony; the liturgy of a church; a ceremonial act or action"④。其中文意思为："举行仪式（典礼）的固定形式；教堂的礼拜仪式；礼仪行为"。可见，"rite"一般是指宗教仪式或典礼。当"礼"指代有宗教性质的仪式或典礼，特别是指祭司典礼时，用"rite"一词英译比较合适。刘殿爵英译《论语》中的"礼"，几乎全部用"rite"一词。他意识到了核心概念翻译的统一性，但"礼"除了祭礼、婚丧礼等含义外，还可指社会等级制度以及具体的社交行为规范等，如果英译时不加以适当区分，全篇通用同一个词，就会出现不少误译，导致文化误读现象。

四位译者英译"礼"时，除上述常见译法外，还采用了其他多种译法，如"ritual principles""the rules of proper conduct""what is proper""regulations""judgment""etiquette""courtesy""what is proper"等。但由于译者对"礼"的含义理解不够深入透彻，其译法还是存在诸多问题，往往只能传达出"礼"某一层面的含义，或为外在礼节，或为行为规则。如刘殿爵将"礼"译作"the rites"，将"礼"视为"通常出于宗教目的有着固定模式的仪式"；韦利将"礼"译成"ritual"，将其作为宗教或民俗仪式。他们只译出了"礼"作为宗教仪式的含义，极大地窄化了"礼"的内涵。辜鸿铭把"礼"译成"art"，将其视作一种艺术，并通过注释详细阐释了选择"art"来英译"礼"的原因，但这种译法极易受"art"常规理解的误导。理雅各将"礼"

---

① Ku Hung-ming, *The Discourse and Sayings of Confucius*, Shanghai: Kelly and Walsh, Ltd., 1898, p. 8.
② 杨伯峻：《论语译注》，中华书局2011年版，第73页。
③ Arthur Waley, *The Analects of Confucius*, London: Vintage Books, 1989, p. 130.
④ *Merriam Webster Dictionary*, Merriam Webster, U.S: Revised edition, 2004, p. 628.

第五章　译本分析：《论语》文化核心概念的英译

译作"rule of propriety"，虽然表达出了"礼"的主要内涵，但远远不能传达出原文意义。

总之，"礼"作为儒家文化的核心概念之一，具有独特性，其文化内涵也极其丰富，英语中无法找到意义与之完全对应的词。而且随着时间的流逝，社会的发展变化，"礼"的内涵也进一步丰富。但这并不意味着"礼"不可译。译者应根据"礼"出现的不同语境，采取不同的翻译策略和方法。

四　"君子"之英译

"君子"是中华民族特有的文化概念，也是中国传统文化的核心概念之一。经统计，该词在《论语》中共出现107次。在当今文化全球化形势下，要加强中国传统文化的对外传播，必须对"君子"一词的英译给予高度重视。

"君子"最早出现在《诗经》《尚书》等古籍中，最初指大夫以上的当权者。如"彼君子兮，不素餐兮"（《诗经·伐檀》），"越庶伯君子"（《尚书·酒诰》）。其后，"君子"的内涵进一步拓展，成为对男性的尊称、雅称，可指"夫君""情郎""君王""贵族统治者"或"品行端正的男子"等。如"君子于役，不知其期"（《诗经·王风》）；"窈窕淑女，君子好逑"（《国风·周南·关雎》）。《周易》等古籍进一步丰富了"君子"的内涵，使其成为具有德行的儒士通称。《论语》又进一步扩展了"君子"的含义，使其成为仁学思想以及人格理想的关键词，主要有两种意思：一是有道德的人；二是居高位的人。在《论语》中，"君子"常与"小人"相对而言。如：

君子周而不比，小人比而不周。（《为政》）

君子喻于义，小人喻于利。（《里仁》）

君子坦荡荡，小人长戚戚。（《述而》）

君子成人之美，不成人之恶。小人反是。（《颜渊》）

君子之德风，小人之德草。（《颜渊》）

君子和而不同，小人同而不和。（《子路》）

君子固穷，小人穷斯滥矣。（《卫灵公》）

君子求诸己，小人求诸人。(《卫灵公》)

君子学道则爱人，小人学道则易使也。(《阳货》)

君子怀德，小人怀土；君子怀刑，小人怀惠。(《里仁》)

《论语》详细论述了君子的行为准则、道德规范、治国之道等，是体现"君子"文化最具权威的一部百科全书。[①] "君子"在《论语》中出现频率高，内涵极为丰富，语境不同，含义也会不同，因此译者的英译策略及译法也各不相同。经笔者统计，"君子"的译法主要包括："a superior man" "the superior man" "a scholar" "a gentleman" "a man of virtue" "the gentleman" "a man of complete virtue" "the man of high rank" "the man of high station" "a wise man" "a good and wise man" "a good man" "the profound man" "a man of true virtue" "a virtuous man" "an exemplary person" "the best man"等。分析理雅各、辜鸿铭、韦利、刘殿爵四位译者的译本，他们最常用的译法为："the superior man" "a wise and good man" "a gentleman" "the gentleman"等（见表5-4）。

表5-4 理雅各、辜鸿铭、韦利、刘殿爵译本中"君子"的英译对比

译者	"君子"的译法（单位：次）
理雅各	the superior man（61）、a superior man（21）、student/man of virtue/superior virtue/complete virtue/high rank/high station/real talent and virtue（10）、virtuous man/ men（3）、superior men/superiors（2）、he（2）、man in high stations（1）、man in superior situation（1）、person in authority（1）、gentlemen（1）、man of real talent and virtue（1）、the scholar（1）、The accomplished scholar（1）、a man（1）
辜鸿铭	a wise and good man（26）、a wise man（26）、a good and wise man（17）、a gentleman（10）、a good man（3）、a scholar/an educated man/ a ruler（3）、省译（3）、a really wise and good man（2）the gentlemen（2）、wise and good men（2）、a great man（1）、a man（1）、a wise man and good man（1）、be polite（1）、a good, wise man（1）、a perfect gentleman（1）、a really good and wise man（1）、good and wise men（2）、superiors（1）、the rulers（1）、the truly wise and good man（1）、wise men（1）

[①] 边立红：《"君子"英译现象的文化透视》，《外语学刊》2006年第4期，第95页。

第五章 译本分析：《论语》文化核心概念的英译

续表

译 者	"君子"的译法（单位：次）
韦利	a gentleman（55）、the gentleman（15）、a true gentleman（13）、gentlemen（10）、the true gentleman（7）、gentleman（5）、a real gentleman（1）、省译（1）
刘殿爵	the gentleman（73）、a gentleman（20）、gentlemen（5）、gentlemanly（4）、gentlemanliness（1）、abler gentlemen（1）、gentleman（2）、省译（1）

第一，关于"superior"。理雅各《论语》译本中"君子"的英译主要包括"a superior man""the superior man""a man of complete virtue""a scholar""men of superior virtue""the man in high stations""the man in authority""a man of virtue""the man of high rank"等。[1] 例如：

例1. 君子 成人之美，不成人之恶。[2]（《论语·颜渊篇》）

理译：The superior man seeks to perfect the admirable qualities of men, and does not seek to perfect their bad qualities.[3]（Legge，1893：258）

例2. 人不知，而不愠，不亦 君子 乎?[4]（《论语·学而篇》）

理译：Is he not a man of complete virtue, who feels no discomposure though men may take no note of him?[5]（Legge，1893：137）

例3. 君子 不重，则不威。学则不固。[6]（《论语·学而篇》）

理译：If the scholar be not grave, he will not call forth any veneration, and his learning will not be solid.[7]（Legge，1893：141）

上述实例表明，理雅各根据不同语境对"君子"进行了英译。经

---

[1] 边立红：《"君子"英译现象的文化透视》，《外语学刊》2006年第4期，第96页。
[2] 杨伯峻：《论语译注》，中华书局2011年版，第127页。
[3] James Legge, *The Chinese Classics*, Hong Kong: Hong Kong University Press, 1893, p. 258.
[4] 杨伯峻：《论语译注》，中华书局2011年版，第1页。
[5] James Legge, *The Chinese Classics*, Hong Kong: Hong Kong University Press, 1893, p. 137.
[6] 杨伯峻：《论语译注》，中华书局2011年版，第6页。
[7] James Legge, *The Chinese Classics*, Hong Kong: Hong Kong University Press, 1893, p. 141.

统计分析发现，理雅各在"君子"的英译中，使用最多的词语是"superior"，共出现87次，其中"the superior man"出现61次，"a superior man"出现21次。此外，还有superior men, superiors, man in superior situation, man of superior virtue 等。例如：

例1. 君子 求诸己，小人求诸人。① （《论语·卫灵公篇》）

理译：What the superior man seeks is in himself. What the mean man seeks is in others.② （Legge，1893：300）

例2. 亲于其身为不善者，君子 不入也。③ （《论语·阳货篇》）

理译：When a man in his own person is guilty of doing evil, a superior man will not associate with him.④ （Legge，1893：321）

例3. 君子 有勇而无义为乱，小人有勇而无义为盗。⑤ （《论语·阳货篇》）

理译：A man in a superior situation, having valor without righteousness, will be guilty of insubordination; one of the lower people having valor without righteousness, will commit robbery.⑥ （Legge，1893：329）

例4. 君子 之至于斯也，吾未尝不得见也。⑦ （《论语·八佾篇》）

理译：When men of superior virtue have come to this, I have never been denied the privilege of seeing them.⑧ （Legge，1893：164）

例5. 君子 之德风，小人之德草。⑨ （《论语·颜渊篇》）

理译：The relation between superiors and inferiors is like that between

---

① 杨伯峻：《论语译注》，中华书局2011年版，第164页。
② James Legge, *The Chinese Classics*, Hong Kong: Hong Kong University Press, 1893, p. 300.
③ 杨伯峻：《论语译注》，中华书局2011年版，第181页。
④ James Legge, *The Chinese Classics*, Hong Kong: Hong Kong University Press, 1893, p. 321.
⑤ 杨伯峻：《论语译注》，中华书局2011年版，第188页。
⑥ James Legge, *The Chinese Classics*, Hong Kong: Hong Kong University Press, 1893, p. 329.
⑦ 杨伯峻：《论语译注》，中华书局2011年版，第32页。
⑧ James Legge, *The Chinese Classics*, Hong Kong: Hong Kong University Press, 1893, p. 164.
⑨ 杨伯峻：《论语译注》，中华书局2011年版，第127页。

第五章 译本分析:《论语》文化核心概念的英译

the wind and the grass.① (Legge, 1893: 259)

根据《朗文当代英语词典》,"superior"一词的解释为:

1. better, more powerful, more effective, etc. than a similar person or thing, especially one that you are competing against(比类似的人或物,尤其是竞争对手,更加优秀、强大或有效等);

2. thinking that you are better than other people-used to show disapproval(认为优于别人,用以表示不赞成);

3. having a higher position or rank than someone else(级别或地位比其他人要高);

4. of very good quality-used especially in advertising(高质量的,特别用于广告当中)。②

由上述解释可知,"superior"与"man"搭配,即"the superior man"或"a superior man",表示地位或级别比其他人要高的人(having a higher position or rank than someone else)。理雅各将《论语》中的"君子"大多译成"the superior man",其译法偏重君子的社会地位与阶层,无法把君子所固有的道德高尚之意表达出来。而且"superior"有时带有贬义,容易在西方读者心目中产生坏的或负面的联想。

第二,关于"wise"。辜鸿铭《论语》译本中"君子"的译法有:"the moral man""a wise man""a wise and good man""a good and wise man""a wise and a gentleman""a perfect gentleman""man of moral character""a good man""a gentleman""an educated man"等。③例如:

例1. 君子 矜而不争,群而不党。④(《论语·卫灵公篇》)

辜译:A wise man is proud but not vain; he is sociable, but belongs to

---

① James Legge, *The Chinese Classics*, Hong Kong: Hong Kong University Press, 1893, p. 259.
② 英国培生教育出版有限公司:《朗文当代英语辞典》,外语教学与研究出版社2004年版,第1666页。
③ 边立红:《"君子"英译现象的文化透视》,《外语学刊》2006年第4期,第96页。
④ 杨伯峻:《论语译注》,中华书局2011年版,第164页。

no party.① (Ku, 1898: 138)

例2. 君子 于其所不知,盖阙如也。② (《论语·子路篇》)

辜译: A gentleman, when he hears anything he does not understand, will always wait for an explanation.③ (Ku, 1898: 108)

例3. 百工居肆以成其事,君子 学以致其道。④ (《论语·子张篇》)

辜译: As workmen work in their workshops to learn their trade, so a scholar gives himself to study in order to get wisdom.⑤ (Ku, 1898: 170)

例4. 君子 之过也,如日月之食焉。⑥ (《论语·子张篇》)

辜译: The failings of a great man are eclipses of the sun and moon.⑦ (Ku, 1898: 174)

例5. 君子 疾夫舍曰欲之而必为之辞。⑧ (《论语·季氏篇》)

辜译: A good man hates to make excuses when he ought to say simply "I want it".⑨ (Ku, 1898: 144)

上述实例表明,辜鸿铭的英译灵活多变,在不同的语境下,"君子"的译法各不相同,他共采用了10多种不同的译法。经统计分析发现,辜鸿铭在"君子"的英译中,使用最多的词语为"wise",共出现了80次,其中"a wise man" 26次,"a wise and good man" 26次,"a good and wise man" 17次。例如:

---

① Ku Hung-ming, *The Discourse and Sayings of Confucius*, Shanghai: Kelly and Walsh, Ltd., 1898, p. 138.
② 杨伯峻:《论语译注》,中华书局2011年版,第131页。
③ Ku Hung-ming, *The Discourse and Sayings of Confucius*, Shanghai: Kelly and Walsh, Ltd., 1898, p. 108.
④ 杨伯峻:《论语译注》,中华书局2011年版,第198页。
⑤ Ku Hung-ming, *The Discourse and Sayings of Confucius*, Shanghai: Kelly and Walsh, Ltd., 1898, p. 170.
⑥ 杨伯峻:《论语译注》,中华书局2011年版,第201页。
⑦ Ku Hung-ming, *The Discourse and Sayings of Confucius*, Shanghai: Kelly and Walsh, Ltd., 1898, p. 174.
⑧ 杨伯峻:《论语译注》,中华书局2011年版,第170页。
⑨ Ku Hung-ming, *The Discourse and Sayings of Confucius*, Shanghai: Kelly and Walsh, Ltd., 1898, p. 144.

第五章 译本分析：《论语》文化核心概念的英译

例1. 君子 不以言举人，不以人废言。① （《论语·卫灵公篇》）

辜译：A wise man never upholds a man because of what he says, nor does he discard what a man says because of the speaker's character.② （Ku, 1898：138）

例2. 君子 坦荡荡，小人长戚戚。③ （《论语·述而篇》）

辜译：A wise and good man is composed and happy; a fool is always worried and full of distress.④ （KU, 1898：58）

例3. 君子 贞而不谅。⑤ （《论语·卫灵公篇》）

辜译：A good, wise man is faithful, not merely constant.⑥ （Ku, 1898：58）

例4. 论笃是与，君子 者乎？⑦ （《论语·先进篇》）

辜译：Men now are earnest in what they profess. Are they really good and wise men?⑧（Ku, 1898：58）

《韦氏网络词典》（*Merriam Webster Online Dictionary*）将"wise"解释为：

1. having or showing wisdom or knowledge usually from learning or experiencing many things（具有或显示出通过学习和实践所获得的智慧和知识）；

2. based on good reasoning or information（基于良好的推理和信息资料）；showing good sense or judgment（显示出很强的判断能力）；

---

① 杨伯峻：《论语译注》，中华书局2011年版，第164页。
② Ku Hung-ming, *The Discourse and Sayings of Confucius*, Shanghai: Kelly and Walsh, Ltd., 1898, p. 138.
③ 杨伯峻：《论语译注》，中华书局2011年版，第76页。
④ Ku Hung-ming, *The Discourse and Sayings of Confucius*, Shanghai: Kelly and Walsh, Ltd., 1898, p. 58.
⑤ 杨伯峻：《论语译注》，中华书局2011年版，第168页。
⑥ Ku Hung-ming, *The Discourse and Sayings of Confucius*, Shanghai: Kelly and Walsh, Ltd., 1898, p. 141.
⑦ 杨伯峻：《论语译注》，中华书局2011年版，第115页。
⑧ Ku Hung-ming, *The Discourse and Sayings of Confucius*, Shanghai: Kelly and Walsh, Ltd., 1898, p. 89.

3. saying things that are rude or insulting（说一些粗俗的事情）。①

从上可知，"wise"一般表示"聪明的""博学的"和"博识的"，与"君子"的本义"具有高尚道德品质的人"有一定的出入。"君子"是一个极具中国特色的词，文化内涵丰富，英语中无法找到完全对应的词，辜鸿铭采用了"wise"或与"good"搭配，将其译成"a wise man""a good man""a wise and good man""a good and wise man"等，译成"聪明的好人"，强调了"君子"的两个方面：理智（wise）与情感（good），表明"君子"不仅聪慧、明智，而且善良、仁慈，具有一定合理之处。

第三，关于"gentleman"。韦利的《论语》译本将"君子"译成"gentleman""the true gentleman""the gentleman""gentlemen"等。例如：

例1. 君子周而不比，小人比而不周。②（《论语·为政篇》）

韦译：A gentleman can see a question from all sides without bias. The small man is biased and can see a question only from one side.③（Waley，1989：91）

例2. 君子和而不同，小人同而不和。④（《论语·子路篇》）

韦译：The true gentleman is conciliatory but not accommodating. Common people are accommodating but not conciliatory.⑤（Waley，1989：177）

例3. 君子泰而不骄，小人骄而不泰。⑥（《论语·子路篇》）

韦译：The gentleman is dignified, but never haughty; common people are haughty, but never dignified.⑦（Waley，1989：178）

刘殿爵对"君子"的译法与韦利的译法基本相同，也译成"gentle-

---

① 《韦氏网络词典》，http://www.merriam-webster.com/dictionary/wise。
② 杨伯峻：《论语译注》，中华书局2011年版，第17页。
③ Arthur Waley, *The Analects of Confucius*, London: Vintage Books, 1989, p.91.
④ 杨伯峻：《论语译注》，中华书局2011年版，第140页。
⑤ Arthur Waley, *The Analects of Confucius*, London: Vintage Books, 1989, p.177.
⑥ 杨伯峻：《论语译注》，中华书局2011年版，第141页。
⑦ Arthur Waley, *The Analects of Confucius*, London: Vintage Books, 1989, p.178.

第五章 译本分析：《论语》文化核心概念的英译

man""the gentleman""gentlemen"等。例如：

例1. **君子**求诸己，小人求诸人。① (《论语·卫灵公篇》)

刘译：What the gentleman seeks, he seeks within himself; what the small man seeks, he seeks in others.② (D. C. Lau, 1979: 135)

例2. **君子**喻于义，小人喻于利。③ (《论语·里仁篇》)

韦译：A gentleman takes as much trouble to discover what is right as lesser men take to discover what will pay.④ (Waley, 1989: 105)

根据《朗文当代英语辞典》，"gentleman"的意思为"a man who behaves well towards others and who can be trusted to keep his promises and always act honourably（彬彬有礼的男士、绅士、君子）"；⑤《新牛津英汉双解大词典》对"gentleman"的解释包括以下几种意思：

1. a polite word for a man, used especially when talking to or about a man you do not know（对于男性的礼貌用语，特别用来谈论所不认识的男性）；

2. a man who is always polite, has good manners, and treats other people well（指懂礼貌、行为举止得体、善待他人的男性）；

3. a man from a high social class, especially one whose family owns a lot of property（指居于上层社会的男性，特别是指家族拥有大笔资产的人）。⑥

《牛津高阶英汉双解词典》（第四版）对"gentleman"的解释为"a man who is polite and well educated, who has excellent manners and always behave well."⑦（指有礼貌或受过良好教育、行为举止优秀、表现良好

---

① 杨伯峻：《论语译注》，中华书局2011年版，第164页。
② D. C. Lau, *The Analects*, London: Penguin Books, 1979, p.135.
③ 杨伯峻：《论语译注》，中华书局2011年版，第38页。
④ Arthur Waley, *The Analects of Confucius*, London: Vintage Books, 1989, p.105.
⑤ 英国培生教育出版有限公司：《朗文当代英语辞典》，外语教学与研究出版社2004年版，第672页。
⑥ ［英］Judy Pearsall 等编：《新牛津英汉双解大词典》，上海外语教育出版社2013年版，第720页。
⑦ ［英］霍恩比：《牛津高阶英汉双解词典》（第四版），商务印书馆1977年版。

的人)。可见,"gentleman"(绅士)所指的主要是行为举止礼貌或出身地位较高的贵族阶层。"gentleman"来源于法语"gentil home",最初主要是指国王、王后、公、伯、侯等拥有爵位的贵族。后来,随着英国经济社会结构的变化,其范围逐渐扩大,商人与新兴工业阶级也跻身社会上层,成为绅士。"gentleman"(绅士)是英国文化的一个代表,它的形成与英国哲学、宗教、政治、经济、历史与文学传统等联系深厚。① 绅士文化之于英国犹如"君子"之于中国文化一样重要。"绅士""君子"的含义与文化功能基本相近,但并非完全对等。其相同之处在于,两者都经历过严格的人文教育,尤其是道德教育。其不同点在于:第一,绅士的学习与教育并非有君子那种高尚的目的和远大的志向;第二,对女性的态度存在差异,中国古代的君子往往对女性有歧视,而英国的绅士对女性殷勤有礼;第三,参政态度不同,中国古代君子积极入世,踏实进取,力求为社会所用;英国绅士多半不参政,思想较为保守;第四,君子是道德修养的标志,绅士是阶级身份的标志。② 从上述分析可知,将"君子"译成"gentleman",无法完全表达出"君子"的确切含义。

四位译者对"君子"一词的英译不完全相同,原因在于他们的身份和所处的历史文化背景不同,进而对"君子"的理解也不相同。传教士理雅各英译"四书"是在19世纪中期,当时英国绅士文化兴盛,高度重视"君子"的这一社会阶层,所以译为"the superior man",其意为"地位和等级上占优势的社会上层人物和贵族"。汉学家韦利英译《论语》是在20世纪60年代,他认为在性格特征方面"君子"与英国的"绅士"最为相似,因此把"君子"译为"gentleman""the true gentleman"等。辜鸿铭深受西方文化熏陶,最先接受的是英国式绅士教育,对英国绅士文化有着比较深入的理解;同时,他特别推崇儒家文化,经过深入对比"君子"和"绅士",选择了自己的译法。刘殿爵出身书香门第,为词人刘伯端之子,深受中国传统文化熏陶;后在英国从

---

① 边立红:《"君子"英译现象的文化透视》,《外语学刊》2006年第4期,第95—96页。
② 边立红:《"君子"英译现象的文化透视》,《外语学刊》2006年第4期,第96页。

第五章 译本分析：《论语》文化核心概念的英译

教多年，深受西方文化影响，他基本沿用了韦利的译法，采用了"gentleman"一词。

通过分析四位译者的英译，"君子"一词从其语义上而言，可根据需要分别凸显君子高贵的社会地位，德行与道德人格，高尚的理想，学问与智慧，典范作用以及学识与德行。① 由此可见，"君子"一词的文化内涵及语义极为丰富。根据不同的语境将其译成不同的词或短语，有合理之处。但也有学者提出了质疑，语境千变万化，对词义的理解可谓见仁见智，将同一个词译成不同的词语，也容易造成西方读者产生文化误读，无法完整传达"君子"的文化内涵。针对上述情况，有译者和学者对"君子"一词提出了不同的翻译策略，具体包括如下六种：

第一，音译法。根据汉语拼音或读音，将"君子"译为"*junzi*"或"*the chuntsz*"。

第二，类比替代法。如"gentleman"与"君子"大体对应，也最为西方读者熟悉，因此，韦利、林语堂、刘殿爵、潘恩富、温少霞、赖波、夏玉和等用"gentleman"英译"君子"，更容易为西方读者所接受，从而达到了很好的翻译效果。

第三，音译加注法。即将"君子"译为"*junzi*"后，再加注释进行诠释。如刘白玉提出，可将"君子"译为"*Junzi*-a collection of all virtues of a perfect man"②。英国教授埃斯特·迪星（Esther Tyldesley）在其《于丹〈论语心得〉》译本中，将"君子"译成汉语拼音"*junzi*"并用斜体字表示后，再加注释进一步解释：The word "*junzi*", which appears more often than any other in *The Analects of Confucius*, describes Confucius's ideal person……③通过音译加注释法，能很好地表达出"君子"这一核心概念的文化内容，也能让西方读者感到新奇，更好地传播文化。

第四，创译法。中国传统文化特色词难以在英语中找到对应词，译

---

① 边立红：《"君子"英译现象的文化透视》，《外语学刊》2006年第4期，第97页。
② 刘白玉等：《〈论语〉关键词英译探讨》，《山东工商学院学报》2011年第3期，第112页。
③ 于丹：《于丹〈论语心得〉》，迪星译，中华书局2009年版，第23页。

· 189 ·

者需要发挥主体性，创造新词来进行翻译。如许渊冲为把"君子"一词的"道德"和"知识"层面的内涵体现出来，创造了新词"intelligentman"，该词暗含两个单词"intelligent"和"gentleman"。采用创译法有利于满足读者的求异心理，不足之处在于译者加入了自己的理解，原词的本义可能也有所流失。

第五，释义法。如苏慧廉在其译本中对"君子"一词进行了解释，他说："It has much the same meaning as gentleman in the best sense of that term."① 当然，他在翻译时，还使用了多种其他译法，如 scholar, a true philopher, the noble type of man 等。

第六，"意译+音译+君子本体"。如安乐哲、罗思文采用了典型的哲学翻译方法，按照"意译+音译+君子本体"的翻译策略，将"君子"译成：an exemplary person (*junzi* 君子)。

第二节 文化核心概念英译特点与启示

一 文化核心概念英译特点

通过分析理雅各、韦利、辜鸿铭与刘殿爵《论语》译本，笔者发现四个《论语》译本的文化核心概念的英译呈现如下四个特点。

第一，注重传承与借鉴。《论语》英译实际上是一个不断重译的过程。在《论语》英译之前，译者应对已有译本进行研究借鉴，不仅要让旧译长处尽可能得到保留，还要在原译基础上有所改进和创新，如潘富恩、温少霞在其译本说明中明确提到，其译本参考了 James Legge 的 *The Chinese Classics*，Leonard A. Lyall 的 *The Saying of Confucius* 和 Arthur Waley 的 *The Analects of Confucius* 等译本。② 通过分析上述四位译者对文化核心概念的译法，可以发现后期译本明显传承和借鉴了先期译本的译法，如刘殿爵英译"仁"时，采用了理雅各译法之一"benevolence"；而他在英译"孝"时，参考借鉴了辜鸿铭的译法"a good son"与理雅

---

① 边立红：《"君子"英译现象的文化透视》，《外语学刊》2006 年第 4 期，第 96 页。
② （春秋）孔丘：《论语今译（汉英对照）》，潘富恩、温少霞英译，齐鲁书社 1993 年版，第 10 页。

第五章 译本分析:《论语》文化核心概念的英译

各的译法"be filial"。韦利关于"孝"的译法也参考和借鉴了理雅各的译法"filial piety"与辜鸿铭的译法"a good son"等。

第二,运用一词多译。"仁""礼""孝""君子"等文化核心概念富有中国文化特色,很难在英语中找到对应词。理雅各、辜鸿铭、韦利、刘殿爵在英译这些核心概念时,一般根据其出现的语境,采用音译、直译以及意译等多种翻译方法,如理雅各将"仁"译为"virtue""true virtue""benevolent actions""the good""the virtues proper to humanity""the excellence"等;"礼"译为"propriety""what is proper""the regulations""the rites of propriety""ceremonies"等;"君子"译为"a man of complete virtue""the superior man""the scholar""the accomplished scholar""the student of virtue""Chuntsze"等。辜鸿铭对原文理解更充分,译法更丰富多样,对"礼"的英译就采用了"art""judgment and taste/sense/modesty""ideal of decency and good senser""judgment""art and civilization/literature""civilization""propriety""courtesy and good manners""taste" omission/pronoun (so, them)"rules of etiquette and formality""correct forms""education and good manners""honor""the principle of the rite"等。[①] 韦利、刘殿爵对"仁""礼"等核心概念的英译较稳定,注重语篇的统一性,同一概念一般使用同一个词,但也存在例外,如韦利在英译"孝"以及刘殿爵在英译"仁"时,根据不同语境进行了变化。

第三,注重文化共通之处。人类具有相同的生理特征、相似的认知结构以及类似的生存经验,在不同文化中扎根的概念隐喻显示出一定的文化共性。[②] 不同文化相互理解的前提和基础就是人类具有文化共性。我们注重并探求中西文化的共通之处,有助于推动不同文化之间的交流与传播。中西方文化既存在某种程度的差异,也具有一定共通之处,英译时,首先应在两者间探寻汇合点。《论语》中的核心概念对西方读者而言,理解具有极大难度。理雅各等译者在翻译这些核

---

① 边立红:《"君子"英译现象的文化透视》,《外语学刊》2006年第4期,第96页。
② 廖华英、鲁强:《基于文化共性的中国文化对外传播策略研究》,《东华理工大学学报》(社会科学版)2010年第2期,第44页。

心概念时，均注重中西文化的共通之处，如"上帝""帝"都译成了"God"，"天"译成了"Heaven"，"命"译成了"divine"，"圣人"译成了"Sage"，"社"译成了"altars to the tutelary deities"等。对于核心概念，四位译者也采用了同样的英译方法，如理雅各将《论语》中的"孝"译为"filial piety"，将"仁""德""君子"等译为"virtue"或含"virtue"的词语，韦利则将"仁"翻译成"Goodness"等。他们试图将相关核心概念放在基督教参照框架下进行理解和翻译，让具有较强宗教意识的西方读者有一种似曾相识的感觉，从而达到理想的翻译效果。当然，笔者发现，某些文化核心概念的英译存在区分度不高的现象，如理雅各对"仁""德"的英译，都采用了同一个英文单词"virtue"。

二 文化核心概念英译启示

"读者期待视野"是接受美学最重要的概念之一，它是指阅读作品时，读者能根据自身的审美情趣、阅读经验与兴趣，预先对作品进行评估。[①] 在阅读过程中，它不仅对读者正确理解译文具有一定程度的影响，而且对读者选择接受对象的文本发挥着重要作用。只有选择的作品符合读者的思维定式，才能吸引读者，从而进入读者的阅读视野。在处理文化差异和传译文化内涵时，译者应照顾和考虑读者的接受水平和接受程度，重视读者的期待视野。只有翻译的作品符合读者既有的期待视野时，读者才能获得满足，达到"视野融合"。[②] 为此，译者在英译《论语》中的文化核心概念时，既要准确传达这些核心概念承载的原语文化信息，又须尽量缩小原文视野与译文读者期待视野间的差距，这样才能使译文被读者理解和接受，实现文化传播之目的。[③]

---

① 朱立元：《接受美学导论》，安徽教育出版社2004年版，第20页。
② 胡媛：《从期待视野视角看〈论语〉中文化负载词的英译》，《怀化学院学报》2012年第7期，第100页。
③ 蒋伟平：《接受美学视角下文化词语的翻译》，《湖南科技学院学报》2008年第7期，第72页。

第五章 译本分析:《论语》文化核心概念的英译

　　《论语》中的文化核心概念内涵丰富,涉及面广,英译难度较大,所以英译时,要深入理解其中所蕴含的文化信息,在尽最大可能忠实原作的基础上,充分考虑西方读者的接受性,满足读者的期待视野,实现"视野融合"。

第六章 译本比较:《论语》核心思想的英译

《论语》是儒家经典著作之一,也是"儒家集团的共同纲领"[1],蕴含着丰富的伦理道德思想。它形成了以"仁"为核心的伦理道德思想体系,阐述了"仁""孝""礼""忠""信""智""悌""恕"等核心条目,论述了"仁爱""孝道""礼让""忠恕""和谐""中庸"等核心思想。这些核心思想具有超时代与超地域性,不仅对当代中国文化建设具有重要意义,而且对推动人类发展和世界文明进步具有重要价值。因此,如何准确阐释和译介这些核心思想,并向世界进行有效传播,成为学界同人探讨的焦点。本章在第五章基础上,继续选取理雅各译本、辜鸿铭译本、韦利译本、刘殿爵译本,结合相关实例,分析探讨传统核心思想的英译策略,为《论语》等传统文化典籍英译提供经验和启示,促进中国传统文化的对外传播,进一步提升中国文化软实力。

第一节 《论语》核心思想英译实例分析

一 "孝道"思想之英译

"孝弟也者,其为仁之本与。"[2](《论语·学而篇》)"孝道"是《论语》中传统文化思想的灵魂。尽管《论语》全书只有十四个章句含有"孝"字,但其思想内涵丰富,包括:养而有敬、无违净谏、葬祭以礼、爱身谨行以及继承志道等核心孝道思想,这些思想在当今社会仍

---

[1] 吴龙辉:《〈论语〉是儒家集团的共同纲领》,《湖南大学学报》(社会科学版)2010年第1期,第81页。
[2] 杨伯峻:《论语译注》,中华书局2011年版,第2页。

第六章 译本比较:《论语》核心思想的英译

具有十分重要的价值。

1. 养亲敬亲。"养亲敬亲"是《论语》中孝道思想的重要内容。"养"即赡养父母,是指应在物质生活上使父母得到满足。如"有事,弟子服其劳,有酒食,先生馔"①(《论语·为政篇》)。"敬"是指尊敬父母,即满足他们的精神需求,使他们愉悦、高兴。如"今之孝者,是谓能养,至于犬马,皆能有养;不敬,何以别乎?"②(《论语·为政篇》)

西方社会历来也提倡对父母的"养"和"敬"。古希腊哲学家亚里士多德认为对父母最重要的是奉养,因为父母对子女有恩,奉养父母比养活自己更加高尚;同时,他还进一步提出对父母应该要尊敬,要"让父母像诸神那样享有荣誉"。③ 西方基督教也极为重视尊亲,《圣经》中的《箴言》多处谈论孝道,提出应该尊敬父母。如《箴言》中提到"虐待父亲,撵出母亲的"就是"贻羞致辱之子"④,"你要听从生你的父亲,你母亲老了,也不可藐视她。……义人的父亲必大得快乐,人生智慧的儿子,必因他欢喜。你要使父母欢喜,使生你的快乐。"⑤ 这里就提到对父母的尊敬。可见,中西方孝道文化在"养而有敬"上存在共通之处,因此这一思想内容易被西方读者接受。

例 1. 今之<u>孝</u>者,是谓能<u>养</u>。至于犬马,皆能有养;不<u>敬</u>,何以别乎?⑥(《论语·为政篇》)

理译:The filial piety of nowadays means the support of one's <u>parents</u>. But dogs and horses likewise are able to do something in the way of support; -without <u>reverence</u>, what is there to distinguish the one support given from the other?⑦(Legge, 1893: 148)

辜译:The duty of a good son nowadays means *only* to be able to support

---

① 杨伯峻:《论语译注》,中华书局2011年版,第15页。
② 杨伯峻:《论语译注》,中华书局2011年版,第14页。
③ [古希腊]亚里士多德:《尼各马可伦理学》,廖申白译,商务印书馆2012年版,第264页。
④ 《圣经》箴言篇第19章第26节,第791页。
⑤ 《圣经》箴言篇第23章第25节,第794页。
⑥ 杨伯峻:《论语译注》,中华书局2011年版,第14页。
⑦ James Legge, *The Chinese Classics*, Hong Kong: Hong Kong University Press, 189, p.148.

his parents. But you also keep your dogs and horses alive. If there is no feeling of love and respect, where is the difference?①(Ku, 1898: 9)

韦译: Filial sons nowadays are people who see to it that their parents get enough to eat. But even dogs and horses are cared for to that extent. If there is no feeling of respect, wherein lies the difference?②(Waley, 1989: 89)

刘译: Nowadays for a man to be filial means no more than that he is able to provide his parents with food. Even hounds and horses are, in some way, provided with food. If a man shows no reverence, where is the difference?③(D. C. Lau, 1979: 64)

该句为《论语》核心孝道语句之一,思想内容丰富。它由"今之孝者,是谓能养""至于犬马,皆能有养;不敬,何以别乎"两分句组成。前句的关键词是"孝"和"养","孝"的内涵和译法已在上章详细阐述,本章不再赘述。"养"为另一关键词,其含义存在多种解读。它的最初含义为"放羊",可引申为"饲养""摄养""赡养""统养""御养""调养""教养"等。如本句第一个"养"的意思为"赡养,供养",即朱熹所说的:"养,谓饮食供奉也"④,是指物质生活上使父母得到满足。第二个"养"的意思为"饲养;畜养",是指提供食物使动物能够生存。可见,"养"在不同语境中含义并不相同。四位译者的译法也存在差异,分别译作"support""provide…for"或"keep…alive"等(见表6-1)。

表6-1 理雅各、辜鸿铭、韦利与刘殿爵译本中"养"译法(一)

译 者	1. 今之孝者,是谓能 养。	2. 至于犬马,皆能有 养。
理雅各	The filial piety of nowadays means the support of one's parents.	But dogs and horses likewise are able to do something in the way of support.

---

① Ku Hung-ming, *The Discourse and Sayings of Confucius*, Shanghai: Kelly and Walsh, Ltd., 1898, p. 9.
② Arthur Waley, *The Analects of Confucius*, London: Vintage Books, 1989, p. 89.
③ D. C. Lau, *The Analects*, London: Penguin Books, 1979, p. 64.
④ (宋)朱熹:《四书集注(上)》,金良年今译,上海古籍出版社2006年版,第69页。

第六章 译本比较：《论语》核心思想的英译

续表

译 者	1. 今之孝者，是谓能 养。	2. 至于犬马，皆能有 养。
辜鸿铭	The duty of a good son nowadays means only to be able to support his parents.	But you also keep your dogs and horses alive.
韦利	Filial sons nowadays are people who see to it that their parents get enough to eat.	But even dogs and horses are cared for to that extent.
刘殿爵	Nowadays for a man to be filial means no more than that he is able to provide his parents with food.	Even hounds and horses are, in some way, provided with food.

《现代汉语词典》对"赡养"的英文解释为"support"或"provide…for"。从上表中可看出，对于"养"的英译，四位译者在用词上存在少许差异，但译法都比较到位。辜鸿铭在前句译文中添加了"only"一词，看似顺手之笔，实则独具匠心。对"至于犬马，皆能有养"的含义历来争议较大，主要有两种理解：一说为，"犬守御，马代劳，亦能侍奉人，是犬马亦能养人"①，即犬马也能服侍人，也可养活人；另一说，孟子曰："食而不爱，豕交之也，爱而不敬，兽畜之也"②，即只给吃的而不予关爱，和养猪是一样的；给予关爱而不给予尊敬，就如同畜养宠物。四位译者对该句理解存在差异，译法各不相同。理雅各按第一种意思理解，将其译为："But dogs and horses likewise are able to do something in the way of support"，译文比较模糊，理解存在偏差，其他三位译者都遵循了第二种理解。相对而言，四位译者中，辜鸿铭的译法更为灵活，将"养"译为"keep … alive"。

"敬"是《论语》孝道思想中的另一核心词。孔子认为"敬"是区别人与动物的关键，孝道思想不仅体现在"养"，更重要在于"敬"，否则赡养父母与饲养犬马没有区别。《现代汉语词典》对于"敬"主要

---

① 钱穆：《论语新解》，生活·读书·新知三联书店 2012 年版，第 30 页。
② 赵甄陶、张文庭、周定之：《大中华文库〈孟子〉（汉英对照）》，湖南人民出版社 1999 年版，第 310 页。

◆ 《论语》英译与文化传播

有三种解释，分别为"尊敬""恭敬""有礼貌地送上（饮食或物品）"①。"敬"在《论语》中共出现了21次，其中与孝道思想密切相关的语句包括："不敬，何以别乎？""又敬不违，劳而不怨""祭思敬，丧思哀"。四位译者对于"敬"的译法各不相同（具体见表6-2、表6-3）。

表6-2　理雅各、辜鸿铭、韦利与刘殿爵译本中"敬"的译法（一）

译者	1. 不敬，何以别乎？	2. 又敬不违，劳而不怨。
理雅各	without reverence, what is there to distinguish the one support given from the other?	he shows an increased degree of reverence, but does not abandon his purpose.
辜鸿铭	If there is no feeling of love and respect, where is the difference?	he should yet not fail in respect nor disregard their wishes.
韦利	If there is no feeling of respect, wherein lies the difference?	he should resume an attitude of deference and not thwart them.
刘殿爵	If a man shows no reverence, where is the difference?	you should not become disobedient but should remain reverent.

表6-3　理雅各、辜鸿铭、韦利与刘殿爵译本中"敬"的译法（二）

译者	3. 祭思敬，丧思哀，其可已矣。
理雅各	In sacrificing, his thoughts are reverential.
辜鸿铭	In worship, he should be devout and serious.
韦利	who judges sacrifice by the degree of reverence shown
刘殿爵	who forgets neither reverence during a sacrifice.

从表6-2、表6-3可以看出，四位译者对于"敬"的译法多样，有"reverence""reverential""feeling of love and respect""respect""devout and serious""feeling of respect""deference""reverence""reverent"

---

① 中国社会科学院语言研究所词典编辑室：《现代汉语词典》，外语教学与研究出版社2002年版，第1032页。

第六章 译本比较：《论语》核心思想的英译

等。其中，理雅各与刘殿爵译法基本相同，辜鸿铭、韦利译法相对比较灵活，尤其是辜鸿铭，在英译时，为方便西方读者理解，更加注重文化的共通性，如"祭思敬"中的"敬"使用了"devout"。根据《新牛津英汉双解大词典》，"devout"一词解释为"having or showing deep religious feeling or commitment; totally committed to a cause or belief"，[①] 中文意思为：笃信宗教的，极为虔诚；（对事业或信仰）坚定而忠诚的。该词与宗教密切相关，西方读者极其熟悉。他还将"不敬"译为："If there is no feeling of love and respect"，而将"何以别乎"译成"where is the difference"等，其译文简单易懂，体现了英语语言的特色，符合英语国家人士的思维习惯，让"有教养有思想的英国人在读过译作之后能够反思他们对中国人已有的成见"[②]。为更好地传播核心思想内容，突出现代社会所看重的"敬"的思想内涵，参考借鉴以往译者的译法，可将本句译为：A filial son nowadays means that he can support his parents. But dogs and horses can also do something for the people. If there is no feeling of respect, where is the difference?

例2. 色难。有事，弟子服其劳；有酒食，先生馔，曾是以为孝乎?[③]（《论语·为政篇》）

理译：The difficulty is with the countenance. If, when their elders have any troublesome affairs, the young take the toil of them, and if, when the young have wine and food, they set them before their elders, is THIS to be considered filial piety?[④]（Legge, 1893: 148）

辜译：The difficulty is with the expression of your look. That merely when anything is to be done the young people do it, and when there is food and wine, the old folk are allowed to enjoy it, —do you think that is the

---

① [英] Judy Pearsall 等编：《新牛津英汉双解大词典》，上海外语教育出版社2013年版，第597页。
② Ku Hung-ming, *The Discourse and Sayings of Confucius*, Shanghai: Kelly and Walsh, Ltd., 1898, p. x.
③ 杨伯峻：《论语译注》，中华书局2011年版，第15页。
④ James Legge, *The Chinese Classics*, Hong Kong: Hong Kong University Press, 1893, p. 148.

whole duty of a good son? ①(Ku, 1898: 9)

韦译: It is the <u>demeanor</u> that is difficult. Filial piety does not consist merely in young people undertaking the hard work, when anything has to be done, or serving their elders first with wine and food. It is something much more than that. ② (Waley, 1989: 89)

刘译: What is difficult to manage is <u>the expression on one's face</u>. As for the young taking on the burden when there is work to be done or letting the old enjoy the wine and the food when these are available, that hardly deserves to be called filial. ③ (D. C. Lau, 1979: 64)

《论语》中的孝道思想内涵是多方位、多层次的,"孝"不仅要"有事,弟子服其劳;有酒食,先生馔",还应做到和颜悦色。本句中最难的是"色难"一词的理解和英译。"色难"之义,解释甚繁,主要意思有两种:其一是指父母的颜色。包咸说:"色难者,未承顺父母颜色,乃为难也。"④ 其二是指为人子的颜色。郑注所说的"和颜悦色,是为难也"⑤ 以及《礼记·祭义篇》的"孝子之有深爱者必有和气,有和气者必有愉色,有愉色者必有婉容"⑥,就是指此义。杨伯峻注释为"儿子在父母前经常有愉悦的容色,是件难事"。⑦ 四位译者都采用了后一种解释,即侍奉父母,难在时常保持和颜悦色,都将"色"理解为脸色,面部表情。但四位译者对"色"的翻译存在差异,用词各不相同,分别使用"<u>countenance</u>"(理雅各),"<u>expression</u> of your look"(辜鸿铭),"<u>demeanor</u>"(韦利)和"<u>expression on one's face</u>"(刘殿爵)。那么,"countenance""expression""demeanor"有什么区别?查阅《新牛津英汉双解大词典》,其释义分

---

① Ku Hung-ming, *The Discourse and Sayings of Confucius*, Shanghai: Kelly and Walsh, Ltd., 1898, p. 9.
② Arthur Waley, *The Analects of Confucius*, London: Vintage Books, 1989, p. 89.
③ D. C. Lau, *The Analects*, London: Penguin Books, 1979, p. 64.
④ 钱穆:《论语新解》,生活·读书·新知三联书店2012年版,第31页。
⑤ 程树德:《论语集释(上)》,中华书局2013年版,第104页。
⑥ 杨天宇:《礼记译注》,上海古籍出版社2004年版,第612页。
⑦ 杨伯峻:《论语译注》,中华书局2011年版,第15页。

第六章 译本比较：《论语》核心思想的英译

别为：

（1）countenance：the human face；a person's face or facial expression；the appearance or expression of someone's face（脸；面孔；面部表情等）[①]；

（2）expression：the look on someone's face，seen as conveying a particular emotion；the way someone's face looks that shows emotions and feelings（表情）[②]；

（3）demeanor：outward behavior or bearing；a way of looking and behaving（行为，举止，风度等）[③]。

四位译者所选的词语都可以表达原文意思，辜鸿铭、刘殿爵用词较简单，另两位译者用词较为正式。对于"有事，弟子服其劳"，钱穆解释为"如遇有事，由年幼的操劳"[④]。李泽厚释为"有事时，年轻人效劳服务"[⑤]；杨伯峻释为"有事情，年轻人效劳"。都有为之操劳，为之效劳的意思，其理解基本相同。"服其劳"，理雅各将其译为"take the toil of them"，用词比较正式，"toil"一词的意思是"苦活，辛苦的工作"，该译法将句中隐含意思充分体现；韦利、刘殿爵用词较简单，分别使用"undertake the hard work""take on the burden"，也基本表达了原文内涵。辜鸿铭在翻译时，结合原文中修辞性反问句"有酒食，先生馔，曾是以为孝乎"，使用了"merely"和"whole"两个简单词，直接点出原文要义，指出"孝"并不仅仅是年轻人多干一些活和负责长辈的饮食。同时，从译文整体结构看，理雅各注重保留原文的句式和句序，而其他三位译者根据需要对原有句式进行了适当的调整，力求译文流畅地道。

[①] ［英］Judy Pearsall 等编：《新牛津英汉双解大词典》，上海外语教育出版社2013年版，第494页。

[②] ［英］Judy Pearsall 等编：《新牛津英汉双解大词典》，上海外语教育出版社2013年版，第764页。

[③] ［英］Judy Pearsall 等编：《新牛津英汉双解大词典》，上海外语教育出版社2013年版，第577页。

[④] 钱穆：《论语新解》，生活·读书·新知三联书店2012年版，第31页。

[⑤] 李泽厚：《论语今读》，天津社会科学院出版社2008年版，第43页。

例 3. 父母之年，不可不知也。一则以喜，一则以惧。① (《论语·里仁篇》)

理译：The years of parents may by no means not be kept in the memory, as an occasion at once for joy and for fear.② (Legge, 1893：171)

辜译：A son should always keep in mind the age of his parents, as a matter for thankfulness as well as for anxiety.③ (Ku, 1898：27)

韦译：It is always better for a man to know the age of his parents. In the one case such knowledge will be a comfort to him; in the other, it will fill him with a salutary dread.④ (Waley, 1989：106)

刘译：A man should not be unaware of the age of his father and mother. It is a matter, on the one hand, for rejoicing and, on the other, for anxiety.⑤ (D. C. Lau, 1979：75)

《论语》中的"父母之年，不可不知也"，是指子女应该牢记父母生日。"知，犹识也。常记在心之义。喜者，喜其寿。惧者，惧其来日之无多。喜惧一时并集，不分先后。"⑥ 或说："父母之年，子女无时不当知。或父母年尚强，然强健之时不可多得。或喜其寿考，而衰危已将至。此说亦有理。但读书不当一意向深处求，不如上一说，得孝子爱日之大常。"⑦ 孔曰："见其寿考则喜，见其衰老则惧。"⑧ 其意为做子女应该牢记父母年龄，一方面为父母年龄增长但仍健在而高兴；另一方面为父母年龄越大，离人生终点站越近而担忧。那么，西方文化中是否有牢记父母生日一说呢？2010 年 3 月，美国一家专业研究机构调查显示：

---

① 杨伯峻：《论语译注》，中华书局 2011 年版，第 39 页。
② James Legge, *The Chinese Classics*, Hong Kong: Hong Kong University Press, 1893, p. 171.
③ Ku Hung-ming, *The Discourse and Sayings of Confucius*, Shanghai: Kelly and Walsh, Ltd., 1898, p. 27.
④ Arthur Waley, *The Analects of Confucius*, London: Vintage Books, 1989, p. 106.
⑤ D. C. Lau, *The Analects*, London: Penguin Books, 1979, p. 75.
⑥ 钱穆：《论语新解》，生活·读书·新知三联书店 2012 年版，第 95 页。
⑦ 钱穆：《论语新解》，生活·读书·新知三联书店 2012 年版，第 95 页。
⑧ 程树德：《论语集释（上）》，中华书局 2013 年版，第 318 页。

第六章　译本比较:《论语》核心思想的英译

在2000名8—17岁的受访儿童中,记得双亲生日的孩子占98.2%。①牢记父母生日是子女对父母发自内心的关爱。在这点上,中西文化有共通之处。

翻译本句的关键词为"年""知",难点在于如何理解"一则以喜,一则以惧"。"年"意为"年龄",英文对应单词为"age",辜鸿铭、韦利、刘殿爵三位译者都采用了这种译法。理雅各则采用完全直译的方法,将其译成"year",译法比较僵硬,与原文意思不符。对于"知"的翻译,韦利、刘殿爵两位译者分别译为"know"(知道)和"not be unaware of"(知道),辜鸿铭、韦利分别译为"keep in mind"和"keep in the memory"。比较而言,后两位译者的用词更为准确,更能表达原文的意思。至于"一则以喜,一则以惧",其关键在于如何理解"喜"和"惧",理雅各和刘殿爵的翻译基本相同,采用了"as an occasion at once for joy and for fear"和"It is a matter, on the one hand, for rejoicing and, on the other, for anxiety"。韦利采用意译法,将"喜"和"惧"分别译为"comfort"和"salutary dread",与原意有所偏离。辜鸿铭将其译为"for thankfulness"(感激,心怀感恩)和"for anxiety"(担忧)。就整句而言,辜鸿铭的译文更简洁、地道和准确。

2. 顺亲谏亲。"顺亲"是指顺从父母,按父母的意愿和要求行事。中国传统孝道强调父母的权威,要求子女对父母唯命是从,历史上出现了许多"愚孝"的悲剧。但《论语》中的孝道思想并不鼓励这种"愚孝"。相反,它主张当父母有过失时,子女要加以阻拦或劝谏。如《论语·里仁篇》中提出:"事父母几谏,见志不从,又敬不违,劳而不怨"。②

西方基督教也存在类似孝道思想。《以弗所书》说:"你们做子女的,要在主里听从父母,这是理所当然的。"③ 本句中的"在主里"是指基督教徒在行孝时,必须遵照上帝旨意,如果行孝与上帝旨意相抵触,应"以天父的事为念",也就是说,基督教也认为孝道重要,但孝

---

① 汤寒锋:《"记住父母生日,体验'美国式成长'"》,《重庆晚报》2010年7月2日。
② 杨伯峻:《论语译注》,中华书局2011年版,第38页。
③ 圣经《以弗所书》第6章第1节,第1412页。

道不能取代上帝的地位。① 《箴言》中说："你要听从生你的父母，你母亲老了，也不可藐视她。"② 这里也要求子女听从父母。《圣经》中耶稣说道："你们以为我来，是叫地上太平吗？我告诉你们：不是，乃是叫人纷争。从今以后，一家五个人将要纷争：三个人和两个人相争，两个人和三个人相争；父亲和儿子相争，儿子和父亲相争；母亲和女儿相争，女儿和母亲相争；婆婆和媳妇相争，媳妇和婆婆相争。"③ 以往有学者提出这是基督教不重视孝道的表现，其实他们的理解存在误解，这段话恰恰说明基督教对孝十分重视，它正体现更高层次的孝，这里的纷争是信仰上的纷争，是指不符合上帝旨意时的纷争，这也正是《论语》中孝道注重的谏诤思想。④ 由此可见，中西方孝道文化在"顺亲谏亲"思想上也存在相通之处。

例1. 孟懿子问孝，孔子回答"无违"。⑤（《论语·为政》）

理译：Meng Yi asked what filial piety was. The Master said, "It is not being disobedient."⑥（Legge, 1893：147）

辜译：A noble of the Court in Confucius' native State asked him what constituted the duty of a good son. Confucius answered, "Do not fail in what is required of you."⑦（Ku, 1898：8）

韦译：Meng Yi asked about the treatment of parents. The Master said, "Never disobey!"⑧（Waley, 1989：88）

刘译：Meng Yi Tzu asked about being filial. The Master answered, "

---

① 李世峥：《管窥基督教孝道与中国孝道之异同》，《金陵神学志》2001年第1期，第77页。
② 圣经《箴言》第23章第22节，第794页。
③ 圣经《路加福音》第12章第51—53节，第1239页。
④ 李世峥：《管窥基督教孝道与中国孝道之异同》，《金陵神学志》2001年第1期，第77页。
⑤ 杨伯峻：《论语译注》，中华书局2011年版，第13页。
⑥ James Legge, *The Chinese Classics*, Hong Kong：Hong Kong University Press, 1893, p. 147.
⑦ Ku Hung-ming, *The Discourse and Sayings of Confucius*, Shanghai：Kelly and Walsh, Ltd., 1898, p. 8.
⑧ Arthur Waley, *The Analects of Confucius*, London：Vintage Books, 1989, p. 88.

第六章 译本比较:《论语》核心思想的英译

Never fail to comply."① (D. C. Lau,1979:63)

孔子强调尽孝在于"无违"。何谓"无违"? 该词理解甚繁。李泽厚、钱穆将其分别注释为"不要违背""不要违逆了"。杨伯峻、傅佩荣分别解释为"不要违背礼节""不要违背礼制"。通过上下文可知,孔子在《论语》中所提倡的孝道,不但要为父母提供必要的物质条件,还须遵循礼制和规范。只有无违于礼,才能真正实现孝顺之心。四位译者对"无违"的译法分别是:"It is not being disobedient"(理译),"Do not fail in what is required of you"(辜译),"Do not fail in what is required of you"(韦译),"Never fail to comply"(刘译)。上述译文都使用了双重否定来强调"顺从之意"。但从译法看,意思表达都欠完整。

例2. 事父母几谏,见志不从,又敬不违,劳而不怨。②(《论语·里仁篇》)

理译:In serving his parents, <u>a son may remonstrate with them, but gently</u>; when he sees that they do not incline to follow his advice, he shows an increased degree of reverence, but does not abandon his purpose; and should they punish him, he does not allow himself to murmur.③(Legge,1893:170)

辜译:In serving his parents <u>a son should seldom remonstrate with them</u>; but if he was obliged to do so, and should find that they will not listen, he should yet not fail in respect nor disregard their wishes; however much trouble they may give him, he should never complain. (Ku,1898:26)

韦译:In serving his father and mother <u>a man may gently remonstrate with them</u>. But if he sees that he failed to change their opinion, he should resume an attitude of deference and not thwart them; <u>may feel discouraged</u>, but

---

① D. C. Lau, *The Analects*, London: Penguin Books, 1979, p. 63.
② 杨伯峻:《论语译注》,中华书局2011年版,第38页。
③ James Legge, *The Chinese Classics*, Hong Kong: Hong Kong University Press, 1893, p. 170.

not resentful.① (Waley，1989：105)

刘译：In serving your father and mother you ought to dissuade them from doing wrong in the gentlest way. If you see your advice being ignored, you should not become disobedient but should remain reverent. You should not complain even if you are distressed.② (D. C. Lau，1979：74)

上述语句是《论语》孝道思想中"谏亲"的核心语句。该句中的"事父母几谏"，杨伯峻理解为"侍奉父母，如果他们有不对的地方，得轻微婉转地劝止"③；李泽厚释为"事奉父母，多次委婉劝告"④；钱穆释为"子女奉事父母，若父母有过当微婉而谏"⑤。三位学者的理解基本一致，即"侍奉父母时，发现他们有过错，应婉言劝止"。对此句核心词"事"的翻译，理雅各等四位译者都采用了同一个词"serving"。但对"几谏"的翻译却存在差异，前三位译者使用了"remonstrate"，该词英文解释为"to complain; express disapproval"，意思为"抱怨，抗议"，带有强烈抗议、激烈反对乃至严厉指责意味，无法表达原文"婉转规劝"的含义。相比较而言，刘殿爵的译文"dissuade them from doing wrong in the gentlest way"更能表达原文意思。辜鸿铭将"几"理解为"少""几乎不"，将"几谏"译成"should *seldom* remonstrate with them"（不应经常劝谏父母），译法存在问题，与原文意思相悖。他英译"见志不从，又敬不违，劳而不怨"时，增加了"but if he was obliged to do so"，将"劳而不怨"译成"however much trouble they may give him, he should never complain"（不管给他带来多大麻烦，他都应毫无怨言）。他认为侍奉父母，应以遵从父母意见为主，不应经常劝谏，如果父母错误太大，不得不劝谏，即使父母不听从，也应毫无怨言。这在理解上存在偏差，背离了孔子孝道中的"谏亲"思想，未能准确表达孔子孝道思想的精髓。

---

① Arthur Waley, *The Analects of Confucius*, London: Vintage Books, 1989, p. 105.
② D. C. Lau, *The Analects*, London: Penguin Books, 1979, p. 74.
③ 杨伯峻：《论语译注》，中华书局 2011 年版，第 39 页。
④ 李泽厚：《论语今读》，天津社会科学院出版社 2007 年版，第 85 页。
⑤ 钱穆：《论语新解》，生活·读书·新知三联书店 2012 年版，第 93 页。

第六章 译本比较：《论语》核心思想的英译

对于"劳而不怨",理雅各、韦利和刘殿爵分别译为"he does not allow himself to murmur" "may feel discouraged, but not resentful" "You should not complain even if you are distressed"。其译法各有千秋,但均与原文存在一定的出入。孔子认为,子女应该孝敬父母,却不能毫无原则地顺从父母,父母有错时,子女应及时指出并加以劝阻；同时,劝谏父母时,应该讲究策略和技巧,委婉礼貌。结合上述分析,该句可译为: In serving his parents, a son should dissuade them from doing wrong mildly; when finding that his reasonable advices are not accepted by them, he should still love and respect them. He should resume an attitude of deference without complaint.

例3. 其为人也 孝弟, 而好 犯上 者, 鲜 矣; 不好犯上, 而好 作乱 者, 未之有也。①（《论语·学而篇》）

理译: They are few who, being filial and fraternal, are fond of offending against their superiors. There have been none, who, not liking to offend against their superiors, have been fond of stirring up confusion.② (Legge, 1893: 138)

辜译: A man who is a good son and a good citizen will seldom be found to be a man disposed to quarrel with those in authority over him; and men who are not disposed to quarrel with those in authority will never be found to disturb the peace and order of the State.③ (Ku, 1898: 1)

韦译: Those who in private life behave well towards their parents and elder brothers, in public life seldom show a disposition to resist the authority of their superiors. And as for such men starting a revolution, no instance of it has ever occurred.④ (Waley, 1989: 83)

---

① 杨伯峻:《论语译注》,中华书局2011年版,第2页。
② James Legge, *The Chinese Classics*, Hong Kong: Hong Kong University Press, 1893, p. 138.
③ Ku Hung-ming, *The Discourse and Sayings of Confucius*, Shanghai: Kelly and Walsh, Ltd., 1898, p. 1.
④ Arthur Waley, *The Analects of Confucius*, London: Vintage Books, 1989, p. 83.

刘译：It is rare for a man whose character is such that he is <u>good as a son and obedient as a young man</u> to have the inclination to <u>transgress against his superiors</u>; it is unheard of for one who has no such inclination to be inclined to start a rebellion.[①]（D. C. Lau，1979：59）

"孝"本义是指善事父母，"弟"是指敬爱兄长，属家庭私德范畴。在本句中，孔子将其推而广之，提出孝悌者不好犯上，亦必不好作乱，孝悌从而成为社会公德。[②] 对于本句翻译，主要差别在于对"孝弟"这一儒家核心概念的处理上。辜鸿铭将"孝弟"译成："a good son and a good citizen"（好儿子、好公民）；刘殿爵译成"is good as a son and obedient as a young man is"。他们的译法通俗易懂，但显得内涵过宽、过泛，和原词含义存在差异。理雅各译成"filial and fraternal"，译法简洁且比较准确。韦利译成"in private life behave well towards their parents and elder brothers"，译文接近杨伯峻中文译注，原文意思表达清楚，但结构偏长。对于"犯上"的翻译也有差异，理雅各译为"offending against their superiors"，辜鸿铭译为"quarrel with those in authority over him"，韦利译为"resist the authority of their superiors"，刘殿爵译为"transgress against his superiors"。根据《新牛津英汉双解大词典》，"offend""quarrel""resist""transgress"的英文解释分别为：

（1）offend：cause to feel upset, annoyed, or resentful, etc.（冒犯，得罪）；

（2）quarrel：have an angry argument or disagreement, etc.（争吵，吵架、失和等）；

（3）resist：withstand the action or effect of; struggle against someone or something（抵抗，抵御；反抗，挣扎等）；

（4）transgress：infringe or go beyond the bounds of a moral principle or other established standard of behavior.（违反，违背 [道德规范，行为准

---

① D. C. Lau, *The Analects*, London: Penguin Books, 1979, p.59.
② 马新：《论语解读》，泰山出版社2000年版，第2页。

第六章 译本比较:《论语》核心思想的英译

则]等)。①

从上述解释可知,理雅各的译文与原文最为接近。对于"作乱"一词,他们分别译成"stirring up confusion"(理译),"disturb the peace and order of the State"(辜译),"start a rebellion"(刘译),"starting a revolution"(韦译)。相比之下,前三种译法更佳,韦利使用"revolution"一词欠妥,因为该词的中文意思为"革命运动",既可指正义战争,也可指非正义战争;而原文的"作乱"一词为贬义词,其意义更接近"rebellion"和"disturb the peace and order of the State"。这可能由于译者的身份不同而造成的,韦利、理雅各是地道的英国人,而辜鸿铭、刘殿爵为中国人,对原文"作乱"所含的贬义更为清楚,因此,他们选择了含贬义的英文词语来表达。从句式结构来看,辜鸿铭、韦利分别采用了"A man who"和"Those who"的后置定语从句结构,刘殿爵运用了"It is+形容词"的强调结构,理雅各则使用了"They are few who"的句子结构等。

3. 祭亲念亲。"祭亲"是祭奠父母,即父母去世后,子女还要适时地祭奠父母。《礼记·祭统》规定了孝子侍奉父母的三个原则,即"生则养,没则丧,丧毕则祭。养则观其顺也,丧则观其哀也,祭则观其敬而时也。尽此三道者,孝子之行也"②。在《论语》中,孔子多次谈到祭亲和葬亲,认为埋葬和祭祀都是对父母的尊重,礼节不能缺失,表情应庄重严肃,注重情感。他主张父母在世时,要"事之以礼",父母逝世后须"葬之以礼,祭之以礼"。同时,孔子提出祭丧活动不仅应重视内容,还须注重形式与情感。"祭如在,祭神如神在"③(《论语·八佾篇》),"虽疏食菜羹,必祭,必齐如也"④(《论语·乡党篇》)等。

---

① [英] Judy Pearsall 等编:《新牛津英汉双解大词典》,上海外语教育出版社 2013 年版,第 2323 页。
② 杨天宇:《礼记译注》,上海古籍出版社 2004 年版,第 632 页。
③ 杨伯峻:《论语译注》,中华书局 2011 年版,第 27 页。
④ 杨伯峻:《论语译注》,中华书局 2011 年版,第 103 页。

例 1. 生，事之以礼；死，葬之以礼，祭之以礼。①（《论语·为政篇》）

理译：That parents, when alive, should be served according to propriety; that, when dead, they should be buried according to propriety; and that they should be sacrificed to according to propriety.②（Legge, 1893：147）

辜译：When his parents are living, a good son should do his duties to them according to the usage prescribed by propriety; when they are dead, he should bury them and honour their memory according to the rites prescribed by propriety.③（Ku, 1898：8）

韦译：While they are alive, serve them according to ritual. When they die, bury them according to ritual and sacrifice to them according to ritual.④（Waley, 1989：89）

刘译：When your parents are alive, comply with the rites in serving them; when they die, comply with the rites in burying them and in sacrificing to them.⑤（D. C. Lau, 1979：63）

"孝"是儒家道德思想的基础和根本。在西方道德观念里，"孝"也是十分重要的伦理道德。《圣经》中多次出现了"Honor your father and mother""Do not despise your mother""Listen to your father"等表述，强调要"尊重父母，听从父母的教诲"。但中西方在"孝"的内涵和实践上存在差别，其中最突出的差异之一在于对已逝父母的态度，即祭祖以及丧葬礼俗存在不同。中国孝道十分注重祭祖，而西方孝道没有这一形式。例 1 的章句表达了父母去世后，子女所应遵循的祭葬礼仪。其意为：父母在世时，子女应依照规矩或礼节侍奉他们；父母去世后，子女

---

① 杨伯峻：《论语译注》，中华书局 2011 年版，第 13 页。
② James Legge, *The Chinese Classics*, Hong Kong：Hong Kong University Press, 1893, p. 147.
③ Ku Hung-ming, *The Discourse and Sayings of Confucius*, Shanghai：Kelly and Walsh, Ltd., 1898, p. 8.
④ Arthur Waley, *The Analects of Confucius*, London：Vintage Books, 1989, p. 89.
⑤ D. C. Lau, *The Analects*, London：Penguin Books, 1979, p. 63.

第六章 译本比较:《论语》核心思想的英译

应依照规矩和礼节去埋葬他们。其核心词有四个,分别为"礼""事""葬"和"祭"。"礼"是《论语》道德思想体系的核心词汇之一,与孝道思想联系密切。"礼"的翻译,前章已重点阐释,此处不再赘述。"事""葬""祭"在英语中能找到对应词"serve""bury"和"sacrifice",四位译者译法基本相同,译文大体相近,但在句式结构的处理上存在稍许差异。理雅各忠实于原文,无论是内容还是形式,基本与原文一致,且使用了被动语态,主语是"parents";辜鸿铭译文比较灵活,没有按原文格式,而用"a good son"作为主语,其译文表达更加贴近西方人的习惯;韦利和刘殿爵的译文句式结构基本相同,都采用了祈使句结构。

例2. 祭如在,祭神如神在。①(《论语·八佾篇》)

理译:He sacrificed to the dead, as if they were present. He sacrificed to the spirits as if the spirits were present.②(Legge,1893:159)

辜译:Confucius worshipped the dead as if he actually felt the presence of the departed ones. He worshipped the Spiritual Powers as if he actually felt the presence of the Powers.③(Ku,1898:17-18)

韦译:Of the saying, "The word 'sacrifice' is like the word 'present'; one should sacrifice to a spirit as though spirit was present."④(Waley,1989:97)

刘译:"Sacrifice as if present" is taken to mean "sacrifice to the gods as if the gods were present".⑤(D. C. Lau,1979:69)

祭祀是追念父母和祖先的最基本形式,也是中国传统孝道的重要内容。王充的《论衡》曰:"凡祭祀之意有,一曰报功,二曰修先。报功

---

① 杨伯峻:《论语译注》,中华书局2011年版,第27页。
② James Legge, *The Chinese Classics*, Hong Kong: Hong Kong University Press, 1893, p.159.
③ Ku Hungming, *The Discourse and Sayings of Confucius*, Shanghai: Kelly and Walsh, Ltd., 1898, pp.17-18.
④ Arthur Waley, *The Analects of Confucius*, London: Vintage Books, 1989, p.97.
⑤ D. C. Lau, *The Analects*, London: Penguin Books, 1979, p.69.

以勉力，修先乃蒙恩也。"① 孔子认为祭祀父母，关键在于"崇敬"和"守时"。"祭如在，祭神如神在"的核心思想是以崇敬的态度追念父母。也就是说，"孝"不仅体现在生前对父母的尊敬与爱戴，逝世后也应按规定礼节祭祀他们，从情感上表达对他们的虔诚追念。

　　本句的关键词为"祭""神"。"祭"，即"祭祀"，《现代汉语词典》的解释为"备供品向神佛或祖先行礼，表示崇敬并求保佑"，其英文解释为"offer sacrifices to gods or ancestors in reverence and for blessing"。② 四位译者分别将"祭"英译为"sacrifice""worship"。在《新牛津英汉双解大词典》中"sacrifice"的英文解释为"to slaughter an animal or a person or surrender a possession as an offering to God or to a divine or supernatural figure"③，其中文意思为"献祭、供奉"，带有宗教意味，主要是指对上帝、神以及超自然的人物。而"worship"的解释为"to show reverence and admiration for (a deity); honour with religious rites."④ 其意为"敬奉；信仰"，表示对神或上帝的崇拜与信仰。由此可见，辜鸿铭采用"worship"更能表达原文的思想内涵。

　　"神"的含义十分宽泛。在中国传统文化中，神就是宇宙万物正常运行的法则。《说文解字》曰："神，天神引出万物者也。"⑤ 这里指神为造就万物之主，天地万物之主宰。《现代汉语词典》对"神"的解释为：天地万物的创造者和统治者；神话传说中的人物，有超人的能力；特别高超或出奇，令人惊异的；精神，精力；神气等。⑥ 本句中的"神"应为第一种含义，即天地万物的创造者和统治者。"神"在英语中无法找到完全的对应词，理雅各等四位译者根据自己的理解，分别译

---

① 王充：《论衡》，上海古籍出版社1990年版，第247页。
② 中国社会科学院语言研究所词典编辑室：《现代汉语词典》，外语教学与研究出版社2002年版，第921页。
③ [英]Judy Pearsall等编：《新牛津英汉双解大词典》，上海外语教育出版社2013年版，第1931页。
④ [英]Judy Pearsall等编：《新牛津英汉双解大词典》，上海外语教育出版社2013年版，第2515页。
⑤ (汉)许慎：《说文解字》，汤可敬译注，中华书局2018年版，第13页。
⑥ 中国社会科学院语言研究所词典编辑室：《现代汉语词典》，外语教学与研究出版社2002年版，第1705页。

第六章 译本比较:《论语》核心思想的英译

成"spirits"(理译)、"the Spiritual Powers"(辜译)、"spirit"(韦译)和"the gods"(刘译)。在《论语》其他各章中,对于"神"的英译更是五花八门,名目繁多,如《雍也第六》中的"敬鬼神而远之",《泰伯第八》中的"致孝乎鬼神",《先进第十一》中的"季路问事鬼神",其译文包括:"spirit beings""spirit""spirit of the dead""the Spiritual Powers""the spirits of dead men""the Spirits""spirits and divinities""ghosts and spirits""the gods""ancestral spirits and gods"等(见表6-4和表6-5)。中西方宗教中都会提到鬼神,但基督教、佛教与道教的教义差异明显。基督教的至高神为"God"(上帝)。除刘殿爵外,其他三位译者都没有用"God"一词来翻译,而用了《圣经》中出现的"spirit"(神灵)。当然,《论语》的其他译者,如马歇曼、柯大卫等也采用了不同译法。马歇曼将"神"译成了"deity"("deity"在基督教中指造物主、上帝),而柯大卫直接将"神"译成了"Gods"。不管采用何种译法,这些译者采用的策略基本相同,即用西方读者熟悉的基督教或《圣经》中词语来进行翻译,以便西方读者更好地理解和把握原文意思。

表6-4 理雅各、辜鸿铭、韦利与刘殿爵译本中"神"的译法(一)

译者	1. 祭神如神在	2. 敬鬼神而远之
理雅各	He sacrificed to the spirits as if the spirits were present.	while respecting spiritual beings, to keep aloof from them
辜鸿铭	He worshipped the Spiritual Powers as if he actually felt the presence of the Powers.	to hold in awe and fear the Spiritual Powers of the Universe, while keeping aloof from irreverent familiarity with them
韦利	one should sacrifice to a spirit as though spirit was present	who by respect for the Spirits keeps them at a distance
刘殿爵	sacrifice tothe gods as if the gods were present	to keep one's distance from the gods and spirits of the dead while showing them reverence

表6-5　理雅各、辜鸿铭、韦利与刘殿爵译本中"神"的译法（二）

译者	3. 致孝乎鬼神	4. 季路问事鬼神
理雅各	display the utmost filial piety towards the spirits.	Ji Lu asked about serving the spirits of the dead.
辜鸿铭	lavish in what he offered in sacrifice.	A disciple (the intrepid Chung Yu) enquired how one should behave towards the spirits of dead men.
韦利	display the utmost devotion in his offerings to spirits and divinities.	Zilu asked how one should serve ghosts and spirits.
刘殿爵	making offerings to ancestral spirits and gods with the utmost devotion proper to a descendant.	Ji-lu asked how the spirits of the dead and the gods should be served.

例3. 慎终，追远，民德归厚矣。①（《论语·学而篇》）

理译：Let there be a careful attention to perform the funeral rites to parents, and let them be followed when long gone with the ceremonies of sacrifice; then the virtue of the people will resume its proper excellence.②（Legge，1893：141）

辜译：By cultivating respect for the dead, and carrying the memory back to the distant past, the moral feeling of the people will waken and grow in depth.③（Ku，1898：3）

韦译：When proper respect towards the dead is shown at the End and continued after they are far away the *moral force*（de，德）*of a people* has reached its highest point.④（Waley，1989：85）

刘译：Conduct the funeral of your parents with meticulous care and let not sacrifices to your remote ancestors be forgotten, and the virtue of the com-

---

① 杨伯峻：《论语译注》，中华书局2011年版，第6页。
② James Legge, *The Chinese Classics*, Hong Kong: Hong Kong University Press, 1893, p. 141.
③ Ku Hung-ming, *The Discourse and Sayings of Confucius*, Shanghai: Kelly and Walsh, Ltd., 1898, p. 3.
④ Arthur Waley, *The Analects of Confucius*, London: Vintage Books, 1989, p. 85.

第六章 译本比较:《论语》核心思想的英译

mon people will incline towards fullness. ① （D. C. Lau，1979：60）

西汉儒学家孔安国注曰："慎终者，丧尽其哀；追远者，祭尽其敬。君能行此二者，民化其德，皆归于厚也。"② 南宋朱熹《论语集注》注曰："慎终者，丧尽其礼；追远者，祭尽其诚。民德归厚，谓下民化之，其德亦归于厚。"③ 从两者注解可知，朱熹和孔安国对本句的理解基本相同，只是将个别词进行了调整，如将"哀"换成"礼"，将"敬"换成"诚"，后者注释时继承了前者。杨伯峻用白话文将其译注为："谨慎地对待父母的死亡，追念远代祖先，自然会导致老百姓归于忠厚老实了。"④ 其注释直译出"慎""追"二字，但句意也基本沿袭了孔安国的注解。钱穆的《论语新解》注解为："对死亡者的送终之礼能谨慎，对死亡已久者能不断追思，这样能使社会风俗道德日趋于笃厚。"⑤ 李泽厚的《论语今读》将其解释为"认真办理父母亲丧事，追怀、祭祀历代祖先，老百姓的品德就会忠实厚重"⑥。以上述举，可作一斑之窥，古今对该句的解释基本相同，其意为：谨慎地举办父母葬礼，表达对他们的尊敬与怀念；定期举行祭祀追怀自己的祖先，民风就会趋于笃厚。该句提醒人们要经常饮水思源，对父母等长辈心存感恩。

对于"慎终"的英译，理雅各译成"Let there be a careful attention to perform the funeral rites to parents"，刘殿爵译成"Conduct the funeral of your parents with meticulous care"，用词存在不同，但理解和译文表达方式基本相同。辜鸿铭译为"cultivating respect for the dead"，韦利译成"When proper respect towards the dead is shown at the End"，译文相对而言，比较简洁，都用了"respect"，凸显出孔子《论语》孝道的核心思想"尊敬"。对于"追远"的翻译，辜鸿铭译为"carrying the memory back to the distant past"（追忆遥远的过去），并引用《圣经》赞美诗

---

① D. C. Lau, *The Analects*, London: Penguin Books, 1979, p. 60.
② （宋）邢昺:《论语注疏》，中华书局1962年版，第4页。
③ （宋）朱熹:《四书集注：论语集注》，辽宁教育出版社1998年版，第7页。
④ 杨伯峻:《论语译注》，中华书局2011年版，第6页。
⑤ 钱穆:《论语新解》，生活·读书·新知三联书店2012年版，第12页。
⑥ 李泽厚:《论语今读》，天津社会科学出版社2007年版，第29页。

"Cogitavi diesantiques et annos aeternos in mente habui-Psalmlxxvil,5"作脚注。译文用词简短易懂，容易引起西方读者共鸣，但译文与原文相去甚远。相对而言，刘殿爵的译文 "let not sacrifices to your remote ancestors be forgotten" 跟原文意思最为接近。对于"民德归厚"的翻译，四位译者译法存在极大差异，理雅各将其译成 "the virtue of the people will resume its proper excellence"，辜鸿铭译成 "the moral feeling of the people will waken and grow in depth"，韦利译成 "the moral force (*de*，德) of a people has reached its highest point"，刘殿爵译成 "the virtue of the common people will incline towards fullness" 等。对于"德"的翻译，主要使用了 "virtue" 和 "moral" 二词，它们的用法和区别已在上章阐述。另一关键词"归"，理雅各将其译为 "resume"，某些学者视其为典型误译之一。其实就当时的历史背景而言，孔子生活在一个礼崩乐坏、世风日下的时代。其弟子曾子此言的目的在于恢复西周时的纯厚民德，即"克己复礼"，因此，理雅各使用 "resume" 一词其实比较恰当。当然，辜鸿铭的 "waken and grow in depth" 也堪称佳译。

例4. 父在，观其志；父没，观其行；三年无改于父之道，可谓孝矣。①（《论语·学而篇》）

理译：While a man's father is alive, look at the bent of his will. When his father is dead, look at his conduct. If for three years he does not alter from the way of his father, he may be called filial.②（Legge，1893：142）

辜译：When a man's father is living, the son should have regard to what his father would have him do; when the father is dead, to what his father has done. A son who for three years after his father's death does not in his own life change his father's principles, may be said to be a good son.③（Ku，1898：4）

---

① 杨伯峻：《论语译注》，中华书局2011年版，第7页。
② James Legge, *The Chinese Classics*, Hong Kong: Hong Kong University Press, 1893, p.142.
③ Ku Hung-ming, *The Discourse and Sayings of Confucius*, Shanghai: Kelly and Walsh, Ltd., 1898, p.4.

第六章 译本比较:《论语》核心思想的英译

韦译: While a man's father is alive, you can only see his intentions; it is when his father dies that you discover whether or not he is capable of carrying them out. If for the whole three years of mourning he manages to carry on the household exactly as in his father's day, then he is a good son indeed.① (Waley, 1989: 86)

刘译: Observe what a man has in mind to do when his father is living, and then observe what he does when his father is dead. If, for three years, he makes no changes to his father's ways, he can be said to be a good son.② (D. C. Lau, 1979: 60-64)

该句由"父在,观其志;父没,观其行"以及"三年无改于父之道,可谓孝矣"两个分句构成。前一分句朱熹在《论语集注》中解释为"父在,子不得自专,而志则可知。父没,然后其行可见"③。钱穆注解为"父亲在,做儿子的只看他的志向。父死了,该看他的行为"④。杨伯峻在《论语译注》中解释为"当他父亲活着,要观察他的志向;他父亲死了,要考察他的行为"⑤。

由上述三个注解可看出,该句翻译的难点在于对"其""志""行"等关键词的理解。对于"其"究竟指代什么?它是指代"父亲",还是指代"儿子"?存在争议。笔者认为,从上述注释可以推断出,"其"是指代"儿子"。"志"具有多种意思,包括:"志向""意志""志气"等。钱穆和杨伯峻都理解为"志向",南怀瑾认为古人文字"志"为"意志"之意,包括思想、态度。四位译者将"观其志"分别译成"look at the bent of his will"(理译),"the son should have regard to what his father would have him do"(辜译),"you can only see his intentions"(韦译),"observe what a man has in mind to do"(刘译),理雅各和韦利采用的是直译法,辜鸿铭和刘殿爵则采用了意译法。

---

① Arthur Waley, *The Analects of Confucius*, London: Vintage Books, 1989, p. 86.
② D. C. Lau, *The Analects*, London: Penguin Books, 1979, pp. 60-64.
③ (宋)朱熹:《四书集注(上)》,金良年今译,上海古籍出版社2006年版,第63页。
④ 钱穆:《论语新解》,生活·读书·新知三联书店2012年版,第15页。
⑤ 杨伯峻:《论语译注》,中华书局2011年版,第7页。

"三年无改于父之道",其核心词是"道"。四位译者分别译成"way""principles""ways""household"。由于译者的社会背景、个人经历不同,对"道"的理解也会有所差别。在不同的译本中,"道"被译为"Tao""Way""Path""Truth""Logo""Road"等,体现了翻译的多元化及译者对"道"这个概念的不同理解。"孝"除理雅各译成"be filial"外,其他译者都译成了"a good son",本章句强调的是"子承父之道",译成"a good son"与本句语境相符合。

4. 荣亲护亲。《孝经》曰:"身体发肤,受之父母。不敢毁伤,孝之始也。"① 孝敬父母应从关爱自己身体开始。孔子多次要求子女重视身体和生命。孟武伯问孝,子曰:"父母唯其疾之忧。"②(《论语·为政篇》)《礼记·祭义》曰:"父母全而生之;子全而归之;可谓孝矣;不亏其体;不辱其亲;可谓全矣。"③ 尽孝就是要子女爱护自身,并谋求自身的充分发展。曾子临终前,谆谆教导其弟子,要"战战兢兢,如临深渊,如履薄冰"④(《论语·泰伯篇》)。

例1. 父母唯其疾之忧。⑤(《论语·为政篇》)

理译:Parents are only anxious lest their children should be sick.⑥ (Legge, 1893: 148)

辜译:Think how anxious your parents are when you are sick, and you will know your duty towards them.⑦ (Ku, 1898: 8)

韦译:Behave in such a way that your father and mother have no anxiety about you, except concerning your health.⑧ (Waley, 1989: 89)

---

① 胡平生:《孝经译注》,中华书局2011年版,第49页。
② 杨伯峻:《论语译注》,中华书局2011年版,第14页。
③ 杨天宇:《礼记译注》,上海古籍出版社2004年版,第624页。
④ 杨伯峻:《论语译注》,中华书局2011年版,第78页。
⑤ 杨伯峻:《论语译注》,中华书局2011年版,第14页。
⑥ James Legge, *The Chinese Classics*, Hong Kong: Hong Kong University Press, 1893, p. 148.
⑦ Ku Hung-ming, *The Discourse and Sayings of Confucius*, Shanghai: Kelly and Walsh, Ltd., 1898, p. 8
⑧ Arthur Waley, *The Analects of Confucius*, London: Vintage Books, 1989, p. 89.

第六章 译本比较：《论语》核心思想的英译

刘译：Give your father and mother no cause for anxiety other than illness.① (D. C. Lau, 1979: 64)

"唯其疾之忧"历来存在两种解释：一是"其"指代"父母"，为人子者担忧父母的疾病。如王充在《论衡·问孔》中云："武伯善忧父母，故曰唯其疾之忧。"②《淮南子·说林训》言："忧父母之疾者子，治之者医。"③ 二是"其"指代"子女"，父母为子女的疾病担忧。如《皇疏》中曰："言人子常敬慎自居，不为非法，横使父母忧也。若己身有疾，唯此一条非人所及，可测尊者忧耳。"④ 朱熹的《四书集注》曰："言父母爱子之心，无所不至，惟恐其有疾病，常以为忧也。"⑤ 杨伯峻、李泽厚和钱穆等的注释，都将"其"理解为"子女"。笔者赞同第二种解释，"其"指代"子女"，意为"让父母只为子女的疾病担忧"，这就要求子女照顾好自己，注意自身安全与健康，不让父母担忧。

从上述理雅各的译文可知，他采用朱熹的注释，将"其"理解为"子女"。对于"惟恐其有疾病"，他采用直译法，译成"...lest their children should be sick"（唯恐子女生病）。辜鸿铭译法比较灵活，译成"Think how anxious your parents are when you are sick,..."其意为：想一下你生病时父母着急的情形，就会明白怎样履行对父母的行孝责任。其理解与明代王樵在《四书绍闻编》中的解释"知父母爱子之心，则知人子事亲之道"相同。⑥ 韦利和刘殿爵的译文所表达的意思基本相同，都是要求子女行为表现要好，不要让父母担忧，其译法都表达了原文的意思。相比而言，刘殿爵译文更为简洁。上述译法中，笔者认为辜鸿铭的译文更能表达孝道思想的精髓。

---

① D. C. Lau, *The Analects*, London: Penguin Books, 1979, p. 64.
② 王充：《论衡》，上海古籍出版社1990年版，第89页。
③ 牟爱鹏：《大中华文库〈淮南子〉(III)》，翟江月今译，广西师范大学出版社2010年版，第1276页。
④ （清）程树德：《论语集释（上）》，中华书局2013年版，第97页。
⑤ （宋）朱熹：《四书集注（上）》，金良年今译，上海古籍出版社2006年版，第69页。
⑥ （清）程树德：《论语集释（上）》，中华书局2013年版，第98页。

例 2. 父母在，不远游。游必有方。①（《论语·里仁篇》）

理译：While his parents are alive, the son may not go abroad to a distance. If he does go abroad, he must have a fixed place to which he goes.②（Legge，1893：171）

辜译：While his parents are living, a son should not go far abroad; if he does, he should let them know where he goes.③（Ku，1898：27）

韦译：While father and mother are alive, a good son does not wander far afield; or if he does so, goes only where he has said he was going.④（Waley，1989：105-106）

刘译：While your parents are alive, you should not travel too far afield. If you do travel, your whereabouts should always be known.⑤（D. C. Lau，1979：74）

本句是儒家孝道的经典语句。"父母在，不远游"在中国家喻户晓，很容易理解。然而，对"游必有方"的理解，至今仍存在争议。目前主要有四种解释：其一为"如果要出远门，必须有一定的去处"。此说以杨伯峻、钱穆的观点为代表。其二为"（儿子）一定要出远门，必定有正当理由，行为合乎礼法规范"。其三为"远游必须有明确的方向"。李泽厚持此观点。其四为"子女远游要有个安顿的方法"。此观点以南怀瑾为代表。上述理解都不太准确，"方"在此处应理解为事业，既然出门远游，就应该作出一番事业来，光宗耀祖，才能衣锦还乡。

本句英译难点为关键词"游"和"方"。四位译者将"远游"分别译为"go abroad to a distance""go far abroad""wander far afield""travel too far afield"。"游"分别用了"go""wander""travel"。《韦氏

---

① 杨伯峻：《论语译注》，中华书局 2011 年版，第 39 页。
② James Legge, *The Chinese Classics*, Hong Kong: Hong Kong University Press, 1893, p. 171.
③ Ku Hung-ming, *The Discourse and Sayings of Confucius*, Shanghai: Kelly and Walsh, Ltd., 1898, p. 27.
④ Arthur Waley, *The Analects of Confucius*, London: Vintage Books, 1989, pp. 105-106.
⑤ D. C. Lau, *The Analects*, London: Penguin Books, 1979, p. 74.

词典》对"wander"一词的解释为"to move about aimlessly or without a fixed course or goal"①（漫游，漫步，闲逛），用在此处不合适。他们对"方"理解都是"去的地方"，理雅各译成"a fixed place to which he goes"，辜鸿铭译成"where he goes"，韦利译成"where he was going"，刘殿爵译成"whereabouts"，均表达出了原文意思。然而，各译者的译文用词和结构存在明显差异，辜鸿铭译文灵活，用词最简单，他没逐字逐句死译，而是根据西方受众思维模式与接受心理，对原文进行了合理重排与增删。综合他们的译法以及对于"方"的不同理解，可将该句译为：While your parents are alive, you should not travel to distant places. If you do, you should have a great career.

二 "仁爱"思想之英译

"仁爱"是儒家道德文化的核心理念，是中国传统文化的精髓，也是当今人类社会最重要的德性。孔子在《论语》中明确提出了"仁者爱人"的道德规范。他所倡导的"仁爱"，是基于血缘亲情的一种有差等的爱，有亲疏远近之别，可分亲亲、爱人以及爱物三个层次。在当今多元、多样、多变的时代背景下，有必要挖掘《论语》中"仁爱"的核心思想内涵并进行英译与传播。

1. 亲亲之爱。亲亲是《论语》中"仁爱"的起点，是爱人的基础与前提。亲亲是指亲近与自己有血缘亲情的人（即孝顺父母、敬爱兄长）。基于血缘亲情的爱，最初体现在孝道。要对外传播"仁爱"思想，应理解和把握"亲亲"之爱的思想内涵，选择合适的策略和方法进行英译。

例1. **孝弟** 也者，其为 **仁** 之本与！②（《论语·学而篇》）

理译：Filial piety and fraternal submission ! -are they not the root of all benevolent actions ?③（Legge，1893：139）

---

① *The Merriam-Webster Dictionary*, Merriam-Webster, Incorporated, 2015, p.187.
② 杨伯峻：《论语译注》，中华书局2011年版，第2页。
③ James Legge, *The Chinese Classics*, Hong Kong: Hong Kong University Press, 1893, p.139.

辜译：Now, to be a good son and a good citizen -do not these form the foundation of a moral life?"① (Ku, 1898: 2)

韦译：And surely proper behaviour towards parents and elder brothers is the trunk of Goodness?② (Waley, 1989: 83)

刘译：Being good as a son and obedient as a young man is, perhaps, the root of a man's character.③ (D. C. Lau, 1979: 59)

本句英译核心关键词包括："孝"、"仁"、"弟（通'悌'）"和"本"。"孝"是中国文化中最富特色的一个词。通过上章文化核心词英译阐述已知，"孝"的译法丰富多样。本句理雅各用"filial piety"一词表达，其意为"子女对父母的顺从和尊敬"（a son or daughter's obedience to and respect for parents），韦利用"proper behavior towards parents"，把"孝"理解为对父母的恰当行为，辜鸿铭、刘殿爵分别译成"be a good son"和"being good as a son"，将其理解为做一个好儿子。相比较而言，理雅各的译法更能表达"孝"的文化内涵及核心思想，其他几种译法内涵太过宽泛。

对于"弟"的理解和英译，也极为关键。"弟"在《论语》中共出现了11次。其中与本句"弟"含义相同的语句有："其为人也孝弟，而好犯上者"与"弟子，入则孝，出则弟"等（译法见表6-6）。通过相关章句分析，译法各不相同，差别较大。理雅各分别译成"fraternal submission""fraternal""respectful to the elders"，辜鸿铭译法比较统一，全译成"a good citizen"，韦利译成"behave well to his elders"，刘殿爵则译为"be obedient as a young man"。韦利和理雅各的译文措辞不同，但意义相近，更接近杨伯峻的中文译注"敬爱兄长"。辜鸿铭和刘殿爵的译法"to be a good citizen""being obedient as a young man"，其意义扩大至普遍的社会关系，即要求人们做社会的"好公民"，延伸了原文的含义，理解过于宽泛，与《论语》原著含义存在差异。

---

① Ku Hung-ming, *The Discourse and Sayings of Confucius*, Shanghai: Kelly and Walsh, Ltd., 1898, p. 2.
② Arthur Waley, *The Analects of Confucius*, London: Vintage Books, 1989, p. 83.
③ D. C. Lau, *The Analects*, London: Penguin Books, 1979, p. 59.

第六章　译本比较：《论语》核心思想的英译

表6-6　理雅各、辜鸿铭、韦利与刘殿爵译本中"弟"的译法

译者	其为人也孝 弟，而好犯上者，鲜矣	弟子入则孝，出则 弟
理雅各	They are few who, being filial and fraternal, are fond of offending against their superiors.	A youth, when at home, should be filial, and, abroad, respectful to the elders.
辜鸿铭	A man who is a good son and a good citizen will seldom be found to be a man disposed to quarrel with those in authority over him.	A young man, when at home, should be a good son; when out in the world, a good citizen.
韦利	Those who in private life behave well towards their parents and elder brothers, in public life seldom show a disposition to resist the authority of their superiors.	A young man's duty is to behave well to his parents at home and to his elders abroad.
刘殿爵	It is rare for a man whose character is such that he is good as a son and obedient as a young man to have the inclination to transgress against his superiors.	A young man should be a good son at home and an obedient young man abroad.

"仁"的英译在前面已经详细阐释，这里不再赘述。对于"本"的含义，有古代学者将其解释为"根"（如朱熹）或"基"（如何晏）。而"本"的英译，分别使用了英文单词"root"（根，根源），"trunk"（躯干）和"foundation"（基础）等，其译法都表达了原文的意思。从整句而言，理雅各以直译为主，其他三位译者译法相对比较灵活，以意译为主。

例2. 孝乎惟 孝，友于兄弟，施于有政。①（《论语·为政篇》）

理译：You are filial, you discharge your brotherly duties. These qualities are displayed in government.②（Legge，1893：153）

辜译：Be dutiful to your parents；be brotherly to your brothers；discharge your duties in the government of your family.③（Ku，1898：12）

---

① 杨伯峻：《论语译注》，中华书局2011年版，第20页。
② James Legge, *The Chinese Classics*, Hong Kong：Hong Kong University Press, 1893, p. 153.
③ Ku Hung-ming, *The Discourse and Sayings of Confucius*, Shanghai：Kelly and Walsh, Ltd., 1898, p. 12.

韦译：Be filial, only be filial and friendly towards your brothers, and you will be contributing to government.① （Waley，1989：93）

刘译：Oh! Simply by being a good son and friendly to his brothers a man can exert an influence upon government.② （D. C. Lau，1979：66）

本句是《论语》亲亲之爱思想的进一步延伸，由父母之爱拓展至兄弟之爱，再延伸至政治生活。杨伯峻注释为"孝呀，只孝顺父母，友爱兄弟，把这种风气影响到政治上去"。③李泽厚则解释为"孝呀，只有孝！又能友爱兄弟，就会作用于政治"。④表示"孝"的内涵由家庭延伸至社会政治关系。对于"孝"的翻译，译法与前面译法略有不同，四位译者分别译成"be filial"（理译和韦译），"be dutiful to your parents"（辜译），"be a good son"（刘译）。"友于兄弟"的译文分别为"you discharge your brotherly duties"（理译），"be brotherly to your brothers"（辜译），"be friendly towards your brothers"（韦译），"be friendly to his brothers"（刘译）。除理雅各译法不同之外，其他三位译者译法基本相同，都译成"对兄弟友爱"。对于"施于有政"，他们分别译为"be displayed in government"（理译），"discharge your duties in the government of your family"（辜译），"be contributing to government"（韦译），"exert an influence upon government"（刘译）等。相对而言，辜鸿铭译法较为独特，将"孝"的政治功能首先限定在家庭范围内。

2. 人类（际）之爱。《论语》中的"仁爱"并未停留在亲情之爱，而是从亲情"孝悌"出发，由爱亲人，推及他人，将爱之范围逐渐延伸，由亲亲之爱升华至人类之爱。例如：

例1. 泛爱众，而亲仁。⑤（《论语·学而篇》）

理译：He should overflow in love to all, and cultivate the friendship of

---

① Arthur Waley, *The Analects of Confucius*, London: Vintage Books, 1989, p.93.
② D. C. Lau, *The Analects*, London: Penguin Books, 1979, p.66.
③ 杨伯峻：《论语译注》，中华书局2011年版，第20页。
④ 李泽厚：《论语今读》，天津社会科学院出版社2007年版，第52页。
⑤ 杨伯峻：《论语译注》，中华书局2011年版，第4页。

第六章 译本比较:《论语》核心思想的英译

the good.① (Legge, 1893: 140)

辜译: He should be in sympathy with all men, but intimate with men of moral character.② (Ku, 1898: 2)

韦译: A young man have kindly feelings towards everyone, but seek the intimacy of the Good.③ (Waley, 1989: 84)

刘译: A young man should love the multitude at large but cultivate the friendship of his fellow men.④ (D. C. Lau, 1979: 59)

本句取自《论语·学而篇》中的"弟子入则孝,出则弟,谨而信,泛爱众,而亲仁"⑤。其意表达孔子提倡的"仁爱"从"笃亲"开始,延伸至"泛爱众""博施于众",乃至于"四海之内,皆兄弟也"。也就是说,孔子把亲情之爱加以推广,延伸至爱一切人,将亲情之爱转化为人与人相处的一般关系准则。在世界各种文化中,"爱人"几乎是人类共同的美德(即属于类道德),具有文化共通性。但在西方,"love"(爱)与基督教中上帝教诫相联系,它是基督教价值体系最重要概念之一。《论语》中所提倡"爱"或"仁爱",除表示"爱人"之意外,它还与天地、祖先崇拜紧密相连。从上述译文可知,理雅各和刘殿爵都将"爱"译成了常见词"love",辜鸿铭和韦利译法较灵活,分别译成"be in sympathy with"(同情)和"have kindly feelings"(友爱)。整体而言,刘殿爵译文用词较正式,在译文中出现了"overflow"和"cultivate"这两个比较正式的动词词汇,刘殿爵译文参照并沿袭了理雅各的译文,"爱"和"亲"译法基本相同,但用词较浅显通俗。

例2. 厩焚。子退朝,曰:"'伤人乎?'不问马"。⑥(《论语·乡党篇》)

理译: The stable being burned down, when he was at court, on his re-

---

① James Legge. *The Chinese Classics*. Hong Kong: Hong Kong University Press, 1893: 140.
② Ku Hung-ming. *The Discourse and Sayings of Confucius*. Shanghai: Kelly and Walsh, Ltd., 1898: 2.
③ Arthur Waley. *The Analects of Confucius*. London: Vintage Books, 1989: 84.
④ D. C. Lau. *The Analects*. London: Penguin Books, 1979: 59.
⑤ 杨伯峻:《论语译注》,中华书局2011年版,第4页。
⑥ 杨伯峻:《论语译注》,中华书局2011年版,第104页。

turn he said, "Has any man been hurt!" He did not ask about the horses.① (Legge, 1893: 234)

辜译: On one occasion when, as he was returning from an audience at the palace, he heard that the State stable was on fire, his <u>first</u> question was, "Has any man been injured?" He did not ask about the horses.② (Ku, 1898: 80)

韦译: When the stables were burnt down, on returning from Court, he said, "Was anyone hurt?" He did not ask about the horses.③ (Waley, 1989: 150)

刘译: The stables caught fire. The Master, on returning from court, asked, "Was anyone hurt?" He did not ask about the horses.④ (D. C. Lau, 1979: 104)

孔子时代，马是家庭重要财产，远比奴隶贵重。马棚失火后，孔子首先关心的不是马，而是地位低下的马夫，把奴隶的生命看得高于动物的生命。他认为人为万物之灵，人比马贵重，其重人轻财的思想无疑具有进步意义。这也说明《论语》中"仁者爱人"中的"人"并非指贵族阶层，而是包括奴隶在内的一切人，这使"仁爱"思想具有普遍意义。

历代注释对"厩焚"理解存在差异，如杨伯峻理解为"孔子的马棚失了火"⑤。钱穆注释为"孔子家里的马房被烧了"⑥。李泽厚解释为"马厩失火"⑦。《现代汉语词典》中对"厩"的解释为：马棚，泛指牲口棚。⑧

---

① James Legge, *The Chinese Classics*, Hong Kong: Hong Kong University Press, 1893, p. 234.
② Ku Hung-ming, *The Discourse and Sayings of Confucius*, Shanghai: Kelly and Walsh, Ltd., 1898, p. 80.
③ Arthur Waley, *The Analects of Confucius*, London: Vintage Books, 1989, p. 150.
④ D. C. Lau, *The Analects*, London: Penguin Books, 1979, p. 104.
⑤ 杨伯峻：《论语译注》，中华书局2011年版，第104页。
⑥ 钱穆：《论语新解》，生活·读书·新知三联书店2002年版，第239页。
⑦ 李泽厚：《论语今读》，天津社会科学院出版社2008年版，第182页。
⑧ 中国社会科学院语言研究所词典编辑室：《现代汉语词典》，外语教学与研究出版社2002年版，第1040页。

第六章　译本比较：《论语》核心思想的英译

钱穆注解为"养马之处；或说是国厩，或说是孔子家私厩"。① 理雅各等三位译者将其译成对应英文词"The stable"或"The stables"，都理解为"马棚"。而辜鸿铭在其前面加了"State"，理解为"国厩"。"焚"的翻译主要用了三个词"burn down"（烧毁；烧光）、"be on fire"（失火；着火）和"catch fire"（失火；着火）。从上下文看，"burn down"一词较恰当。其余部分翻译基本相同，都较妥当地表达了原文内容。但值得一提的是，辜鸿铭在其译文"question"前加了修饰词"first"，凸显了孔子对生命的关注，是其仁爱思想的集中体现。

3. 宇宙之爱。《论语》中的"仁爱"思想不仅限于人类，而且推及至自然、宇宙万物。孔子倡导对自然、宇宙所生之物都具有同情心和爱心，主张人类要尊重自然、爱护自然，与自然、宇宙和谐相处。

例1. 知者 乐水，仁者 乐山。②（《论语·雍也篇》）

理译：The wise find pleasure in water；the virtuous find pleasure in hills.③（Legge，1893：192）

辜译：Men of intellectual character delight in water scenery；men of moral character delight in mountain scenery.④（Ku，1898：45）

韦译：The wise man delights in water，the Good man delights in mountains.⑤（Waley，1989：120）

刘译：The wise find joy in water；the benevolent find joy in mountains.⑥（D. C. Lau，1979：84）

"知者"也就是"智者"，"智者"一般对外部自然世界充满好奇，乐于追求新知，获取自然界崇高、美好的知识。"仁者"一般具有高尚的道德品质，为人仁爱，乐于行善，往往追求内心的平静和慰藉。四位

---

① 钱穆：《论语新解》，生活·读书·新知三联书店2002年版，第239页。
② 杨伯峻：《论语译注》，中华书局2011年版，第61页。
③ James Legge, *The Chinese Classics*, Hong Kong: Hong Kong University Press, 1893, p. 192.
④ Ku Hung-ming, *The Discourse and Sayings of Confucius*, Shanghai: Kelly and Walsh, Ltd., 1898, p. 45.
⑤ Arthur Waley, *The Analects of Confucius*, London: Vintage Books, 1989, p. 120.
⑥ D. C. Lau, *The Analects*, London: Penguin Books, 1979, p. 84.

译者对于本句中的"知者"和"仁者"的理解不同,翻译也各具特色,其中理雅各等三位译者将"知者"译为"the wise /wise man",只有辜鸿铭译为"men of intellectual character"。而"仁者"则被分别译为:"the virtuous""moral character""the Good""the benevolent"。辜鸿铭学贯中西,英文造诣很高,使用了归化和意译的翻译策略,译文与其他译者存在较大差异。笔者认为"智者"用"the intellectual"、"仁者"用"the benevolent"比较贴切。

《论语》中经常对偶和排比并用,且以短句出现,文字与结构极其优美。"知者乐水,仁者乐山"就是其中一例。高质量的译文不仅要忠实地传达原文的意思,而且要尽量保持原文的风格和形式。从上述译文看,四位译者都较好地体现了原文中的排比和对偶修辞,句法也都做到了一一对应。从句式结构来看,理雅各等三位译者的译文结构基本相同,对仗分明,语言风格与原文对应。辜鸿铭译文相对较长,但更妥切地传达了原文内容。

例2. 子钓而不纲,弋不射宿。① (《论语·述而篇》)

理译:The Master angled, but did not use a net. He shot, but not at birds perching.② (Legge, 1893:203)

辜译:Confucius sometimes went out fishing, but always with the rod and angle; he would never use a net. He sometimes went out shooting, but he would never shoot at a bird except on the wing.③ (Ku, 1898:54)

韦译:The Master fished with a line but not with a net; when fowling he did not aim at a roosting bird.④ (Waley, 1989:23)

刘译:The Master used a fishing line but not a cable; he used a corded arrow but not to shoot at roosting birds.⑤ (D. C. Lau, 1979:89)

---

① 杨伯峻:《论语译注》,中华书局2011年版,第72页。
② James Legge, *The Chinese Classics*, Hong Kong: Hong Kong University Press, 1893, p. 203.
③ Ku Hung-ming, *The Discourse and Sayings of Confucius*, Shanghai: Kelly and Walsh, Ltd., 1898, p. 54.
④ Arthur Waley, *The Analects of Confucius*, London: Vintage Books, 1989, p. 23.
⑤ D. C. Lau, *The Analect*s, London: Penguin Books, 1979, p. 89.

第六章　译本比较：《论语》核心思想的英译

孔子对待动物有仁爱之心，主张打鱼时，不用粗绳结成大网，将鱼一网打尽；打猎时，不射回巢的鸟，破坏整个动物的家庭。他认为动物也是生命，不能妄捕滥杀，应节制取用，充分体现了他对自然、宇宙生命的爱惜，这也是孔子仁爱思想的最高境界。

"钓而不纲"，其意为"钓鱼，但不用网捕鱼"。对于"钓"，四位译者分别译成"angle"（理译）、"fish with the rod and angle"（辜译）、"fish with a line"（韦译），"use a fishing line"（刘译），除理雅各外，其余三位译者突出了用钓鱼竿钓鱼。"不纲"分别译为"not use a net"（理译），"never use a net"（辜译），"not with a net"（韦译）和"not a cable"（刘译），原文意思是不用渔网捕鱼，因此，刘殿爵用"cable"一词，与原文有出入。

"弋不射宿"，其意为"不射栖息在巢中的鸟"。对于"弋"，《现代汉语词典》有两种解释：一是用带绳子的箭射鸟；二是用来射鸟的带有绳子的箭。① 本句的意思应为"用带绳子的箭射鸟"。分析上述译文发现，除刘殿爵采用了第二种解释，将其译成"use a corded arrow"外，其余译者为了避免与后面的"射"重复，都没有翻译。"射"一词的翻译，辜鸿铭等三位译者用了"shoot"一词，韦利则用了"fowl"（捕鸟，大鸟），将射的对象具体化，具有一定的新意。"宿"是本句的关键词，理雅各将其译成"perch"（栖息，停留），韦利和刘殿爵采用了"roost"（栖息）一词，辜鸿铭则译成"except on the wing"（除了飞翔时），意思为除飞翔中的鸟外，其余的鸟是宿鸟，不能射杀。整体而言，理雅各译文结构优美，风格贴近原文，但与原意有出入；辜鸿铭译文有所增益，结构较长，但翻译得比较到位，其余两个译文也与原作一样，保持了简洁特征，传达了"子钓而不纲"的文化内涵。

三　"忠恕"思想之英译

"忠恕"是儒家文化思想的最高原则。《论语·里仁篇》曰："夫子

---

① 中国社会科学院语言研究所词典编辑室：《现代汉语词典》，外语教学与研究出版社2002年版，第2270页。

之道，忠恕而已矣。"① 这说明贯穿孔子思想始终的主线就是"忠恕之道"。"忠恕"是孔子提出的新概念，是他对"仁爱"思想的进一步发展。

1. 己所不欲，勿施于人。"忠恕"思想的重要内容之一就是"己所不欲，勿施于人"。即自己不想要的东西，切勿强加给别人。它是中国传统文化核心思想的精华，目前已成为世界共同认可的"黄金规则"或"道德金律"。

例1. 其恕乎，己所不欲，勿施于人。②（《论语·卫灵公篇》）

理译：Is not RECIPROCITY such a word? What you do not want done to yourself, do not do to others.③（Legge，1893：301）

辜译：The word " charity " is perhaps the word. What you do not wish others to do unto you, do not do unto them.④（Ku，1898：138）

韦译：Perhaps the saying about consideration : Never do to others what you would not like them to do to you.⑤（Waley，1989：198）

刘译：It is perhaps the word " shu ", Do not impose on others what you yourself do not desire.⑥（D. C. Lau，1979：135）

"己所不欲，勿施于人"并非孔子首创，而是在孔子之前就已出现的古语，后经孔子大力提倡，成为孔子的至理名言之一。此句翻译的关键在于对"恕"的理解。《现代汉语词典》对"恕"有三种解释：其一是用自己的心推想别人的心；其二是不计较别人的过错，原谅；其三是请对方不要计较。⑦ 在本句中，"恕"是第一种解释，就是推己及人。使用"forgiveness"（原谅，宽恕）、"pardon"（原谅）等常见英文词汇

---

① 杨伯峻：《论语译注》，中华书局2011年版，第38页。
② 杨伯峻：《论语译注》，中华书局2011年版，第164页。
③ James Legge, *The Chinese Classics*, Hong Kong: Hong Kong University Press, 1893, p. 301.
④ Ku Hung-ming, *The Discourse and Sayings of Confucius*, Shanghai: Kelly and Walsh, Ltd., 1898, p. 138.
⑤ Arthur Waley, *The Analects of Confucius*, London: Vintage Books, 1989, p. 198.
⑥ D. C. Lau, *The Analects*, London: Penguin Books, 1979, p. 135.
⑦ 中国社会科学院语言研究所词典编辑室：《现代汉语词典》，外语教学与研究出版社2002年版，第1789页。

第六章 译本比较:《论语》核心思想的英译

翻译不太合适。

理雅各将其译成"reciprocity"(相互作用,相互性,互惠互利),这样翻译有一定的道理,"己所不欲,勿施于人",将心比心,对双方都有好处,但它没反映"恕"的本质内涵。他还提出用"altruism"来翻译,其意为"利他主义;爱他主义或利人主义",它比"reciprocity"要好,但也非上佳选择。辜鸿铭使用了"charity"(博爱,仁慈,施舍,赈济),它往往含有居高临下的意味,本句中"己"与"人"是一种平等关系,用它也不是很贴切。韦利使用了"consideration"(考虑,细想,体贴),该词较接近"恕"的本义。刘殿爵采用了音译法,将其译成汉语拼音的"shu",但汉语中"shu"同音词很多,这样翻译西方读者无法理解。

"己所不欲,勿施于人"在《论语》中共出现了2次。除本句外,《论语·颜渊篇》中还出现了1次,即"出门如见大宾,使民如承大祭。己所不欲,勿施于人"[1]。本句是至理名言,是做人应尊奉的基本准则。《论语》中用以阐释"仁"的"己所不欲,勿施于人"就是孔子讲的恕道,也是"仁"的直接定义,体现了孔子对"仁"的新理解,阐明了如何对待他人的伦理原则,即自己不喜欢做或做不到的事情不要强加于其他人。[2] 该句的英译见表6-7。

表6-7 理雅各、辜鸿铭、韦利与刘殿爵译本中
"己所不欲,勿施于人"的译法

译者	1. 己所不欲,勿施于人(《论语·卫灵公篇》)	2. 己所不欲,勿施于人(《论语·颜渊篇》)
理雅各	What you do not want done to yourself, do not do to others.	It isnot to do to others as you would not wish done to yourself.

---

[1] 杨伯峻:《论语译注》,中华书局2011年版,第121页。
[2] 陈来:《〈论语〉的德行伦理体系》,《清华大学学报》(哲学社会科学版)2011年第1期,第132页。

续表

译者	1. 己所不欲，勿施于人（《论语·卫灵公篇》）	2. 己所不欲，勿施于人（《论语·颜渊篇》）
辜鸿铭	What you do not wish others to do unto you, do not do unto them.	Whatsoever things you do not wish that others should do unto you, do not do unto them.
韦利	Never do to others what you would not like them to do to you.	Do not do to others what you would not like yourself.
刘殿爵	Do not impose on others what you yourself do not desire.	Do not impose on others what you yourself do not desire.

对上表中四位译者的译文进行回译，其意思分别为：

（1）不希望别人对你做的事情，你也不要对别人做（理雅各）。

（2）不希望别人对你做的事情，你也不要对他们做（辜鸿铭）。

（3）绝不要做你不想别人对你做的事情（韦利）。

（4）你不希望做的事情不要强加于其他人（刘殿爵）。

通过回译发现，四位译者的译文大同小异，都很好地再现了原意。

例 2. 我不欲人之加诸我也，吾亦欲无加诸人。①（《论语·公冶长篇》）

理译：What I do not wish men to do to me, I also wish not to do to men.②（Legge，1893：177）

辜译：What I do not wish that others should not do unto me, I also do not wish that I should do unto them.③（Ku，1898：31）

韦译：What I do not want others to do to me, I have no desire to do to others.④（Waley，1989：110）

---

① 杨伯峻：《论语译注》，中华书局 2011 年版，第 45 页。
② James Legge, *The Chinese Classics*, Hong Kong：Hong Kong University Press, 1893, p. 177.
③ Ku Hung-ming, *The Discourse and Sayings of Confucius*, Shanghai：Kelly and Walsh, Ltd., 1898, p. 31.
④ Arthur Waley, *The Analects of Confucius*, London：Vintage Books, 1989, p. 110.

第六章 译本比较:《论语》核心思想的英译

刘译:While I do not wish others to impose on me, I wish not to impose on others either.① (D. C. Lau,1979:78)

人们总希望享有足够的自由,不希望别人对自己指手画脚,也不愿意屈从于他人的意志。只有人们充分意识到万物是生而平等的,才不会将自己的意志强加于人。西方社会虽然提出了"自由""平等""博爱"的口号,并将这三个词挂在嘴边,却往往把自己的价值观强加于人。因此,"我不欲人之加诸我也,吾亦欲无加诸人"的思想对西方社会具有重要价值。

该句意思理解起来比较容易,即:"不希望别人强加给自己的事,也不要强加给别人"。上述四个译文除个别用词不同外,结构基本相同,都表达了原文的意思,如句中的"加",刘殿爵用了"impose",其他译者却用了最简单常用的词"do"。也有译者用了名词形式"imposition",将该句译成:"I don't like any impositions from others. I don't like to impose anything upon others, either."②。这种词性变换为译文带来了活力和新意。理雅各诠释该句时,认为西方《福音书》中的金律:"Do unto others as ye would have them do unto you.",③ 比《论语》中的这条论述更加高明。笔者认为,理雅各的说法存在偏见,两种说法不存在谁高谁低,但说明了中西文化有共通之处,翻译时,可以放在一起类比阐释,更容易为西方读者理解。

《论语·雍也篇》中的"夫仁者,己欲立而立人,己欲达而达人"可与"己所不欲,勿施于人"相提并论,这也是对孔子《论语》中对"忠"的解释。意思是作为一个具有仁德的人,如果自己站得住,也帮助他人一同站住;自己达到目的,也帮助他人达到目的,这就是"忠"。这与《圣经》中所表达的思想具有一致性。《圣经》中也有类似语句,如:

《马太福音》:"Do for others what you want them to do for you".

---

① D. C. Lau, *The Analects*, London: Penguin Books, 1979, p. 78.
② 史志康:《借帆出海——史译论语选载之七》,《东方翻译》2013年第2期,第60页。
③ James Legge, *The Chinese Classics*, Hong Kong: Hong Kong University Press, 1893, p. 177.

(Therefore all things whatsoever ye would that men should do to you, do ye even so to them.)（《马太福音》第七章 12：1146）

无论何事，你们愿意人怎样待你们，你们也要怎样待人。①

《路加福音》："Do for others just what you want them to do for you" (And as ye would that men should do to you, do ye also to them likewise.)（《马太福音》第六章 31：1225）

你们愿意人怎样待你们，你们也要怎样待人。

翻译时，可根据史志康提出的"借帆出海"的方法，借用西方《圣经》中的思想来进行诠释。

2. 礼之用，和为贵。"和"作为孔子学说的一个重要范畴，也是"忠恕"思想的重要内容之一。"礼之用，和为贵"。②（《论语·学而篇》）孔子认为如果人们学会礼让，做事情能够恰到好处，社会就会充满和谐。"君子和而不同，小人同而不和。"③（《论语·子路篇》）"和而不同"就是要尊重别人，善待别人。这也是对待他人以及处理人际关系的根本态度或原则。

例 1. 礼之用，和为贵。④（《论语·学而篇》）

理译：In practicing the rules of propriety, a natural ease is to be prized.⑤（Legge，1893：143）

辜译：In the practice of art, what is valuable is natural spontaneity.⑥（Ku，1898：4）

韦译：In the usages of ritual it is harmony that is prized.⑦（Waley，1989：86）

---

① 《圣经·马太福音》第七章第 12 节，第 1146 页。
② 杨伯峻：《论语译注》，中华书局 2011 年版，第 7 页。
③ 杨伯峻：《论语译注》，中华书局 2011 年版，第 140 页。
④ 杨伯峻：《论语译注》，中华书局 2011 年版，第 7 页。
⑤ James Legge, *The Chinese Classics*, Hong Kong: Hong Kong University Press, 1893, p. 143.
⑥ Ku Hung-ming, *The Discourse and Sayings of Confucius*, Shanghai: Kelly and Walsh, Ltd., 1898, p. 4.
⑦ Arthur Waley, *The Analects of Confucius*, London: Vintage Books, 1989, p. 86.

第六章 译本比较：《论语》核心思想的英译

刘译：Of the things brought about by the rites, harmony is the most valuable.① (D. C. Lau, 1979: 61)

对于该句的理解，杨伯峻注释为"礼的作用，以遇事都做得恰当为可贵"。② 李泽厚解释为"礼的作用，以恰到好处为珍贵"。③ 两者理解基本相同，都将"和"理解为"恰到好处"。钱穆释为"礼之运用，贵在能和"④，其注释过于简单，没将"和"的意思体现出来。

本句翻译的关键在于"礼""和"的理解。"礼"是孔子儒家文化的重要概念之一，是孔子及其后学不断继承、整理以及升华而成，在《论语》中出现了45次。"礼"的翻译，译界纷争颇多，其具体译法已在上章详细阐述，这里不再赘述。

"和"也是儒家文化的一个重要概念，除"恰到好处"的意思外，还有很多其他含义，包括：平和，缓和；和谐，和睦；协调等。⑤ 在翻译"和"时，理雅各使用了"a natural ease"（轻松安逸，不紧张），但如前所述，此处"和"的实际含义是"恰当适中；恰到好处"或"和谐，和睦"，可见，理雅各翻译不太恰当。辜鸿铭译为"natural spontaneity"，其意为"天然的自发性"。在其著作中，辜鸿铭反对并多次批判功利主义，反对刻意而为的东西，赞同自然流露，但这里译成"自发性"，也不太合理。韦利和刘殿爵将其都译成"harmony"，英文解释为"a pleasing arrangement of parts"，表示"和谐，融洽"的意思，具有一定的合理性。

例2. 君子 和 而不同，小人同而不 和 。⑥（《论语·子路篇》）

理译：The superior man is affable, but not adulatory; the mean is adu-

---

① D. C. Lau, *The Analects*, London: Penguin Books, 1979, p.61.
② 杨伯峻：《论语译注》，中华书局2011年版，第7页。
③ 李泽厚：《论语今读》，天津社会科学出版社2008年版，第31页。
④ 钱穆：《论语新解》，生活·读书·新知三联书店2012年版，第16页。
⑤ 中国社会科学院语言研究所词典编辑室：《现代汉语词典》，外语教学与研究出版社2002年版，第785—786页。
⑥ 杨伯峻：《论语译注》，中华书局2011年版，第140页。

latory; but not affable.① （Legge，1893：273）

辜译：A wise man is sociable ; but not familiar. A fool is familiar but not sociable .② （Ku，1898：116）

韦译：The true gentleman is conciliatory but not accommodating. Common people are accommodating but not conciliatory.③ （Waley，1989：177）

刘译：The gentleman agrees with others without being an echo. The small man echoes without being in agreement.④ （D. C. Lau，1979：122）

"和而不同"是当今世界处理人际甚至民族或国家关系的重要原则，该词出自《论语·子路篇》的"君子和而不同，小人同而不和"⑤。意思为"君子和谐但不同一，小人同一但不和谐"⑥或"君子能相和，但不相同。小人能相同，但不相和"⑦。也就是说，君子在人际交往中能与他人保持和谐的关系，但不必苟同对方；小人习惯附和别人的言论，但往往内心并不抱有友善的态度。

本句关键词为"君子""小人""和"与"同"。对于"君子"一词，理雅各将其译成"the superior man"（地位较高的人），辜鸿铭译成"a wise man"（智者，聪明的人），韦利译成"the true gentleman"（出身真正高贵，德行高尚的人），刘殿爵译成"the gentleman"（出身高贵，德行高尚的人）。因此，将"君子"译成"gentleman"更合适些，详细理由上章已经论述，此处不再赘述。"小人"与"君子"是相对的词，理雅各此处译成"the mean"，显然具有贬义色彩。为凸显"君子"的高尚，理雅各有时也将"小人"译成与"superior man"相对的词"inferior man"。辜鸿铭将"小人"译成"a fool"（蠢人），意思有点太

---

① James Legge, *The Chinese Classics*, Hong Kong: Hong Kong University Press, 1893, p. 273.
② Ku Hung-ming, *The Discourse and Sayings of Confucius*, Shanghai: Kelly and Walsh, Ltd., 1898, p. 116.
③ Arthur Waley, *The Analects of Confucius*, London: Vintage Books, 1989, p. 177.
④ D. C. Lau, *The Analects*, London: Penguin Books, 1979, p. 122.
⑤ 杨伯峻：《论语译注》，中华书局 2011 年版，第 140 页。
⑥ 李泽厚：《论语今读》，天津社会科学院出版社 2008 年版，第 235 页。
⑦ 钱穆：《论语新解》，生活·读书·新知三联书店 2012 年版，第 313 页。

第六章　译本比较：《论语》核心思想的英译

过，韦利译成"common people"（普通百姓），刘殿爵译成"small man"（小人物），都有点不尽如人意。其他译法还包括"the man of low station""the lower people""servants"等（见表6-8）。笔者认为翻译"小人"时可突出其道德性，可将其译成"an immoral man"。

表6-8　理雅各、辜鸿铭、韦利与刘殿爵译本中"小人"的译法

译者	"小人"的译法
理雅各	the mean man（12次）、the small man（2次）、inferiors（1次）、little men（1次）、the mean（1次）、a mean man（1次）、the man of low station（1次）、the small, mean, people（1次）、servants（1次）、the lower people（1次）a small man（1次）
辜鸿铭	a fool（15次）、a bad man and a fool（1次）、that of the people（1次）、little gentleman（1次）、the people（1次）、small, mean people（1次）、servants（1次）、a petty-minded man（1次）、省译（1次）
韦利	the small man（6次）、common people（4次）、a small man（2次）、省译（1次）、the commoners（1次）、lesser men（1次）、small people（1次）、the humblest（1次）、not a gentleman（1次）、a commoner（1次）、people of low birth（1次）、no gentleman（1次）、the common people（1次）
刘殿爵	the small man（16次）、a small man（3次）、small men（1次）、petty（1次）、a petty（1次）、省译（1次）

"和"与"同"是春秋时代最重要的概念范畴，"和"的含义在上节已经叙述，这里不再赘述。对于"和"的译法，此处与前面明显不同，四位译者分别用了"affable"（和蔼的）、"sociable"（随和的）、"conciliatory"（调和的）和"agrees with others"（与某人一致），与原文都存在差异。"同"在《现代汉语词典》中的解释为：相同，一样；跟……相同；共同，一齐（从事）等。① "同"分别译为"adulatory"（奉承的）、"familiar"（熟悉的）、"accommodating"（随和的）和"echo"（随声附和），各译法均无法准确表达原文的内涵。

---

① 中国社会科学院语言研究所词典编辑室：《现代汉语词典》，外语教学与研究出版社2002年版，第1919页。

每种语言都有其独特的性格、癖好以及气质等，即自己的语言个性。① 汉语作为一种语言，有其独特的个性和特征，如它存在多音字、象声词、四字成语等，也有比喻、排比、拟人及对偶等多种修辞手法。对偶是指用结构相同、字数相等、意义对称的一对短语或句子来表达相对、相反或相近意思的修辞方式。《论语》中常用相对或相反词语来表现，如"君子"与"小人"，"义"与"利"，"动"与"静"，"贫"与"富"，"生"与"死"等。本句从结构看，具有对偶的特点，四位译者的译文与原文的风格相同，形式对等，只是对内容的理解和用词存在差异。

3. 言必信，行必果。"忠恕"思想讲究"守信"，强调言行一致，提出"言必信，行必果"。《论语》中孔子多次论述言与行的关系，认为君子应"敏于事而慎于言"，说话做事一定要讲信用，反对言过其行，例如：

例 1. 言必信，行必果。②（《论语·子路篇》）

理译：They are determined to be sincere in what they say, and to carry out what they do.③（Legge，1893：271）

辜译：One who makes it a point to carry out what he says and to persist in what he undertakes.④（Ku，1898：114）

韦译：He who always stands by his word, who undertakes nothing that he does not bring to achievement.⑤（Waley，1989：176）

刘译：A man who insists on keeping his word and seeing his actions through to the end.⑥（D. C. Lau，1979：122）

"信"既是儒家实现"仁"的重要条件，又是其道德修养的内容之

---

① 高健：《翻译与鉴赏》，外语教学与研究出版社2006年版，第100页。
② 杨伯峻：《论语译注》，中华书局2011年版，第138页。
③ James Legge, The Chinese Classics, Hong Kong: Hong Kong University Press, 1893, p. 271.
④ Ku Hung-ming, The Discourse and Sayings of Confucius, Shanghai: Kelly and Walsh, Ltd., 1898, p. 114.
⑤ Arthur Waley, The Analects of Confucius, London: Vintage Books, 1989, p. 176.
⑥ D. C. Lau, The Analects, London: Penguin Books, 1979, p. 122.

第六章 译本比较:《论语》核心思想的英译

一。"信"是人际交往的道德基础,也是人立身处世的根本与准则。正如韦政通所说:"信是人格完善的表征,它使人坚守对别人的承诺,建立人与人之间的深厚友谊。"①《论语》中"信"出现频率极高,共 38 次。对于"信"的内涵,《说文解字》解释云:"信,诚也,从人,从言。"②"信"即诚实不欺,遵守诺言。杨伯峻在《论语译注》中指出,"信"主要包括四种意思:诚实不欺;使相信,使信任;相信,认为可靠;表示真诚等。③ 此处"信"的翻译,四位译者的译文分别为"be sincere in what they say"(理译),"carry out what he says"(辜译),"stands by his word"(韦译),"keeping his word"(刘译)。可见,本句中的"信"作动词用,意思为"讲究信用"或"遵守诺言"。由于"信"的含义繁多,译法也多样,包括"sincere""truthful""faithful""truthfulness""promise""trustworthy"等。经笔者统计,《论语》译本中"信"的译法至少达 20 多种(见表 6-9)。有些译法甚至与原文大相径庭,如辜鸿铭将"述而不作,信而好古"中的"信"译为"well acquainted"(熟知)等(表 6-10)。

表 6-9 理雅各、辜鸿铭、韦利与刘殿爵译本中"信"的译法(一)

译 者	"信"的译法(单位:次)
理雅各	sincere(6)、sincerity(6)、confidence(7)、truthful(3)、faith(3)、truthfulness(2)、believe(2)、agreements(1)、indeed(1)、true(1)、earnest(1)、good(1)
辜鸿铭	confidence(8)、sincerity(4)、believe(3)、sincere(2)、truthful(2)、truthfulness(2)、honesty(2)、trustworthy(2)、sincerity and trustworthiness(1)、faithful(1)、make promises(1)、good faith(1)、knew for certain(1)、honest(1)、well acquainted(1)、indeed(1)、faith(1)、carry out(1)、true(1)、
韦利	good faith(5)、faithful(4)、confidence(4)、true(3)、faith(2)、believe(2)、be true(1)、observe(1)、keep promise(2)、promises(2)、trust(1)、take for granted(1)、keeping of promises(1)、trusts(1)、indeed(1)、stands by(1)、a fact(1)、trustworthy(1)、believes(1)、keeps his word(1)

---

① 韦政通:《中国的智慧》,岳麓书社 2003 年版,第 86 页。
② (汉)许慎:《说文解字》,汤可敬译注,中华书局 2018 年版,第 483 页。
③ 杨伯峻:《论语译注》,中华书局 2011 年版,第 254 页。

续表

译者	"信"的译法（单位：次）
刘殿爵	trustworthy（17）、trust（7）、trustworthiness（3）、believe（3）、take on trust（1）、truthful（1）、trust（1）、faith（1）、truly（1）、keeping his word（1）、true（1）

表6-10　理雅各、辜鸿铭、韦利与刘殿爵译本中"信"的译法（二）

译者	人而无信 不知其可也。	述而不作，信 而好古。
理雅各	I do not know how a man without truthfulness is to get on.	A transmitter and not a maker, believing in and loving the ancients.
辜鸿铭	I do not know how men get along without good faith.	I transmit the old truth and do not originate any new theory. I am well acquainted and love the study of Antiquity.
韦利	I do not see what use a man can be put to, whose word cannot be trusted.	I have transmitted what was taught to me without making up anything of my own. I have been faithful to and loved the Ancients.
刘殿爵	I do not see how a man can be acceptable who is untrustworthy in word.	I transmit but do not innovate; I am truthful in what I say and devoted to antiquity.

该句中的"行必果"，意为"做事一定要办到"。"果"的意思是"坚决、果决、果断"。理雅各译成"carry out what they do"（完成他们要做的事），辜鸿铭译成"persist in what he undertakes"（坚持完成他所承担的任务），韦利译成"undertakes nothing that he does not bring to achievement"（承担带来成就感的事情），刘殿爵译成"seeing his actions through to the end"（将行为进行到底）。四位译者的译文基本上表达了原文意思。当然，为使译者更好传达"信"的思想内涵，还可将含"信"的相关章句，如"人而无信不知其可也""述而不作，信而好古"等的翻译进行补充（见表6-10），以期使西方读者更好地理解"信"的内涵及其思想。

4. 主忠信，行笃敬。"忠信"也是"忠恕"思想的重要内容，《论语》中孔子对"忠信"的重要性多次予以强调，如"主忠信。无友不

第六章 译本比较：《论语》核心思想的英译

如己者"①（《论语·子罕篇》），"子以四教：'文，行，忠，信'"②（《论语·述而篇》），"主忠信，徙义，崇德也"③（《论语·颜渊篇》），"言忠信，行笃敬，虽蛮貊之邦，行矣。言不忠信，行不笃敬，虽州里，行乎哉"④（《论语·卫灵公篇》）等。这说明忠信是当时社会的基本德行，也是孔子德育活动中的重要科目。

例1. 主忠信，毋友不如己者，过则勿惮改。⑤（《论语·子罕篇》）

理译：Hold faithfulness and sincerity as first principles. Have no friends not equal to yourself. When you have faults, do not fear to abandon them.⑥（Legge，1893：141）

辜译：Make conscientiousness and sincerity your first principles. Have no friends who are not as yourself. When you have bad habits do not hesitate to change them.⑦（Ku，1898：3）

韦译：First and foremost, be faithful to your superiors, keep all promises, refuse the friendship of all who are not like you; and if you have made a mistake, do not be afraid of admitting the fact and amending your ways.⑧（Waley，1989：85）

刘译：Make it your guiding principle to do your best for others and to be trustworthy in what you say. Do not accept as friend anyone who is not as good as you. When you make a mistake, do not be afraid of mending your ways.⑨（D. C. Lau，1979：60）

该句在《论语》的《学而篇》和《子罕篇》各出现1次。杨伯峻

---

① 杨伯峻：《论语译注》，中华书局2011年版，第93页。
② 杨伯峻：《论语译注》，中华书局2011年版，第71页。
③ 杨伯峻：《论语译注》，中华书局2011年版，第125页。
④ 杨伯峻：《论语译注》，中华书局2011年版，第160页。
⑤ 杨伯峻：《论语译注》，中华书局2011年版，第93页。
⑥ James Legge, *The Chinese Classics*, Hong Kong: Hong Kong University Press, 1893, p.141.
⑦ Ku Hung-ming, *The Discourse and Sayings of Confucius*, Shanghai: Kelly and Walsh, Ltd., 1898, p.3.
⑧ Arthur Waley, *The Analects of Confucius*, London: Vintage Books, 1989, p.85.
⑨ D. C. Lau, *The Analects*, London: Penguin Books, 1979, p.60.

将"主忠信"释为"要以忠和信两种道德为主",强调"忠""信"两种道德的重要性。对于"毋友不如己者",他释为"不要跟不如自己的人交朋友",其理解存在一定偏差。对于"过,则勿惮改",他注解为"有了过错,就不要怕改正"①,理解比较恰当。李泽厚此句注解为"应该以忠诚信实为主,没有不如自己的朋友,有了过失,不怕去改正"。②钱穆注解为"行事当以忠信为主,莫和不如己的人交友,有了过失,不要怕改"。③由此可知,钱穆和杨伯峻理解大同小异,李泽厚的理解存在略微差异。

本句翻译的关键在于对"忠""信"的理解。"信"的理解和翻译前面已详细解释,这里不再阐述。"忠"是传统伦理道德的重要范畴,先秦典籍中对"忠"的解释繁多。《说文解字》云:"忠,敬也,从心,尽心曰忠;肃静而尽心尽意。"④ 朱熹也说"尽己之谓忠"⑤。《现代汉语词典》中"忠"的解释为"忠诚",即尽心尽力。⑥ 可见,"忠"都表达"尽心"之意。四位译者将"忠"分别译为"faithfulness"(理译)、"conscientiousness"(辜译)、"be faithful"(韦利)、"do your best for others"(刘译)。《韦氏词典》中"faith"的英文解释为"allegiance to duty or a person; belief or trust in God; complete trust etc."⑦,意思是"对某人的忠诚,忠心;宗教信仰;信任,信赖等","conscientious"的英文解释为"guide by one's own sense of right and wrong"⑧,其意为"尽责的,凭良心做事的",表示自觉性和责任心等。可见,前三种译法与原文"忠"的含义存在差异。刘殿爵的"do one's best for others",表达了原文尽己之意。正如他所指出,以往译者倾向于把"loyal"作为

---

① 杨伯峻:《论语译注》(简体版),中华书局2011年版,第6页。
② 李泽厚:《论语今读》,天津社会科学院出版社2008年版,第28页。
③ 钱穆:《论语新解》,生活·读书·新知三联书店2012年版,第11—12页。
④ (汉)许慎:《说文解字》,汤可敬译注,中华书局2018年版,第2149页。
⑤ (宋)朱熹:《四书集注(上)》,金良年今译,上海古籍出版社2006年版,第91页。
⑥ 中国社会科学院语言研究所词典编辑室:《现代汉语词典》,外语教学与研究出版社2002年版,第79页。
⑦ *The Merriam-Webster Dictionary*, Merriam-Webster, Incorporated, 2015, p.258.
⑧ *The Merriam-Webster Dictionary*, Merriam-Webster, Incorporated, 2015, p.154.

第六章 译本比较:《论语》核心思想的英译

"忠"的对等翻译,但实际上,"忠"的内涵随时代变化而不断发生改变,以致后来演变成"盲目献身"的愚忠,当然《论语》中并非此意。① 如"夫子之道,忠恕而已"(《论语·里仁篇》)中的"忠"就是"尽己之力"。刘殿爵将"臣事君以忠""与人忠"和"为人谋而不忠乎"等语句中的"忠"分别译成"do his utmost""give of your best""do my best"等。可见,尽管用词存在些许差异,但他将"忠"都理解为"尽其力"②。此外,"主忠信"(《论语·学而篇》)中的"忠信",其他译者一般译成"faithfulness and trustworthy";但刘殿爵译法更为详尽具体,将其译成"Make it your guiding principle to do your best for others and to be trustworthy in what you say."③(见表6-11、表6-12)。当然,"忠"的译法还有很多,包括"be sincere""loyalty"和"devotion"等(见表6-13)。

表6-11 理雅各、辜鸿铭、韦利与刘殿爵译本关于"忠"的译法(一)

译者	"忠"的译法(单位:次)
理雅各	faithfulness (4)、be sincere (3)、be faithful (2)、faithful (1)、be true (1)、honorable (1)、devotion of soul (1)、consistency (1)、faithfully (1)、loyalty (1)、sincere (1)、
辜鸿铭	conscientiousness (7)、loyalty (2)、conscientious (2)、be conscientious (2)、be sincere (2)、be loyal (1)、disinterestedness (1)、
韦利	loyalty (6)、loyal (5)、be loyal (3)、be faithful (2)、devotion (1)
刘殿爵	doing one's best (9)、do their utmost (3)、be conscientious (3) to the best of your ability (1)、give of your best (1)

---

① 戴俊霞:《〈论语〉英译的历史进程及文本形态研究》,《安徽工业大学学报》(社会科学版) 2011年第1期,第60页。
② 杨平:《20世纪〈论语〉的英译与诠释》,《孔子研究》2010年第2期,第29页。
③ 杨平:《20世纪〈论语〉的英译与诠释》,《孔子研究》2010年第2期,第29页。

表6-12　理雅各、辜鸿铭、韦利与刘殿爵译本关于"忠信"的译法（一）

译者	1. 主忠信，徙义，崇德也。	2. 子以四教："文，行，忠，信"。
理雅各	Hold faithfulness and sincerity as first principles, and be moving continually to what is right, —this is the way to exalt one's virtue.	There were four things which the Master taught, —letters, ethics, devotion of soul, and truthfulness.
辜鸿铭	Make conscientiousness and sincerity your first principles. Act up to what is right. In that way you will raise the moral sentiment in you.	Confucius through his life and teaching taught only four things: a knowledge of literature and the arts, conduct, conscientiousness and truthfulness.
韦利	By "piling up moral force" is meant taking loyalty and good faith as one's guiding principles and migrating to places where right prevails.	The Master took four subjects for his teaching: culture, conduct of affairs, loyalty to superiors and the keeping of promises.
刘殿爵	Make it your guiding principle to do your best for others and to be trustworthy in what you say, and move yourself to where rightness is, then you will be exalting virtue.	The Master instructs under four heads: culture, moral conduct, doing one's best and being trustworthy in what one says.

表6-13　理雅各、辜鸿铭、韦利与刘殿爵译本关于"忠信"的译法（二）

译者	3. 必有忠信如丘者焉。	4. 言忠信，行笃敬。
理雅各	there may be found one honorable and sincere as I am	Let his words be sincere and truthful, ...
辜鸿铭	there must be men who are as conscientious and honest as myself	Be conscientious and sincere in what you say; be earnest and serious in what you do
韦利	you may be sure of finding someone quite as loyal and true to his word as I	Be loyal and true to your every word, serious and careful in all you do; and you will get on well enough
刘殿爵	there are bound to be those who are my equal in doing their best for others and in being trustworthy in what they say	If in word you are conscientious and trustworthy and in deed single-minded and reverent.

本句最难理解的是"毋友不如己者"，古今注释分歧较大。概括而

第六章 译本比较:《论语》核心思想的英译

言,主要分两种:一是按常规理解,注释为"不要以不如自己的人为朋友"①。邢昺疏曰:"无友不如己者:言无得以忠信不如己者为友也。"② 朱熹解释为"无,毋通,禁止辞也。友所以辅仁,不如己,则无益而有损"③。意思是不能交不如自己的朋友。以上诸说大同小异,其意都指"不要交不如自己的朋友"或"只结交超过自己的朋友",但这在现实中行不通,逻辑上也不太可能,如果这样,任何人都交不到朋友。第二种解释为"没有不如自己的朋友"。南怀瑾提出此解,认为"无友不如己者"是指"不要看不起任何一个人",也不要"认为任何一个人不如自己",上句要求人们自重,下句则要求尊重他人。④ 李泽厚所持观点也与南怀瑾相同,将其注释成"没有不如自己的朋友"。⑤ 但笔者对上述两种注释都不太赞同,认为学者傅佩荣注解"不与志趣不相似的人交往"⑥ 基本正确,"如"应为"相似"之意,"如己之人"就是志趣相投、志同道合之人。⑦ 对于"毋友不如己者"的翻译,四位译者的英译及中文意思如下:

理译:Have no friends not equal to yourself.(没有不如己的朋友。)

辜译:Have no friends who are not as yourself.(没有与你自己不同的朋友。)

韦译:…refuse the friendship of all who are not like you.(拒绝与和你不同的所有人的友谊。)

刘译:Do not accept as friend anyone who is not as good as you.(莫和不如自己的人交友。)

上述译文都无法真正表达原文内涵,笔者认为,可将其译为

---

① 由文平:《〈论语〉"无友不如己者"本义考辨》,《社会科学辑刊》2010年第6期,第262页。
② (宋)邢昺:《论语注疏》,中华书局1980年版,第2458页。
③ (宋)朱熹:《四书集注》,岳麓书社1985年版,第73页。
④ 南怀瑾:《论语别裁》,复旦大学出版社2007年版,第34—35页。
⑤ 李泽厚:《论语今读》,天津社会科学院出版社2008年版,第28页。
⑥ 傅佩荣:《解读论语》,上海三联书店2007年版,第7页。
⑦ 由文平:《〈论语〉"无友不如己者"本义考辨》,《社会科学辑刊》2010年第6期,第262页。

"should never make friends with those following different moral values"（不结交与自己道德观不同的人做朋友），这样更能表达原文含义，也与《论语》作为道德文本的定位相吻合。

四 "德政"思想之英译

孔子在《论语》中明确提出了"为政以德"的政治主张，形成了较为完善的德政思想体系。子曰："为政以德，……居其所而众星拱之"①（《论语·为政篇》）。孔子认为只有实施德政，才能获得人民的真心拥护，民心才会归服。他提出了许多德政思想，如"其身正，不令而行；其身不正，虽令不从"②（《论语·子路篇》），"举直错诸枉，则民服；举枉错诸直，则民不服"③（《论语·为政篇》），"不以言举人，不以人废言"④（《论语·卫灵公篇》）等。《论语》中孔子丰富系统的德政思想，对于当今中国乃至世界各国统治者执政具有十分重要的参考价值。

1. 道之以德，齐之以礼。"为政以德"是孔子德政思想的核心，而道德教化是其治国之基础。孔子主张"道之以德，齐之以礼"，认为社会秩序的稳定建立在人们道德自觉的基础上，不是通过强制的法制行政措施来维护，而是依靠道德教化以及礼制约束相结合的方式，使人们自觉地遵守社会秩序。

例1. 为政以德，譬如北辰，居其所而众星拱之。⑤（《论语·为政篇》）

理译：He who exercises government by means of his virtue may be compared to the north polar star, which keeps its place and all the stars turn towards it.⑥（Legge, 1893: 145）

---

① 杨伯峻：《论语译注》，中华书局 2011 年版，第 11 页。
② 杨伯峻：《论语译注》，中华书局 2011 年版，第 134 页。
③ 杨伯峻：《论语译注》，中华书局 2011 年版，第 19 页。
④ 杨伯峻：《论语译注》，中华书局 2011 年版，第 164 页。
⑤ 杨伯峻：《论语译注》，中华书局 2011 年版，第 11 页。
⑥ James Legge, *The Chinese Classics*, Hong Kong: Hong Kong University Press, 1893, p. 145.

第六章 译本比较:《论语》核心思想的英译

辜译:He who rules the people, depending upon the moral sentiment, is like the Pole-star, which keeps its place while all the other starts revolve round it.① (Ku, 1898: 7)

韦译:He who rules by moral force (*de*) is like the pole-star, which remains in its place while all the lesser stars do homage to it.② (Waley, 1989: 88)

刘译:The rule of virtue can be compared to the Pole Star which commands the homage of the multitude of stars simply by remaining in its place.③ (D. C. Lau, 1979: 63)

春秋时期,礼崩乐坏,君臣纲纪荡然无存。此时,孔子提出"为政以德",认为只有实行德政,君主就会如北斗之星,众星自然环绕。如何正确理解"为政以德"?杨伯峻将其注释为"用道德来治理国政"④,钱穆解释为"为政者当以己之德性为本"⑤,李泽厚解释为"用德行来治理国家"⑥。可见,四位学者对"为政以德"的理解基本相同,不同之处在于对"德"的理解和把握上有微妙区别。"德"字内涵丰富,含义广泛,要正确全面地把握和理解确实有一定难度。在各种古籍和工具书中,历代学者对于"德"字内涵的解释高达20种以上。⑦"德"字由最初"攀登""行走"等意思,逐渐演变为"德行""恩德""好处""感恩""感激"等意思。从古至今,围绕"德"已拓展出了许多相关概念,如道德、德性、德言、品德、美德、德风、德行、德政、德信、恩德、文德、公德、师德、积德、厚德载物等。而典型含义则包括:仁爱、诚信、正义、公正、高尚、知耻、善良、廉正、忠孝、勇敢、扶弱

---

① Ku Hung-ming, *The Discourse and Sayings of Confucius*, Shanghai: Kelly and Walsh, Ltd., 1898, p. 7.
② Arthur Waley, *The Analects of Confucius*, London: Vintage Books, 1989, p. 88.
③ D. C. Lau, *The Analects*, London: Penguin Books, 1979, p. 63.
④ 杨伯峻:《论语译注》,中华书局2011年版,第11页。
⑤ 钱穆:《论语新解》,生活·读书·新知三联书店2012年版,第21页。
⑥ 李泽厚:《论语今读》,天津社会科学院出版社2008年版,第36页。
⑦ 程方平:《汲古释"德"》,《中国德育》2007年第10期,第6页。

济贫等,涉及人们在价值观、情感以及意识形态等方面的基本取向。①但《论语》中的"德"主要是指道德或品行。

对于"德"的英译,由于译者对其理解不同,译法也各式各样。四位译者将本句中的"德"分别译成"virtue"(理译、刘译)、"moral sentiment"(辜译)、"moral force(de)"(韦译)等(具体见表6-14)。理雅各、刘殿爵采用以耶释儒的翻译策略,将术语"德"译成具有基督教意味的术语"virtue",并在译文注解中,详细罗列了中国历代诸儒对该术语的三种注释,对之分别进行了评论,其译文在读者心目中染上了宗教色彩。辜鸿铭将"德"译成"moral sentiment"(道德情操),将儒学视为"国教",提出儒学是一种广义上的宗教,并认为统治者须用一种情感力量来激发人民群众的道德,而不单单是说教和灌输。韦利译成"moral force(de)"(道德力),"道德力"又称"道德感召力"或"道德影响力",此处是指统治者以其高尚的道德品质、崇高的道德人格及良好的道德行为吸引、感召以及影响民众的一种能力。"为政",即治理国家,其译法也存在差异,理雅各使用了"exercises government",辜鸿铭使用了"rules the people",韦利和刘殿爵则分别使用了"rule"的动词形式和名词形式。对于"以"的翻译,理雅各译成了"by means of"(依靠,借助于),辜鸿铭则译成了"depend on"(依靠,依赖),他认为"道德"是一种可依靠的精神力量。

表6-14　理雅各、辜鸿铭、韦利与刘殿爵译本中"德"译法

译者	"德"的译法(单位:次)
理雅各	virtue(28)、kindness(3)、help(1)、good qualities(1)、省译(2)
辜鸿铭	moral(6)、the moral worth(9)、the moral sentiment(6)、kindness(3)、a good word(1)、finer feelings(1)、glory(1)、goodness(3)、morality(1)、省译(2)、the moral power(1)、virtue(1)
韦利	moral force(10)、the moral power(8)、inner power(3)、moral(2)、Goodness(2)、essence(2)、de(1)、inner qualities(1)、moral worth(1)、the prestige(1)、good deed(1)、true virtue(1)、merit(1)、省译(1)

---

① 程方平:《汲古释"德"》,《中国德育》2007年第10期,第7页。

第六章　译本比较：《论语》核心思想的英译

续表

译者	"德"的译法（单位：次）
刘殿爵	virtue（25）、good turn（3）、benign rule（1）、moral quality（1）、matters（2）、省译（3）

"譬如北辰，居其所而众星拱之"，杨伯峻将其理解为"自己便会像北极星一般，在一定的位置上，别的星辰都环绕着它"①；钱穆解释为"譬如天上的北辰，安居其所，众人围绕归向着它而旋转"②；李泽厚注释为"好像是天上的北斗星：坐在那个位置上，群星围绕怀抱着它"③。从上述注释可知，三位学者对"北辰"一词理解不同，杨伯峻将其理解为"北极星"，李泽厚释为"北斗星"。那么这两个词有什么区别？根据《现代汉语词典》，"北斗星"是指"大熊星座的七颗明亮的星"④，其对应英文单词为"Big Dipper"；而"北极星是天空北部的一颗亮星，距天球北极很近……它的位置几乎不变"⑤，英译为"Polaris""North Star""Polestar"。由此可以看出，李泽厚的理解可能不太准确。

对于"北辰"的英译，上述四位译者分别译成"the north polar star""the Pole-star""the pole-star""the Pole Star"，用词存在细微差别，但理解基本相同。"居其所"的英译，他们用"keeps its place"和"remains in its place"来翻译，无本质区别。对于"众星拱之"的翻译，理雅各使用了"all the stars turn towards it"（众星都朝向它），辜鸿铭译成"all the other starts revolve round it"（所有其他星都围绕它转），韦利译成"all the lesser stars do homage to it"（所有小星都向它致敬），刘殿爵则译成"commands the homage of the multitude of stars"（繁星们都向它

---

① 杨伯峻：《论语译注》，中华书局2011年版，第11页。
② 钱穆：《论语新解》，生活·读书·新知三联书店2012年版，第21页。
③ 李泽厚：《论语今读》，天津社会科学院出版社2008年版，第36页。
④ 中国社会科学院语言研究所词典编辑室：《现代汉语词典》，外语教学与研究出版社2002年版，第79页。
⑤ 中国社会科学院语言研究所词典编辑室：《现代汉语词典》，外语教学与研究出版社2002年版，第80页。

致敬）。前两位译者按本意翻译，后两种译者采用了比喻的手法。相对而言，辜鸿铭和韦利的译文比较到位，再现了原文的本意。

例2. 道之以 德，齐之以 礼，有 耻 且 格。① （《论语·为政篇》）

理译：If they be led by virtue, and uniformity sought to be given them by the rules of propriety, they will have the sense of shame, and moreover will become good.② （Legge，1893：146）

辜译：If, on the other hand, in government you depend upon the moral sentiment, and maintain order by encouraging education and good manners, the people will have a sense of shame for wrong-doing and, moreover, will emulate what is good.③ （Ku，1898：7）

韦译：Govern them by moral force, keep order among them by ritual and they will keep their self-respect and come to you of their own accord.④ （Waley，1989：88）

刘译：Guide them by virtue, keep them in line with the rites, and they will, besides having a sense of shame, reform themselves.⑤ （D. C. Lau，1979：63）

本句是孔子在"为政以德"基础上，对其德政思想的进一步发挥。他认为在国家治理中使用行政和德礼两种不同手段会导致不同结局，严刑峻法往往只能约束和控制人们的行为，但礼制规范与道德教化却能促使普通百姓知耻行义。⑥

本句较难理解和翻译的有"德""道""齐""耻"与"格"五个关键词。四位译者关于"德"的译法分别为"virtue"（理译、刘译）、

---

① 杨伯峻：《论语译注》，中华书局2011年版，第12页。
② James Legge, *The Chinese Classics*, Hong Kong: Hong Kong University Press, 1893, p. 146.
③ Ku Hung-ming, *The Discourse and Sayings of Confucius*, Shanghai: Kelly and Walsh, Ltd., 1898, p. 7.
④ Arthur Waley, *The Analects of Confucius*, London: Vintage Books, 1989, p. 88.
⑤ D. C. Lau, *The Analects*, London: Penguin Books, 1979, p. 63.
⑥ 韩延明、李文婷：《探析孔子的"仁爱"思想及其和谐社会理念》，《江苏社会科学》2011年第4期，第8页。

第六章 译本比较：《论语》核心思想的英译

"moral sentiment"（辜译）和"moral force（de）"（韦译），其理解及英译与上句基本相同，不再重述。"道"是中国传统文化中最富特色的一个词，内涵丰富，含义众多。皇侃在《论语义疏》中解释为"道，谓诱引也"。① 朱熹在《论语集注》中提出"道，犹引导，谓先之也"。② 可见，其意为"诱引""引导""教导"及"指导"等。此处"道"与"道千乘之国"中的"道"意思相同，表示"治理、管理"的意思，如李泽厚对"道"的解释就是"管理、领导"。韦利在英译时，采用此义，将其译成"govern"（治理、管理）。"道"的另一含义是"导"，表示引导或诱导的意思，如杨伯峻采用了该注释，将"道"译成"诱导"。理雅各和韦利采用此义，译成"lead"和"guide"。根据《现代汉语词典》，"齐"的含义有"整齐""达到同样的高度""一致"等。③ 杨伯峻、钱穆、李泽厚将"齐"分别释为"整顿""整齐""整治、规范"。在英译时，理雅各直译为"uniformity"（一致性），刘殿爵译成"keep… in line with"（保持一致），辜鸿铭、韦利则分别译成"maintain order"（维持秩序）、"keep order"（保持秩序），后两个译文更加符合原文。

对于"礼"的翻译，理雅各、韦利与刘殿爵分别使用了"rules of propriety""ritual"和"rites"，与前面译法相同，不再阐释。但辜鸿铭的译法较独特，采用意译方法，将其译成"education and good manners"，更为具体清晰地表达了原文内涵。"耻"的译法除韦利采用正反译法，译成"keep their self-respect"外，其他译者都译成"sense of shame"，即羞耻之心或羞耻感。最后是"格"的理解。"格"有多种解读。何晏《论语集解》云："格，正也"；郑玄《论语注》曰："格，来也"；④ 朱熹《论语集注》云："格，至也。"⑤《礼记·缁衣篇》中记

---

① （南朝）皇侃：《论语义疏》，中华书局2013年版，第24页。
② （宋）朱熹：《四书集注（上）》，金良年今译，上海古籍出版社2006年版，第67页。
③ 中国社会科学院语言研究所词典编辑室：《现代汉语词典》，外语教学与研究出版社2002年版，第1508页。
④ 程树德：《论语集释（上）》，中华书局2013年版，第80页。
⑤ （宋）朱熹：《四书集注（上）》，金良年今译，上海古籍出版社2006年版，第67页。

载:"夫民,教之以德,……则民有格心;教之以政,……则民有遁心。"① 这是孔子对此言的最早注释,"遁"是逃避的意思,它与"格"相对成文,"逃避"的反面是"亲近、归服"等意思。为此,杨伯峻将"格"注解为"人心归服"。四位译者译文分别为"become good"(变好,变善)、"emulate what is good"(仿效善的)、"come to you of their own accord"(自愿靠近你,归服你)、"reform themselves"(改过自新),相对而言,韦利的译文更为确切。

从对原文理解和翻译策略与手法而言,每位译者各有千秋,彰显了译者对《论语》古代文化思想的解读能力及英文表达能力。对照四种译文,通过句法分析,不难发现,理雅各和辜鸿铭译文运用的是条件从句,显得较亲切,但结构略显松散;韦利和刘殿爵译文运用祈使句,结构紧凑,富有说理性。

2. 以身作则,上率下行。孔子德政思想内容包括统治者应以身作则,上率下行。"其身正,不令而行;其身不正,虽令不从。"②(《论语·子路篇》)孔子认为统治者只有严格要求自己,做百姓的表率,才能真正治理好国家。"苟正其身矣,……不能正其身,如正人何。"③(《论语·子路篇》)孔子强调如果统治者能发挥表率和示范作用,以身作则,谁敢不端正呢?"君子之德风,小人之德草,草上之风必偃。"④(《论语·颜渊篇》)他用形象生动的比喻,说明为政者如果具备高尚品格及优良道德,就能给老百姓树立榜样,在老百姓中产生示范引领效应。

例1. 其身正,不令而行;其身不正,虽令不从。⑤(《论语·颜渊篇》)

理译:When a prince's personal conduct is correct, his government is effective without the issuing of orders. If his personal conduct is not correct,

---

① 杨天宇:《礼记译注》,上海古籍出版社2004年版,第734页。
② 杨伯峻:《论语译注》,中华书局2011年版,第134页。
③ 杨伯峻:《论语译注》,中华书局2011年版,第134页。
④ 杨伯峻:《论语译注》,中华书局2011年版,第137页。
⑤ 杨伯峻:《论语译注》,中华书局2011年版,第134页。

第六章 译本比较：《论语》核心思想的英译

he may issue orders, but they will not be <u>followed</u>. ① (Legge, 1893: 266)

辜译: If a man is <u>in order</u> in his personal conduct, he will get served even without taking the trouble to give orders. But if a man is not in order in his personal conduct, he may give orders, but his orders will not be <u>obeyed</u>. ② (Ku, 1898: 110)

韦译: If the ruler himself is <u>upright</u>, all will go well even though he does not give orders. But if he himself is not upright, even though he gives orders, they will not be <u>obeyed</u>. ③ (Waley, 1989: 173)

刘译: If a man is <u>correct</u> in his own person, then there will <u>be obedience</u> without orders being given; but if he is not correct in his own person, there will not be obedience even though orders are given. ④ (D. C. Lau, 1979: 119)

要正确理解和英译本句，首先应把握"正"的内涵。"正"在《论语》中出现了24次，有诸多解释，作名词表示"正直""正派""正当""政治"，作动词表示"整理""整治""纠正"，做副词表示"正好""恰当""仅""刚"等。"其身正"，杨伯峻释为"统治者本身行为正当"⑤，李泽厚解释为"自己行为正当"⑥。理雅各、刘殿爵将"正"译成"correct"，表示行为正确。辜鸿铭译成"in order"（合乎秩序），表示君臣之序。韦利译成"upright"（正直），表示统治者公正无私。《论语》中与本句"正"的意思相近的语句还有："政者，正也。子帅以正，孰敢不正。"⑦（《论语·颜渊篇》）"苟正其身矣，……能正其身，如正人何？"⑧（《论语·子路篇》）其具体译法见表6-15、表6-16。

---

① James Legge, *The Chinese Classics*, Hong Kong: Hong Kong University Press, 1893, p. 266.
② Ku Hung-ming, *The Discourse and Sayings of Confucius*, Shanghai: Kelly and Walsh, Ltd., 1898, p. 110.
③ Arthur Waley, *The Analects of Confucius*, London: Vintage Books, 1989, p. 173.
④ D. C. Lau, *The Analects*, London: Penguin Books, 1979, p. 119.
⑤ 杨伯峻:《论语译注》，中华书局2011年版，第134页。
⑥ 李泽厚:《论语今读》，天津社会科学院出版社2008年版，第225页。
⑦ 杨伯峻:《论语译注》，中华书局2011年版，第127页。
⑧ 杨伯峻:《论语译注》，中华书局2011年版，第136页。

表6-15　理雅各、辜鸿铭、韦利与刘殿爵译本中"正"的译法（一）

译者	1. 政者，正也。	2. 子帅以正，孰敢不正？
理雅各	To govern means to rectify.	If you lead on the people with correctness, who will dare not to be correct?
辜鸿铭	Government "means order".	If you yourself, sir, are in order, who will dare to be disorderly.
韦利	Ruling (zheng，政) is straightening (zheng，正).	If you lead along a straight way, who will dare go by a crooked one?
刘殿爵	Government (zheng) is being correct (zheng).	If you give a lead in being correct, who would dare to be incorrect?

表6-16　理雅各、辜鸿铭、韦利与刘殿爵译本中"正"的译法（二）

译者	3. 苟正其身矣，于从政乎何有？	4. 不能正其身，如正人何？
理雅各	If a minister make his own conduct correct, what difficulty will he have in assisting in government?	If he cannot rectify himself, what has he to do with rectifying others?
辜鸿铭	If a man has really put his personal conduct in order, what is there in the government of a country that he should find any difficulty in it?	But if a man has not put his personal conduct in order, how can he put in order the people of a country?
韦利	Once a man has contrived to put himself a-right, he will find no difficulty at all in filling any government post.	But if he cannot put himself aright, how can he hope to succeed in putting others right?
刘殿爵	If a man manages to make himself correct, what is there to taking office for him?	If he cannot make himself correct, what business has he with making others correct?

表6-15中的"政者，正也""子帅以正，孰敢不正"是孔子针对季康子问政时回答的话语。当时鲁国朝政由季康子把持，他欺君罔上，使鲁国出现了"君不君，臣不臣"的局面。① 孔子用此句来讽刺季康子。在《论语》语句"政者，正也"中，"正"的内涵包括"端正"

---

① 王东波：《〈论语〉英译比较研究——以理雅各译本与辜鸿铭译本为案例》，博士学位论文，山东大学，2008年，第173页。

第六章 译本比较:《论语》核心思想的英译

"正直"等,理雅各将其译成"rectify",表示"纠正"之意,用词不太准确,其真实内涵无法准确传达。① 辜鸿铭译成"order"(秩序),表示君臣之序,其译文可以接受。韦利采用了"意译+音译+君子本体"的翻译方法,译成"straightening (zheng,正)"。刘殿爵采用了"意译+音译+注释"的翻译方法,将其译成"being correct (zheng)",并注释为"Besides being homophones, the two words in Chinese are cognate, ... 'governing' was felt to be related to that of 'correcting'."② 在表 6-16 的"正其身"中,"正"作动词用,四位译者分别译成"make... correct""rectify""put... in order""put... aright"等。可见,"正"的译法根据语境变化而有所不同。

3. 选贤任能,知人善任。德政思想的另一重要内容是人才的选拔与任用。《论语》中孔子提出为政者应树立正确的人才观,能选贤举能,知人善任。"举直错诸枉,……举枉错诸直,则民不服。"③(《论语·为政篇》)孔子主张统治者应选拔贤能之士,提拔任用正直之人来辅佐政治,这样百姓就会拥护,心悦诚服;反之,人民就不会服气。对于选贤任能,他还提出不少正确主张,如"不以言举人,不以人废言"④(《论语·卫灵公篇》),"先进于礼乐,野人也;……如用之,则吾从先进"⑤(《论语·先进篇》)等选才和用人的标准。

例 1. 举直错诸枉,……举枉错诸直,则民不服。⑥(《论语·为政篇》)

理译:Advance the upright and set aside the crooked, then the people will submit. Advance the crooked, and set aside the upright, then the people

---

① 王东波:《〈论语〉英译比较研究——以理雅各译本与辜鸿铭译本为案例》,博士学位论文,山东大学,2008 年,第 173 页。
② (春秋)孔丘:《〈论语〉中英文对照》,刘殿爵译,中华书局 2008 年版,第 215 页。
③ 杨伯峻:《论语译注》,中华书局 2011 年版,第 19 页。
④ 杨伯峻:《论语译注》,中华书局 2011 年版,第 164 页。
⑤ 杨伯峻:《论语译注》,中华书局 2011 年版,第 108 页。
⑥ 杨伯峻:《论语译注》,中华书局 2011 年版,第 19 页。

· 255 ·

will not submit.① (Legge, 1893: 152)

辜译: Uphold the cause of the just and put down every cause that is unjust, and the people will submit. But uphold the cause of the unjust and put down every cause that is just, then the people will not submit.② (Ku, 1898: 11)

韦译: If you raise up the straight and set them on top of the crooked, the commoners will support you. But if you raise the crooked and set them on top of the straight, the commoners will not support you.③ (Waley, 1989: 92)

刘译: Raise the straight and set them over the crooked and the common people will look up to you. Raise the crooked and set them over the straight and the common people will not look up to you.④ (D. C. Lau, 1979: 65)

"盖喜直恶枉, 乃人心共有之美德。"⑤ 提拔任用正直的人, 往往能够伸张公平正义, 形成良好的社会风气, 民众自然心悦诚服; 提拔歪曲之人, 就会破坏社会风气, 民众自然内心不服。本句理解和翻译的主要关键词有"直""枉""举""错""服"等。首先, 关于"直"的理解,《现代汉语词典》解释颇多, 包括: 不弯曲; 公正合理; 使直; 坦率等。⑥ 杨伯峻、钱穆、李泽厚等都将"直"理解为"正直的人"。理雅各将其译成"the upright", 韦利、刘殿爵均译成"the straight", 符合原意。辜鸿铭译法不同, 译为"the cause of the just", 即"正直的主张或理由", 而非"正直的人"。"枉"在《现代汉语词典》中解释为:

---

① James Legge, *The Chinese Classics*, Hong Kong: Hong Kong University Press, 1893, p. 152.
② Ku Hung-ming, *The Discourse and Sayings of Confucius*, Shanghai: Kelly and Walsh, Ltd., 1898, p. 11.
③ Arthur Waley, *The Analects of Confucius*, London: Vintage Books, 1989, p. 92.
④ D. C. Lau, *The Analects*, London: Penguin Books, 1979, p. 65.
⑤ 钱穆:《论语新解》, 生活·读书·新知三联书店 2012 年版, 第 40 页。
⑥ 中国社会科学院语言研究所词典编辑室:《现代汉语词典》, 外语教学与研究出版社 2002 年版, 第 2460 页。

第六章　译本比较：《论语》核心思想的英译

弯曲或歪斜；使歪曲；冤屈；白白地等。① 正好与"直"的意思相对，理雅各、韦利、刘殿爵将其译成反义词"the crooked"，辜鸿铭将其译成"the unjust"。"举"有"推举""选举"的意思，"错"有"放置""废置"的意思，从上述四位译者的译文而言，韦利和刘殿爵对"举"和"错"的译法更为合理。至于"服"，有"服气""归服"等含义，四位译者的译文分别为"submit"（顺从，服从）、"support"（支持）、"look up to"（敬仰，尊敬）等。从字面看，后两种译法，即韦利和刘殿爵译文与"服"的内涵存在偏差，但就本句而言，他们采用了意译的方法，其内涵与原文基本相同。

《论语》中关于选人与用人的语句还包括"听其言而观其行"②（《论语·公冶长篇》），"视其所以，观其所由，察其所安"③（《论语·为政篇》），"众恶之，必察焉；众好之，必察焉"④（《论语·卫灵公篇》）等。关于这些语句如何正确翻译与传播也值得深入探讨。

4. 节用爱民，德主刑辅。孔子认为"爱民"是德政的重心，所谓"得民心者得天下"，就是说，要想得到民众，就要爱护民众，抓住民心。《论语》中提出了许多爱民的思想，如"节用而爱人，使民以时"⑤（《论语·学而篇》），"其养民也惠，使民也义"⑥（《论语·公冶长篇》）等。同时孔子坚决反对杀戮、反对苛政和暴政，提出了以德为本，以法为辅，德治与法治相结合的执政理念。

例1. 道千乘之国，敬事而信，节用而爱人，使民以时。⑦（《论语·学而篇》）

理译：To rule a country of a thousand chariots, there must be reverent attention to business, and sincerity, economy in expenditure, and love for

---

① 中国社会科学院语言研究所词典编辑室：《现代汉语词典》，外语教学与研究出版社2002年版，第1982页。
② 杨伯峻：《论语译注》，中华书局2011年版，第44页。
③ 杨伯峻：《论语译注》，中华书局2011年版，第16页。
④ 杨伯峻：《论语译注》，中华书局2011年版，第166页。
⑤ 杨伯峻：《论语译注》，中华书局2011年版，第4页。
⑥ 杨伯峻：《论语译注》，中华书局2011年版，第46页。
⑦ 杨伯峻：《论语译注》，中华书局2011年版，第4页。

men; and the employment of the people at the proper seasons.① (Legge, 1893: 140)

辜译: When directing the affairs of a great nation, a man must be serious in attention to business and faithful and public expenditure, and love the welfare of the people. He must employ the people at the proper time of the year.② (Ku, 1898: 2)

韦译: A country of a thousand war-chariots cannot be administered unless the ruler attends strictly to business, punctually observes his promises, is economical in expenditure, shows affection towards his subjects in general, and uses the labour of the peasantry only at the proper times of year.③ (Waley, 1989: 84)

刘译: In guiding a state of a thousand chariots, approach your duties with reverence and be trustworthy in what you say; keep expenditure under proper regulation and love your fellow men; employ the labour of the common people in the right seasons.④ (D. C. Lau, 1979: 59)

本句包含的"德政"思想有两层含义：其一是治国原则（敬事与信用）；其二是治国方法（节用与爱人），"使民以时"则是"德政"思想的具体体现。⑤ 本句中"千乘之国"的译法，除辜鸿铭简单译为"a great nation"外，理雅各、韦利、刘殿爵都采用了直译方法，译为"a country of a thousand chariots"或"a state of a thousand chariots"。由此可见，辜鸿铭翻译注重灵活性，不死抠字眼，经常采用意译。理雅各译法比较刻板，常采用直译。对于"道"，在前面已经进行了阐述，其含义一般包括"领导、管理"以及"引导、诱导"。从上述译文采用

---

① James Legge, *The Chinese Classics*, Hong Kong: Hong Kong University Press, 1893, p. 140.
② Ku Hung-ming, *The Discourse and Sayings of Confucius*, Shanghai: Kelly and Walsh, Ltd., 1898, p. 2.
③ Arthur Waley, *The Analects of Confucius*, London: Vintage Books, 1989, p. 84.
④ D. C. Lau, *The Analects*, London: Penguin Books, 1979, p. 59.
⑤ 王东波：《〈论语〉英译比较研究——以理雅各译本与辜鸿铭译本为案例》，博士学位论文，山东大学，2008年，第54页。

"rule""directing""administer"以及"guiding"等词可以看出,将"道"理解为"领导、管理"无疑是正确的。对于"敬事而信"中的"信",译法多样,包括名词、形容词、动词词组等多种不同结构和形式,如"sincerity""faithful""punctually observes his promises""be trustworthy in what you say"。从本句译文可以看出,理雅各、辜鸿铭、韦利、刘殿爵译文的行文风格区别明显。理雅各译文比较简洁,整句就采用了一个 there be 句型,韦利译文略微复杂,句子结构最长。

第二节 《论语》核心思想英译特点与策略

一 理雅各英译特点与策略

传教士理雅各是19世纪英国著名汉学家,是最早最具权威的中国古籍译者之一,也是儒家典籍英译领域里程碑式的人物。[1] 他耗时40余年完成了《中国经典》的英译工作,儒家经典从此拥有较完整的英译本,这在中学西传史上可谓史无前例,绝无仅有,历代翻译家或汉学家都无可比拟。英国汉学家苏慧廉(Soothill)在其《论语》译本序言中曾说:"理雅各博士在中国典籍方面所做的里程碑式的工作实在太著名;他始终是我的良师益友。阅读他的译作,每每为其博大精深的学识、忠实严谨的译笔、令人叹为观止的探索和明白清晰的表达所折服。"[2] 另一英国汉学家翟林奈(Lionel)对理雅各译本也是赞誉有加,他说:"五十余年来,使英国读者皆能博览孔子经典者,吾人不能不感激理雅各氏不朽之作也。"[3] 自理雅各《论语》译本后,共有70多部译本出版,每一译本都或多或少受他的译本影响。通过上述《论语》核心思想英译实例的分析发现,理雅各译本具有如下特点。

1. 紧扣原文,忠实翻译。理雅各在英国受过良好教育,英文功底

---

[1] 陈丽君:《从理雅各对中国经典的翻译看文化的互动与冲击》,《中华女子学院学报》2010年第6期,第110页。

[2] William Edward Soothill, *The Analects of Confucius*, Yokohama: the Fukuin Printing Co., 1910, p.11.

[3] 转引自王辉《理雅各与〈中国经典〉》,《中国翻译》2003年第3期,第33页。

深厚，对西方基督教经典《圣经》释读方法有系统深入的了解。1843年迁居香港后，他系统研读了《论语》《中庸》《大学》等中国传统文化典籍，练就良好的中国古文功底，为他理解和注释儒家经典提供了必要的学术准备。在英译《论语》等儒家经典时，他以朱熹的《四书集注》为蓝本，广泛参考了其他注家观点。在其《中国经典》第一卷前言中，他说明了自己翻译中国经典所遵循的原则，即"对原文的忠实超出对于文体的关注"①。对《论语》等中国经典英译，他始终坚持这一翻译原则，把"忠实"放在首位。为让西方传教士们详细了解《论语》的核心思想，他主要采用直译法，力求最大限度再现原文语言特色，保证原意传达。

2. 译注结合，凸显学术。理雅各《论语》英译本脚注极为翔实，其篇幅甚至远远超过译文本身，具有极高学术价值，被称为学术性翻译（Thick Translation）典范。首先，译本每章前带有主旨，译者运用简洁明了的语言对内容进行了概括，有利于读者从整体上把握译本的内涵。其次，对首次出现的核心概念或语法现象，均加以解释说明。中英两种语言都存在一词多义现象，对核心概念或术语含义把握不准，会导致对《论语》核心思想的误解或误读。针对上述情况，理雅各依据汉字发音的特点，对每一汉字标注了拼音；同时，他通过与英文中多个对应词的比较，结合上下文及其出现的场合和语境，选取对等词汇来进行英译。再次，理雅各提供了翔实的脚注。《论语》编撰时间久远，随着时代变迁，中西方在思维方式、文化习俗与价值取向等许多方面呈现极大差异，要深刻理解和把握《论语》的核心概念或思想，西方读者面临巨大障碍。为此，他提供了丰富翔实的脚注，为读者提供尽可能多的历史文化背景知识，帮助他们结合译文真正理解和把握《论语》各章思想内容。②

3. 以耶释儒，诠释思想。理雅各在中国传教期间，意识到中国人深受儒家文化影响，要使中国受众接受基督教文化思想，难度极大。他

---

① 转引自王辉《理雅各与〈中国经典〉》，《中国翻译》2003年第3期，第34页。
② 王辉：《理雅各与〈中国经典〉》，《中国翻译》2003年第3期，第33页。

第六章 译本比较：《论语》核心思想的英译

曾明确表示，只有彻底掌握《论语》《孟子》《春秋》等中国古籍中所蕴含的儒家文化思想，才能更好地完成传教任务。① 因此，他研究并翻译《论语》等中国经典时，采取"以耶释儒"的翻译策略，即将孔子儒家学说基督教化，以耶稣基督教义来诠释孔子思想，促使《论语》成为渗透西方文化的"他者"，为基督教在中国的传播开辟道路。② 如他将"德"译成基督教意味很浓的术语"virtue"，将"神"译成基督教《圣经》中的"spirits"或"spiritual beings"等。

二　辜鸿铭英译特点与策略

19世纪末，文化怪杰辜鸿铭凭借"独步神州"的英文造诣和深厚的中国传统文化功底，完整地英译了《论语》，成为最具代表性和影响力的中国译者之一。本章通过对《论语》中的核心思想英译实例分析发现，辜鸿铭译本具有如下特点。

1. 理解深入，意译为主。由于英汉两种语言存在极大差异，有时两者之间存在不可译性，如果讲究字句的完全对等，译文会显得荒诞古怪。辜鸿铭英译《论语》的核心文化思想时，主要采用意译法，实现了译文与原文之间的灵活对等。其译文不仅译出了原作文字，而且再现了原作风格。如"君子有三变"，理雅各刻板地译为"undergoes three changes"（经历三种变化），而辜鸿铭翻译方式灵活，将其译为"appears different from three points of view"（从三种视角去看会显得不同）。

2. 自然流畅，雅致通达。辜鸿铭译文生动地道，流畅自然，语言雅致通达，显示出极高的英文造诣。他通过改写、增益等方法（如添加相关连接词），使译文衔接自然紧凑，可读性强。其译文之所以能达到如此高的境界，不仅在于他具有极高的中西文化修养，也与他独特的翻译追求密不可分。他英译的《论语》，既向西方读者展示了儒家文化思想内涵，也体现了《论语》在文学上的重要价值。

---

① 儒风：《〈论语〉的文化翻译策略研究》，《中国翻译》2008年第5期，第50页。
② 王辉：《传教士〈论语〉译本与基督教意识形态》，《深圳大学学报》（人文社会科学版）2007年第6期，第123页。

3. 关注读者，引发共鸣。读者的层次不同，需求就会存在差异，译者在英译时，应对译本的读者群进行预先估计，这样才能让读者真正了解中国传统文化精髓。① 辜鸿铭在英译《论语》时，积极为读者考虑，深化读者对儒家思想的理解，努力引发他们的共鸣和认同。他用西方读者所熟悉的著名人物（如歌德、卡莱尔、阿诺德等）的话来注释某些经文；同时，还将《论语》中的重要人物，与西方历史上相仿人物进行横向比较，如将仲由比作耶稣门徒圣彼得（St. Peter）等，收到了极佳效果。值得一提的是，因为辜鸿铭英译《论语》的目的在于传播中国传统道德文化，因此"moral"（道德）一词贯穿其译本，彰显了其译本的特色。

三　韦利英译特点与策略

韦利是英国 20 世纪最杰出的汉学家、翻译家。他一生著述、译作颇丰，内容涵盖哲学、文学、文化、历史、艺术等诸多领域。他的《论语》译本在西方学界评价极高，《芝加哥论坛报》图书推介文章中提到的第一本书就是韦利的《论语》译本，称"这是被专家誉为最好的《论语》英译本"，韦利"是我们这个时代最杰出的中国文学翻译家"。② 国内出版的两套大型系列丛书《大中华文库》《大师经典文库》都收录了韦利译本，出版说明时称它为"我国古代哲学典籍的权威译本"，是向世界说明中国的最佳代表作。③ 韦利译本现代气息浓厚，内容深入浅出，文字通晓流畅，可读性极强，贴近普通读者，影响极为广泛。它对于西方读者通过《论语》了解中国传统文化意义重大。通过对韦利《论语》译本中核心思想英译实例分析发现，其译本具有如下特点。

1. 注重统一，寻求共性。韦利在英译《论语》中的文化核心概念

---

① 奚飞飞：《多元系统理论视角下〈伤寒论〉英译的比较研究》，硕士学位论文，南京中医药大学，2012 年，第 83 页。
② Randalph John, "Scanning the Paperback", *Chicago Daily Tribune*, Aug 7, 1960, p.11.
③ （春秋）孔丘：《〈论语〉》（大师经典文库）：汉英对照》，[英] 韦利译，外语教学与研究出版社 1998 年版，第 1 页。

第六章　译本比较：《论语》核心思想的英译

时，既借鉴了理雅各、苏慧廉、辜鸿铭等《论语》英译的成果，又参考了现代学术研究的结晶。英译时努力寻求一致、合适的译法，如将"君子"译成"gentleman"，将"礼"译成"ritual"等。同时注重儒家文化的共通性，经常采用具有文化共通性的词语来英译或阐释儒家核心文化思想，如对于《论语》中"仁"的理解，他与理雅各基督教教义之"仁"，辜鸿铭人伦道德之"仁"，林语堂人性自觉之"仁"不同，认为"仁"是一个文化共通性的概念，是指最广泛、最普遍意义的"好"（Good）。[①] 他还提出"仁"是人类优秀道德品质的最高体现，是一种"神秘的实体"，于是将"仁"翻译成"Goodness"。他之所以用具有文化共通性的词语来翻译"仁"等儒家文化核心概念，并非向西方读者说明其迥异于西方思想的特质，而在于寻求跨越东西方的普遍真理，也就是说，他关注的不是儒家文化的独特性，而是在西方社会背景下的共通性。

2. 通俗易懂，简洁流畅。刘重德指出韦利译本之所以流行，主要基于两点：其一是文字比较简练，接近原文风格；其二是原文多运用连环语表达法。[②] 韦利没有把《论语》当作深奥的古代哲学著作，而是把它当作中国先秦散文经典来翻译，其译文遣词造句优美，富有诗意，充分考虑了语言形式的韵律与对仗效果，文学色彩璀璨。如在翻译《论语》中的核心语句时，有时将其译成诗歌形式，对于原文中出现的《诗经》中的诗歌，则采用了以诗译诗的形式，诗句简洁明快，韵律雅致，富有艺术感染力。如：

例1. 贤贤易色；事父母，能竭其力；事君，能致其身；与朋友交，言而有信。虽曰未学，吾必谓之学矣。[③]（《论语·学而篇》）

A man who

Treats his betters as betters,

---

① 李冰梅：《冲突与融合：阿瑟·韦利的文化身份与〈论语〉翻译研究》，博士学位论文，首都师范大学，2009年，第80—110页。

② 刘重德：《〈论语〉韦利英译本之研究——兼议里雅各、刘殿爵英译本》，《山东外语教学》2001年第2期，第17页。

③ 杨伯峻：《论语译注》，中华书局2011年版，第5页。

Wears an air of respect,

Who into serving father and mother

Knows how to put his whole strength,

Who in the service of his prince will lay

down his life,

Who in intercourse with friends is true

to his word. ① (Waley, 1989: 84-85)

例2. 战战兢兢, 如临深渊, 如履薄冰。② (《论语·泰伯篇》)

In fear and trembling,

With caution and care,

As though on the brink of a chasm,

As though treading thin ice. ③ (Waley, 1989: 133)

3. 尊重读者，以西释中。接受美学提出以读者为中心的观点，译者翻译的内容和策略在一定程度上受目的语读者的思维方式、审美取向、价值观念和期待视野的制约。因此，读者在翻译活动中的作用不可小觑，他们的接受意愿与意识直接影响译者的地位与译品的价值。韦利在《论语》英译中秉持读者优先的原则，坚持以读者为中心，从普通读者的接受能力入手。为使读者深入理解儒家文化思想，其译本撰写了很长的序言，并附有较多的注释；韦利认为历史背景对于读者理解《论语》文本非常重要，于是对文中出现的人物和事件，都在脚注中作了简单介绍；他采用"以西释中"的归化翻译策略，引入西方《圣经》中超越和神秘观念，将《论语》中重要人物或概念与西方《圣经》的宗教概念相比拟，如将"帝""孝""天""圣人""道"分别译成"Heaven""God""filial piety""Divine Sage""Way"。其译文表达灵活，语言简练易懂，地道流畅，符合西方读者的思维方式、接受心理和阅读习惯，因此其译本得到了来自大众读者，乃至专业读者（如批评

---

① 武绒:《*A Study on Arthur Waley's Translation of Lun Yu from the Perspective of the Translator's Subjectivity*》，硕士学位论文，西安外国语大学，2011年，第51页。

② 杨伯峻:《论语译注》，中华书局2011年版，第78页。

③ Arthur Waley, *The Analects of Confucius*, London: Vintage Books, 1989, p. 133.

第六章 译本比较：《论语》核心思想的英译

家、评论家和教师等）的充分肯定，儒家文化思想也因此得到了有效传播。

四 刘殿爵英译特点与策略

刘殿爵早年就读于香港大学，攻读古汉语，后赴英国攻读西方哲学，毕业后在英国伦敦大学执教将近三十年，讲授古汉语和中国古代哲学。在英国执教期间，他潜心研究中国古代典籍与哲学思想，并从事典籍英译工作。① 其《论语》译本1979年由英格兰哈芒斯沃斯（Harmondsworth）出版社出版，1983年和2008年分别由香港中文大学出版社和中华书局再版。译本被收录为"企鹅经典"丛书（英国企鹅出版集团读物）之一，也被西方汉学家誉为中国典籍英译权威之作。该译本文字精练，言简意赅。西方学者杜润德（Stephen W. Durrant）断言，其译本将会长期被作为比较文学和哲学课程标准书目使用。② 安乐哲指出刘殿爵的《论语》译本是无与伦比的权威版本。③ 具体而言，其译本具有如下特点。

1. 严谨细致，准确统一。刘殿爵译作之所以成功，主要得益于三个因素：一是深厚的英文造诣；二是深厚的汉语功底；三是极高的中西文化修养。刘殿爵学贯中西，思维精密，视野开阔，对中国典籍有独到见解。为向西方读者准确地解读《论语》中博大精深的古代道德及哲学思想，他积极学习并掌握了清代乾嘉学派训诂考据方法，广泛收集各种古籍资料，尽量做到持之有故，言必有据。为帮助西方读者深刻理解《论语》中核心思想内涵，他在译本序言中言简意赅地介绍了孔子的思想体系。魏望东提出："源语文本的同一专有名称在译入语文本中应该尽量使用同一译名，以使译入语的读者认识到一种固定的文化概念，有

---

① 谭菁：《严谨细致，准确统一——评刘殿爵〈孟子〉英译本中的哲学术语翻译》，《语文学刊·外语教育教学》2013年第2期，第47页。
② Stephen W. Durrant, On Translating Lunyu, Chinese Literature: Essays, Articles, Reviews, Vol. 3, No. 1., 1981, p.110.
③ Roger T. Ames, The Remarkable Scholarship of Professor D. C. Lau (1921-2010), Early China, Vol. 32, 2008-2009, pp. v-viii.

利于文化思想的交流和传播。"① 使用统一术语翻译关键词或核心概念，可使读者更容易把握其内涵，因此刘殿爵主张用同一词语翻译同一术语。在翻译《论语》等儒家典籍时，对含义相同的核心概念或术语，他尽量使用统一译名，如将"仁"基本都译成"benevolence"，将"礼"译成"rites"等。当然，强调核心术语翻译的统一性，不能忽视其翻译的准确性。鉴于《论语》中核心概念词普遍存在一词多义现象，实际翻译中，他并没有强求统一，而是根据核心概念出现的语境和场合，结合上下文，认真剖析术语的内涵，尽最大可能选择符合英语行文风格和表达习惯的词语、短语或句型结构，② 如对于《论语》中的核心概念"义"，理雅各、辜鸿铭和韦利都将其译为"righteousness"或"right"。然而，为保证译文准确与流畅，使西方读者能准确理解原意，理雅各根据"义"出现的不同语境，采用了不同英文单词或词组进行翻译，分别使用了"right""just""morality""moral""duty"和"ought to be done"等。

2. 清晰准确，平易流畅。刘殿爵长期钻研中国古代哲学和文学，在《论语》英译过程中，他试图从本义上解释《论语》中的儒家思想的原意，其翻译周密严谨，语言表达清晰精确。他在新版序言中指出，如果"信（准确）"和"雅（优美）"发生冲突时，"信"应摆在优先位置。他翻译用词简单明了，倾向使用盎格鲁·撒克逊（Anglo-Saxon）词汇，排斥带有西方宗教和哲学影响的拉丁语、希腊语，也避免使用不够规范的北美英语和现代英语。同时，在译文中他还增加了一些连接词和解释性材料，这虽然使文体显得冗长乏味，与原作简洁风格存在出入，但译本仍因准确性和学术性而备受推崇。如在翻译"主忠信，毋友不如己者，过则勿惮改"中的"忠信"一词时，其他译者一般译成"faithfulness and sincerity（或 trustworthy）"，刘殿爵则将其译为"Make it your guiding principle to do your best for others and to be trustworthy

---

① 魏望东：《跨世纪〈论语〉三译本的多视角研究：从理雅各、庞德到斯林哲兰德》，《中国翻译》2005 年第 3 期，第 54 页。
② 谭菁：《严谨细致，准确统一——评刘殿爵〈孟子〉英译本中的哲学术语翻译》，《语文学刊：外语教育教学》2013 年第 2 期，第 48 页。

第六章 译本比较：《论语》核心思想的英译

in what you say"。对于"夫子之道，忠恕 而已矣"，刘殿爵将其译成"The way of the Master consists in doing one's best and in using oneself as a measure to gauge the likes and dislikes of others . Thai is all"。可见，刘殿爵译文与众不同，不仅清晰准确，而且地道流畅。

3. 策略灵活，跨越差异。刘殿爵在英译文化核心思想时，主要采用了直译方法，为克服文化差异，使具有异域文化特色的中国文化概念词或语句为西方读者所理解，他灵活采用了多种翻译策略。具体包括：

第一，音译加注或直译加注。对于中国文化特色浓厚的概念词，刘殿爵采用了音译加注或直译加注的方法。如中国文化特色词"恕"，他采用了音译加注方法进行翻译，将其译成"*shu*"，并解释为"using oneself as a measure to gauge the likes and dislikes of others"。而对于"木铎"则采用直译加注方法，将其译成"the wooden tongue for a bell"（注释：to rouse the Empire）。

第二，创译。对于一些中国特色概念词，他使用一些不太常见的英文词或创造一个新的英文词来进行翻译和表达。如对君子的翻译，除了用常见的英文单词"gentleman"外，在一些场合，还使用"gentleman"的变体"gentlemanly""gentlemanliness"。对于"不仁"，他没有翻译成"non-benevolence"，而是创造新词"unbenevolence"。他认为"non-benevolence"无法表达"不仁"的内涵。

第三，固定译法。如刘殿爵将"仁""礼""君子""德"分别译成对应的英文词"benevolence""rites""gentleman""virtue"。他用西方《圣经》中的一些宗教概念词来翻译中国文化特色词，如将"命""神""天"译成"Destiny""gods""Heaven"。在翻译中，他注重中西文化的贯通，采用多种策略，努力传达中国文化的本质和精髓。

第三节 《论语》核心思想英译启示

一 求同存异——彰显儒家文化之共性与特性

"求同"即找出文化的共同之点，"存异"即保持文化的特色之处，体现异国情调。所谓"求同存异"，就是在翻译时，在忠实传达原文意义的同时,保存原语国文化的特色。美国著名翻译理论家尤金·奈达(Eugene A. Nida)在其著作《从一种语言到另一种语言》中指出:"一切翻译的目的就是寻求与原文最接近、最自然的对等语。"[1] 这也就说明翻译不可能做到绝对等值,只能做到无限接近。翻译是一种文字的转换,是一种文化的介绍,更是一种思想的阐述。[2] 由于中西文化存在极大差异,翻译要做到绝对等值往往不切实际。译者在翻译过程中,应处理好文化差异问题,使自己的译文最大可能接近原文,忠实于原文。要实现这一目的,翻译时须坚持"求同存异"的原则。

第一,典籍英译应寻求文化共通之处。文化既有个性(特殊性),又存在共性(共通之处),读者对外来文化的认同,首先是对其文化共性的认同。[3] 在《论语》的核心思想英译过程中,理雅各、辜鸿铭、刘殿爵、韦利等都强调耶儒在伦理上的一致性,并试图用儒家经典解释基督教义或用基督教文化阐释儒家文化。以"仁爱"思想为例,《论语》中的"仁爱"不仅包括爱亲人,还包含泛爱大众的含义。而基督教中的天主教的"爱"也有两层含义:一是"爱上帝";二是"爱人如己"。这说明基督教的"爱"与儒家的"爱"既有共性也有差别。耶稣会士理雅各等在翻译过程中,强调其共性的一面,把天主教"爱"的伦理套用在儒家的"仁爱"伦理上。另一译者辜鸿铭深谙儒学道德的本质,对儒学真谛理解深入透彻,认为儒学思想具有文化共通之处。他在英译《论语》时,为博得西方读者对中国传统文化的理解与接受,努力寻求中西文化的共通之处,采用了"以西释儒"的方式,其译本得到西方读者广泛认同,传播效果极为理想。因此,《论语》等典籍英译既要尊重文化差异,更应关注并探求文化共通之处,这样才能解决当前中译外的"时间差"和"语言差"问题,推动中国传统文化"走出

---

[1] Eugene A. Nida and Jan de Ward, *From One Language to Another*, London: Thomas Nelson, Inc, 1986, p.10.
[2] 史志康:《借帆出海——史译论语选载之一》,《东方翻译》2012年第2期,第66页。
[3] 刘宏伟:《辜鸿铭〈论语〉英译策略探析》,《重庆科技学院学报》(社会科学版)2014年第5期,第73页。

第六章 译本比较:《论语》核心思想的英译

去"。①

第二,典籍英译应注重保持中国文化特色。"尽管译者有同化的意图,但是译文总应使本土读者熟悉外来的新思想和新的价值观,因而在接收系统中能激发出刺激变化的潜能。"② 在《论语》英译过程中,在"求同"的同时,也有"存异"的可能性与现实性。它不仅有助于改变"西方中心主义",扩大西方读者的文化视野,获得知识和启迪,而且有助于西方读者以比较文化的视野看待中西文化,加深对中国文化的理解,促进双方的沟通与交流。此外,通过翻译还能极大丰富译入国的语言。当然,每一种民族文化都有自己独特的个性,外来文化无法随意改变或替代。目前,中国许多特色词汇蕴藏着丰富的文化积淀,具有浓郁的民族特色,难以找到直接对应的英文词汇。英译过程中,他通常采用音译、音译加注、直译加注等方法,保留原汁原味的文化特点,如"功夫"译成"*kung fu*","豆腐"译成"*tofu*","风水"译成"*feng-shui*","麻将"译成"*mah-jongg*","阴阳"译成"*yin-yang*"等。随着中外文化交流的扩大,这些词汇逐渐被西方读者所熟悉、接受和喜爱。如刘殿爵在《论语》英译时,将具有中国文化特色的词"恕",采用音译加注法译成"*shu*",并解释为"using oneself as a measure to gauge the likes and dislikes of others"。当然,"存异"并不是生搬硬套,保存"无法理解"的东西,而是在保留文化独特性的同时,对原文适当变通,使读者能理解"异"之所在,既达到了相互理解、实现沟通与交流之目的,又尊重了中西文化差异,拉近了中国文化与世界人民的距离,让西方社会感受中国文化的博大精深和独特魅力。

二 借帆出海——借助西方思想诠释儒家文化

古籍英译难,西方读者理解古籍译本也有一定难度。中国典籍英译工作不仅需要精通中英两种语言,更要谙熟中西文化,用西方读者的思

---

① 刘宏伟:《辜鸿铭〈论语〉英译策略探析》,《重庆科技学院学报》(社会科学版) 2014 年第 5 期,第 73 页。
② Maria Sidiropoulou, *Identity and Difference: Translation Shaping Culture*, Switzerland: Peter Lang AG, 2005, pp.151-152.

维方式去讲述中国典籍故事。因此，为减少西方读者对中国传统文化的陌生感，使儒家文化顺利进入西方读者世界，译者往往采用"借帆出海"的翻译方法，借用西方概念和思想来阐释儒家文化。

第一，借用西方类似人物或概念进行阐释。为帮助西方读者理解儒家文化，辜鸿铭对《论语》中出现的重要人物，如"颜回""尧""武王"等，借用基督教《圣经》中类似人物进行注释，如用《圣经》中耶稣门徒圣约翰（St. John）来类比孔子得意门生颜回，将其注解为"The St. John of the Confucian gospel, a pure, heroic, ideal character; the disciple whom the Master loved"；将周武王类比为基督教《圣经》中的所罗门，将其注解为"the warrior king or the conqueror; the Solomon of Chinese history"[①]。另一位译者刘殿爵则借用基督教《圣经》中的一些宗教概念词来阐释或翻译中国文化特色词，如将"命""神""天""圣人"等译成"Destiny""gods""Heaven""saint"等。

第二，引用西方读者熟悉的名言、典故参证注释。如辜鸿铭在译文中广泛引用西方著名思想家或文学大师（如伏尔泰、歌德等）的语录等参证注释儒家文化。[②] 他的《论语》译本副标题为"A Special Translation, Illustrated with Quotations from Goethe and other Writers"[③]。即"一部引用歌德和其他西方作家作为注解的特别译本"。他试图通过引用欧洲读者熟悉的思想家语言或观点，与儒教文化相互印证，帮助西方读者更好地理解《论语》中的儒家思想，达到理想译介效果。采用这一成功做法，目前已有学者（如史志康）在《论语》英译中进行新的研究与尝试。史志康是上海外国语大学教授，长期从事莎士比亚、培根、爱默生等名家作品的研究。为让《论语》走出国门，他积极采用"借帆出海"的翻译方法和策略，在翻译《论语》中孔子语录时，在译文中

---

① 殷丽：《辜鸿铭〈论语〉英译的归化策略分析》，《安徽工业大学学报》（社会科学版）2013年第5期，第88页。

② 刘宏伟：《辜鸿铭〈论语〉英译策略探析》，《重庆科技学院学报》（社会科学版）2014年第5期，第72页。

③ 许雷、屠国元：《〈论语〉英译中华人译者的孔子形象塑造》，《湘潭大学学报》（哲学社会科学版）2014年第2期，第104页。

第六章 译本比较：《论语》核心思想的英译

辅以欣赏与评说文字，并增加了许多有趣的注脚。同时，他还制定了一个"西方思想参照表"，广征博引西方读者熟悉的前贤名哲（如柏拉图、亚里士多德、苏格拉底、培根等）的经典语录和思想，为孔子语录及其传统文化思想做注，拉近译文与读者的距离，让不熟悉儒家学说的西方读者能轻松、亲切地领略和欣赏孔子的核心思想。① 因此，在《论语》英译过程中，应超越传统的语言层面的"忠实"翻译标准，根据需要采用"借帆出海"的翻译方法，借用西方读者熟悉的概念来类比或阐释儒家文化。

三 齐头并进——英译实践与儒家文化研究相结合

优秀典籍需要高质量译本，这是典籍中蕴含的思想精华得以传承和传播的重要方式。译者并非典籍搬运工，首先应该透彻理解典籍中的思想和精神。上述四位译者的译作在海内外大获成功，其原因除了英文造诣高超，语言准确明晰外，更重要的因素在于译者对《论语》等中国典籍有全面深入的研究，这对于《论语》等中国典籍的英译有如下启示。

第一，典籍译者应重视原典研究。典籍翻译离不开原典研究，原典研究是典籍翻译的前提。译者即使有很强的双语能力，若不对原作及相关知识进行研究，就无法透彻理解原作，也就无法在译作中准确表达。辜鸿铭、刘殿爵等的译本之所以在海内外大获成功并产生极大影响，原因除了译者英文造诣高超、精通中西文化之外，还在于译者对《论语》有深入研究，能够将英译实践与研究成果相结合。辜鸿铭精研儒家传统道德文化经典，深入研究了《论语》《孟子》等四书五经，出版了《辜鸿铭讲论语》《中国札记》《中国人的精神》《中国的牛津运动》等著作。刘殿爵不仅是翻译家和语言学家，而且是汉学研究专家，他精研西方哲学与中国古代汉语和古代哲学，长期致力于古代典籍索引编纂及其他研究工作，主编并出版了《论语逐字索引》《孔子家语逐字索引》《孟子逐字索引》等70多种著作。对中国古代典籍的深入研究，为他

---

① 史志康：《〈论语〉翻译与阐释》，上海外语教育出版社2019年版，第1—8页。

们准确解读、英译与对外传播奠定了坚实的基础。

　　第二，译者与其他学科研究者应该加强合作。典籍翻译难度较大，译者不仅应精通两种语言，具备深厚的中西文化修养，还需要了解和掌握翻译学、语言学、古代文学、文化学、传播学以及心理学等众多学科的相关知识。这对于《论语》英译者而言，有一定的难度，极富挑战性。近年来，国内虽有少数从事《论语》英译的工作者，如许渊冲、林茂荪、吴国珍等，不仅长期从事翻译实践，而且对古代典籍有精深的研究。然而还有很大一部分翻译工作者是高校外语教师，他们虽掌握了丰富的语言学、翻译学理论知识，也具有一定的翻译实践经验，但对其他学科知识，尤其是古籍知识知之甚少，更谈不上深入研究，要译出高质量的译本相当困难。因此，在《论语》英译过程中，译者不仅应深入学习、研究《论语》及相关古籍知识，还应和古代汉语、古代哲学、伦理学、比较文化、心理学等领域的专家学者密切合作，真正理解《论语》中的核心思想内容，把握中西文化的共性和差异，这样才能提升《论语》等典籍的英译质量，更好地促进中国传统文化的对外传播。

第七章　个案研究：辜鸿铭《论语》英译与传统文化传播

在众多《论语》译本中，著名翻译家辜鸿铭的译本是华人译者中翻译最早、在西方社会传播效果最为理想的译本之一。1898年，在西学东渐浪潮日盛之时，辜鸿铭逆流而上，打破《论语》英译由西方译者垄断局面，独立完成《论语》英译工作，产生巨大影响，其英译活动在《论语》英译与中国传统文化传播中地位独特，极富研究价值。[①] 本章结合翻译学、传播学等学科相关理论，在分析辜鸿铭儒家传统道德观的基础上，以其《论语》译本为个案，探讨其成功经验，为当前《论语》英译和中国传统文化对外传播提供有益借鉴和启示。

第一节　辜鸿铭及其儒家传统道德观

一　"文化怪杰"辜鸿铭简介

辜鸿铭（1857—1928），名汤生，号立诚，祖籍福建同安，清末民初人，我国著名翻译家。1857年他出生在马来西亚槟榔屿的橡胶园内。其祖辈由中国福建迁居南洋。父亲辜紫云是橡胶园总管，操一口流利闽南话，还会讲英语、马来语等。母亲为金发碧眼的西洋人，讲英语与葡萄牙语。家庭环境的熏陶，自幼培养了他对语言出奇的理解力和记忆力，对其成为语言天才产生了极大影响。自小聪敏的他深受橡胶园园主布朗（Brown）赏识，被其收为义子。他听从布朗教导，阅读了莎士比

[①] 刘宏伟：《辜鸿铭〈论语〉英译策略探析》，《重庆科技学院学报》（社会科学版）2014年第5期，第71页。

亚、培根等英国文学大师的名著。1867年，他随布朗远赴苏格兰接受西洋教育，在欧洲留学11年，先后就读于苏格兰爱丁堡大学、德国莱比锡大学等多所大学，并到法国、意大利、奥地利等地游学。留学期间，他废寝忘食地汲取西学，研读了众多西方名著，深入把握了卡莱尔、爱默生、弥尔顿、莎士比亚等西方名人和文学大师的作品内容及其思想精华。[①] 凭借天赋和勤奋，他先后掌握了英文、法文、德文、希腊文、拉丁文等9种语言，获得了13个博士学位，成为学识渊博、满腹经纶、才华横溢、深谙西方文化精髓的青年才俊。

1880年，在布朗帮助下，24岁的辜鸿铭从欧洲回到阔别14年的马来西亚槟榔屿，被政府派往新加坡辅政司任职。1881年，他偶遇当时清朝大臣、中西通才马建忠，两人一见如故，促膝长谈三日。此后，他的人生观与生活方式发生了重大转变，对中国传统文化产生了仰慕之情，决意回国学习中国语言与文化，为处于水深火热的祖国效力。1883年，他向英国殖民当局辞职，不久便来到华洋杂处的香港。同年，他完成第一篇有关中国的论文《中国学》，并在英文报纸《字林西报》发表。该文概述了19世纪以来西方汉学发展情况，严肃批评了西方汉学家们的治学态度与学术不足。从此，辜鸿铭走上了宣扬中国传统文化、嘲讽西方文化的写作之路。

1885年，辜鸿铭回到中国大陆，经广州候补知府杨玉书引荐，入晚清重臣两广总督张之洞幕府，委任为洋文案（即外文秘书），负责译述情报及礼宾工作。张之洞国学造诣深厚，其幕府聚集了朱一新、罗振玉、沈曾植、梁鼎芬、王仁俊、屠守仁等旧式文化名人。辜鸿铭利用这一有利条件，在帮助张之洞统筹洋务的同时，积极向他们学习中国传统文化，不断提升自己的中国传统文化修养，英译了《论语》《中庸》《大学》等儒学经典，发表了《中国札记》一百七十二则，积极向西方社会传播儒家文化思想，向世界阐释中国文化精神，弘扬中国道德文明的价值。

---

① 韩星：《辜鸿铭中国文化重建的思想理路》，《福建论坛》（人文社会科学版）2013年第1期，第86页。

第七章　个案研究：辜鸿铭《论语》英译与传统文化传播

在此期间，辜鸿铭先后经历了甲午之战、义和团运动等中国近代重大历史事件，接触了袁世凯、李鸿章等清朝高级官员。他长期办理邦交事务，结交了各国军政要员，深谙中外交涉之道，每遇世界不平之事，总会据理力争，将所思所感历陈报端，伸张正义。当时中国战乱频繁，内忧外患，清王朝摇摇欲坠，西方社会亦动荡不安，他对中国局势及人类前途深感忧虑，先后在《日本邮报》《中国评论》《华盛顿邮报》等国内外报纸撰文，揭露西方文明存在的种种弊端，抨击西方列强在中国的侵略行径，阐释并弘扬中国文化精神和儒家文明的价值。①

1911年，张謇和唐绍仪力图拉拢辜鸿铭为袁世凯效力，但他不为所动。为躲避袁世凯迫害，他辞去外务部职务，南下上海的南洋公学（今上海交通大学前身）任职。1912年辛亥革命胜利成立民国后，他公开宣扬效忠清朝皇室，参与帝制复辟。1915年，辜鸿铭任教于北京大学，其间撰写《中国人的精神》（又名《春秋大义》），震惊西方。该书对西方文明进行了尖锐深刻的批判，指出中国文化才是拯救世界的灵丹妙药。1919年，因对五四运动持反对与排斥态度，辜鸿铭备受冷落。1923年，蔡元培辞去北大校长职务，他紧随其后辞职。1924年离开中国，赴日本讲学。1927年，从日本回到故国。1928年病逝于北京。

辜鸿铭是一个精通中西文化、思想又极其保守的人。他对中国传统文化无比热爱，不仅用英文撰写了《中国人的精神》《中国的牛津运动》《尊王篇》等著作，还翻译了《论语》《中庸》《大学》等传统文化经典。他强烈抨击西方文明，竭力向西方展示中国文化（尤其是儒家道德文明）才是拯救世界的灵丹妙药。② 辜鸿铭的著作和译著受到了中外学者的高度评价。林语堂在《辜鸿铭集译〈论语译英文〉序》中称道他的英语水平为"英文文字超越出众，二百年来，未见其右，选词、用字，皆属上乘"③。孙中山对辜鸿铭英文造诣评价极高，称道：

---

① 王佳：《论辜鸿铭的中国传统道德观》，硕士学位论文，黑龙江大学，2008年，第5页。

② 吴景明：《中国文化的"替罪羊"——辜鸿铭文化现象及其成因》，《吉林大学社会科学学报》2012年第4期，第58页。

③ 转引自黄兴涛《文化怪杰辜鸿铭》，中华书局1995年版，第6页。

"中国有三个半精通英文者,一个辜鸿铭,一个伍朝枢,一个陈友仁。"① 李大钊也提出:"愚以为中国两千五百余年文化所钟出——辜鸿铭先生,已足以扬眉吐气于二十世纪之世界。"② 被称为中国比较文学之父的吴宓也赞扬辜鸿铭是中国文化之代表,"中国在世界的唯一宣传员"。

辜鸿铭游历英、德、法、意等西欧数国,考察了欧洲的社会制度、政治经济、文化习俗、风土人情等各方面的特征,通晓西方文明的诸多弊端。③ 美国汉学家、芝加哥大学历史教授艾恺(Guy Salvatore Alitto)将辜鸿铭与印度著名诗人泰戈尔(Tagore)和近代日本思想家冈仓(Kakuzo)比肩,认为"与泰戈尔、冈仓等成为东方著名圣哲者的,是辜鸿铭,不是梁漱溟或梁启超"。④ 日本学者萨摩雄次在《追忆辜鸿铭先生》一文中对他评价极高,他说:"先生精通数国语言,谙熟西学,同时对儒学又独具深邃的洞察力,在东西文化对比研究方面更显得出类拔萃,遂不仅为中国上层阶级所佩服,也令西方人士大为惊叹。"⑤ 德国哥廷根大学教授奈尔逊(Nelson)对辜鸿铭的西方文化素养给予了高度赞扬,认为:"他对西方文化有广泛涉猎和深入了解,这个人熟悉歌德就像一名德国人,熟悉卡莱尔、爱默生和别的盎格鲁·撒克逊作家就像一名盎格鲁·撒克逊人;这个人,他通晓《圣经》就像一位虔诚的基督徒。"⑥ 俄国著名作家托尔斯泰(Alexei Nikolayevich Tolstoy)将他视为弘扬东方文化精神的同道;英国小说家毛姆(William Somerset Maugham)对其独特见解和深邃思想评价极高,称他为"孔子学说的最大权威";法国文学家罗曼·罗兰(Romain Rolland)认为他是西方最

---

① 转引自刘东《从严辜之辩看跨文明对话》,《解放日报》2011年2月27日。
② 转引自钟兆云《解读辜鸿铭》,《书屋》2002年第10期,第40—50页。
③ 黄雪霞:《辜鸿铭与他的中西文化传递》,《天津市经理学院学报》2010年第5期,第75页。
④ 转引自黄兴涛《旷世怪杰》,东方出版中心1998年版,第367页。
⑤ [日]萨摩雄次:《追忆辜鸿铭先生》,载辜鸿铭《辜鸿铭文集(下)》,黄兴涛等译,海南出版社1996年版,第334—335页。
⑥ [德]奈尔逊:《呐喊》,载辜鸿铭《辜鸿铭文集(上)》,黄兴涛等译,海南出版社1996年版,第487页。

第七章　个案研究：辜鸿铭《论语》英译与传统文化传播

有名的中国人；丹麦文学评论家勃兰兑斯（Georg Brandes）称赞他是现代中国最重要、最伟大的作家。① 可见辜鸿铭在中国乃至世界文化史上的独特地位及其影响。

二　辜鸿铭的儒家传统道德观

在当时西学东渐背景下，辜鸿铭逆向而行，倾注毕生精力，不懈地向西方世界传播中国儒家传统道德文化，与其儒家传统道德观关系十分密切。

第一，对道德文明的理解。"文明"（civilization）是指以教养和礼貌为核心的行为，以及具有这种道德的社会状态。② 该词源于拉丁文"Civis"，其意是城市居民，后来随着西方社会的发展，"文明"与国家政策以及国际秩序等的联系更加紧密，形成了以西方现代文明为标准的霸权话语体系。辜鸿铭反对具有霸权性质的西方文明观，提倡文明应具有多样性。他认为，文明就是一种"道德标准"，"道德"是文明的灵魂，也是文明的本质内涵。在文明发展历程中，人类受"自然力"和"情欲"两种可怕力量控制与征服。"自然力"是指控制与征服自然的物质力量；"情欲"是指人类的各种本能欲望。"情欲"不加调控会给人类带来极大灾难。人类社会发展初期，通常依靠"物质力"抑制人们内心的各种欲望，但随着社会发展和时代进步，人类逐渐认识到"道德力"是抑制人类情欲"更强大、更有效的力量"。③ 辜鸿铭提出道德文明比物质文明的地位更高，作用更重要，"道德力"在调控人类"情欲"方面比"物质力"更强大、更有效。

第二，对文明价值标准的判断。近代西方社会经济快速发展，物质文明日益丰裕。为此，西方人普遍具有无比优越感，并将物质文明高低

---

① 王佳：《论辜鸿铭的中国传统道德观》，硕士学位论文，黑龙江大学，2008年，第27页。
② 刘文明：《19世纪欧洲"文明"话语与晚清"文明"观的嬗变》，《首都师范大学学报》（社会科学版）2011年第6期，第17页。
③ 辜鸿铭：《中国人的精神》，载辜鸿铭《辜鸿铭文集（下）》，黄兴涛译，海南出版社1996年版，第20页。

作为衡量一个民族文明程度的标准。辜鸿铭对此表示反对,他在著作《尊王篇》中写道:"某一民族的生活水平也可能由于某种经济原因而变得十分低下,但它本身却不是该民族道德文化或文明的证据。"① 他在《中国人的精神》一书序言中指出,要评估一种文明的价值不是"其所建造的或能建造的城市是如何宏伟,建筑是如何华丽,道路是如何通达",也并非"其所制造或能制造的家具是如何典雅舒适,仪器、工具或者设备是如何巧妙实用",而在于"这种文明产生了什么类型的男人和女人"。② 他提出,衡量一种文明价值的标准是民族的道德素养,道德文明因承载了文明道德与精神密码,与其他文明相比,更具持久性与稳定性。③

第三,对儒家道德文明本质的认识。辜鸿铭认为儒家文明基于"道德责任感",是有着高尚道德标准的文明,而西方文明缺乏合理的道德根基,没有高尚的道德标准。辜鸿铭深刻反思了第一次世界大战,意识到"道德"在文明中的基础作用。他承认西方文明在科技上的进步值得称道,在征服自然方面的成就无人媲美。但欧美人并未发现和理解真正的文明,他们在创造文明之时"只顾将其文明一个劲地加高,而不顾其基础是否牢固"④。他提出,真正成熟文明的根基是道德,而西方文明并非如此,欧美人在战争中滥用"文明的利器",给人类带来了极大灾难。儒家文明拥有新的高尚道德标准,是一种真正成熟的道德文明,能弥补西方现代文明之缺陷,疗治西方现代文明之弊病。⑤ 在其《中庸》英译本的序言中,他指出:"中国文明树立了一种理想的目标,

---

① 辜鸿铭:《尊王篇》,载辜鸿铭《辜鸿铭文集(上)》,黄兴涛译,海南出版社1996年版,第172页。
② 辜鸿铭:《中国人的精神》,陈高华译,陕西师范大学出版社2006年版,第1页。
③ 吴争春:《辜鸿铭论儒家道德文明》,《中南大学学报》(社会科学版)2013年第5期,第76页。
④ 辜鸿铭:《中国文明的复兴与日本》,载辜鸿铭《辜鸿铭文集(上)》,黄兴涛译,海南出版社1996年版,第279页。
⑤ 吴争春:《辜鸿铭论儒家道德文明》,《中南大学学报》(社会科学版)2013年第5期,第77页。

第七章 个案研究：辜鸿铭《论语》英译与传统文化传播

它不是要限制每个人的快乐，而是限制自我放纵，使每个人都得到幸福。"[1] 儒家文明的理想目标是培养民众道德责任感，它是人类社会秩序的基础。他认为，道德责任感在社会无所不在，如每人都忽视它，社会将无法想象，这种状态"哪怕只存在一个时辰或一瞬都是不可想象的"。[2] 他提出每人缺少道德责任感，就不可能存在文明的人类社会；而每人完满地按道德责任感行事，社会将会完美无缺。

第四，高度肯定儒家道德文明的价值。冯友兰认为，人生的境界有四种：第一种是自然境界；第二种是功利境界；第三种是道德境界；第四种是天地境界。[3] 高尚的道德境界能引导人们走向美好的人生。辜鸿铭高度肯定道德的价值，认为道德力量是世界上最完美、最高尚、最有效的力量，与自然力量相比，它更能控制人类激情。在其著作《中国牛津运动故事》中，辜鸿铭提出，面对上海有轨电车开通，反抗方式有四种：其一，直接、强行抗议；其二，消极抵制，洁身自好；其三，以物抵制；其四，遵循现有秩序，以"自尊""正直品质"赢得尊重。[4] 在这些方式中，辜鸿铭推崇第四种方式，他反对使人们唯利是图、道德沦丧的西方"物质实利主义文明"，主张以德治世、以德行事的理想政治境界。他高度评价中国儒家传统道德，认为儒家的"仁者爱人"与西方基督教"上帝面前一律平等"思想具有共通之处，是人们共同遵循的道德法则。同时，他认为儒家文明与欧洲文明存在根本差异，前者将正义和廉耻置于利益和有用之上，后者将利益和有用置于第一位，将正义、廉耻与法律置于末位；欧洲文明是一种不道德文明，而儒家文明是一种具有重要价值的真正的文明，是治疗欧洲现代物质主义弊病的良

---

[1] 辜鸿铭：《中庸英译》，载辜鸿铭《辜鸿铭文集（下）》，黄兴涛译，海南出版社1996年版，第511页。
[2] 辜鸿铭：《中庸英译》，载辜鸿铭《辜鸿铭文集（下）》，黄兴涛译，海南出版社1996年版，第510页。
[3] 陈智、李海蛟：《冯友兰人生境界说简析》，《内蒙古大学学报》（人文社会科学版）2001年第5期，第7页。
[4] 王佳：《论辜鸿铭的中国传统道德观》，硕士学位论文，黑龙江大学，2008年，第8页。

方,也是挽救欧洲物质实利主义文明弊端的唯一可靠力量。①

第五,充分肯定儒家的人生哲学。辜鸿铭认为真正成熟的文明应拥有正确的人生哲学。儒家人生哲学注重道德修养,知足常乐,为幸福生活、享受人生而创造财富。西方人生观则是利益、金钱至上。中国人注重情义,人际关系以道德为基础;西方人注重利益,人际关系以金钱为基础。在其《东西异同论》一文中,辜鸿铭指出:"东洋的社会,立足于道德基础之上,而西洋则不同,他们的社会是建筑在金钱之上的。换言之,在东洋,人与人之间关系是道德关系,而在西洋则是金钱关系。"②他指出,中国社会的人际关系建立在"尊尊""亲亲"基础上,而西方人与人之间的关系是基于利益的,很大程度依赖利益关系来维持,是"由于某种利益的关系而结合起来的"。③

总而言之,在当时西方文明占据话语霸权地位,国内西学盛行并备受推崇的时代背景下,辜鸿铭逆其道而行之,冷静反思第一次世界大战带给人们的巨大灾难,严厉抨击西方物质文明的种种弊端,高度肯定并赞扬儒家道德文明的价值,这对国人提升文化自觉、增强文化自信、珍视民族文化传统的意义十分重大,④ 也对其英译《论语》等儒家经典,向西方传播儒家传统文化产生了积极作用和影响。

第二节 辜鸿铭《论语》英译之动机与策略

一 辜鸿铭《论语》英译之动机

翻译目的论认为,译者从事翻译活动总带有一定目的,而翻译策略的选择受目的影响与制约,译文成功与否的关键在于是否达到预先设定的目的。要深入研究辜鸿铭《论语》英译策略与成功经验,需从他英

---

① 辜鸿铭:《呐喊》,载辜鸿铭《辜鸿铭文集(上)》,黄兴涛译,海南出版社1996年版,第525页。
② 辜鸿铭:《东西文明异同论》,载辜鸿铭《辜鸿铭文集(下)》,黄兴涛译,海南出版社1996年版,第307页。
③ 辜鸿铭:《关于政治经济学的真谛》,载辜鸿铭《辜鸿铭文集(下)》,黄兴涛译,海南出版社1996年版,第254页。
④ 吴争春:《辜鸿铭伦理思想研究》,博士学位论文,中南大学,2012年,第38页。

第七章 个案研究：辜鸿铭《论语》英译与传统文化传播

译《论语》的目的与动机开始。辜鸿铭选择《论语》英译，目的在于提高《论语》英译的质量，破除西方中心主义倾向，改变西方人对中国人及中国文化的误解与偏见，提升中国与中国人民在西方社会的形象，具体包括：

第一，对以往传教士英译儒经的不满。留欧期间，辜鸿铭就产生了英译《论语》的想法。在他之前，马歇曼、柯大卫、理雅各、威妥玛、詹宁斯等西方传教士已对《论语》进行了节译或全译，其中理雅各译本在当时极为流行，影响力巨大，被国际学术界认为是《论语》英译的"标准译本"。但辜鸿铭对以往译本都不甚满意，指责他们没将中国文明和文化作为一个整体看待，没有从哲理深层和总体高度去把握中国文化的内涵，无法反映出儒家道德思想精髓。他批评詹宁斯缺乏哲学家的洞察力，没有正确理解和阐述中国思想，没有把握孔子的真实观点。

他虽肯定了理雅各严谨的翻译态度，但对其译本也有诸多批评。在他看来，理雅各文字训练不足，缺乏文学感知力，对中国经书理解不够透彻；英译时多采用直译法，增加了大量注释，使译文显得冗长繁复。他认为理雅各译本虽适合研究中国儒家文化的汉学家研读，但过多纠缠于学术细节，无法传达儒家道德文化的精髓，对西方普通读者缺乏吸引力。在其译本序言中他曾这样写道："无论任何人，哪怕他对中国语言一窍不通，只要耐心阅读理雅各博士的译文，都将禁不住感到其译文的确不够理想，令人不满意。"[①] 其后，他进一步提出："对于绝大多数英国读者而言，理雅各博士在其译著中所展示的中国人之智识及其道德装备，如同普通英国人眼中的中国人穿着与外表一样，显得那么稀奇古怪。"[②] 可见，对西方传教士译本，尤其是对理雅各译本的不满，是促使辜鸿铭重译《论语》的直接动因。

第二，提升中国人与中国文化在西方社会的形象。辜鸿铭在欧洲留学长达 11 年，长期求学的经历使他深刻认识到西方人对中国与中国文

[①] Ku Hung-ming, *The Discourses and Saying of Confucius*, Shanghai: Kelly and Welsh Limited, 1898, p. VII.
[②] Ku Hung-ming, *The Discourses and Saying of Confucius*, Shanghai: Kelly and Welsh Limited, 1898, pp. VII-VIII.

化的成见与误解极深，19世纪的中国形象在西方阴暗可鄙，阴森可怕。① 许多西方人把中国描绘成奇特的"坠落的黑暗王国"，中华民族是"不道德的""堕落的""是上帝创造的最低劣民族"，中国文化是一种"停滞"的幼稚文化，② 中国人是杀婴的野蛮人。③ 辜鸿铭认为，英译《论语》时，传教士与汉学家往往基于西方中心主义，具有明显的基督教倾向，而且他们缺乏对中国文化的深入了解，导致其译本质量不佳，这也是西方人对中国人和中国文化产生误解、对中国文明抱持蛮横态度的主要原因之一。

辜鸿铭试图通过对《论语》等儒家经典的译介，让西方人真正理解中国优秀的儒家文化，抛弃欧洲文明中心论，形成并遵从道德责任感，改变与中国人交往时那种"炮舰"和"暴力"的野蛮态度，对中国和中国人民待之以礼、待之以道。在《论语》译序中他写道："在此，我并不想对中国智慧与道德文化发表看法，而仅借此表达一个愿望：希望有教养有头脑的英国人在读完我们的译本后，能反思并检讨对中国人的固有成见，修正对中国和中国人的误解与偏见，改变其与中国交往态度。"④ 可见，他力图通过英译《论语》，重塑中国形象和文化身份，改变西方人眼中中国愚昧落后的形象，消除他们对中国人的误解和偏见。

第三，向西方推广中国儒家传统文化。辜鸿铭之所以英译《论语》，与其中国传统道德观以及当时中国社会历史文化背景关系密切。甲午战争失败后，中国士大夫阶层和思想界对中国传统文化几乎全盘否定，极力追捧西方思想文化，形成了在政治制度和文化观念上追逐西方，改革中国的浪潮。梁启超在其撰写的《论译书》文章中指出："兵家曰：'知彼知己，百战百胜。谅哉言乎！中国见败之道有二：始焉不

---

① 周宁：《2000年西方看中国》，团结出版社1999年版，第4页。
② ［德］黑格尔：《历史哲学》，王造时译，上海书店出版社2001年版，第117—137页。
③ 周宁：《2000年西方看中国》，团结出版社1999年版，第646页。
④ Ku Hung-ming, *The Discourses and Saying of Confucius*, Shanghai: Kelly and Welsh Limited, 1898, p. X.

第七章　个案研究：辜鸿铭《论语》英译与传统文化传播

知敌之强而败,继焉不知敌之所以强而败'。"① 谭嗣同、梁启超、康有为等维新派代表人物,为了解"西人致强之道",倡导翻译西方先进国家的政治、社会与文化等领域的经典著作。② 当时,中华民族在"翻译救国"思想的影响下,涌现出梁启超、严复、林纾、王寿昌等许多杰出译者,试图从西方思想观念中寻求答案。

在西方游历多年的辜鸿铭,对西方文化极其厌恶与憎恨。他认为西方文化存在诸多弊端,西方文明是一种落后的物质文明,它导致了人性贪婪,带来了战争和社会人伦堕落;他对儒家道德文化极度推崇,指出儒家道德文明是具有进步性的精神文明,是一种真正的成熟文明。③ 在《中庸》译本序言中,他公开宣称:"中国文明和社会秩序是一个道德文明和真正社会秩序,它符合事物本性,因此不会消亡。"④ 正是基于他对儒家道德文明的高度肯定及其坚定信念,出于捍卫中国传统文化的使命感,促使他选择《论语》等儒家经典英译,向西方世界宣扬儒家文化,让西方人意识到中国具有高尚道德标准的文明,远比西方的物质实利主义文明更加优越。

二　辜鸿铭《论语》英译之策略

翻译策略是宏观层面的方针和目标,是为达到特定的翻译目的所采用的具体方法和手段、方式的总和。⑤ 译者往往根据翻译目标选择与之相适应的翻译策略。辜鸿铭英译《论语》是在19世纪末,当时中国刚经历了甲午战争的失败,形成了追捧西方思想与文化的浪潮。在"西学东渐"占主导地位的情形下,他选择采用意译、归化以及改写等翻

---

① 转引自中国翻译工作者协会《翻译通讯》编辑部《翻译研究论文集(1894—1948)》,外语教学与研究出版社1984年版,第8页。
② 边立红:《操纵与改写:辜鸿铭英译儒经》,《山东外语教学》2009年第3期,第87页。
③ 辜鸿铭:《辜鸿铭文集·下卷》,海南出版社1996年版,第5—17页。
④ Ku Hung-ming, *The Universal Order, or Conduct of Life*, Shanghai: The Shanghai Mercury Limited, 1906, pp. II-III.
⑤ 方仪力:《直译与意译:翻译方法、策略与元理论向度探讨》,《上海翻译》2012年第3期,第17页。

译方法和策略,将中国儒家传统文化成功输往西方,具体体现在:

(一)采用意译方法,追求动态对等

动态对等(或功能对等),由美国语言学家、翻译理论家尤金·奈达(Eugene A. Nida)提出,是其翻译理论的最核心内容之一。1964年尤金·奈达在其发表的《翻译科学探索》一书中首次提出"形式对等"和"动态对等"两个概念。所谓"形式对等",是指尽量不改变原文结构与形式,保持原文信息的一种翻译策略;"动态对等"则是指摆脱原文语言结构及其形式约束,用最切近、最自然的语言再现原文信息的一种翻译策略。[1] 由于中西社会和文化的巨大差异,前者往往会曲解原文信息,很难实现语义对等;后者注重原文意义与内涵,更能够实现语义与文体上的对等;同时,后者往往强调源语读者与目的语读者心理反应的相近,更易使目的语读者理解和接受。[2] 辜鸿铭在英译《论语》中的核心概念和思想时,主要运用了动态对等翻译策略,具体包括:

第一,根据动态对等原则英译核心概念。"对于真正成功的翻译而言,熟悉两种文化甚至比掌握两种语言更为重要。"[3] 中西文化产生和发展的社会历史与时代背景不同,两种文化存在极大差异。它们在思维方式、价值观念、宗教信仰、语言文字与风俗习惯等诸多方面大相径庭,按传统"忠实"标准,遵照"形式对等"翻译原则,采用"直译法",英译效果往往不太理想。为此,辜鸿铭在英译《论语》时,没有片面追求"逐字对译"的形式对等,而是根据不同文化语境和场合,采用了"意译法",力图实现动态对等。对于《论语》中的"德""仁""义""孝"等核心概念,西方读者对它们比较陌生,而且很难找到完全对应的英文词来翻译,为使译文符合他们的接受心理和思维习惯,他根据动态对等原则进行了灵活处理。如:

---

[1] Eugene A. Nida, *Toward a Science of Translating*, Shanghai: Shanghai Foreign Language Education Press, 2004, p.166.
[2] 马会娟:《奈达翻译理论研究》,外语教学与研究出版社2009年版,第99页。
[3] [美]尤金·奈达:《语言文化与翻译》,严久生译,内蒙古大学出版社1998年版,第107页。

第七章　个案研究：辜鸿铭《论语》英译与传统文化传播

例1. 苟志于仁矣，无恶也。① (《论语·里仁篇》)

辜译：If you fix your mind upon a <u>moral life</u>, you will be free from evil.② (Ku, 1898：23)

例2. 刚、毅、木、讷近仁。③ (《论语·子路篇》)

辜译：A man of strong, resolute, simple character approaches nearly to the true <u>moral character</u>.④ (Ku, 1898：117)。

例3. 志士仁人，无求生以害仁，有杀身以成仁。⑤ (《论语·卫灵公篇》)

辜译：A gentleman of spirit or a man of <u>moral character</u> will never try to save his life at the expense of his <u>moral character</u>; he prefers to sacrifice his life in order to save his <u>moral character</u>.⑥ (Ku, 1898：136)

例4. 当仁，不让于师。⑦ (《论语·卫灵公篇》)

辜译：When the question is one of <u>morality</u>, a man need not defer to his teacher.⑧ (Ku, 1898：141)

例5. 如有王者，必世而后仁。⑨ (《论语·子路篇》)

If a really God-sent great man were to become Emperor now, it would still take a generation before the people could <u>be moral</u>.⑩ (Ku, 1898：111)

---

① 杨伯峻：《论语译注》，中华书局2011年版，第35页。
② Ku Hung-ming, *The Discourse and Sayings of Confucius*, Shanghai：Kelly and Walsh, Ltd., 1898, p. 23.
③ 杨伯峻：《论语译注》，中华书局2011年版，第161页。
④ Ku Hung-ming, *The Discourse and Sayings of Confucius*, Shanghai：Kelly and Walsh, Ltd., 1898, p. 117.
⑤ 杨伯峻：《论语译注》，中华书局2011年版，第161页。
⑥ Ku Hung-ming, *The Discourse and Sayings of Confucius*, Shanghai：Kelly and Walsh, Ltd., 1898, p. 136.
⑦ 杨伯峻：《论语译注》，中华书局2006年版，第192页。
⑧ Ku Hung-ming, *The Discourse and Sayings of Confucius*, Shanghai：Kelly and Walsh, Ltd., 1898, p. 141.
⑨ 杨伯峻：《论语译注》，中华书局2011年版，第167页。
⑩ Ku Hung-ming, *The Discourse and Sayings of Confucius*, Shanghai：Kelly and Walsh, Ltd., 1898, p. 111.

"仁"是中国传统文化最核心的概念,也是理解和翻译《论语》的难点和关键。以往传教士和汉学家将其译为"benevolence""virtue""humanity"等,但辜鸿铭译法截然不同,他根据不同语境,采取比较灵活的翻译策略,译成与"moral"主题相关的不同英文词汇,以凸显"仁"的道德内涵,如上述例1至例5中他分别将"仁"译为"moral life""moral character""morality"和"be moral"。此外,他还根据"仁"出现的不同场合,采用了其他多种译法,如:"a moral man""men of moral character""a pure moral life""men of moral worth""live a moral life""moral well-being"等。

例6. 礼云礼云,玉帛云乎哉?[①]（《论语·阳货篇》）

辜译:Men speak about Art! Art! Do you really think that merely means painting and sculpture?[②]（Ku,1898:156）

例7. 君子义以为质,礼以行之。[③]（《论语·卫灵公篇》）

辜译:A wise and good man makes Right the substance of his being; he carries it out with judgment and good sense.[④]（Ku,1898:138）

例8. 克己复礼为仁。[⑤]（《论语·颜渊篇》）

辜译:Renounce yourself and conform to the ideal of decency and good sense.[⑥]（Ku,1898:95）.

例9. 上好礼,则民莫敢不敬。[⑦]（《论语·子路篇》）

辜译:When the rulers of a country encourage education and good man-

---

[①] 杨伯峻：《论语译注》，中华书局2011年版，第183页。
[②] Ku Hung-ming, *The Discourse and Sayings of Confucius*, Shanghai: Kelly and Walsh, Ltd., 1898, p. 156.
[③] 杨伯峻：《论语译注》，中华书局2011年版，第164页。
[④] Ku Hung-ming, *The Discourse and Sayings of Confucius*, Shanghai: Kelly and Walsh, Ltd., 1898, p. 138.
[⑤] 杨伯峻：《论语译注》，中华书局2011年版，第121页。
[⑥] Ku Hung-ming, *The Discourse and Sayings of Confucius*, Shanghai: Kelly and Walsh, Ltd., 1898, p. 95.
[⑦] 杨伯峻：《论语译注》，中华书局2011年版，第133页。

第七章 个案研究：辜鸿铭《论语》英译与传统文化传播

ners, the people will never fail in respect!①(Ku, 1898: 109).

例 10. 恭而无礼则劳，慎而无礼则葸，勇而无礼则乱，直而无礼则绞。②（《论语·泰伯篇》）

辜译：Earnestness without judgment becomes pedantry; caution without judgment becomes timidity; courage without judgment leads to crime; uprightness without judgment makes men tyrannical.③（Ku, 1898: 59）.

"礼"是儒家文化另一核心概念词，在《论语》中出现了 74 次。"礼"与"仁"关系密切，是"仁"的外化与社会显现形式。在不同语境中，"礼"的含义各不相同，辜鸿铭根据不同语境采用了灵活多样的翻译方式。上述五个例子他分别译为"art""judgment and good sense""the ideal of decency and good sense""education and good manners""judgment"等。同时，在其他不同场合还译成"courteous""propriety""civilization""the correct form"等（见表 5-3）。他的译法能反映儒家道德"礼"内涵的多样化，语义上基本实现了与"礼"的中文意思相对应，这主要归因于其对儒家道德文化的整体把握。但从文化传播角度看，译法过多难以使西方读者理解"礼"的真实内涵，并且有些译法（如例 5），如将"礼"译成"judgment""art"，似乎有点太过，与原文存在一定偏差。

第二，灵活调整道德核心句。对于一些看似简单的句型，辜鸿铭没有根据字面意思直译，而是按照他对儒家道德经义的深刻理解，进行了灵活调整。如：

例 1. 君子有三变：望之俨然，即之也温，听其言也厉。④（《论语·子张篇》）

辜译：A good and wise man appears different from three points of

---

① Ku Hung-ming, *The Discourse and Sayings of Confucius*, Shanghai: Kelly and Walsh, Ltd., 1898, p.109.
② 杨伯峻：《论语译注》，中华书局 2011 年版，第 75 页。
③ Ku Hung-ming, *The Discourse and Sayings of Confucius*, Shanghai: Kelly and Walsh, Ltd., 1898, p.59.
④ 杨伯峻：《论语译注》，中华书局 2011 年版，第 98—199 页。

view. When you look at him from a distance he appears severe; when you approach him he is gracious; when you hear him speak, he is serious.① (Ku, 1898: 171).

此句中"有三变",以往传教士没有真正理解其含义,往往译错或不准确,如理雅各采用直译法僵硬刻板地译为"undergoes three changes"(经历三种变化)。辜鸿铭则采用意译法,将其译为"appears different from three points of view"(从三个视角去看会显得不同),其译法更为灵活恰当。②

例 2. 为政以德,譬如北辰,居其所而众星拱之。③（《论语·为政篇》）

辜译: He who rules the people, depending upon the moral sentiment, is like the Pole-star, which keeps its place while all the other stars revolve round it.④（Ku, 1898: 7）.

此句是《论语》德政思想的核心语句,理雅各翻译时,采用逐字逐句的"直译法",运用正式表述,用词较学术化,译文略显生硬、呆板,如对于"为政",他将其译成"exercise government",而对于"譬如",他则采用词组"may be compared to"等。相较之下,辜鸿铭译文就比较口语化,使用相对简单的词语或语句,如将"为政"译为"rules the people","譬如"译为"like",且句型灵活多变,常常运用分词短语与定语从句,表达地道流畅。

第三,追求译文风格动态对等。动态对等不仅包括语义对等,还涵盖文体和风格的对等。在《中庸》英译本序言中,辜鸿铭指出:"要彻底掌握原文意义,既要对等译出原作文字,又要再现原作文体风格。"⑤

---

① Ku Hung-ming, *The Discourse and Sayings of Confucius*, Shanghai: Kelly and Walsh, Ltd., 1898, p. 171.
② 黄兴涛:《文化怪杰辜鸿铭》,中华书局 1995 年版,第 85 页。
③ 杨伯峻:《论语译注》,中华书局 2011 年版,第 11 页。
④ Ku Hung-ming, *The Discourse and Sayings of Confucius*, Shanghai: Kelly and Walsh, Ltd., 1898, p. 7.
⑤ Ku Hung-ming, *The Universal Order, or Conduct of Life*, Shanghai: The Shanghai Mercury Limited., 1906, p. II.

第七章　个案研究：辜鸿铭《论语》英译与传统文化传播

这在其《论语》中的诗歌翻译中得到了充分体现。《论语》中孔子及其弟子多次引用《诗经》中的语句，其中直接引自《诗经》的语句包括："巧笑倩兮，美目盼兮""如切如磋，如琢如磨""相维辟公，天子穆穆""战战兢兢，如临深渊，如履薄冰""深则厉，浅则揭""乐而不淫，哀而不伤"等。[1] 这些诗歌都具有丰富的道德意蕴，而以德论《诗》，观《诗》中的德义是孔子引用和论述诗歌的一贯原则。[2] 要译好《论语》中的诗歌，准确传达其中蕴含的道德内涵，难度极大。诗歌翻译包括四个至关重要的方面，即诗的意义、语言的情况、诗艺的情况及全诗的整体效果。[3] 辜鸿铭在诗歌英译中，追求灵活对等，采用"以诗译诗"和"借形传神"的翻译方法，不仅成功将原诗意义及其文化内涵传达出来，而且实现了风格上的对等，获得节奏和声韵上的美感。例如：

例1. 巧笑倩兮，美目盼兮，素以为绚兮。[4]（《论语·八佾篇》）

辜译：Her coquettish smiles，/
How dimpling they are，/
Her beautiful eyes，/
How beaming they are；/
O fairest is she/
Who is simple and plain.[5]（Ku，1898：16）.

"巧笑倩兮，美目盼兮"引自《诗经·卫风·硕人》，其意为"巧妙笑时酒窝好，美目盼时眼波俏"，[6] 体现"硕人"之神韵与风度。要准确传达原文内涵，具有一定难度。辜鸿铭为实现译文的动态对等，凭

---

[1] 陈炜舜：《辜鸿铭〈论语〉引〈诗〉译笔浅析》，《闽台文化交流》2008年第3期，第15页。
[2] 荆雨：《由〈论语〉和〈诗论〉谈孔子以德论诗》，《武汉大学学报》（人文科学版）2003年第5期，第546—550页。
[3] 易立新：《以诗译诗　诗人译诗——王佐良诗歌翻译述评》，《哈尔滨学院学报》（社会科学版）2001年第6期，第109页。
[4] 杨伯峻：《论语译注》，中华书局2011年版，第25页。
[5] Ku Hung-ming, *The Discourse and Sayings of Confucius*, Shanghai: Kelly and Walsh, Ltd., 1898, p.16.
[6] 周振甫：《诗经译注》（修订本），中华书局2010年版，第76页。

借其扎实的英语语言功底,深厚的文学文化造诣,强烈的民族文化自觉意识,运用"以诗译诗"的方法,实现了语义和风格对等。其译文文字简洁,形象生动,充分展示了中国古诗的韵美。

例2. 凤兮凤兮! 何德之衰? 往者不可谏,来者犹可追。已而,已而! 今之从政者殆而!① (《论语·微子篇》)

"O Phoenix bird! O Phoenix bird, /
Where is the glory of your prime? /
The past, —it is useless now to change, /
Care for the future yet is time. /
Renounce! give up your chase in vain; /
For those who serve in Count and State/
Dire peril follows in their train."② (Ku,1898:164).

中国古典诗歌语言凝练优美,言简意赅,寥寥数语就能反映出作者对人生哲学、文学、美学以及社会政治等方面的思考。诗歌翻译的最高境界是"意境"。中国古典诗歌文化意象深厚,语言风格简练,采用传统"忠实"译法,诗歌艺术和意境无法在译文中再现,这就需要译者具有变通能力,能灵活运用翻译策略与方法。③ 上述诗歌共六句,每句字数不同,但平仄有序,富有乐感。辜鸿铭在翻译中,在吃透原文的基础上,采用了"以诗译诗"的翻译方法,调整了部分语序,虽从语言层面分析,可能不太忠于原文,但却符合英文诗歌韵律特点,双行押韵,读后朗朗上口,尤其是"Renounce! give up your chase in vain"一句将接舆对于孔子未在乱世之际隐退的不理解和惋惜之情得以充分地宣泄。④

---

① 杨伯峻:《论语译注》,中华书局2011年版,第191页。
② Ku Hungming, *The Discourse and Sayings of Confucius*, Shanghai: Kelly and Walsh, Ltd., 1898, p. 164.
③ 章莉:《从接受理论角度看辜鸿铭诗歌翻译策略》,《湖南科技学院学报》2012年第6期,第28页。
④ 吴欣:《辜鸿铭〈论语〉的英译特色》,《安徽工业大学学报》(社会科学版)2009年第4期,第68页。

第七章 个案研究：辜鸿铭《论语》英译与传统文化传播

（二）利用归化策略，注重以西释儒

德国哲学家兼翻译家施莱尔马赫（Friedrich Schleiermacher）提出："翻译有两种不同方法：其一是尽量不扰乱读者安宁，努力让作者靠拢读者的方法；其二是尽量不扰乱原作者安宁，努力让读者靠拢作者的方法。"① 其后，美籍意大利学者、翻译家韦努蒂（Laurence Venuti）将其命名为"归化法"（Domestication）和"异化法"（Foreignization）。所谓"归化法"，即归化翻译策略或方法，是指译者尽量减少译文的异国情调，采用自然流畅的语言，努力降低异域文本"陌生化"；"异化法"，即异化翻译策略或方法，是指译者尽量保持原作的异国情调，体现异域民族的语言特征和风格特色。② "归化法"强调摆脱译语的语法规范，尽量选择相同或相似的表达方式，讲究译文的流畅通达；"异化法"注重保留异域风情，保持异国文化的价值观和意识形态。

翻译策略的选择与译者对两种语言的通晓程度、翻译目的和读者的审美需求、阅读期待及接受能力等因素关系密切。辜鸿铭不仅极具语言天赋，能娴熟运用中英两种语言，而且饱读中西文化经典著作，精通东西文化，这为他更好地选择翻译策略提供了有利条件。在《论语》英译过程中，辜鸿铭意识到要想让西方读者，尤其是英语国家的普通读者从根本上理解儒家道德思想内涵，必须尽量消除异质文化因素造成的陌生感。为淡化原文陌生感，他从适应西方受众接受心理的角度出发，主要采用了归化策略。为帮助西方读者更好地理解儒家传统道德文化，他凭借深厚的中西文化修养，采用以西释儒的方式，努力寻求中西文化的共通之处。具体方法包括：

第一，省略专有名词（包括人名、地名等）。辜鸿铭翻译《论语》的目的在于传播儒家文化精髓，省略或删除一些西方读者难以理解的专有名词，能使译文更流畅，表达更清晰，更具可读性。在翻译过程中，

---

① 杨柳：《20世纪西方翻译理论在中国的接受史》，上海外语教育出版社2009年版，第98页。

② Lawrence Venuti, *The Translators Invisibility*: A History of *Translation*, London: Routledge, 1995, p. 20.

对西方读者不太熟悉的专有名词（如人名、地名等）或难以理解的儒家概念词，辜鸿铭或将其直接删除，或采用西方社会耳熟能详、家喻户晓的术语进行解释和翻译。比如对于孔子众多弟子的名字（颜回和仲由除外），他或直接删除，或译为"a disciple""a disciple of Confucius""another disciple"等，如：

例1. 子贡曰："我不欲人之加诸我也，吾亦欲无加诸人。"① （《论语·公冶长篇》）

辜译：A disciple said to Confucius, "What I do not wish that others should not do unto me, I also do not wish that I should do unto them."② （Ku, 1898: 31）.

本句将孔子的弟子"子贡"译成"A disciple"，通过这种处理方式，减少了西方读者阅读和理解的障碍。

例2. 季氏使闵子骞为费宰。③ （《论语·雍也篇》）

辜译：A minister in power in Confucius' native State sent for a disciple of Confucius to make him the chief magistrate of an important town . ④ （Ku, 1898: 41）.

上句中出现的三个专有名词（即季氏、闵子骞和费宰），辜鸿铭没有采取直译方法进行翻译，而将其替换为"A minister in power in Confucius' native State"（季氏），"a disciple of Confucius"（闵子骞），"the chief magistrate of an important town"（费宰）。他将上述三个专有名词简化，将原文信息直接传达给读者，消除了读者对异域文化的陌生感，克服了文化差异之障碍，使他们直接领略文本大意，更好地理解儒家思想内涵，实现了传播文化的初衷。⑤

---

① 杨伯峻：《论语译注》，中华书局2011年版，第45页。
② Ku Hung-ming, *The Discourse and Sayings of Confucius*, Shanghai: Kelly and Walsh, Ltd., 1898, p.31.
③ 杨伯峻：《论语译注》，中华书局2011年版，第57页。
④ Ku Hung-ming, *The Discourse and Sayings of Confucius*, Shanghai: Kelly and Walsh, Ltd., 1898, p.41.
⑤ 张枝新：《后殖民视角下解读辜鸿铭译经的归化法》，《河南理工大学学报》（社会科学版）2009年第2期，第318页。

第七章　个案研究：辜鸿铭《论语》英译与传统文化传播

第二，借用西方类似人物进行类比阐释。为帮助西方读者更好地了解孔子的重要弟子和古代圣贤，如"颜回""仲由""尧""武王""周公"等，辜鸿铭借用《圣经》中类似的人物进行注释或比拟，如用《圣经》中耶稣门徒圣彼得（St. Peter）、圣约翰（St. John）来类比孔子弟子仲由和颜回，将仲由注解为"The St. Peter of the Confucian gospel"（儒教福音中的圣彼得），并进一步解释为"a brave, intrepid, impetuous, chivalrous character"（一个勇敢无畏、易冲动、具有骑士风度的人物）；将颜回注解为"The St. John of the Confucian gospel"（儒教福音中的圣约翰），并解释为"a pure, heroic, ideal character"（一个纯洁、英勇、理想的人物）；并进一步补充说明该人物是"the disciple whom the Master loved"（主所喜爱的门徒）；同时，他用基督教中的所罗门王、摩西（或梭伦）类比周武王和周公，将古代圣贤周武王注解为"the warrior king or the conqueror"（武士国王或征服者）、"the Solomon of Chinese history"（中国历史上的所罗门王）；将周公注释为"The Moses or Solon of Chinese History"（中国历史上的摩西或梭伦）、"The Founder also of Confucius' native State"（鲁国的建立者）。[①] 对于中国特色词汇如"天""圣人"等，辜鸿铭用基督教中的"God""saint"等词来翻译，降低了西方读者对中国专有名词的陌生感，使儒家传统文化顺利进入西方读者视野，为对外传播儒家传统文化发挥了重要作用。当然，采用该种译法，也容易产生歧义，无法再现原文的丰富文化内涵，例如：

例1. 子曰："巍巍乎，舜禹之有天下也，而不与焉！"子曰："大哉尧之为君也！"[②]（《论语·泰伯篇》）

辜译：Confucius remarked: "How toweringly high and surpassingly great in moral grandeur was the way by which the ancient Emperors *Shun* and *Yu* came to the government of the Empire, and yet they themselves were un-

---

[①] 钟明国：《辜鸿铭〈论语〉翻译的自我东方化倾向及其对翻译目的的消解》，《外国语文》2009年第2期，第137页。
[②] 杨伯峻：《论语译注》，中华书局2011年版，第82页。

· 293 ·

conscious of it. "① (Ku, 1898: 64).

Confucius remarked: "Oh! How great as a ruler of men, was Yao, the Emperor!"

Note: Shun and Yu: The Isaac and Jacob of Chinese history: two men in early Patriarchic times in China who rose from the plough share to the throne (B. C. 2255-2205 and B. C. 2205-2197)② (Ku, 1898: 64).

Yao: The Abraham of Chinese history. (B. C. 2356-2258)③ (Ku, 1898: 64).

本句中包括三个重要历史人物：尧、舜、禹。他们是中国古代最有名的部落联盟首领，也是孔子心目中的道德楷模。他们在中国家喻户晓，但在西方却不为人知。为使西方读者熟悉他们，辜鸿铭采用类比阐释的方法，选用《圣经》中的著名人物"Abraham""Isaac""Jacob"来翻译，并注释为："舜、禹是中国历史中的以撒（Issac）和雅各（Jacob）；中国远古族长制时代（即公元前2255—前2205和公元前2205—前2179）两位由普通农民登上帝王宝座的人；尧是中国历史中的阿伯拉罕（Abraham）（公元前2356—前2258）"。通过类比阐释方法，辜鸿铭将中西两种对等的文化意象进行了替换，使西方读者发现中西人物的相似之处，从而减少了西方读者对中国文化的陌生感，消除了文化理解上的隔阂，让他们更容易记住《论语》中重要人物的身份和特性。

例2. 子入太庙，每事问。④（《论语·八佾篇》）

辜译：When Confucius first attended the service at the State Cathedral (Ancestral Temple of the reigning prince), he enquired as to what he should

---

① Ku Hung-ming, *The Discourse and Sayings of Confucius*, Shanghai: Kelly and Walsh, Ltd, 1898, p.64.

② Ku Hung-ming, *The Discourse and Sayings of Confucius*, Shanghai: Kelly and Walsh, Ltd, 1898, p.64.

③ Ku Hung-ming, *The Discourse and Sayings of Confucius*, Shanghai: Kelly and Walsh, Ltd, 1898, p.64.

④ 杨伯峻：《论语译注》，中华书局2011年版，第28页。

第七章 个案研究：辜鸿铭《论语》英译与传统文化传播

do at every stage of the service.① （Ku，1898：18）

"太庙"是指中国古代鲁国的周公庙，它是中华礼乐文明发源地，始于唐武德元年（618），距今已有1380多年的历史，专门为纪念、祭祀周初重臣周公旦而建。辜鸿铭将其译为"the State Cathedral"。"Cathedral"在《朗文当代英语辞典》和《韦氏词典》的解释为"the main church of a particular area under the control of a bishop"②。可见，"Cathedral"是指西方基督教的大教堂，是基督教（天主教、新教、东正教）等举行弥撒礼拜等宗教事宜的地方，也是西方读者最熟悉的建筑物。辜鸿铭采用此种译法，无疑加深了西方读者对该太庙这一建筑物的理解。

第三，引用西方读者熟悉的名言、典故参证注释。辜鸿铭在译文中广泛引用西方著名思想家与文学大师（包括歌德、伏尔泰、爱默生、莎士比亚、卡莱尔、华兹华斯等）的名言、语录、诗歌以及典故等来参证注释儒家道德文化。③ 在其《论语》英译本的封面，辜鸿铭增加了副标题"A Special Translation, Illustrated with Quotations from Goethe and other Writers"④（一本引用歌德和其他西方作家话语做注解的特别译本）。在其《论语》译本序言中，他开宗明义指出："为使读者彻底理解文本内容，我们还增加了一些注释，引用了著名欧洲作家的话。通过增加这些欧洲读者所熟悉的思想系列，帮助他们进行理解。"⑤

例1. 譬如为山，未成一篑；止，吾止也！譬如平地，虽覆一篑；

---

① Ku Hung-ming, *The Discourse and Sayings of Confucius*, Shanghai: Kelly and Walsh, Ltd., 1898, p. 18.

② 英国培生教育出版有限公司：《朗文当代英语辞典》，外语教学与研究出版社2004年版，第233页。

③ 刘宏伟：《辜鸿铭〈论语〉英译策略探析》，《重庆科技学院学报》（社会科学版）2014年第5期，第72页。

④ 许雷、屠国元：《〈论语〉英译中华人译者的孔子形象塑造》，《湘潭大学学报》（哲学社会科学版）2014年第2期，第104页。

⑤ Ku Hung-ming. *The Discourses and Saying of Confucius*, Shanghai: Kelly and Welsh Limited, 1898: viii.

进，吾往也！^①（《论语·子罕篇》）

辜译：Suppose a man wants to raise a mound and, just as it wants only one basket more of earth to complete the work, suppose he were suddenly to stop: the stopping depends entirely upon himself. Suppose again a man wants to level a road, although he has just thrown over it only one basket of earth; to proceed with the work also depends entirely upon himself.^②（Ku, 1898: 71-72）

Note: Life lies before us as a huge quarry lies before the architect. He deserves not the name of architect except when, out of this fortuitous mass of materials, he can combine with the greatest economy, fitness and durability, some form the pattern of which originated in his own spirit.... Believe me, must part of the misery and mischief, of all that is denominated evil in this world, arises from the fact that men are too remiss to get a proper knowledge of their aims and when they do get it, to work persistently in attaining them. They seem to me like people who have taken up a notion that they must and will erect a tower, but who yet expend on the foundation not more stones and labor than would be sufficient for a hut—GOETHE, Wilhelm Meister.^③（Ku, 1898: 71）.

辜鸿铭引用歌德一段话对孔子思想进行了注释，他认为两者具有相通之处，于是引用歌德的话语来注释孔子的"以堆山为喻"，告诫学生在为学求道过程中，应发挥主观能动性，要坚持不懈、持之以恒、自强不息，这样才能学有所成。^④ 歌德在西方社会赫赫有名，可谓家喻户晓，影响巨大。辜鸿铭运用歌德思想和话语作注解，最大化地消除了异域文化给西方读者带来的阅读障碍与隔阂，使西方读者更容易理解与接

---

① 杨伯峻：《论语译注》，中华书局2011年版，第92页。
② Ku Hung-ming, *The Discourse and Sayings of Confucius*, Shanghai: Kelly and Walsh, Ltd., 1898, pp. 71-72.
③ Ku Hung-ming, The Discourse and Sayings of Confucius, Shanghai: Kelly and Walsh, Ltd., 1898, p. 71.
④ 张枝新：《后殖民视角下解读辜鸿铭译经的归化法》，《河南理工大学学报》（社会科学版）2009年第2期，第318页。

第七章 个案研究：辜鸿铭《论语》英译与传统文化传播

受孔子的观点，从而产生共鸣。

例2. 慎终，追远，民德归厚矣。①（《论语·学而篇》）

辜译：By cultivating respect for the dead, and carrying the memory back to the distant past, the moral feeling of the people will waken and grow in depth.②（Ku，1898：3）

理雅各依据皇疏将该句中的"慎终"译为"Let there be a careful attention to perform the funeral rites to parents."③；辜鸿铭则根据刘宝楠的注解，将"慎终"译为"cultivating respect for the dead"；他还引用《圣经·诗篇》第77篇第5节句子加注为"Cogitavi dies antiquos et annos æternos in mente habui."④（我想起过去的日子，追忆已往的岁月）。这首诗的主旨是告诫人们要牢记上帝伟大的作为，追忆起往昔成就的奇事。他引用此篇，不仅两者文字上近似，且将中国祖先崇拜与基督教上帝崇拜相对应，借以增强译文对西方读者的说服力。

例3. 以约失之者鲜矣。⑤（《论语·里仁篇》）

辜译：He who wants little seldom goes wrong.⑥（Ku，1898：27）.

Note：Better, perhaps, he who confines his spheres.⑦（Ku，1898：27）.

You will find, on the average, fewer had economists in the country than in the towns, fewer again in small towns than in large ones. Why? Man is in-

---

① 杨伯峻：《论语译注》，中华书局2011年版，第6页。
② Ku Hung-ming, *The Discourse and Sayings of Confucius*, Shanghai：Kelly and Walsh, Ltd., 1898, p.3.
③ James Legge, *The Chinese Classics*, Hong Kong：Hong Kong University Press, 1893, p.141.
④ Ku Hung-ming, *The Discourse and Sayings of Confucius*, Shanghai：Kelly and Walsh, Ltd., 1898, p.3.
⑤ 杨伯峻：《论语译注》，中华书局2011年版，第39页。
⑥ Ku Hung-ming, *The Discourse and Sayings of Confucius*, Shanghai：Kelly and Walsh, Ltd., 1898, p.27.
⑦ Ku Hung-ming, *The Discourse and Sayings of Confucius*, Shanghai：Kelly and Walsh, Ltd., 1898, p.27.

stead for a limited condition——Goethe.① （Ku，1898：27）。

本句中原文的意思是：如果约束自己，严于律己，犯错误的可能性是极少的。辜鸿铭在注释中提出的译文是"he who confines his spheres"。他引用德国作家歌德撰写的著作《威廉·迈斯特的学习时代》中的内容，即威廉与他的叔父间的一段对话进行注释，意思是人性需正义，而不应囿于所处环境。辜鸿铭高度认可基于礼仪和文化教养的儒家道德观，提出个人应注重道德修养，修身养性是建立良好社会秩序的基础，培养民众的道德和精神是建立文明社会的前提，他还积极提倡"君子之道"。② 他认为，在西方国家中，德国最崇尚道德修养，也最讲究社会秩序。德国思想家歌德是西方孔子的化身，《论语》中孔子的道德思想是中华传统文化思想之精华，而歌德的道德思想正是西方世界的精神源泉和理想归宿。③ 辜鸿铭采用"借帆出海"的方法，引用德国著名作家歌德的思想进行注释，构建共通对等关系，凸显了中西文化之共性，便于西方读者理解孔子的道德思想。

例4. 兴于《诗》，立于礼，成于乐。④ （《论语·泰伯篇》）

辜译：In education sentiment is called out by the study of poetry; judgment is formed by the study of the arts; and education of the character is completed by the study of music.⑤ （Ku，1898：61）

在翻译这一句时，辜鸿铭引用了华兹华斯的一段话加以注释，即：

"*WOEDSWORTH says of poetry that is tends to*：

— '*Nourish the imagination in her growth*，

And give the mind that apprehensive power，

Whereby she is made quick to recognize，

---

① Ku Hung-ming, The Discourse and Sayings of Confucius, Shanghai：Kelly and Walsh, Ltd., 1898, p. 27.
② 李钢：《和而不同——历史文化视阈下的〈论语〉英译研究》，博士学位论文，湖南师范大学，2012年，第82页。
③ 李钢：《历史文化视阈下的〈论语〉英译研究》，湖南人民出版社2013年版，第83页。
④ 杨伯峻：《论语译注》，中华书局2011年版，第80页。
⑤ Ku Hung-ming, *The Discourse and Sayings of Confucius*, Shanghai：Kelly and Walsh, Ltd., 1898, p. 61.

第七章 个案研究：辜鸿铭《论语》英译与传统文化传播

The moral properties and scope of things.' "① （Ku，1898：61）。

上述注释中，华兹华斯提出诗歌对个人成长意义重大，能培育个人的想象力，增强理解力，促使个人快速认识到道德本质及其事物范围，这与"兴于《诗》"的理念相一致。《诗经》一直充当教化民众的工具，在中国历史上地位极其重要。为使西方读者充分认识到诗歌的重要价值，辜鸿铭通过"征召这些欧洲读者熟悉的思想系列"，使他们深切体验到儒家道德思想智慧。也正是通过这些西方思想的助读，辜鸿铭的《论语》译本得到了西方社会的高度认可，儒家道德思想也成功地传播到了西方社会。

（三）运用改写策略，力求流畅可读

20世纪90年代初，美国翻译理论家安德列·勒菲弗尔（Andre Lefevere）提出了翻译改写理论，将翻译看作是一种改写行为。在《翻译、改写以及对文学名声的制控》（1992）一书中，他对改写理论进行了界定，认为"改写泛指对文学原作进行翻译、改写、编选、批评与编辑等各种加工与调整的过程，改写主要受两方面限制：意识形态和诗学形态"。②《论语》等典籍翻译的最高境界，是把作品丰富的文化思想内涵传递给读者。典籍翻译有两种主要策略：一种是传统翻译策略，即按"信""达""雅"标准将原语直接译成目标语；另一种则是改写策略，即顺应读者的接受心理与审美情趣，将原文的思想内容进行部分或整体改写。孙艺风曾指出："翻译的首要目标就是帮助目的语读者更好地理解不同的经验，或按照某种模式去了解，并通过修改那些太富异域性而难以理解或体验的译文，尽可能地消除不可理解性。"③他认为翻译是译者面向目的语读者，用不同语言对原作进行改写的过程。张旭也提出："高超的译者在翻译中往往更看重对原作象征意义的挖掘与传递，

---

① Ku Hung-ming, *The Discourse and Sayings of Confucius*, Shanghai: Kelly and Walsh, Ltd., 1898, p. 61.

② André Lefevere, *Translation, Rewriting and the Manipulation of Literary Fame*, London: Routledge, 1992, p. 9.

③ 孙艺风：《视角阐释文化：文学翻译与翻译理论》，清华大学出版社2004年版，第306页。

《论语》英译与文化传播

并尽可能在目标语中再造出类似审美效果。这样既让原作在翻译中获得了新生,也使翻译作品在异域文化中得到更好接受,真正实现中西文化正常交流之目的。"① 如对于莫言的作品,译者就采取了改写策略,将作品丰富的思想内容及艺术魅力完整地呈现出来。

辜鸿铭在西方留学多年,深谙欧洲思想意识、社会文化,比较了解西方读者的接受心理和阅读兴趣。在翻译过程中,他没有严格遵循传统的"信""达""雅"翻译标准,而是创造性地采取了改写策略。他发挥了译者主体性,克服中西文化的差异,顺应西方读者的阅读习惯和审美需求,对原文进行了调整、改动与增删。② 其译文流畅自然,生动地道,显示了其高超的语言造诣、娴熟的翻译技巧以及良好的中西文化修养,具体包括:

第一,增加主语、代词、连接词等。在翻译过程中,辜鸿铭通过增加主语、代词、连接词,运用排比句式和主从结构等,增强了译文的连贯性、流畅性与可读性,深受西方读者欢迎,达到很好的传播效果,例如:

例1. 仰之弥高,钻之弥坚。瞻之在前,忽焉在后。夫子循循然善诱人,博我以文,约我以礼,欲罢不能。③(《论语·子罕篇》)

辜译:The more I have looked up to it the higher it appears. The more I tried to penetrate into it the more impenetrable it seems to be. When I have thought I have laid hold of it here, lo! it is there. But the Master knows admirably how to lead people on step by step. He has enlarged my mind with an extensive knowledge of the arts, while guiding and correcting my judgment and taste. Thus I could not stop in my progress, even if I would.④ (Ku, 1898:69).

上段译文辜鸿铭通过增加"the more... the more"的排比结构,使

---

① 张旭:《文化走出去,"绊"在哪里?》,《福建日报》2013年9月6日,http://fjrb.fjsen.com/fjrb/html/2013-09/06/content_ 667448.htm。
② 刘宏伟:《辜鸿铭〈论语〉英译策略探析》,《重庆科技学院学报》(社会科学版) 2014年第5期,第73页。
③ 杨伯峻:《论语译注》,中华书局2011年版,第89页。
④ Ku Hung-ming, *The Discourse and Sayings of Confucius*, Shanghai: Kelly and Walsh, Ltd., 1898, p. 69.

第七章 个案研究：辜鸿铭《论语》英译与传统文化传播

译文对仗工整，言简意赅，用词准确到位。同时，他将"欲罢不能"译成"Thus I could not stop in my progress, even if I would"，用词简单易懂，充分彰显原文内涵，生动再现了原作的神韵。

例 2. 好仁不好学，其蔽也愚；好智不好学，其蔽也荡；好信不好学，其蔽也贼……①（《论语·阳货篇》）

辜译：First there is the mere love of morality: that alone, without culture, degenerates into fatuity. Secondly, there is mere love of knowledge: that alone, without culture, tends to dilettantism. Thirdly, there is the mere love of honesty: that alone, without culture, produces heartlessness..."②（Ku, 1898: 155-156）.

辜鸿铭在翻译该句时，增加了"first""secondly""thirdly"等连接词，使译文逻辑顺序清楚，层次结构鲜明。同时，其译文表达方式也变化多端，如本句相继运用"degenerates into""tends to""produces"等英文动词词组或单词来进行英译，使译文表达结构清晰，表现形式多样，可读性极强。

例 3. 子张曰："何谓五美？"子曰："君子惠而不费，劳而不怨，欲而不贪，泰而不骄，威而不猛。"③（《论语·尧曰篇》）

辜译："What are the five good principles to be respected?", asked the disciple.

Confucius replied, "First, to benefit the people without wasting the resources of the country; secondly, to encourage labour without giving cause for complaint; thirdly, to desire for the enjoyments of life without being covetous; fourthly, to be dignified without being supercilious; fifthly, to inspire awe without being severe."④（Ku, 1898: 7）.

---

① 杨伯峻：《论语译注》，中华书局 2011 年版，第 182 页。
② Ku Hung-ming, *The Discourse and Sayings of Confucius*, Shanghai: Kelly and Walsh, Ltd., 1898, pp. 155-156.
③ 杨伯峻：《论语译注》，中华书局 2011 年版，第 207 页。
④ Ku Hung-ming, *The Discourse and Sayings of Confucius*, Shanghai: Kelly and Walsh, Ltd., 1898, p. 7.

上段译文辜鸿铭运用了"概括—具体型"的典型英文语篇结构形式。首先，他提出该段的主干成分；同时，逐一列举出其他五个附属成分，主干与附属成分具有一定逻辑关系，这样使西方读者能沿着译文的篇章结构进行阅读，从而体会并感受其内在的逻辑层次关系。① 此外，在英译时，还增加了逻辑关系词（first、secondly、thirdly、fourthly、fifthly），使译文逻辑清楚，层次鲜明，通顺易读。

例4. 道之以政，齐之以刑，民免而无耻；道之以德，齐之以礼，有耻且格。②（《论语·为政篇》）

辜鸿铭：If in government you depend upon laws, and maintain order by enforcing those laws by punishments, you can also make the people keep away from wrong-doing, but they will lose the sense of shame for wrong-doing. If, on the other hand, in government you depend upon the moral sentiment, and maintain order by encouraging education and good manners, the people will have a sense of shame for wrong-doing and, moreover, will emulate what is good.③（Ku，1898：7）

本句中辜鸿铭根据英语表达习惯，增加了逻辑关系词"if""but""on the other hand"等，使目的语的语篇逻辑语义关系得以建构，深刻地阐释了孔子德政思想的内涵，逻辑严谨，结构紧凑。

第二，省略或改写某些语句。在翻译过程中，应重视译文是否自然流畅，这就意味着要摆脱原文语句形式的制约，对原文某些结构做适度调整；而要达到流畅效果，通常以原作句子成分为代价，尝试各种不同重述模式进行英译。④ 在翻译过程中，辜鸿铭对《论语》的原文进行了灵活变通与调整，省略或改写某些语句，使晦涩难懂的内容，变得通俗易懂，使译文表达符合目的语读者的思维方式、审美情趣与阅读习

---

① 张小波、张映先：《从古籍英译分析意识形态对翻译的影响》，《中国科技翻译》2006年第1期，第42页。
② 杨伯峻：《论语译注》，中华书局2011年版，第11页。
③ Ku Hung-ming. *The Discourse and Sayings of Confucius*, Shanghai: Kelly and Walsh, Ltd., 1898, p.7.
④ 孙艺风：《翻译的暴力》，《中国翻译》2014年第6期，第6页。

第七章 个案研究：辜鸿铭《论语》英译与传统文化传播

惯。如：

例1. 刚、毅、木、讷近仁。①（《论语·子路篇》）

辜译：A man of strong, resolute, simple character approaches nearly to the true moral character.②（Ku, 1898：117）.

辜鸿铭将此句中的"刚""毅""木"分别译成"strong"（坚强，刚强）、"resolute"（果敢，坚毅）、"simple"（单纯，朴质），而"讷"一词却在译文中省略，其原因可能在于西方文化中无法找到与"讷"相对应的英文词。"讷"表示"迟钝"的意思，一般用作贬义，但此处却是褒义词，表示说话做事小心谨慎，英文难以找到确切意思来表达其内涵，因此，辜鸿铭选择了不译，使译文更加简洁明了，更易让西方读者接受。③

例2. 君子不器。④（《论语·为政篇》）

辜译：A wise man will not make himself into a mere machine fit only to do one kind of work.（Ku, 1898：10）.

本句的原文结构简单，仅仅四个字，翻译本句的关键是对于"器"的理解。何谓"器"？《易传·系辞上》曰："形而上者谓之道，形而下者谓之器。"⑤ "器"是指看得见的东西或物质。"君子不器"意思为"君子不应该像机器一样，只适合做一种工作"，而应该掌握事物的本质与规律，对任何事物都能游刃有余的处理。⑥ 对于"器"的翻译，理雅各、韦利与刘殿爵分别译为"utensil"（器皿，用具）、"implement"（工具，器械）、"vessel"（器皿，容器）等。可见，他们基本上照字面直译，都将此句译成"君子不是一个器皿（或工具）"，意思让人难以

---

① 杨伯峻：《论语译注》，中华书局2011年版，第141页。
② Ku Hung-ming, *The Discourse and Sayings of Confucius*, Shanghai: Kelly and Walsh, Ltd., 1898, p.117.
③ 皮谨煜：《生态翻译学视角下的辜鸿铭英译〈论语〉》，《开封教育学院学报》2014年第4期，第20—21页。
④ 杨伯峻：《论语译注》，中华书局2011年版，第17页。
⑤ 周振甫：《周易译注》，中华书局2013年版，第249页。
⑥ 王东波：《〈论语〉英译比较研究——以理雅各译本与辜鸿铭译本为案例》，博士学位论文，山东大学，2008年，第69页。

理解。辜鸿铭与上述三位译者不同,"器"采用了"machine"(机器,器械或设备)一词,但如只将"器"译成"machine",其意思西方读者也很难理解,因为"man"并非"machine"。因此,辜鸿铭采用改写策略,在"machine"后增加了"fit only to do one kind of work"这一非谓语动词结构,对其进行了解释说明,将其译成"君子不会将自己塑造成仅适合做一种类型工作的机器",从而"器"的深层内涵体现出来,意思一目了然,达到了跨文化传播之目的。

第三节 辜鸿铭《论语》英译之特点

通过对辜鸿铭儒家传统道德价值观及翻译动机和策略的分析发现,他凭借其深厚的中西文化修养,灵活运用各种翻译策略,根据西方读者接受心理,对原文进行"简化"或"改写",努力寻求中西文化共通之处及其差异,积极弘扬中国儒家道德文明。虽然其译文不符合传统意义上的忠实,却从文化观念、文学风格、心理习惯及审美需求等方面迎合了西方读者的期待视野,产生了很好的传播效果,已成为《论语》翻译的典范译本,对当今《论语》等典籍英译与传统文化传播富有启示价值。具体包括如下四个方面。

一 《论语》英译凸显道德精髓

《论语》是中国传统文化典籍,其核心内容是儒家道德文化思想。辜鸿铭高度肯定儒家道德价值,认为儒家道德是拯救西方道德堕落的灵丹妙药。为向西方弘扬中国传统文化,他选择《论语》进行英译。在《论语》英译过程中,他着重突出儒家思想的道德主题,主要途径有两种:其一,在前言、注释及附录部分反复强调儒家道德之价值;其二,在核心概念的翻译上别出心裁,百虑一致。[①] 为凸显《论语》道德文化的思想内涵,"moral"一词在其译本中反复出现,总共出现

---

① 王辉:《后殖民视域下的辜鸿铭〈中庸〉译本》,《解放军外国语学院学报》2007年第1期,第64页。

第七章 个案研究：辜鸿铭《论语》英译与传统文化传播

了 200 余次，是其译本中出现频率最高的词。在翻译过程中，辜鸿铭采取统一英译原则，在英译道德核心概念时，"moral"一词贯穿始终。如将"仁"分别译成"moral sense""moral character"，"仁者"译为"the moral man"，"德"译为"the moral worth""the moral sentiment"，"君子"译为"moral man""a wise and good man"，"性"译为"moral nature""our moral being"，"中"译为"our true self or moral being"，"道"译为"the moral law"，"中庸"译为"the universal moral order"等。辜鸿铭突出"moral"（道德）这一主题，这与当时社会的主流意识形态关系密切，也缘于译者个人受意识形态的影响。辜鸿铭认为真正的文明是指作为精神圣典的道德力，而非西方所标榜的器物之美。为凸显中国传统道德文化的教化力量，让西方读者深刻理解中国优秀道德文化的思想内涵，他借助核心术语的英译来彰显儒家道德思想。

二 《论语》英译具有读者意识

中华文化对外传播过程中须考虑两个因素，即文化内涵的凸显和传播功效。① 翻译的目的是传播，而一切传播是为了效果。不产生效果，任何传播都是徒劳的。而翻译能否达到很好的传播效果，就在于翻译内容与翻译质量能否被读者（受众）接受，产生共鸣。也就是说，《论语》英译应具有读者意识。

读者意识可以分三个层次：第一，读者是谁，即翻译服务的目标语对象；第二，读者究竟有何需求，即译者应选择哪些内容进行翻译；第三，怎样才能满足读者的需求，即译者采取哪些策略和方法帮助读者理解和接受所翻译的内容。从典籍外译的角度看，读者意识是指译者在典籍外译过程中，积极关注读者、主动了解读者，根据读者需要有目的、有意识地选择内容进行的翻译实践活动。换言之，典籍外译的读者意识，就是译者心理始终装着读者，主动为目标语读者服务。具体来说，

---

① 许雷、朱乐红：《悖论中前行：辜鸿铭英译〈论语〉策略反思》，《教育文化论坛》2009 年第 1 期，第 76 页。

■《论语》英译与文化传播

译者在典籍外译时，应熟知并运用对外译介的"三贴近"原则，即"贴近中国发展实际，贴近国外受众对中国信息的需求，贴近国外受众的思维习惯"①。译者只有时刻为读者着想，潜心研究外国文化，深入了解外国人的心理思维模式，善于发现中外文化的差异和特点，努力按外国受众思维习惯进行翻译，才能保证译文的可读性，向读者成功地输入异质文化。

辜鸿铭《论语》英译并没有逐字逐句翻译，离"忠实原文"的准则可能相去甚远，却达到了很好的传播效果，原因正在于他能积极从读者角度出发，采用贴近西方语言规范和价值体系的归化翻译策略和改写策略，消除了西方读者对中国文化的陌生感，引起了他们思想上的共鸣，实现了西方读者对儒家道德思想的理解和认同。"一种文化能否为其他文化所接受和利用，绝非一厢情愿能办到的。这首先要看该种文化（文学）能否为对方所理解，是否能为对方做出有益的贡献，引起对方的兴趣，成为对方发展自身文化的资源，而被其自觉的吸收。"② 因此，为促进中国传统文化"走出去"，在翻译《论语》等儒家典籍时，应具备读者意识，注重读者的接受心理和审美需求，将西方读者"陌生化"的中国传统文化"熟悉化"，引发读者阅读兴趣，让他们在阅读过程中自觉接受并吸收中国传统文化思想。

三 《论语》英译注重文化共性

民族文化既有共性，也存在各自的特性。对一个民族文化的认同，首先在于对其文化共性的认同。儒家传统文化在世界传播并产生影响的重要原因，就在于它具有文化共通性，具有全人类共同认可的一些核心价值观，如诚信、忠恕、和谐、仁爱、孝道等。"为仁由己，而由人乎哉？"③ "仁"是人类本性所固有的精髓。"孝顺"在《论

---

① 黄友义：《坚持"外宣三贴近"原则，处理好外宣翻译中的难点问题》，《中国翻译》2004 年第 6 期，第 29 页。
② 乐黛云：《比较文化与比较文学十讲》，复旦大学出版社 2005 年版，第 7 页。
③ 杨伯峻：《论语译注》，中华书局 2011 年版，第 121 页。

第七章　个案研究：辜鸿铭《论语》英译与传统文化传播

语》中的含义并非简单地服从，通常等同于遵循公正的要求。①《孝经》中，孔子曰："故当不义，则子不可以不争于父，臣不可以不争于君；故当不义则争之。从父之令，又焉得为孝乎？"② 孔子主张父母犯错时，孩子应以尊重的方式表达抗议，通过温和委婉的方式，促使父母改变自身错误行为。通过本书第四章的跨文化调查研究也证实，《论语》中的孝道思想是全世界人类共同的核心价值观，具有文化的共通性。

辜鸿铭长期研读儒家经典，深谙儒家思想本质。他对儒家道德价值极为推崇，认为儒家道德既是中国人遵守的道德准则，也是放之四海而皆准的普遍真理。正是这样的认识以及这种强大的驱动力，促使辜鸿铭将《论语》等儒家经典译介到西方，向西方宣扬中国优秀传统文化，改变西方对中国文明的偏见。在英译《论语》的过程中，辜鸿铭尤其注重探求文化的共通性（共性），对西方读者难以理解的核心概念和思想，他采用"以西释儒"的方式，利用西方读者熟知的核心概念或著名人物的名言、典故等进行诠释，运用外国语言来讲中国文化故事，从而达到了理想的传播效果。

谢天振认为："翻译是受到译入语国家政治、意识形态、时代语境、民族审美情趣等许多因素制约的文化交际行为。因此，要想让翻译产生应有的影响，我们的目光必须关注到文化的跨国、跨民族、跨语言的传播方式、途径、接受心态等翻译行为以外的种种因素。"③ 翻译的最终目的是实现跨文化沟通与传播，如果无法做到这一点，翻译活动就不可能成功。辜鸿铭英译《论语》时，受强烈翻译动机的驱使，不仅关注语义信息的传达，更注重"西强中弱"的时代背景、译入语的国家政治、意识形态，并将目光投入西方受众的接受心态，因而取得理想

---

① 杨韶刚：《集体主义与个体主义道德文化的教育反思》，《教育学报》2011年第5期，第35—40页。
② 孔子文化大全编辑部：《〈孝经〉（汉英对照本）》，傅根清今译，刘瑞祥、林之鹤英译，山东友谊出版社1998年版，第26页。
③ 谢天振：《语言差和时间差——中国文化"走出去"需重视的两个问题》，《文汇读书周报》2011年9月2日。

的传播效果。辜鸿铭的《论语》英译，直接推动了"忠恕""仁爱""和谐""诚信"等儒家传统文化思想在西方世界的传播，促进了西方读者对儒家文化的广泛认同。因此，在中国传统文化受到前所未有的重视、中国典籍英译日渐升温的背景下，挖掘辜鸿铭英译《论语》的跨文化传播价值，可为当今中国传统文化和社会科学成果"走出去"提供有益借鉴。

第八章　人己通：跨越文化屏障

——《论语》英译与文化传播模式

中国的儒家道德"不管在外交上，还是在国际舞台上，中国儒家的道德是人类最重要的一个贡献。西方法律形成的良好秩序、良好治安是中国可以学习的，学习法律不是要放弃道德，而是要加强道德，所以这会是人类的一个理想。所以今天中国人责任很重大，对自己的责任，对世界的责任，对西方的责任"。① 进入新时代，经济全球化进程不断加快，人们在物质财富不断丰富的同时，也面临着诸多危机与挑战，如何建立新的道德伦理秩序已引起全世界高度关注。《论语》蕴含的丰富的传统文化思想，具有超地域、超时代性，对于当代中国乃至世界具有十分重要的价值，可以为建设世界新道德伦理秩序，构建人类命运共同体做出重要贡献。在当前"一带一路"背景下，如何利用中译外，推动中国传统文化"走出去"，为世界发展贡献"中国智慧"，是值得深入探讨的课题。本章将结合前述研究成果，阐释一种独特的道德文化沟通与传播方式。本研究认为，在《论语》等典籍英译和传统文化对外传播过程中，应遵循"人己通"对外译介模式，这是跨越文化屏障，实现文化平等对话、交流与传播的必要途径。

第一节　何谓"人己通"

"人己通"是指自己和他人相互尊重，平等交流，心意相通；它具

---

① 成中英：《儒学复兴的当代价值——中国传统文化的现状和未来》，凤凰网，2015年1月9日，http://blog.ifeng.com/zhuanti/special/rxfx2015/。

有三层含义：一是"人己相和"，即互尊互谅、求同存异、和谐共处；二是"人己相爱"，即将心比心、爱人如己、推己及人；三是"人己相同"，即自己和他人都属人类，彼此平等，命运与共，应包容互鉴，以诚相待。[1] 也就是说，在文化外译过程中，既要具有"文化自觉"和"文化自信"，也要做到"尊重多样"和"悦纳异己"（即对他者文化和异己文化的接纳和包容）。[2] 具体而言，它体现了"和而不同"的哲学理念、"推己及人"的他人意识以及"文化平等"的比较文化视野。

一 "和而不同"之哲学理念

"和而不同"语出《论语·子路篇》，是我国最古老哲学命题之一，也是中华传统文化的核心与精髓。它是孔子在继承春秋以前"和""同"概念的基础上所提出的。这两字最早出现在中国古代甲骨文与金文中，《尚书》《国语》《礼记》《左传》《周易》等古籍中均有记载。如《尚书·尧典》中的"八音克谐，无相夺伦，人神以和"[3]、《礼记·月令第六》中的"天地和同"[4]、《周礼·冬官考工记》中的"和则安"[5] 等。上述例子中的"和"表示"调和""和谐"等含义，而"同"则有"相同""相等"等多种内涵。[6]

春秋时期，不少政治家阐述了"和""同"两者之关系。最早探讨两者辩证关系的是史伯，他在《国语·郑语》中提出"夫和实生物，同则不继"[7]，将"和"与"同"作了相反阐述，即有"和"才能生成

---

[1] 刘宏伟、王湘玲：《"人己通"外译模式与中国传统文化对外传播研究》，《湖南大学学报》（社会科学版）2020 年第 4 期，第 100 页。

[2] 刘小新、朱立立：《从"怨恨哲学"迈向"友爱的政治学"——对近年台湾文化翻译与阐释中"悦纳异己"思想脉络的观察与读解》，《东南学术》2008 年第 1 期，第 133 页。

[3] 王世舜、王翠叶：《尚书译注》，中华书局 2012 年版，第 28 页。

[4] （清）阮元：《十三经注疏》，中华书局影印本，1980 年版，第 1356 页。

[5] （清）阮元：《十三经注疏》，中华书局影印本，1980 年版，第 914 页。

[6] 王能昌、李建生、张来芳：《孔子"和而不同"思想及其现实价值》，《南京政治学院学报》2004 年第 4 期，第 103 页。

[7] 陈桐生：《国语》，中华书局 2013 年版，第 573 页。

第八章 人己通：跨越文化屏障

事物，如只存在"同"，则事物则无法存在。① 同时，他认为"和"与"同"之间只有统一，不存在根本矛盾。春秋末年，晏婴进一步深刻论述了"和同之辩"，认识到两者相互对立，辩证统一。他们对"和同之辩"的深刻阐释，深化了人们对两者关系的认识和理解。

孔子在继承两人"和同之辩"思想的基础上，提出了"和而不同"的思想。《论语·子路篇》中的"君子和而不同，小人同而不和"②，意为君子善于协调各种矛盾，能使事情恰到好处；小人却一味盲目苟同。③ 孔子将"和""同"作为区别"君子"与"小人"的重要标准，从而上升至道德与人生的准则。也就是说，"和而不同"思想，不仅是一般哲理之阐述，更是为人处世的最高准则。④ 孔子在《论语》中提出的"君子周而不比，小人比而不周"⑤、"君子泰而不骄，小人骄而不泰"⑥ 等都由此思想衍生而来。"君子"与"小人"、"和"与"同"均构成矛盾对立统一的两方面，充分体现了孔子的辩证思想。孔子"和而不同"思想，经历代学者传承与阐述，内涵不断丰富。冯友兰在著作《中国现代哲学史》中对"和""同"思想作了系统总结和简明阐释，"在中国古典哲学中'和'与'同'不一样，'同'不能容'异'；'和'不但能容'异'，而且必须有'异'，才能称其为'和'"。⑦ 概括而言，"和而不同"在古代汉语中主要包含两方面含义：其一，作动词用，表示"协调不同的人和事并使之均衡"，即将不同者优点发扬光大，做到取长补短；其二，表示和谐适度，不走极端，即"过犹不及""允执其中"等。

"和而不同"这一哲学理念建立在"和中有异，异中求和"的基础

---

① 王能昌、李建生、张来芳：《孔子"和而不同"思想及其现实价值》，《南京政治学院学报》2004年第4期，第103页。
② 杨伯峻：《论语译注》，中华书局2011年版，第14页。
③ 张来芳：《孔子"和而不同"思想及其现代价值》，《南昌大学学报》（人文社会科学版）2001年第3期，第25页。
④ 张来芳：《孔子"和而不同"思想及其现代价值》，《南昌大学学报》（人文社会科学版）2001年第3期，第24—29页。
⑤ 杨伯峻：《论语译注》，中华书局2011年版，第17页。
⑥ 杨伯峻：《论语译注》，中华书局2011年版，第141页。
⑦ 冯友兰：《中国现代哲学史》，广东人民出版社1999年版，第253页。

之上，它通过互济互补，博采众长，达到协调统一、和谐共生，它不仅是一种人生哲学，也是一种翻译哲学，对于翻译和文化交流传播具有重要指导意义；以往不少译者在翻译《论语》等中国传统文化典籍时，既立足本民族文化，又主动汲取其他各民族文化精髓，实现不同民族文化的交流互鉴，让中国传统文化焕发出了生机和活力。① 因此，在文化对外译介和传播过程中，译者应秉持"和而不同"理念，抛弃二元对立思维，遵循共赢互信、求同存异原则，容纳多元文化共存；同时，应该尊重人类文化的多样性和差异性，提倡在保持自身文化特色的同时，对他国文化予以足够尊重和理解，这样才能"跨越历史、语言、社会和文化的距离"②，推动世界文化多元发展与和谐共生，实现人类文明共同进步。

二 "推己及人"之他人意识

"推己及人"，即孔子所说的"己所不欲，勿施于人"③。其意为：自己不想要的东西，切勿强加给别人，其中心意思是将心比心，对待别人如同对待自己一样。它是中国传统文化的核心思想精华，也早已成为全世界的"黄金规则"或"道德金律"。

"己所不欲，勿施于人"并非孔子首创，在他之前就已存在，后经他大力倡导，成为重要名言之一。《论语》中有多处记载，如"出门如见大宾，使民如承大祭；己所不欲，勿施于人"④ "恕也！……己所不欲，勿施于人"⑤ "我不欲人之加诸我也，吾亦欲无加诸人"⑥ 等，都体现了"待人如己""推己及人"的人己关系论。

自孔子后，后世儒家进一步阐发了"己所不欲，勿施于人"的思

---

① 刘宏伟、王湘玲：《"人己通"外译模式与中国传统文化对外传播研究》，《湖南大学学报》（社会科学版）2020年第4期，第101页。
② 孙艺风：《文化翻译》，北京大学出版社2016年版，第173页。
③ 杨伯峻：《论语译注》，中华书局2011年版，第164页。
④ 杨伯峻：《论语译注》，中华书局2011年版，第121页。
⑤ 杨伯峻：《论语译注》，中华书局2011年版，第164页。
⑥ 杨伯峻：《论语译注》，中华书局2011年版，第45页。

第八章 人己通：跨越文化屏障

想。《中庸》曰："忠恕违道不远，施诸己而不愿，亦勿施于人。"① 其意为：如果能做到忠和恕，就已离中庸之道不远；凡是不愿别人加给自己的，就不要强加给别人。张载在《正蒙·中正》中曰："己所不欲，勿施于人，……能恕也"；同时，他还提出"以爱己之心爱人，则尽仁"。② 朱熹在解释"忠"和"恕"时，提出"尽己之谓忠，推己之谓恕"③。后来他将其进一步深化，提出"主于内为忠，见于外为恕。忠是无一毫自欺处，恕是称物平施处"。④ 他认为"忠"为忠于内心，不欺骗自己，而"恕"是推己及人，也就是说，在与人交往中，应遵循平等理念，尊重他人意愿，像对待自己一样对待他人。明儒魏良弼说："己所不欲，吾心之知也，勿施于人，致吾心之良知也。"⑤ 冯友兰认为"忠恕"是孔子思想的重要内容，是实行仁的方法，他说："孔子的'仁'，其主要内容是'爱人'；'忠'是'己欲立而立人，己欲达而达人'，'恕'是'己所不欲，勿施于人'。"⑥ 他提出"忠恕"就是推己及人，其中"忠"是就推己及人的积极角度而言，"恕"是就推己及人的消极角度而言。

"己所不欲，勿施于人"体现的为人相处之道，不仅得到了中国学者的广泛认同，也得到了众多西方思想家的赞赏。法国哲学家伏尔泰认为，"己所不欲，勿施于人"强调自身修养和爱人，不失为一条普遍规律，每个人应将其作为人生格言。⑦ 瑞士神学家、哲学家孔汉思（Hans Kong）将"己所不欲，勿施于人"称为"道德金律"，他指出："数千年以来，人类的许多宗教和伦理传统都具有并一直维系着这样一条原则：己所不欲，勿施于人！或者换用肯定的措辞，即：你希望人怎样待

---

① 王国轩：《大学中庸译注》，中华书局2006年版，第73页。
② （宋）张载：《张子正蒙》，上海古籍出版社2000年版，第163页。
③ （宋）程颐：《河南程氏经说》，中华书局1981年版，第1138页。
④ （宋）黎靖德：《朱子语类》，中华书局1994年版，第671页。
⑤ （清）黄宗羲：《明儒学案》，世界书局1936年版，第195页。
⑥ 冯友兰：《新厚道（节选）》，载冯友兰《冯友兰集》，群言出版社1993年版，第351页。
⑦ ［法］伏尔泰：《哲学辞典》（下册），王燕生译，商务印书馆2005年版，第171页。

你，你也要怎样待人！……对家庭、社团、种族、国家和宗教，都是如此。"①

人己关系是伦理学的基本问题之一，各大文明对此问题都非常重视。孔汉思对世界各主要宗教（包括基督教、佛教、伊斯兰教等）以及不同文化传统关于道德金律的各种表述进行了列举，具体包括：

拿撒勒的耶稣："你们希望别人怎样对待你们，你们也应怎样对待别人。"（《马太福音》）；

伊斯兰教："人如果不替自己的兄弟渴求他替自己而渴求的东西，就不能称之为真正的信徒"（《圣训集·穆斯林》）；

佛教："我不喜欢的东西，别人也是如此，我哪能将自己的不喜欢强加于他人？"（《相应部》）；

拉比希勒尔："你不希望施加给自己的，也不需要强施给别人。"（《塔木德·女息日》）；

耆那教："到处漫游而不执着于尘世事物，自己想万物怎样对你，就怎样对待万物。"（《苏特拉克里坦加》）；

印度教："道德的核心就是：人不应该以自己不想要的方式去对待别人。"（《摩诃婆罗多》）②

从上述语句可知，世界主要宗教都对"己所不欲，勿施于人"极度重视。它充分体现了对他人的伦理态度，其核心不是自己，而是对方，即"勿施于人"的"人"。③换言之，就是要有他人意识，站在他人立场考虑问题，学会换位思考，这与孔子强调的思想内涵相一致。

"推己及人"是人与人相处的黄金法则，体现的是"待人如己""爱人如己"的人己关系论，是对待他人的伦理态度；而翻译不仅是文字语言意义的传递，反映的也是人与人之间的关系，是"人"与"己"

---

① [瑞士]孔汉思、[德]库舍尔：《全球伦理——世界宗教议会宣言》，何光沪译，四川人民出版社1997年版，第1—37页。
② [瑞士]汉思·昆：《世界伦理新探——为世界政治和世界经济的世界伦理》，张庆熊译，（香港）道风书社2001年版，第163—164页。
③ 陈晓明：《"恕道"在当代危机中的普适性与积极面向》，《天津社会科学》2010年第3期，第95页。

的对话。① "译者如何对待自己的全球邻居,在翻译中如何处理自己与他人的关系,这是无法回避的问题。"② "作为一种借助语言进行的跨文化交际活动,翻译从根本上也体现为一种伦理关系。"③ 在《论语》等典籍英译过程中,译者应奉行"己所不欲,勿施于人"的理念,拥有"推己及人"的他者意识,改变"以我为主"、一厢情愿的译介方式,从读者出发,积极为读者着想,注意译文的接近性、可信性及共通性,拉近与读者的距离,实现"人"与"己"心与心的交流,从而取得理想的译介效果,实现中国传统文化的有效传播。

三 "文化平等"之比较视野

"文化平等"是指译者超越中西文化孰优孰劣的片面理解,既要肯定本族文化,又要以尊重、宽容及理性态度对待他族文化。④ 2014年3月27日,在联合国教科文组织总部演讲时,习近平总书记提出:"文明因交流而多彩,文明因互鉴而丰富。"⑤ 文明交流互鉴是推动人类进步和世界发展的重要动力。但在推动文明交流互鉴过程中,还需充分认识到文化的多样性,秉持文化平等的原则和开放包容的态度。

1. 文化具有多样性。美国学者亨廷顿提出,世界未来是多姿多彩的文化和文明并存,单一的普世文化将退出历史舞台。⑥ 不论是中华文明,还是世界上其他文明,都是人类智慧的结晶,有其独特的价值。文化交流互鉴能丰富世界各国人民的精神生活,使人类文明内容更加丰富,形式更加多样。文化多样性是保证人与人、文化与文化之间良性交往的必要前提。

---

① 刘宏伟、王湘玲:《"人己通"外译模式与中国传统文化对外传播研究》,《湖南大学学报》(社会科学版) 2020年第4期,第101页。
② 申连云:《全球化背景下翻译伦理模式研究》,浙江大学出版社2018年版,第121页。
③ 吴志杰:《和合翻译学》,外语教学与研究出版社2018年版,第9页。
④ 刘宏伟、王湘玲:《"人己通"外译模式与中国传统文化对外传播研究》,《湖南大学学报》(社会科学版) 2020年第4期,第101页。
⑤ 《习近平在联合国教科文组织总部的演讲(全文)》,人民网,2014年3月28日, http://politics.people.com.cn/n/2014/0328/c1024-24758504-2.html。
⑥ [美]塞缪尔·亨廷顿:《文明的冲突与世界秩序的重建》,周琪译,新华出版社2010年版,第2页。

2. 文化具有平等性。文化各有千秋，没有高低优劣之分。① 要了解各种文明的真谛，须秉持平等、谦虚的态度。迈克尔·伊格纳季耶夫指出："在欧洲人看来，欧洲文明是世界最好的文明，其他文明都无与伦比，不管是 1945 年还是今天。然而现在的事实是，许多非西方人也同样认为自己的文明具有优越性。这样，欧洲人就没有理由这样认为了。"② 人类任何一种文明都有其独特性。因此，在交流互鉴过程中，要建立平等的语境。就文化而言，国家和民族无论大小，其历史无论长短，都会出现具有世界影响力的文化经典著作，因此，我们要以平等态度去译介这些文化经典著作给需要润泽的世界各地读者。

3. 文化具有包容性。各民族文化都是在历史发展的过程中人民劳动和智慧的结晶，是各民族发展的不可或缺的精神食粮，它们对于维系各族人民的社会生活、维持社会稳定发挥了重要作用。每种文化都有自身的特色和精粹，都值得我们尊重。季羡林曾指出，中国人民是最"有容的"，我们肯于和善于吸收外来的好东西，不管是精神的还是物质的，只要对我们有利，我们就汲取。③ 因此，唯有用海纳百川的胸襟与宽容的气度去看待不同文化，理解它们各自的特色与优势，才能取其精华，滋养自身。在对外文化交流中，我们应秉持包容之心，平等对待不同民族的文化，才能避免"文化冲突"，实现世界的和谐发展。

4. 文化具有互鉴性。1922 年，英国哲学家伯特兰·罗素（Bertrand Russell）在其著作《中西文明比较》中，提出了文化交流互鉴的重要性，他认为，历史证明，不同文化间的交流是人类文明发展的里程碑，"希腊学习埃及，罗马借鉴希腊，阿拉伯参照罗马帝国，中世纪的欧洲又模仿阿拉伯，而文艺复兴时期的欧洲则仿效拜占庭帝国"。④ 正是这种文化互鉴热潮，促进了各国文化的繁荣与发展。著名社会学家费孝通

---

① 方汉文：《比较文化学》，广西师范大学出版社 2003 年版，第 5 页。
② 转引自何包钢、秦丹《文化平等之辩》，《华中师范大学学报》（人文社会科学版）2014 年第 3 期，第 51 页。
③ 转引自王宁等《中国文化对欧洲的影响》，河北人民出版社 1999 年版，第 2 页。
④ 转引自乐黛云教授的《论多元文化的发展》一文，原文见以下网址：http://www.booker.eom.cn/gb/PaPerls/6/elass001800003/hwz46173.htm。

曾说："各美其美，美人之美；美美与共，天下大同。"① 这充分说明了文化互鉴的重要性。

正因为文化具有多样性、平等性、包容性和互鉴性，因而在《论语》等典籍英译与文化传播过程中，译者要秉持文化平等原则，增强文化自信和文化自觉意识，以世界视野、全球意识观照中国传统文化。中国传统文化是中国人民智慧的结晶，具有独特价值。译者不仅要对本民族文化有正确而全面的认识和理解，而且要深入了解他族文化，发现中西文化之"同"与"异"。在《论语》等典籍外译过程中，译者在高度重视中国传统文化与西方文化的共性的同时，充分尊重中国传统文化的特性，既保持本民族原汁原味的文化传统，又主动汲取世界各民族文化精髓，实现"求同存异，聚同化异"②，推进中西文化平等对话和互学互鉴，促进中国优秀传统文化走向世界。

第二节 "人己通"译介模式之初步构建

美国政治家哈罗德·拉斯维尔（Harold Dwight Lasswell）于1948年发表了《社会传播的结构与功能》一文，提出了"5W"传播模式与大众传播三功能说，内容涉及社会传播行为、结构与功能、需求与价值等诸多方面。学界对该理论评价极高，该文被称为传播学领域的"独立宣言"，哈罗德也获得了"犹如行为科学的达尔文"这一美誉。他在传播学领域中的奠基者地位由此得以确立。"5W"模式阐述的社会传播基本过程及构成要素包括："谁（who）""说了什么（say what）""通过什么渠道（in which channel）""对谁（to whom）""取得了什么效果（with what effect）"（见图8-1）③，这一模式阐释了传播的五

---

① 张冠生：《为文化找出路：费孝通传》，中国友谊出版公司2012年版，第100页。
② 陈文旭、易佳乐：《习近平"共同价值"思想的哲学解读与现实路径》，《湖南大学学报》（社会科学版）2018年第5期，第7—13页。
③ ［美］哈罗德·拉斯维尔：《社会传播的结构与功能》，何道宽译，中国传媒大学出版社2015年版，第35—36页。

大构成要素,即传播者、传播内容、传播对象和传播效果。[1] 当然,"5W"模式是一种线性模式,具有一定缺陷,如忽略了"反馈"要素,缺乏各主体之间的平等互动性以及无法评估传播实际效果等。[2]

图 8-1　哈罗德·拉斯维尔"5W"传播模式

从社会功能视角而言,翻译是一种跨文化传播行为。为此,刘宓庆结合翻译学和传播学两大学科理论,受拉斯维尔"5W"模式的启迪,设计出以原文传播为主线,以译文产生与传播为辅线的翻译操作模式和传播程序(见图 8-2)[3]。

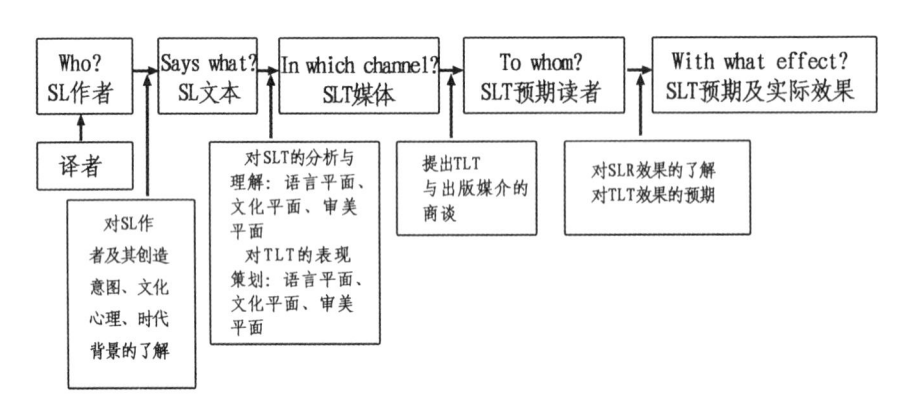

SLR=Source Language=原语　SLT=Source Language text=原语文本　TL=Target Language=目的语　TLT=Target Language text=目的语文本

图 8-2　刘宓庆翻译传播程序与操作模式

---

[1] [美]哈罗德·拉斯维尔:《社会传播的结构与功能》,何道宽译,中国传媒大学出版社 2015 年版,第 35—36 页。

[2] 刘宏伟、王湘玲:《"人己通"外译模式与中国传统文化对外传播研究》,《湖南大学学报》(社会科学版) 2020 年第 4 期,第 100 页。

[3] 刘宓庆:《翻译教学:实务与理论》,中国对外翻译出版公司 2003 年版,第 582 页。

第八章 人己通：跨越文化屏障

谢天振认为，中国文化推向世界必须通过中译外，然而中译外并不是简单的语言或文字翻译，而是一种文化译介，"译"即翻译，"介"就是传播，译本完成意味着传播即将开始，因此，它不仅关乎翻译问题，其前后还涉及选取"译什么"以及译本的"交流、接受、影响与传播"等一系列问题。① 一般而言，译介过程构成有五大要素，即"译介主体""译介内容""译介途径""译介受众""译介效果"。② 本研究结合译介学理论，参照拉斯维尔"5W"模式、刘宓庆翻译传播程序与操作模式，受传播学者程曼丽对外传播环形模式③启发，构建了基于《论语》等典籍英译的传统文化对外译介模式（见图8-3）。其具体内容包括：

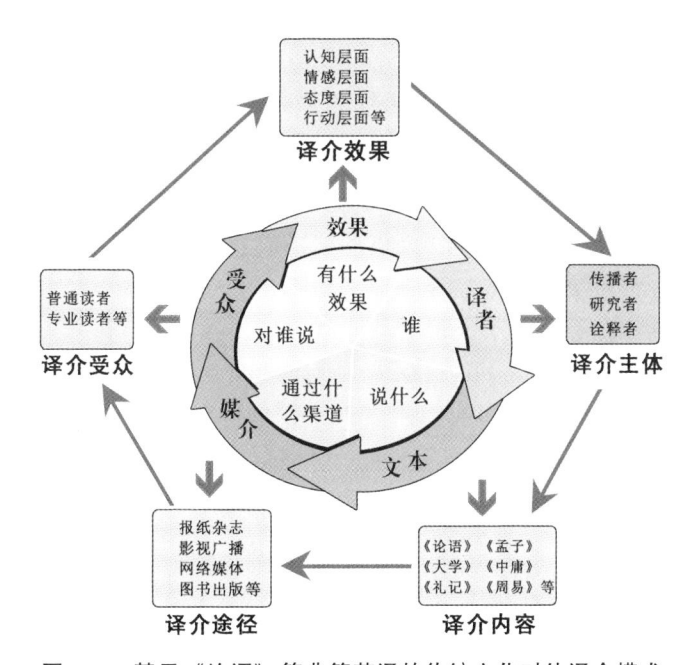

图8-3 基于《论语》等典籍英译的传统文化对外译介模式

---

① 谢天振：《译介学》，上海外语教育出版社1999年版，第11页。
② 鲍晓英：《从莫言英译作品译介效果看中国文学"走出去"》，《中国翻译》2015年第1期，第13—17页。
③ 程曼丽：《中国的对外传播体系及其补充机制》，《对外传播》2009年第12期，第12页。

1. 译介主体。译介主体是指译介活动的组织者或发起者。一般包括从事翻译活动的翻译工作者（译者）、出版发行机构以及政府有关部门等。译介主体在译介过程中地位极为重要，是整个翻译活动中最重要的决策者与参与人。本书探讨的译介主体主要是指译者，它集译者、研究者、诠释者和传播者等多重身份于一身。

2. 译介内容。译介内容是指译介的文本或信息，它是整个译介过程的核心，是译介活动开展的动力之源。可以说，把握了译介内容，就等于抓住了译介活动的命脉。翻译实际上是选择过程，选择哪种文本和内容进行翻译与传播，关系到译介活动能否顺利进行。当然，其选择还受到诸多内外因素的限制（如意识形态、时代背景、社会文化、审美情趣、赞助人等），因此，它也并非完全是译者的个人选择。中国优秀传统文化典籍主要包括《论语》《礼记》《孟子》《中庸》《孝经》《弟子规》等。它们蕴含极为丰富的核心思想精华，具有文化共通性，值得对外译介和推广。

3. 译介途径。译介途径，也称译介渠道或媒介，是指向社会大众传播信息的媒介组织、载体、渠道、工具或技术手段，主要包括网络媒体、出版发行机构、影视广播、报纸杂志及数字出版等。译介途径是译介主体对译介对象施加力量的手段，是建立在译介活动中译介主体和译介受众之间的中介、桥梁与纽带。

4. 译介受众。译介受众是指各种不同类型的译介活动中的信息接受者，是一般意义上的读者、听众、观众的统称。受众与译者一样，在译介过程中占有重要的地位。译介受众是译介活动反馈的信息之源，也是译介主体调整译介手段、重新整理译介内容的重要依据。本书译介受众主要是指译本的读者，具体分为普通读者和专业读者。

5. 译介效果。译介效果是指信息到达受众后，受众在认知、情感、行为与态度等层面上发生的变化或产生的反应。它是译者的意图与目的之实现程度，或受众接受译者传递的信息后产生的有效结果。译介效果主要体现在受众对译介内容的接受情况，受众接受了译介内容，译介活动过程就算真正完成，译介就有效果；反之，就没有达到译介效果。①

上述模式突破了以往"5W"模式线性结构的局限，将起点与终点连接，实现了从"己"到"人"和从"人"到"己"的良性回环，形成了较完善的环形译介循环模式；它改变了以往对外译介行为偏向以"己"出发，"一厢情愿"的模式，注重"由己及人"，既尊重原文，又充分考虑读者的期待，提示译者在翻译过程中应重视译介反馈和效果，从效果出发或以效果为依据展开译介活动，从而实现"人"与"己"的心灵相通，更有助于取得理想译介效果。②

第三节 实现"人己通"译介模式遵循之原则

"翻译是一种文化的对立，同时也是一种对话"。③ 中国传统文化典籍外译是中外两种文化的对抗、对话与融合的过程。"人己通"对外译介模式的构建有助于化解中国典籍翻译中的文化冲突，实现翻译信息的"质"与"效"在"度"上的最优整合，从而让中国传统文化走出去，促使世界更多人了解中国传统文化精髓。④ 而"人己通"模式之实现受译介内容、译者主体、译介途径和译介受众等诸多因素或环节影响，为此，在《论语》等中国传统文化典籍外译过程中，需遵循如下原则。

一 精选内容，凸显道德文化精髓

要实现"人己通"，译介内容选择极为重要。法国哲学家、文学家保罗·萨特（Jean-Paul Sartre）曾写道："在好的作者那里，从来都是

---

① 鲍晓英：《中国文学"走出去"译介模式研究——以莫言英译作品美国译介为例》，博士学位论文，上海外国语大学，2014年，第39页。
② 刘宏伟、王湘玲：《"人己通"外译模式与中国传统文化对外传播研究》，《湖南大学学报》（社会科学版）2020年第4期，第102页。
③ 郑海凌：《"和谐"是一种对话》，《外国文学动态》2004年第6期，第41页。
④ 刘宏伟、王湘玲：《"人己通"外译模式与中国传统文化对外传播研究》，《湖南大学学报》（社会科学版）2020年第4期，第102页。

先选择写什么，然后才考虑怎么写。"①"选择怎样的作品加以介绍与翻译，这是一种根本的选择"②。翻译过程实际上就是选择过程，而翻译内容的选择往往是决定翻译效果的关键因素。要受到读者的青睐，取得较好的翻译效果，所选择的内容就应适应读者需要和时代需求，反之效果就会大打折扣。

译介内容选择一般应考虑如下几个因素：一是该作者或作品的思想内容是否深得译者喜爱。如辜鸿铭之所以选择《论语》《中庸》《大学》等传统文化典籍进行英译，是因为这些作品中蕴含着他无比喜爱和推崇的儒家道德文化思想。其译本彰显了道德主题，反复强调"道德"原则。③"moral"（道德）一词出现达200余次，频率最高。二是是否符合时代需求。如果翻译内容适应时代背景需要和读者需求，译本就会受到读者青睐，译介效果就会理想。庞德选择《论语》英译的原因在于当时西方社会腐化堕落，混乱无序，人们道德麻木，迫切需要儒家道德思想这剂良药来医治。三是该作者或作品是否具有市场价值。《论语》译本不断重译或重版，是因为它蕴含"仁爱""孝道""忠恕""诚信""中庸"等全人类共同认可和适用的核心思想精华，在当今社会仍具有重要价值，其出版能带来良好的社会效应。20世纪以来，辜鸿铭、理雅各、韦利及刘殿爵等译本不断重印，也涌现了李春燕、吴国珍、金安平及史志康等多部新的译本。④

当前译介内容模式主要有三种：第一，国家机构赞助模式。它是指国家机构出于推动中国文化"走出去"、塑造国家形象的需要，赞助文化译介工程的模式。对于这些文化译介工程，译介主体以及译介内容的选择主要由"赞助人"，即国家机构决定，译介主体主要为国内著名译

---

① ［法］让-保罗·萨特：《什么是文学》，施康强译，安徽文艺出版社1998年版，第84页。

② 许钧：《论翻译之选择》，《外国语（上海外国语大学学报）》2002年第1期，第65页。

③ 宋晓春：《论辜鸿铭〈中庸〉英译本中道德哲学的建构》，《湖南大学学报》（社会科学版）2017年第1期，第97—102页。

④ 刘宏伟、王湘玲：《"人己通"外译模式与中国传统文化对外传播研究》，《湖南大学学报》（社会科学版）2020年第4期，第103页。

第八章 人己通：跨越文化屏障

者，如杨宪益、许渊冲、汪榕培、王宏等。他们所选择的译介内容主要是代表中国文化的经典作品，如《论语》《老子》《孟子》《庄子》等。自 20 世纪 80 年代以来，中国政府已投入大量人力、财力，启动了"熊猫丛书""大中华文库""中国图书对外推广计划""中国文化翻译出版工程"等数十个文化译介工程。第二，出版社指定模式。它主要出于社会影响、市场需求、利润空间等因素考虑，由出版社选择或指定相关作品或内容，征集译者进行译介，并由它们出版发行的模式。如今，作品能否翻译出版，往往在于出版社的选择。他们选择的标准或最重要的决定因素是"社会效益"和"经济效益"；而经济因素往往左右着他们对一部作品或内容的选择。[1] 从某种意义上讲，翻译作品或内容的选择，不仅仅由译者本人决定，出版社更是掌握其取舍的决定权。[2] 当前，许多出版社加入了中国文化"走出去"业务。如上海外语教育出版社推出"中国文化汉外对照丛书"，外语教学与研究出版社重版了"大中华文库"，中国对外翻译出版有限公司出版了"中译经典文库·中华传统文化精粹"系列，五洲传播出版社出版了许渊冲英译的"中国经典诗文集"等。他们选取的都是具有代表性的中国文化精品力作，其译者多为国内外译坛权威与学界泰斗。第三，译者自主选择模式。它是指译者根据自身审美情趣、兴趣爱好，自主选择作品进行翻译的模式。美国汉学家葛浩文认为，中国作品译介之难并非在于翻译，而在于选择；他一般只译自己喜欢的作家或作品，且按自己的兴趣来翻译。[3] 比如英国汉学家韦利选择《论语》、蓝诗玲选择《鲁迅小说全集》等。

中国传统文化典籍著作卷帙浩繁，博大精深，包括《论语》《道德经》等典籍，涵盖政治、道德、伦理、教育等方面的中国传统文化精髓。它们既是教化中华民族最丰富的思想资源与智慧，也是人类取之不尽、用之不竭的宝贵精神财富。鉴于当前中国文化外译仍存在"时间差"和"语言差"两个问题，如不加选择地进行译介，可能无法达到预期的传播效果。因此，在外译中国传统文化典籍时，译者应遵循

---

[1] 王侃：《中国当代小说在北美的译介和批评》，《文学评论》2012 年第 5 期，第 167 页。
[2] 许钧：《文学翻译的理论与实践：翻译对话录》，译林出版社 2001 年版，第 120 页。
[3] 季进：《我译故我在：葛浩文访谈录》，《当代作家评论》2009 年第 6 期，第 49 页。

"和而不同"之理念,在认真研究读者的基础上,怀着"各美其美""美人之美"的开放心态,首先选择最具典型性和代表性的中国传统文化典籍进行英译和传播,循序渐进地将中国传统文化中最优秀、最精华的思想文化内容"走出去"。①

二 深入挖掘,探索中西文化共性

中华五千年的历史创造了中华优秀的传统文化,提炼了各民族文化共同认可的核心价值观。中国传统文化中的"仁爱""孝道""忠恕"等核心思想,内涵丰富,是可资世界和全人类利用的丰富道德资源。中国传统文化智慧,如"贵和尚中""天人合一""厚德载物""己所不欲,勿施于人""仁民爱物"等具有文化共通性,它们是中国奉献给世界的无价之宝。

吴瑛通过对海外孔子学院的调查研究表明:儒家文化内容与他国文化具有共通性时,容易被传播的所在国接受;为此他提出,对外传播中国文化时,首先应寻求与他国文化相接近、共通的内容,这样才能引起共鸣,实现良好的传播效果。②美国当代著名政治学家亨廷顿(Huntington Samuel)在《文明的冲突与世界秩序的重建》一书中也提出,在世界文明多样化背景下应接受文明多样性,寻求文明的共通性。③余秋雨也指出,"文化至高精神层面是人类共通精神价值"④。他还说:文化交流不能将民族价值凌驾于人类价值之上,过度强调中国文化独特性。⑤中西文化固然有这样或那样之差异,但两者并非截然不同,互相对立。在文化交流和传播中,要跨越文化差异,批判绝对式文化相对主

---

① 刘宏伟、王湘玲:《"人己通"外译模式与中国传统文化对外传播研究》,《湖南大学学报》(社会科学版) 2020 年第 4 期,第 103 页。

② 吴瑛:《让物质文化先走出去——基于对海外孔子学院的调查》,《对外传播》2010 年第 9 期,第 42—43 页。

③ [美] 塞缪尔·亨廷顿:《文明的冲突与世界秩序的重建》,周琪译,新华出版社 2002 年版,第 360 页。

④ 余秋雨:《中国处于"文化孤立"之中吗?》,《商界(中国商业评论)》2007 年第 2 期,第 23 页。

⑤ 余秋雨:《世界对中国的了解仍少之又少》,《对外大传播》2006 年第 12 期,第 41 页。

义，真正站在平等立场来理解对方。① 这就告诉我们，中国传统文化要"走出去"，要达成一种共识，不应过分强调中国文化的独特性，刻意凸显差异，而要寻找文化间相通的东西，这样才能真正"走出去"，实现中西文化的交流、交融，实现人类文明的互鉴。

明末清初，以利玛窦为首的耶稣会士在输入文化时，遵循平等原则，尊重中国文化和习俗，采取了文化适应传教策略；他们翻译和评介儒经的成功之处，就在于凸显中西文化共性，着力寻找儒教和基督教的共通之处，用基督教义诠释儒学思想，以此来实现东西哲学和宗教的会通。② 西方传教士理雅各和韦利在英译《论语》时，采用"以耶释儒"方式，努力归化原文中的中国文化因素，使自己的译文尽量符合西方文化规范；华人译者辜鸿铭考虑到当时"西强中弱"的时代背景，为使译文符合西方读者的接受心理和阅读习惯，达到传播中华传统文化之目的，采用了归化为主的翻译策略。这些译者都坚持以读者为中心，努力寻求儒家文化与西方文化的共通之处，设法为他们提供相对熟悉的文字形式，加深他们对孔子思想的理解，引发他们的共鸣。因此，在外译《论语》等中国传统典籍时，译者选择并挖掘中国传统文化典籍中具有文化共性的内容进行外译与传播。

三 多方携手，培育典籍英译队伍

（一）培育国内典籍译者的必要性

在文学译介和文化传播这个链条上，译者无疑处于枢纽的关键位置。③ 由谁来翻译这是一个很要紧的问题。④ 要译出《论语》等传统文化典籍精髓，实现"人己通"，译者不仅要具有高超的双语水平和深厚

---

① 张隆溪：《中国文学和文化的翻译与传播：问题与挑战》，《光明日报》2014年12月16日。

② 杨平：《西方传教士〈论语〉翻译的基督教化评析》，《中国文化研究》2010年第4期，第206页。

③ 胡安江、胡晨飞：《再论中国文学"走出去"之译者模式及翻译策略——以寒山诗在英语世界的传播为例》，《外语教学理论与实践》2012年第4期，第55页。

④ 王志勤、谢天振：《中国文学文化走出去：问题与反思》，《学术月刊》2013年第2期，第22页。

的中西文化功底,而且在译前须做好有关辞章、义理、考据和训诂等准备,还应深入了解海外读者的阅读习惯与接受心理,熟悉海外出版市场等。①

译者主体模式可按不同标准进行分类:第一按译者母语划分,如母语是汉语的译者;母语是英语的译者及母语分别是汉语和英语的合作译者等。第二按工作模式划分:个人翻译、译者合作等。第三按译者身份划分,如海外华人译者、中国本土译者、中外译者合作、汉学家或传教士等。②《论语》英译就其译者身份而言,可划分为国外汉学家或传教士、中国本土华人、中外译者合作、海外华人等四种译者主体模式(见表8-1)。③

表8-1　　　　　　《论语》英译的译者主体模式

译介主体模式	代表人物	优点	不足
汉学家或传教士	马歇曼、苏慧廉、庞德、韦利等	深谙英语语言文化,具有超强英文写作能力,熟悉目标语读者阅读兴趣与需求	对原作理解不透彻,深受西方文化影响,往往具有西方中心主义倾向
海外华人	黄继忠、林语堂、刘殿爵等	深谙汉语和英语文化,双语能力较强,能用英文写作	对西方市场缺乏深入的了解
中国本土译者	许渊冲、林戊荪、吴国珍等	对中国传统文化有比较深入的了解,部分译者在国外学习和生活过,对西方异域文化有一定了解	对西方读者阅读习惯和市场缺乏深入的了解
中外译者合作	理雅各、王韬等	中西互补,整合双方语言优势,对西方读者有深入了解	难以找到水平极高又配合默契的合作者

近年来,谁来译介中国文学和典籍作品已成为学界热议的话题,中

---

① 刘宏伟、王湘玲:《"人己通"外译模式与中国传统文化对外传播研究》,《湖南大学学报》(社会科学版) 2020年第4期,第103页。
② 鲍晓英:《中国文学"走出去"译介模式研究——以莫言英译作品美国译介为例》,博士学位论文,上海外国语大学,2014年,第44—45页。
③ 吕敏宏:《中国现当代小说在英语世界传播的背景、现状及译介模式》,《小说评论》2011年第5期,第11页。

第八章 人己通：跨越文化屏障

外学者亦存在极大争议。以英国汉学家格雷厄姆（A. C. Graham）为代表的学者主张中国典籍外译只能由外国译者承担，他们认为中国典籍外译只能由英语译者"译入"，而不能由汉语学者"译出"。格雷厄姆说："……按照一般规律，我们在翻译上不敢冒然给中国人，因为翻译不是从母语译成外语，而是从外语译成母语。"[1] 瑞典汉学家马悦然（Goran Malmqvist）也对汉语学者"译出"持否定态度，指出中国文学作品英译工作理应由文学修养很高的英语国家人士承担，他说："一个中国人，无论他的英文多么好，都不应该把中国文学作品翻译成英文。"[2]

中国资深翻译家、著名作家郑克鲁也对马悦然的观点表示赞同，认为目的语国的翻译家对受众的阅读心理和审美习惯更加熟悉，译文也就更容易在异域文化环境中扎根、生长，因此，将本国文学作品译成外文，最好选择目的语翻译家。[3] 也有学者认为西方汉学家的优势得天独厚，他们不仅能娴熟使用母语进行翻译，而且知悉中国文学文化历史及其现状，了解海外读者阅读习惯与审美需求，还能很好地与国际出版机构与新闻媒体等进行有效沟通，因而是中国文学文化外译最理想的译者模式。[4]

苏联社会心理学家纳季拉什维利（Надирашвили）发现，如果人们的语言、信仰、种族、宗教背景、价值观等相同或相似，他们就会互认为是"自己人"，相互间说的话就会值得信赖，也更容易接受。[5] 美国心理学家纽卡姆（T. W. Newcomb）的实验结果也表明，两个人的价值观和态度与相互间的吸引力关系密切，两者价值观与态度愈相似，彼

---

[1] 潘文国：《译入与译出——谈中国译者从事汉籍英译的意义》，《中国翻译》2004年第2期，第40页。

[2] 《诺贝尔奖评委马悦然称中国人不应翻译本国作品》，2000年6月21日，http://news.xinhuanet.com/newmedia/2006-07-21/content_ 4864412.htm。

[3] 綦亮：《从翻译到创作和评论都应多些文化自觉——"从莫言获奖看中国文学如何走出去"学术峰会述记》，《中国比较文学》2013年第1期，第151—152页。

[4] 胡安江：《中国文学"走出去"之译者模式及翻译策略研究——以美国汉学家葛浩文为例》，《中国翻译》2010年第6期，第15页。

[5] ［格鲁吉亚］纳季拉什维利：《宣传心理学》，王玉琴译，辽宁人民出版社1984年版，第77页。

此吸引力就愈大。① 就中译外而言，目标语国译者与目标语国读者互为"自己人"关系，由他们译介可能比由中国译者译介更易获得受众的信赖。研究发现，理雅各、韦利等汉学家译本在西方社会具有较大的影响力，可能就与此有密切关系。

当然，也有学者或译者指出西方汉学家和外国学者从事中译外之不足，并对中国译者从事中译外给予了肯定。美国汉学家葛浩文认为："不管译者多么技巧纯熟，外国人依然永远无法完全理解中国作品。"② 也有学者认为西方汉学家在文本选择与翻译环节受个人喜好、研究专长及认知偏见的影响，其译作存在"过度诠释"或"诠释不足"之可能，会导致西方读者对中国文学文化出现程度不同的误释与误读。③ 目前从事中国文学文化外译的汉学家极少，依靠为数不多的汉学家来完成中国文化"走出去"任务不太现实。

还有学者提出中外合作翻译是最理想的译介主体模式。中国外文局原副局长、中国翻译协会副会长黄友义认为尽管西方汉学家已成为中国文学文化外译与传播的桥梁，④ 但中外译者合作仍是中译外的最好模式。他指出，中译外如果是精通中国文化的中国译者，则需请外国学者从语言和文采上帮其润色；反之，如果中译外译者是外国汉学家，或学中文的外国人，则需请通晓中国文化、外文功底深厚的中国人与其搭配，这样才能取得好的翻译效果。⑤《中国文化报》也刊文提出："中国文化的对外翻译归结于根本需要一批外国翻译家、学者与中国译者携手，通力合作，他们通晓中文，精通英文，文学功底扎实，中国译者应该与他们进行有效沟通，这样既有利于有价值的中国文化产品被外国译

---

① 水淼：《超越你的不快乐》，崇文书局2009年版，第86页。
② Goldblatt Howard, *Border Crossing: Chinese Writing in Their World and Ours*. In Corinne Dale (ed). Chinese Aesthetics and Literature, New York: State University of New York Press, 2004, p. 219.
③ 胡安江、胡晨飞：《再论中国文学"走出去"之译者模式及翻译策略——以寒山诗在英语世界的传播为例》，《外语教学理论与实践》2012年第4期，第58页。
④ 黄友义：《汉学家和中国文学的翻译——中外文化沟通的桥梁》，《中国翻译》2010年第6期，第16—17页。
⑤ 鲍晓英：《中国文化"走出去"之译介模式探索——中国外文局副局长兼总编辑黄友义访谈录》，《中国翻译》2013年第5期，第62页。

第八章 人己通：跨越文化屏障

者迅速锁定，又有利于别国受众的心理为中国文化人深度领悟。"① 西方汉学家与中国本土译者合作，采用"中西合璧"合译模式，能最大限度发挥各自所长，这对译前文本选择、翻译决策极为重要，对译后编辑、出版及传播等都十分关键，它能发挥各自优势，得到双方最大限度的支持，从而有助于"跨越差异"，实现文化间的传播。② 然而当前能从事中国文学文化外译的外国人极少，需求远远得不到满足，至于国外汉学家，更是凤毛麟角。③ 为此，黄友义也提出，由于"通晓中文的外国人极为有限"，中译外这一艰巨任务就只好"落到了中国本土翻译工作者的肩上"。④

基于上述分析，笔者赞同潘文国的观点：按"一般"规律来看，翻译是从外语译入母语，中国典籍外译应由西方汉学家来完成，但从目前现实情况看，应鼓励中国学者从事中国典籍外译，让中国译者承担中国文学文化外译主要责任。⑤ 因此，中国传统文化"走出去"的译介重任主要靠中国译者完成，原因在于：

第一，中国文化仍处于弱势地位。当前中华民族重新崛起，经济实力日益增强，民族文化自信不断提升，弘扬与对外传播中国文化，提升中国文化软实力的愿望越来越强烈。近年西方国家对中国文化的兴趣越来越浓，但仍抱有戒心或敌意，它们在文化上仍处于强势地位，对于译介中国文化的愿望并不强烈，能够单独承担中译外任务的外国译者并不很多。因此，中译外项目更多还要靠中国译者来承担。

第二，中国译者更容易把握中国传统文化的真谛。外国译者英译中国作品时，在原作及其内容选择上存在主观随意性，且由于中西方在文

---

① 《文学"出海"，翻译之"船"至关重要》，《中国文化报》2012年12月14日，http://culture.people.com.cn/n/2012/1214/c172318-19898759.html。
② 胡安江、胡晨飞：《再论中国文学"走出去"之译者模式及翻译策略——以寒山诗在英语世界的传播为例》，《外语教学理论与实践》2012年第4期，第57页。
③ 弘毅：《文学"出海"，翻译之"船"至关重要》，《中国文化报》2012年12月14日第5版。
④ 黄友义：《中国特色中译外及其面临的挑战与对策建议——在第二届中译外高层论坛上的主旨发言》，《中国翻译》2011年第6期，第5页。
⑤ 潘文国：《译入与译出——谈中国译者从事汉籍英译的意义》，《中国翻译》2004年第2期，第41页。

化价值观上存在差异，外国译者可能对中国文化存在误读与偏差。通过对《论语》英译历史的研究发现，确实有些外国译者（如庞德、韦利等）抱着真诚态度向西方介绍与推广中国文化，但也有些外国译者受西方中心主义影响，具有明显的基督化倾向，翻译时往往从西方人的视角出发，设法贬低中国文化。因此，中国译者比外国译者更加深刻地理解中华传统历史与文化，更能把握中国传统文化精华，从而更好地译介和传播中国传统文化。

第三，精通汉语及中国传统文化的外国人太少。尽管近年来对外汉语教学发展迅速，学汉语的外国人日渐增多，但并不是学习汉语的外国人都能成为汉学家。对外国人而言，汉语特别难学与难译，尤其是古籍中的一些关键词，如《论语》中的"道""仁""天"等，要准确翻译极难，历代许多具有极深造诣的传教士和汉学家对其也望而生畏，其译文与原文真实含义相去甚远。当前西方从事中译外的多为华裔学者，中译外人才紧缺已成制约中国文化走向海外的瓶颈。要推动中国传统文化"走出去"，国内亟须培育专业化的典籍翻译人才。

（二）发展翻译教育，培育典籍翻译人才

近年来，随着文化强国战略的实施以及中国文化"走出去""一带一路"倡议等重大战略的推进，中国进一步加大了"走出去"力度，翻译人才需求剧增，高素质翻译人才匮乏问题凸显。针对这一现况，国内近年来高度关注翻译教育事业的发展。2006年，经教育部批准，广东外语外贸大学、复旦大学、河北师范大学三所高校设置翻译本科专业；2007年，北京大学、中南大学、北京外国语大学等15所高校获招收翻译硕士（MTI）资格。[①] 截至2022年2月，中国内地设置翻译本科专业高校已达301所，招收翻译硕士高校达316所，翻译博士培养点已达40多个，不同学历层次及学位性质的完整翻译教育体系已经确立。然而，中国翻译专业教育仍面临着诸多问题，如人才培养理念不清、翻译人才培养方案不妥、师资队伍建设不强、教学方式方法不新、实践教

[①] 刘宏伟：《应用型翻译人才培养途径的探索与实践——以长沙师范学院应用英语（翻译方向）专业为例》，《中国电力教育》2011年第28期，第194页。

第八章 人己通：跨越文化屏障

学基地不用、职业资格证书不接、翻译实践能力不强等。[①]当前高校翻译专业培养的翻译人才普遍存在知识面不够广、翻译职业能力不强、职业指向不够明确等问题。中国文化典籍翻译具有特殊性，不能把握外国读者心理特点及中外文化相关知识，很难做好中国传统文化典籍的翻译工作。在中国文化"走出去"大背景下，培养典籍翻译人才极为重要。要培养高素质的典籍翻译人才队伍，应当采取如下措施。

1. 政府部门或行业组织搭建培养典籍翻译人才的有效平台

近年来，国家或行业组织对翻译工作高度重视，中国外文局和中国翻译协会等联合成立了中国翻译研究院，其目的之一是打造"融通中外"的高端翻译人才汇聚平台，吸引高水平翻译人才聚集，培养出类拔萃的对外传播领军人物，造就更多中西贯通的翻译巨匠等。[②]同时，根据中国文化"走出去"的需要，北京外国语大学成立了中国文化走出去协同创新中心。该中心开设 2 个博士专业和 8 个硕士专业，力图培育传统文化和现代文化对外传播的高级复合型人才。此外，天津外国语大学和中共中央编译局联合设立了"党和国家重要文献对外翻译研究博士人才培养项目"，广东外语外贸大学已挂牌中华文化外译工作室，南开大学、苏州大学、大连理工大学、河北师范大学、汕头大学等成立了典籍翻译研究中心和中国文化典籍翻译研究所，并已培养出一大批具有硕博士学位的典籍翻译人才。然而，不管在数量上还是质量上仍远远不够，无法满足当前中国文化对外传播的人才需求。

政府应发挥行政职能，建立健全相应制度法规，在典籍翻译人才培养方面发挥引导和搭桥作用，鼓励高校与科研机构、企业、政府部门开展合作，并出台相关政策给予支持，加强对典籍翻译人才培养过程的指导与监督，使政府、高校、企业真正实现"多赢"。同时，中国外文局、中国翻译协会、中国翻译研究院及全国翻译硕士专业学位教育指导委员会（简称 MTI 教指委）等相关单位和机构应发挥组织、协调、沟

---

① 仲伟合：《我国翻译专业教育的问题与对策》，《中国翻译》2014 年第 5 期，第 42—43 页。

② 周明伟：《译协将积极推动高端翻译领军人才培养》，中国网，2015 年 4 月 23 日，http://fangtan.china.com.cn/2015-04/23/content_ 35400278. htm。

通与指导作用，引导并鼓励政府、事业单位（或部门）、企业及行业组织等参与翻译人才培养过程，利用自身优势资源，在师资培养、课程体系构建、人才培养方案制订、实习基地建设、实习实训指导、毕业论文设计等诸多环节与高校开展合作，达成协调、合作、共享、监督、管理等作用的合力。① 目前，中国译协和 MTI 教指委已联合发布并实施《全国翻译专业研究生教育实习基地（企业）认证规范》等重要文件，力图在"互惠共赢"基础上，规范和促进翻译领域的产学交流与合作，推动政府、高校、企业之间建立长期、稳定的合作关系。当然，中国译协还可与高校及政府有关部门进一步合作，借鉴国际先进职业教育经验，出台《国家翻译教育校企合作促进条例》，对校企合作中的诸多问题进行更细致的规定，明确培养单位、企业和政府部门职责；还可在原翻译服务国家标准及相关行业规范基础上，出台《国家翻译职业标准》，进一步明确对职业译员的知识、能力和素质要求，以及翻译工作岗位的具体要求，促进翻译教育与职业标准的对接。总之，中国译协应该与中国外文局、中国翻译研究院、中国典籍翻译研究会、出版社及相关企业通力合作，搭建一个高层次典籍翻译人才培养平台，为中国文化"走出去"战略服务。

2. 高校应构建促进中译外能力发展的人才培养途径

高校应转变观念，从国家文化发展和国家战略高度，充分认识和理解培育典籍翻译人才的必要性和重要性，打破传统翻译人才培养模式，让政府、企业、国内外出版社等单位也参与人才培养，构建"政产学研用"协同育人、跨学科联合培养的中国典籍翻译人才培养新机制，共同制订人才培养方案，共同打造师资队伍，共同建设实习基地，根据国家需求和实际岗位需要，调整课程设置，构建以中译外能力为主线的教学内容和教学环节，具体包括：

第一，结合国家需求，定位人才培养目标。要培养国家所需典籍翻译人才，培养目标的定位是第一要义。目标定位可按类型、层次、特色

---

① 李军、黄宝印、朱瑞：《改革和完善外语专业研究生培养模式——培养翻译硕士专业学位人才》，《中国翻译》2007 年第 4 期，第 7 页。

第八章 人己通：跨越文化屏障

三个层面划分：一是就培养类型而言，典籍翻译人才应属于复合型翻译人才，不仅应具备一定的翻译理论知识和能力，而且应拥有跨学科知识和一定研究能力；二是就培养层次而言，典籍翻译人才能力和素质要求较高，最好按照研究生层次来培养；三是就培养特色而言，典籍翻译人才一般应由文化底蕴深厚的高校（如北大、南开、中大、南大等），高水平外语院校（上外、北外、广外、西外及天外等），以及民族特色鲜明的高校（中央民族大学、中南民族大学、西南民族大学等），结合自身优势与国家需要，开设各具特色的典籍英译专业或方向，加强典籍翻译人才的培养。当然，道德典籍翻译人才也可由伦理学专业实力较强的高校（如中国人大、湖南师大、南京师大、东南大学等）联合所在高校的外语学院共同培养，这些高校不仅在伦理学学科具有优势，而且外语学科实力较强，如能实现跨界、跨学科联合，必定能培养出极富特色的专业化道德典籍翻译人才。

　　第二，以能力为核心，构建翻译课程体系。构建科学合理的课程体系是培养高质量典籍翻译人才的关键。而典籍翻译人才培养课程体系的构建，应根据国家文化战略需要和文化"走出去"需求，以能力为核心，妥善处理好专业与通识、基础与特色、必修与选修、理论与实践、知识与能力、课内与课外、职业技能与个人发展等课程设置关系问题。[①] 同时，课程体系的构建应体现学科交融思想，突出课程的人文性、职业性、应用性与实践性，拓宽学生知识面，尤其应重视丰富学生的文化典籍知识、注重他们中西文化素养的提升和跨文化传播能力的培养。专业课程体系中不仅应开设中国传统文化、中国典籍史、西方文化概论、文化典籍翻译等基础类课程，还应遵循现代语言服务业需求与人工智能时代需要，开设翻译技术、计算机辅助翻译、语料库技术、译后编辑、信息搜索等翻译技术应用课程，提升他们的翻译信息素养与技术能力。此外，还可结合高校自身特色和学科优势，开设特色类翻译课程，如《论语》英译与赏析、《道德经》英译与赏析、中国传统文化典

---

① 杨朝军：《产业化视域下的翻译硕士培养模式》，《中国翻译》2012 年第 1 期，第 24—28 页。

籍翻译等；还可开设跨学科知识课程，如伦理学概论、传播学基础、跨文化心理学、道德文化心理学等。通过这些措施，就能培养拥有丰富典籍和传统文化知识、熟练掌握翻译技能，具备较强跨文化传播能力、思辨与创新能力，具有较高综合素养的复合型典籍翻译人才。

第三，顺应信息化时代发展趋势，创新翻译教学模式。翻译教学模式的运用与高素质典籍翻译人才培养关系密切。当前，基于语言学、文化学、文艺学、生态学等不同学科理论（如建构主义、多元智能、人文主义、模因论、功能目的论等），以及结合语料库等技术手段所建立的翻译教学新模式（如任务型、工作坊、情境式、项目驱动与观念解构等）层见叠出，广泛应用，拓展了教学空间，极大提升了翻译教学效率与质量。信息化时代的来临，现代语言服务产业链的形成以及互联网技术的快速发展，特别是众包翻译、"译云"平台、语联网与云翻译的出现，使翻译过程呈现多元化、协作化与共时性特点，对译员的要求也越来越高。鉴于此，在当前信息技术迅猛发展时代，应遵循市场需求，创新翻译教学模式，构建基于QQ空间、微信公众号、Blackboard、BBS、教学网站等的翻译学习平台，创设和谐的课堂生态环境，重构学生的学习生态，充分发挥学生主体地位，突出学生的自主式、个性化、协作式学习，从而激发他们的自信心和成就感，调动他们的主动性与创造性，促进他们的职业能力与信息素养的提升，满足新型翻译活动提出的新要求。

第四，按照专业化要求，创建高水准专兼职师资队伍。典籍翻译人才培养质量关键在于师资。翻译教师应具备三方面功夫：一是有丰富的翻译实践经验；精通翻译的一般策略与技巧。二是有宽广的翻译理论视野，熟悉译论的国内外发展动向。三是有无穷的琢磨翻译的激情，懂得教学的互动与循循善诱。[①] 换言之，作为新时代的翻译教师，既要翻译理论知识丰富，翻译实践能力强，又须具备翻译激情，熟悉教学规律等，而典籍翻译教师要求更高，还需具备扎实的古文功底以及传统文化素养等。然而，翻译教师队伍的现状却不容乐观，专业化翻译师资严重

---

① 何刚强：《精艺谙道，循循善诱——翻译专业教师须具备三种功夫》，《外语界》2007年第3期，第24—29页。

匮乏，已成制约翻译人才培养的最大瓶颈。针对这一现状，高校应加强翻译师资队伍建设，按照专业化要求，打造高素质的翻译师资队伍。一方面可鼓励在职教师参加政府、企业、事业单位组织举办的翻译实践活动，提升翻译实践能力；另一方面可选派翻译专业负责人或专任教师到对口高校学习深造，提高翻译理论水平，丰富跨学科知识；同时，也可让他们到政府机构、外事部门、翻译公司或涉外企业挂职，帮助他们熟悉翻译流程，了解行业发展动向与市场动态；[1] 此外，还可聘请国内外资深译员、翻译行业专家及其他学科领域（如传播学、心理学、比较文化学与国学等）的知名专家学者担任高校兼职教师，开设典籍翻译及跨学科知识课程，定期到高校开办学术讲座或进行实践指导等，齐心协力培养典籍翻译人才。[2]

当然，在采取措施培育本土译者的同时，还应吸引或资助西方汉学家进行中国文化典籍翻译工作。可效仿国外做法，如设立基金或重要奖项等，奖励外国翻译家从事中国典籍翻译工作，以此来扩大中华文化在世界范围的影响。

四　顺应读者，讲好中国文化故事

读者，即译介对象或受众，是指英译与传播过程中译本信息的接受者。他们具有"受"者和"传"者的双重身份。读者作为接收主体，其接受活动具有主动性、选择性。译介效果不仅受译者主体、译介内容与策略影响，还与读者的阅读兴趣、意识形态、接受心理、审美爱好及教育程度等直接相关。为此，要提升英译效果，译者须预先了解读者的阅读动机、兴趣与要求，对读者的接受心理进行深入研究，选取合适的英译策略，在语言表达、行文及结构上符合读者的阅读习惯。[3] 然而，

---

[1] 刘宏伟：《校企合作培养专业翻译人才探析——以"长株潭"地区为例》，《怀化学院学报》2013年第7期，第113页。

[2] 刘宏伟：《产业化背景下的专业翻译人才培养探析》，《新余学院学报》2014年第3期，第114页。

[3] 陈亚君、陈永进：《〈论语〉英译与传播三原则》，《广东海洋大学学报》2011年第2期，第77页。

实际上，当前许多译者并没从读者角度出发，对他们的了解不够深入，只从自身立场出发，自然难以取得理想的翻译效果。为此，在《论语》等典籍翻译过程中，应树立"推己及人"的他者意识，坚持以读者为中心，顺应读者要求，讲好中国文化故事，具体包括：

（一）确立以目标读者为中心的翻译理念与策略

"人己通"译介模式提示译者在翻译过程中注重受众（读者），关注译介效果；受众在译介活动中的作用不可小觑；没有受众，译介主体的存在毫无意义。①译介内容到达受众并为之接受与认同，传播才得以真正实现。②因此，在译介《论语》等传统文化典籍时，顺应读者要求，坚持以读者为中心采取相应策略。具体包括：

第一，积极考虑西方读者需求，满足他们的期待视野与审美意识。辜鸿铭的《论语》译本深受西方读者欢迎的重要原因之一，就是契合西方读者的期待视野；庞德译本采用创译法，尽管遭到众多非议，但他的译本充分考虑了各种不同身份的读者需求，符合大多数阶层读者的审美情趣、兴趣爱好与期待视野，也获得较高认可度。可见，《论语》等典籍译本要获得西方读者的广泛接受与认可，在英译过程中，译者应积极考虑西方读者需求，精心设计译文语言及表达方式，尽量满足他们的审美意识，提高他们的阅读兴趣。

第二，采取喜闻乐见的形式，顺应读者的接受心理。复旦大学教授陆谷孙曾说：外宣英文须秉持两个原则，即让外国受众能接受；适当有点"中国味"。③也就是说，在《论语》等典籍英译过程中，在将异国文化情调淡化，顺应读者求同预期的同时，保留适当的异质性和陌生感，满足他们的求异接受心理期待，这样更易于接受中国传统文化。严复认为译著对当时士大夫及官僚统治阶级而言，是难以下咽的苦药，于

---

① 刘宏伟、王湘玲：《"人己通"外译模式与中国传统文化对外传播研究》，《湖南大学学报》（社会科学版）2020年第4期，第104页。

② 鲍晓英：《"中学西传"之译介模式研究——以寒山诗在美国的成功译介为例》，《外国语（上海外国语大学学报）》2014年第1期，第70页。

③ 吴丹：《从目的论视角看2010上海世博会外宣资料的翻译》，《网络财富》2010年第5期，第114页。

是他采用"涂了糖衣"（即古雅文体）的译法，正因为他采用士大夫们熟悉又喜欢的文学形式进行翻译，满足读者的接受心理，从而效果比较理想。[①] 因此，《论语》等典籍英译应根据西方读者心理特点与需求，采取喜闻乐见的形式，顺应并满足他们的接受心理，从而实现中国传统文化的对外传播。

第三，运用本土化语言，贴近读者的思维习惯。习近平总书记提出，在传播中华优秀文化，宣介中国发展变化时，要用"海外读者乐于接受的方式、易于理解的语言，讲述好中国故事，传播好中国声音"[②]。由于中西文化背景、社会制度、意识形态、思维习惯等不同，国内外读者的话语体系存在一定差异，国内读者熟悉的话语并不一定适用于国外读者。鉴于此，在《论语》等典籍英译与传播过程中，应当作必要的"调适""顺应"，尽量采用本土化语言和表述方式，贴近他们的思维习惯，对文本中的陌生文化信息加以处理与包装，促使海外读者产生心理共鸣和阅读兴趣。

（二）发挥民间力量，专业读者和普通读者双管齐下

中国传统文化外译要实现"人己通"，应改变政府或官方主导的"宣传本位"为主的传播方式，摒弃以自我为中心的"单向灌输"传播观念，秉持文化平等原则，将"政治话语"转变为"民间话语"，以平民姿态与他者展开"对话"。同时，应对西方读者开展深入研究，熟悉他们的文化习俗与政治信仰，以便有针对性地进行英译与文化传播。此外，在中国传统文化外译过程中，为达到理想的译介效果，应拉近译者与读者的距离，积极寻找中西文化的共同点，使中国传统文化得到西方读者的认同。

中国传统文化"走出去"，除政府推动外，还需民间力量积极参与。"政府搭台，民间唱戏，这是中国文化'走出去'的最佳模式。"[③]

---

① 王佐良：《翻译：思考与试笔》，外语教学与研究出版社1989年版，第42页。
② 习近平：《习近平寄语人民日报海外版：讲述好中国故事》，《人民日报》2015年5月2日。
③ 鲍晓英：《中国文化"走出去"之译介模式探索——中国外文局副局长兼总编辑黄友义访谈》，《中国翻译》2013年第5期，第45页。

民间力量为中国传统文化"输出"提供了广阔渠道。随着信息时代网络技术的快速发展,依靠网络汇聚国内外民间学术机构以及中国文化爱好者进行翻译与传播,也已成为一股不可小觑的推动力量。如 Paper Republic(纸上共和国)是由国内外文学文化爱好者建立的民间网络翻译组织,2007 年由美国翻译家 Eric Abrahamsen 创建;① 他们主要通过网站交流思想、意见,与出版界经纪人、出版商也有一定联络,为中国文化对外译介发挥了一定的推动作用。② 民间网络翻译组织对文学文化外译具有很大优势,能准确捕捉目的语文化动态,拉近了译者、译文本与英语国家读者之间的心理距离,同时译员更熟悉英美出版和传播的机制流程,在西方受众中可信度较高。③ 此外,外文出版社与香港中文大学合作,正建设中文翻译网站"译道",专为翻译提供中国古代、现代文学文化作品的相关信息,如作者介绍、译者介绍、翻译时间等,建成后会为中国文化外译提供很多便利。可见,民间力量是促进中国传统文化对外传播的有效途径和必要补充。因此,在《论语》英译与传播过程中,应该对民间力量给予关注、开发、扶植与积极引导,充分挖掘国内外民间及海外华侨华人的潜力,让更多的民间力量参与到中国传统文化的传播和译介。

中国传统文化"走出去"不仅应重视专业读者,也应关注普通读者。读者的划分标准在学界存在差异。杨自俭按类别和层次对读者进行了分类,从类别而言,可分为:个体读者和群体读者;就层次来说,可分为:低层读者、一般读者以及高层读者等。④ 王宏印按身份和地位将读者分为一般读者、知识界、译界及评论家等层次。⑤ 傅斯年将译文受

---

① 王祥兵:《海外民间翻译力量与中国当代文学的国际传播——以民间网络翻译组织 Paper Republic 为例》,《中国翻译》2015 年第 5 期,第 46 页。
② 王杨:《译介传播:推动文学"走出去"》,《文艺报》(周五版)2010 年第 32 期,http://www.chinawriter.com.cn/news/2010/2010-08-13/88741.html。
③ 王祥兵:《海外民间翻译力量与中国当代文学的国际传播——以民间网络翻译组织 Paper Republic 为例》,《中国翻译》2015 年第 5 期,第 51 页。
④ 杨自俭:《关于译学研究的一些想法》,张柏然、许钧:《面向 21 世纪的译学研究》,商务印书馆 2002 年版,第 10 页。
⑤ 王宏印:《翻译批评论稿》,上海外语教育出版社 2005 年版,第 190—191 页。

众分为普通读者和学者等。本研究粗略将读者分为普通读者和专业读者。中国文化译介出版走的是专业化、学术化之路,大多通过学术出版机构渠道,属于小众类别。[①] 英国汉学家蓝诗玲(Julia Lovell)指出:"中国文学作品出版大都选择学术出版机构,很难吸引商业出版商的眼球,这必将使中国文学一直尘封在学术化、专业化的角落。"[②] 当然,专业读者是"主流意识的建构者",拥有洞察优劣的目光与视野,他们对作者以及译品态度与评价对普通读者影响重大,直接影响对译本的接受与阅读,进而影响译本的真正广泛传播。[③] 但在文化译介过程中,如果缺乏普通读者的参与,中国文化就无法真正"走出去"。因此,开展《论语》等典籍的英译与传播,推动中国传统文化"走出去",不仅应重视西方学术圈的专业读者,也要给予西方普通读者一席之地,应深入了解西方普通读者的喜好与需求,考虑并注重译本的可信度、可读性及可接受性,精选他们愿意读、看得懂的内容进行英译与传播,这样才能促使中国传统文化真正"走出去"。

五 多管齐下,构建多元传播渠道

"人己通"外译模式实现的另一制约因素是传播渠道的阻碍。中外社会制度的不同、语言的障碍、文化的差异以及意识形态的隔阂等诸多问题的存在,导致中国译著较难进入国外市场。近年来,《论语》等中国典籍的英译本逐渐增多,但海外影响力却极为有限,原因就在于许多译本在国内出版,自产自销,较少在国外流通。译著在海外的传播效果,译本质量只是其中因素之一,关键环节还涉及著作的策划与营销。中国学者的译著在国外推广力度不够,导致西方学界了解的渠道甚少,有些译著在海外的读者可谓凤毛麟角。[④] 鉴于此,为促进中国传统文化

[①] 吴赟、顾忆青:《困境与出路:中国当代文学译介探讨》,《中国外语》2012年第5期,第90—95页。

[②] Goldblatt Howard, *Goldblatt Howard at Home: A Self-Interview*, Chinese Literature Today, Vol. 2, No. 1, 2011, pp. 9-12.

[③] 鲍晓英:《中国文学"走出去"译介模式研究——以莫言英译作品美国译介为例》,博士学位论文,上海外国语大学,2014年,第146页。

[④] 王侃:《中国当代小说在北美的译介和批评》,《文学评论》2012年第5期,第169页。

对外传播，应积极拓展海外传播渠道，充分利用图书报纸杂志、网络媒体、广播电视、电子数字出版等媒介，构建《论语》等中国典籍英译与传播多元渠道，具体包括：

（一）充分发挥孔子学院的文化对外传播功能

孔子学院是中国对外传播文化的重大项目和国际战略。自2004年11月在韩国首尔挂牌成立全球首家孔子学院，截至2019年12月，中国已在162个国家（地区）建立了550所孔子学院和1172个中小学孔子课堂。① 经多年快速发展，孔子学院已成为中外文化交流的重要平台，有效地促进了汉语的推广和中国文化的对外传播。

汉语是中国传统文化传播的重要载体。利用对外汉语教学推广中国传统文化，能促进世界各国更好地理解和把握传统文化精髓。孔子学院的功能不仅在于汉语教学，更是对中国传统文化传播的实践。孔子学院在文化传播中应突出传统文化中的"仁""德""和"等核心思想精髓，并将其发展为具有世界性影响的思想体系。目前孔子学院的文化对外传播使命和功能还未引起足够重视。因此，应重新审视孔子学院的定位，制定新的发展战略，充分发挥其文化对外传播功能。

当然，对以汉语教学作为主要任务的孔子学院而言，不可能完全以儒家学说或《论语》等传统文化经典作为教学的主要内容，但为促进中国传统文化的对外传播，在其课程体系中，可开设《论语赏析》或《中国传统文化概论》等相关课程，编写对应汉英教材。南京大学编写的《孔子名言精选》就是海外孔子学院的适用教材。译本精选了《论语》中百余条简短名言，对于孔子学院开展对外汉语教学具有十分重要的价值。与此同时，也可将《论语》等传统文化典籍进行编译，将"仁""孝""礼""忠""信""智"等核心德目以及"孝悌""仁爱""中庸""忠恕"等核心思想编入教材，让外国学生在潜移默化中领会中国优秀传统文化。

（二）加强中外出版机构的交流与合作

文化传播的途径和方式多样，出版是其中最重要的途径之一。中国

---

① 《550所孔子学院遍及全球162个国家和地区》，中国新闻网，2019年12月9日，https：//baijiahao.baidu.com/s？id=1652438613523542351&wfr=spider&for=pc。

第八章　人己通：跨越文化屏障

文化往往会伴随中国出版产业的"走出去"而"走出去"。中国出版产业"走出去"，是指将经营行为国际化，通过不同途径将图书商品或版权直接或间接推向国际图书市场，实现出版产业之间、中外文化之间的融合与同栖，以带动中国文化走向世界。[1] 在中外文化交流与传播过程中，需考虑的因素很多，如市场因素、发行渠道等。[2] 以往《论语》的一些经典译本，如理雅各、韦利等的译本都由国外主流出版社出版，因而具有极强的国际声誉与影响力。近年来，《论语》译本虽层出不穷，但以国内出版为主，其影响力有限。

中国传统文化"走出去"就必须加强中外出版机构的合作，其合作模式主要包括五种，即版权贸易、合作出版、图书贸易、数字出版与国外办合作社。[3] 具体内容包括：第一，版权贸易模式。与欧美国家的主流商业出版社签订版权协议，将《论语》等中国传统文化典籍的翻译、出版及营销交由它们负责组织。[4] 第二，合作出版模式。国内出版机构与海外一流出版商建立深度合作，共同出版中国传统文化典籍译著。第三，图书贸易模式。国内出版机构可加强与欧美商家（包括：批发商、发行商和零售商等）的业务联系，拓宽营销渠道，使中国传统文化典籍译本进入欧美国家主流市场，借助国外主流营销渠道扩大中国传统文化典籍译本的传播范围。[5] 第四，数字出版模式。通过与国外的主流数字媒体或出版商合作，借助欧美成熟的数字出版平台或自主研发的应用程序，将中国传统文化典籍译著推广出去。[6] 第五，国外办出版社模式。鼓励实力较强的国内出版机构到欧美开办出版社或设立出版

---

[1] 潘文年：《中国出版业"走出去"研究》，博士学位论文，南京大学，2011年，第12页。

[2] 耿强：《文学译介与中国文学"走向世界"——"熊猫丛书"英译中国文学研究》，博士学位论文，上海外国语大学，2010年，第83页。

[3] 鲍晓英：《中国文学"走出去"译介模式研究——以莫言英译作品美国译介为例》，博士学位论文，上海外国语大学，2014年，第118—119页。

[4] 谢稚：《从莫言获诺贝尔文学奖看中国文化的海外传播》，《理论月刊》2012年第12期，第53—56页。

[5] 鲍晓英：《困境与出路：中国文学译介途径研究》，中国翻译协会，2015年9月23日，http://www.tac-online.org.cn/ch/tran/2015-09/23/content_8258713.htm。

[6] 张学海：《中国出版"走出去"的战略思考》，《当代经济》2012年第24期，第95页。

分支机构，直接在当地出版中国传统文化典籍译著。① 通过上述合作模式，不仅能有效提升中国传统文化典籍"走出去"图书的品质，也能扩大这些译本在海外的推广效果。

（三）改善政府对海外译者的资助政策

通过政府或民间资助，鼓励海外汉学家和翻译家译介中国传统文化典籍，也是中国传统文化"走出去"的重要渠道之一。为促进中国文化的对外传播，中国政府提供政策支持和投入资金，资助了"熊猫丛书""大中华文库""中国图书对外推广计划""中国文化著作翻译出版工程""中国当代文学百部精品对外译介工程""国家社会科学基金中华学术外译项目"等对外文化译介工程或项目，取得很好的效果。莫言作品和曹文轩作品外译的成功表明，国外翻译家比国内翻译家具有较难以企及的优势。葛浩文认为莫言的成功在于在意大利、日本、德国和法国等西方国家，有众多才华横溢的译员为其助航，他们为莫言的国际声誉的树立功不可没；② 曹文轩作品在英语世界走红畅销，海外译者汪海岚（Helen Wang）功不可没。可见，海外汉学家和翻译家等海外译者对中国传统文化在国外的传播与接受所发挥的作用不容小觑。因此，中国政府应制定相关政策，加强海外译者的资助力度，积极资助以外语为母语的译者，吸引更多海外译者加入中国典籍的英译行列，推动中国传统文化的对外传播。

（四）加强媒体的对外传播力度

随着新媒体时代的到来，影视、网络等众多媒体对文化传播的作用越来越不可小觑。在《论语》等典籍的英译与传播过程中，如能有效利用影视、网络等不同媒介，营造丰富多样的接受环境，将对推广中国传统文化产生良好效果。

第一，加强影视作品的拍摄与推广。海外推广优秀影视作品是传播民族文化，提升国家形象的有效途径。影视作品是普通大众文化休闲产

---

① 张学海：《中国出版"走出去"的战略思考》，《当代经济》2012年第24期，第94—95页。
② 刘峻凌：《莫言作品研究专家：莫言，富有历史感的中国作家》，中国网，2012年10月11日，http://www.china.com.cn/international/txt/2012-10/11/content_26756689_2.htm。

第八章 人己通：跨越文化屏障

品，具有"声画一体"的特点，能最大限度地延伸人们的视听觉功能，满足人们的娱乐心理，是最常见的大众日常休闲方式和喜闻乐见的艺术形式，也是传播传统文化的重要渠道；根据相关调查表明，在影响中国形象最佳传播渠道中，影视作品的影响力居于首位。[1] 影视剧较容易跨越语言与文化的障碍，被海外观众接受和喜爱。[2] 莫言作品《红高粱》在拍摄成电影后，销售至十多个国家，深受海外观众喜爱，就是有利的证明。中国电视剧《媳妇的美好时代》《金太狼的幸福生活》《奋斗》《妈妈的花样年华》《老爸的心愿》等在海外热播的成功案例，[3] 可洞见借助电视剧推动传统文化走向世界的无限希望。若能将《论语》等传统文化经典作品转化为影视作品，通过海外发行和销售，使其进入海外主流社会，其影响力自然会增强，传播效果也会比较理想。目前国内已拍摄了《演说论语》《孔子》《孔子春秋》等电影或电视剧，如能加以包装并进行英译打入国际市场，必定会引起海外受众对中国传统文化的关注。

第二，利用报纸杂志等媒体。报纸杂志也是传播中国传统文化的重要渠道。为促进中国文化传播，塑造中国国际形象，中国加强了报纸杂志的海外宣传与推广力度。比如，《环球时报》开辟了英文版，《中国日报》推出了美国版，《人民日报》和《北京周报》等拥有了海外版。除此之外，还可借助西方报纸杂志，加大文化对外传播的力度。同时，国内相关机构还应该与图书出版发行书评期刊或专业期刊，如 The New York Times Book Review（《纽约时报书评》）、Publishers Weekly（《出版社周刊》）、Bookseller（《书商》）、Library Journal（《图书馆学刊》）、Choice（《选择》）、Booklist（《书单》）等加强沟通与联系，使中国传统文化作品的翻译出版情况得到及时报道。

第三，利用因特网开展文化对外传播。全球性的新型传播载体——

---

[1] 鲍晓英：《中国文学"走出去"译介模式研究——以莫言英译作品美国译介为例》，博士学位论文，上海外国语大学，2014年，第120页。
[2] 李宇：《"走出去"导向下的影视精品创作与译制》，《传媒》2017年第9期，第43页。
[3] 金海娜：《中国影视作品对外译制模式探析——以坦桑尼亚为例》，《中国翻译》2017年第4期，第35页。

因特网的崛起，为文化对外传播提供了新的渠道。[①] 除传统网站外，新崛起的自媒体，如掘客、网络论坛、微信公众号、微博等以其独特形式广泛地影响着世界各国跨文化传播。[②] 目前，网络传播已成为覆盖面最广、受众最多、参与度最高以及互动性最好的传播形式。[③] 中国对外传播网络主流媒体，包括中国网（www.china.org.cn）、中国日报网（www.chinadaily.com.cn）、人民网（www.Peopledaily.com.cn）、新华网（www.xinhuanet.com）、中央电视台国际频道网络媒体（www.cctv-9.com）与中国国际广播电台网络媒体（www.cri.com.cn）等都开辟了专门的英文网站。尤其值得一提的是，中国文化部和《中国日报》合作在美国开辟了以国际语言英语为主、传播中国文化的网站——中国文化网（http://www.chinaculture.org/），这极大拓展了中国文化对外传播的平台，为讲好中国故事创造了更多机遇。中国相关部门或机构应进一步加强对外传播网站及自媒体的建设，打造以英语媒体为主的具有国际影响力的旗舰网站和国际自媒体。此外，还须加强《论语》等儒家经典译本在网上的传播，适时推出中国传统文化经典译本的网络版。可喜的是，目前相关项目已开始实施，如实行的中国哲学书电子化计划（Chinese Text Project, http://ctext.org/），将中国先秦诸子的古代典籍中英文版本挂在网站，供海内外读者免费获取阅读。总之，借助各种网络共享平台，可让中国传统文化思想和中国智慧以各种文字向世界各地广泛传播。

除此之外，还可利用国际学术平台，通过参加国际书展等多种方式促进中国传统文化的对外传播。如2013年中国学界与新加坡学界联合召开了第三届《论语》英译研讨会。这些活动的形象对于推动中国文化"走出去"极具价值和意义，有助于向世界推介和传播中国优秀传统文化。

---

① 张咏华：《互联网与中华文化的对外传播》，《国际新闻界》2001年第4期，第9页。
② 相德宝：《自媒体时代的中国对外传播策略》，《当代传播》2011年第6期，第98页。
③ 李建华：《"美丽中国"对外网络传播的破局与重构》，《四川大学学报》（哲学社会科学版）2016年第2期，第69页。

第九章 研究结论

第一节 本书的主要发现

本书全面梳理了《论语》英译的研究历史与现状，以及存在的问题；深入挖掘了《论语》中的核心文化思想及其现代价值，探索了《论语》中孝道思想的文化共性与差异；归纳总结了以往《论语》典范译本的英译特点及其策略；提出了以《论语》英译为载体，传播中国传统文化的有效模式及实现对策。具体而言，本书主要有如下发现。

第一，《论语》英译的当前境遇："求同"向"求异"转化。本研究发现，《论语》英译经历了从"求同"向"求异"的转化过程。《论语》英译初期，以西方传教士和汉学家译者为主（如理雅各、马歇曼等），由于当时处在西方中心主义语境下，他们英译《论语》时，采用了"以耶释儒"的方式，使译文尽量符合西方文化规范，适应读者的审美情趣和阅读习惯。此时，华人译者，如辜鸿铭、林语堂等，也考虑到当时"西强中弱"的时代背景，为使其译文符合西方读者的审美情趣、接受心理与阅读习惯，达到传播中华传统文化之目的，坚持以读者为中心，采用了"以西释儒"的归化策略，努力寻求儒家文化与西方文化的共通之处。该时期《论语》英译的突出特征是"求同"。

随着全球化时代的来临和多元文化语境的出现，西方话语一元主宰局面逐渐削减，多元共存的文化格局逐步形成，西方不少学者开始走出"西方中心论"的泥沼，尊重不同文化的"异质性"，注重汲取他者文化中的精华。西方译者如斯林哲兰德、安乐哲与罗思文，在英译《论语》时，对中国文化表现了应有的尊重，采用以异化为主的英译策略，力图保留原文的异域文化色彩。同时，文化"走出去"已上升为中国文化发展的重大战略，中国译者的文化自信与自觉意识也日渐增强，他们在英译《论语》时，往往强调中国文化的独特性，力求保持中国文化的"异域情调"。因此，该时期《论语》英译的突出特征为"求异"。

然而，当前《论语》英译过分强调民族文化特色，刻意追求民族文化差异，没有充分考虑中译外存在的"时间差"和"语言差"，导致诸多问题的出现，如读者意识缺乏，针对性不强；译本定位不合理，特色不明显；精品意识缺乏，译文质量不高等，《论语》英译与文化对外传播效果也不尽如人意。因此，如何突破《论语》英译的困境，成为翻译研究的重要课题。

第二，《论语》中的核心思想精髓：共通性与特殊性并举。《论语》是一部优秀传统文化典籍，它构建了以"仁"为核心，以"礼"为形式的伦理道德思想体系，包括"仁""孝""礼""忠""信""智""悌""恕""温""良"等核心概念，蕴含"仁者爱人""忠恕之道""克己复礼""孝悌为本""为政以德"等核心思想精髓。这些思想既具有文化共通性，又具有文化独特性，对于促进中国文化建设、推动人类社会发展和丰富世界文明意义深远。

实证研究结果显示：中国被试的孝道实际测量均值为 86.13，西方实际测量均值为 74.99，两者都远高于理论均值 60。这说明中西被试孝道整体水平较强，孝道思想在中西方都有极高认可度。中国传统核心价值的"孝道"是发自内心地对父母养育之恩的报答，是基于人性而产生的最真实、最自然的情感内容，它在维系人伦秩序、传递亲情及稳定家庭方面发挥了其他道德规范不可替代的作用。尽管人类社会历经几千年变迁，中西方的政治制度大相径庭，文化与生活习俗迥然不同，"孝"的表达方式也南辕北辙，但"孝道"在中西方的道德地位从未动摇。"孝道"一直是全人类共同认可和信奉的道德价值，具有超越时代的文化共通性。

研究结果也显示：中西方被试在"尊亲恩亲""荣亲护亲""顺亲谏亲"三个维度上存在显著差异（$P<0.05$），中国被试在这三个维度的孝道水平远高于西方被试，说明中西方被试对于孝道的理解和认知存在很大差异。"孝道"不仅是中国传统文化中最基本、最重要的道德，

第九章 研究结论

也是传统文化中最富特色的内容，有其特殊性。中国传统文化延绵五千余载，虽与域外文化几经融合，但总体上保留了以儒家道德文化为主流的德性伦理气质，而"孝道"是儒家道德文化的基石。"孝道"不仅成为一切道德的根本与核心，统摄一切伦理道德的准则，更成为齐家、治国、平天下的基本纲领，是中国人的安身立命之道。受历史悠久的传统文化熏陶，孝道文化在中国早已根深蒂固，其影响也从外部行为约束渗入中国人的精神世界。

第三，《论语》典范译本策略：注重探寻文化共通性。本研究发现：以往代表性《论语》译本呈现出截然不同的英译特点，采用了迥然有别的英译策略。如理雅各译本采用直译为主的方法，讲究译注结合，积极运用"以耶释儒"策略；辜鸿铭译本采用意译为主的方法，注重表达的自然流畅，关注读者需求；韦利译本译文通俗易懂，简洁流畅，采用以西释中，努力寻求文化共性；刘殿爵译本严谨细致，英文表达平易流畅，英译策略灵活多样。这些译作在海内外均大获成功，影响深远。其缘由除译者英文造诣高超，对儒家道德文化价值高度肯定外，还有如下几点：一是他们注重凸显《论语》的道德精髓，通过《论语》英译，让西方读者从根本上理解和把握中国传统道德文化精髓。二是具有极强的读者意识。在《论语》英译时，他们能站在读者立场，积极考虑读者的接受心理和阅读兴趣。三是注重寻求文化共性。在英译过程中，他们积极探寻《论语》中与西方文化接近且具有共通之处的思想文化精髓。

为使中国传统文化被西方读者理解与接受，以往译者在英译《论语》时，遵循了"求同存异"原则，彰显儒家文化之共性与特性。在《论语》英译过程中，他们不仅关注儒家文化共性，努力寻求中西文化的共通之处，还在"求同"的前提下，保留了汉语原汁原味的文化特点。当然，"存异"并非生搬硬套，而是在保留文化独特性的同时，对原文适当变通，使读者能理解"异"之所在，达到相互理解，实现沟通与交流之目的。同时，为减少西方读者对中国传统文化的陌生感，使儒家文化顺利进入西方世界，这四位译者还采用"借帆出海"的翻译方法，借用西方类似人物或概念阐释或引用西方读者熟悉的名言、典故参证注释儒家文化。研究发现，能够采用这种翻译方法，不仅缘于译者英文造诣高超，中西文化修养深厚，更重要的原因是译者对《论语》等中国典籍有深入研究，能真正理解《论语》中的核心思想内容，把握中西文化的共性和差异，找到中国文化和西方文化融合的最佳结合点。这样，中国儒家文化得到了西方读者的接受和认可，顺利进入了西方读者的世界，达到了良好的译介效果。

第四，《论语》英译模式走向：突破二元对立之藩篱。目前，翻译界对典籍英译与文化传播还存在许多争论不休的问题，如采用"异化"还是"归化"策略，是强调"保持特色"还是"寻求共性"等。针对上述问题，本研究认为，《论语》等典籍英译应突破以往二元对立的藩篱，秉持"人己通"理念与模式，跨越文化屏障。

本书所提出的"人己通"模式体现了"和而不同"之哲学理念、"推己及人"之他人意识以及"文化平等"之比较文化视野。"和而不同"理念是促进世界不同文化平等对话的重要指导原则。它要求在文化交流与传播中遵循共赢互信、求同存异的原则，抛弃非此即彼的二元对立方式，主张提倡在保持自身文化特色的同时，对他者文化要有足够的理解和尊重，实现相互学习，取长补短。"推己及人"意识，即要奉行"己所不欲，勿施于人"的理念，改变"以我为主"的方式，勿一厢情愿地将文化强加于人，应站在接受者，即读者角度，从读者出发，为读者着想，注意译文的接近性以及可信性。"文化平等"比较文化视野，即要求秉持文化平等原则，树立文化自觉意识，既要对本民族文化有正确全面的认识和理解，产生自我认同，又要辩证对待西方文化，不能将自己的文化凌驾于其他民族文化之上。在注重中国传统文化与西方文化共性的同时，应尊重文化的特殊性，积极借鉴世界各民族文化之精华。

本研究认为，要实现这一模式，突破二元对立之藩篱，应遵循如下原则。一是精选内容，凸显传统文化精髓。中国传统文化典籍著作卷帙浩繁，内容庞杂繁多，包括《论语》《老子》《墨子》等，涉及儒、墨、道、法和佛等核心文化思想精华，要全景式呈现中华传统文化的全貌，不切实际。因此，我们应根据时代背景需要，精心挑选适应读者需求，

第九章 研究结论

在当今社会仍具重要价值的中国典籍译介。二是深入挖掘，探寻中西文化之共性。《论语》中的传统文化精华，具有超越时代的共通性，是中国奉献给世界的无价之宝。在英译时，译者应发现中西文化的差异，但不应刻意凸显差异，要积极探索中西文化的共性，寻找与其他文化接近、共通的内容，力求做到"求同释异"。三是多方携手，培育典籍英译队伍。在中国传统文化对外传播中，译者的重要性毋庸置疑。要大力发展翻译教育，积极培养典籍翻译人才。四是顺应读者，讲好中国文化故事。在《论语》等典籍英译过程中，应确立以读者为中心的翻译理念与策略，积极运用本土化语言，采取喜闻乐见的形式，使译介内容顺应读者接受心理，贴近读者思维习惯，满足读者期待视野与审美意识；当然，读者范围也要广泛，不仅应该涵盖专业读者，也应包括普通读者。对外宣传模式也应随之变化，鼓励民间力量积极参与中国文化对外传播。五是多管齐下，构建多元传播渠道。中国传统文化的推广，应充分发挥孔子学院的文化对外传播功能。同时，可通过版权贸易、图书贸易、合作出版、数字出版物等形式，也可通过影视作品、报纸与杂志、因特网新媒介及参加国际书展等方式促进传统文化对外传播。只有遵循上述原则，采取有效措施，才能真正推动中国传统文化"走出去"。

第二节 本书的创新之处

本书在前人已有研究基础上进一步创新与发展，具体表现在：

第一，文本定位创新：传统道德文化典籍。以往译者或研究者往往将《论语》定位于文学著作或哲学著作来进行英译或英译研究，本研究将《论语》定位为中国传统道德文化经典。在对其进行定位基础上，深入挖掘、提炼和研究了《论语》中核心思想精华的共通性与特殊性，探讨了《论语》中核心概念和思想英译的特点与策略，构建了以《论语》等典籍英译为载体，对外传播中国传统文化的新模式。本研究不仅从语言微观层面探讨了《论语》译本中核心思想英译的质量，更从文化宏观层面对基于《论语》英译的传统文化对外传播模式进行了研究。

第二，研究方法创新：问卷测量法新运用。本研究有机结合了翻译学、语言学、比较文化学、道德文化心理学、传播学等学科的相关理论与方法，从跨学科视角探讨了《论语》的英译与传统文化的对外传播。特别是运用了心理学常用的问卷测量法，以《论语》中的孝道思想为例，探索了《论语》中核心思想的文化共性与差异，为《论语》英译与传播提供了有力的实证材料。毋庸置疑，这在《论语》英译研究乃至翻译研究上添上了新的一笔。

第三，传播模式创新："人己通"新模式构建。本研究结合译介学理论，参照拉斯维尔"5W"模式，刘宓庆翻译传播程序与操作模式，受传播学者程曼丽对外传播环形模式启发，构建了基于《论语》等典籍英译的传统文化对外传播模式。该模式由"译介主体""译介内容""译介途径""译介受众""译介效果"五大要素构成。其中，译介主体主要是指译者，并包含三个角色，译者、研究者和诠释者；译介内容是指中国优秀传统文化典籍，主要有《论语》《孟子》《大学》《中庸》《礼记》《弟子规》《孝经》《周易》等，这些典籍中的精华内容具有一定文化共性；译介途径包括报纸杂志、网络媒体、影视广播、数字出版及出版发行机构；译介受众是指译本的读者，分为专业读者和普通读者；译介效果是指受众在认知、情感、态度与行为等层面发生的变化或产生的反应。该模式突破以往"5W"模式线性结构的局限，将起点与终点连接起来，形成了译介环形模式，提示译者在翻译过程中应重视受众与译介效果，从效果出发展示译介活动，真正实现翻译的跨文化交际功能。

第三节　未来拓展的方向

受主客观条件限制，本书还具有一定的局限性，需进一步补充、完善与拓展，主要表现在：

第一，研究对象及范围有待拓宽。目前国内外出版的特色各异的《论语》译本已达70余部，它们为《论语》英译与传统文化对外传播研究提供了丰富语料。但为了服务主题，本研究只选取了辜鸿铭译本进

第九章 研究结论

行个案研究,并选择理雅各、韦利、辜鸿铭、刘殿爵等四人的译本为研究语料进行比较研究。其他许多知名译者(如翟林奈、威妥玛、苏慧廉、庞德、林语堂、黄继忠、安乐哲和罗思文、斯林哲兰德、林戊荪、许渊冲等)极具特色的译本没包括在本书分析案例之列,且对所选《论语》英译本的研究,除辜鸿铭因作为个案研究浓墨重彩外,其他三个译本研究深度还略显单薄。因此,在未来研究中,可选取更多影响力较大的《论语》译本,根据译本特色,从不同理论视角开展更深入的个案研究或译本比较研究。同时,除《论语》外,其他中国传统文化经典如《道德经》《中庸》《孟子》《孝经》《礼记》《庄子》等,也饱含丰富的传统文化思想,且也已出版多种高质量的英译本。为进一步推动中国传统文化对外传播,有必要对这些中国传统文化经典著作的英译本也展开深入系统研究。

第二,跨文化调查研究有待完善。本研究将心理学的问卷测量法运用至《论语》英译研究中,实现了研究方法的突破。但因实证研究难度较大,本研究还存在一些不足。首先,量表设计不尽完美。本研究的传统孝道量表是笔者根据《论语》文本中核心孝道思想设计而成。该量表设计时虽屡次请教专家学者,反复校正问卷题项,多次进行信度效度检验,并进行了项目区分及探索性因素和验证性因素分析,但因时间和条件限制,加上本人研究能力所限,自制量表仍存在诸多不足。其次,样本抽取范围不够全面。由于诸多客观条件限制,本研究国内样本主要来自广州和长沙地区,国外样本主要集中于英国、美国等国家,选取对象主要为在校大学生。最终抽取的样本中真正属于欧美等西方国家的只有145人,西方样本数和代表性有待加强。最后,调查内容不够详尽。中国传统文化思想与西方文化既有共性,也存在差异。虽然本研究发现中西方被试在孝道认知上存在显著差异,但这并不意味西方不同国家或同一国家不同文化间就不存在差异。要深入了解中西方孝道文化,还需进一步研究国与国之间、国家内部不同区域孝道文化的共性与差异。受时间、精力等条件限制,本研究只选取"孝道"思想进行了研究,其他中国传统文化思想精华如"仁爱""忠恕""礼让""中庸""和谐""诚信""廉洁""勤俭"等,与西方文化的共性和差异,也可以深入开展对比研究。目前中国学者杨韶刚、刘春琼等与西方学者合作，已就公正、民主、权利等价值观进行了跨文化对比研究，如何将这些成果运用到道德典籍的英译和传统文化传播的研究，也是未来有待探讨的研究课题。

  第三，研究视角与方法有待丰富。本研究是一个跨学科乃至超学科研究，涉及学科较多，理论知识跨度大，涵盖翻译学、语言学、伦理学、传播学、古代文学等学科的相关理论与知识。要成功完成这一研究任务不仅需要大量时间和精力，且需要极大的研究热情和极强的研究能力。受时间、精力和研究能力等诸多主客观条件限制，本研究只做了初步尝试。本研究虽从跨学科视角对《论语》英译进行了研究，但研究视角还有很大拓展空间。如要通过《论语》等典籍英译促进中国传统文化传播，必然涉及传播学的学科理论与知识，怎样使翻译适应、融入传播学，使《论语》等典籍译著更易被西方读者理解和接受，实现最好的译介效果，还有待结合翻译学、传播学以及心理学等学科知识进行进一步探讨。同时，当今翻译研究方法丰富多样，既包括社会学、人类学、历史学等以定性为主的人文社会科学研究方法，又包括统计学、心理学、生物学等以定量为主的自然科学研究方法。在未来可以运用其他学科如文化学、人类学、统计学的研究方法服务于《论语》英译研究。另外，现代语料库及其相关技术发展迅速，语料库研究方法也已在翻译研究中广泛运用。因此，我们还可利用《论语》等传统文化典籍经典译本建立语料库，借助语料库方法进行更详细的对比研究。

参考文献

一 中文著作

（春秋）孔丘：《〈论语〉中英文对照》，刘殿爵译，中华书局2008年版。

（春秋）孔丘：《论语今译（汉英对照）》，潘富恩、温少霞译，齐鲁书社1993年版。

（春秋）孔丘：《〈论语〉（大师经典文库）：汉英对照》，[英]韦利译，外语教学与研究出版社1998年版。

（战国）韩非：《韩非子》，高华平、王齐洲、张兰夕译注，中华书局2016年版。

（战国）吕不韦：《吕氏春秋》，陆玖译，中华书局2011年版。

（战国）孟子：《大中华文库〈孟子〉（汉英对照）》，赵甄陶、张文庭、周定之译，湖南人民出版社1999年版。

（战国）荀子：《荀子（汉英对照）》，张觉今译，[美]诺布洛克英译，湖南人民出版社1999年版。

（东汉）班固：《汉书》，中华书局1962年版。

（汉）许慎：《说文解字》，汤可敬译注，中华书局2018年版。

（南朝）皇侃：《论语义疏》，中华书局2013年版。

（五代）刘昫：《旧唐书》，中华书局1975年版。

（宋）程颢、程颐：《二程集》，中华书局2004年版。

（宋）程颐：《河南程氏经说》，中华书局1981年版。

（宋）黎靖德：《朱子语类》，中华书局1994年版。

（宋）邢昺：《论语注疏》，中华书局1962年版。

（宋）邢昺：《论语注疏》，中华书局1980年版。

（宋）张载：《张子正蒙》，上海古籍出版社2000年版。

（宋）朱熹：《四书集注》，岳麓书社1985年版。

（宋）朱熹：《四书集注：论语集注》，辽宁教育出版社1998年版。

（宋）朱熹：《四书章句集注》，金良年今译，上海古籍出版社2006年版。

（宋）朱熹：《朱文公文集》，上海书店出版社1989年版。

（清）段玉裁：《说文解字注》，上海古籍出版社1995年版。

（清）黄宗羲：《明儒学案》，世界书局1936年版。

（清）焦循：《孟子正义》（诸子集成本），中华书局1954年版。

（清）康有为：《论语注序》，中华书局1984年版。

（清）李元度：《天岳山馆书钞》，清光绪四年刻本。

（清）刘宝楠：《论语正义》，中华书局1990年版。

（清）阮元：《十三经注疏》，中华书局1980年版。

（清）朱彝尊：《经义考》，中华书局1998年版。

陈鼓应：《老子注译及评介》（修订增补本），中华书局2009年版。

陈鼓应：《庄子今注今译》，中华书局2009年版。

陈桐生：《〈论语〉十论》，暨南大学出版社2012年版。

陈桐生：《国语》，中华书局2013年版。

陈旸：《〈论语〉英译本研究的功能语篇分析途径》，暨南大学出版社2020年版。

陈莹：《〈论语〉英译变异的功能语篇分析》，中国社会科学出版社2020年版。

程石泉：《论语读训》，上海古籍出版社2005年版。

程树德：《论语集释》（上），中华书局2013年版。

樊浩：《中国伦理精神的历史建构》，江苏人民出版社1991年版。

樊浩：《中国伦理道德调查报告》，中国社会科学出版社2012年版。

方汉文：《比较文化学》，广西师范大学出版社2003年版。

冯大建：《论语百则》，王健、李盈、谢琰译，南开大学出版社2004年版。

冯友兰：《冯友兰集》，群言出版社1993年版。

参考文献

冯友兰：《中国现代哲学史》，广东人民出版社1999年版。
傅佩荣：《解读论语》，上海三联书店2007年版。
高健：《翻译与鉴赏》，外语教学与研究出版社2006年版。
高生文：《语域视角下的翻译研究：理雅各和辜鸿铭〈论语〉英译比较》，对外经济贸易大学出版社2016年版。
辜鸿铭：《辜鸿铭文集》（上），海南出版社1996年版。
辜鸿铭：《辜鸿铭文集》（下），海南出版社1996年版。
辜鸿铭：《中国人的精神》，陈高华译，陕西师范大学出版社2006年版。
辜鸿铭：《中国人的精神》，李晨曦译，上海三联书店2010年版。
辜正坤：《中西文化比较导论》，北京大学出版社2012年版。
贺麟：《文化与人生》，商务印书馆1988年版。
胡红辉：《〈论语〉及其英译本的投射语言对等研究》，中山大学出版社2019年版。
胡平生：《孝经译注》，中华书局2011年版。
黄兴涛：《文化怪杰辜鸿铭》，中华书局1995年版。
黄兴涛：《旷世怪杰》，东方出版中心1998年版。
黄钊等：《中国道德文化》，湖北人民出版社2000年版。
戢斗勇：《儒家全球伦理》，甘肃人民出版社2004年版。
姜加林：《世界新格局与中国国际传播——"第二届全国对外传播理论研讨会"论文选》，外文出版社2012年版。
姜加林、于运全：《构建现代国际传播体系——"全国第一届对外传播理论研讨会"论文选》，外文出版社2011年版。
金兆梓：《尚书诠译》，中华书局2010年。
孔子文化大全编辑部：《〈孝经〉（汉英对照本）》，傅根清今译，刘瑞祥、林之鹤英译，山东友谊出版社1998年版。
蓝红军：《译学方法论研究》，外语教学与研究出版社2019年版。
乐黛云：《比较文化与比较文学十讲》，复旦大学出版社2005年版。
李钢：《历史文化视阈下的〈论语〉英译研究》，湖南人民出版社2013年版。

李维武：《徐复观文集》，湖北人民出版社 2009 年版。
李泽厚：《论语今读》，天津社会科学院出版社 2008 年版。
梁漱溟：《中国文化要义》，上海人民出版社 2011 年版。
林乐昌：《正蒙合校集释》，中华书局 2012 年版。
刘宓庆：《翻译教学：实务与理论》，中国对外翻译出版公司 2003 年版。
刘小刚：《翻译中的创造性叛逆与跨文化交际》，南开大学出版社 2014 年版。
栾栋：《感性学发微——美学与丑学的合题》，商务印书馆 1999 年版。
罗国杰：《中国传统道德》（理论卷），中国人民大学出版社 2012 年版。
罗国杰：《中国传统道德》（德行卷），中国人民大学出版社 2012 年版。
罗义俊：《理性与生命——当代新俗家之萃》，上海书店出版社 1994 年版。
马会娟：《奈达翻译理论研究》，外语教学与研究出版社 2009 年版。
马新：《论语解读》，泰山出版社 2000 年版。
马一浮：《复性书院讲录》，山东人民出版社 1998 年版。
毛子水：《论语今注今译》，重庆出版社 2011 年版。
牟宗三：《道德的理想主义》，吉林出版集团有限公司 2010 年版。
南怀瑾：《论语别裁》，复旦大学出版社 2007 年版。
钱穆：《论语新解》，生活·读书·新知三联书店 2012 年版。
钱穆：《钱宾四先生全集（第 38 册）中国文化十二讲》，台北联经出版事业股份有限公司 1998 年版。
秦晓晴：《外语教学研究中的定量数据分析》，华中科技大学出版社 2003 年版。
申连云：《全球化背景下翻译伦理模式研究》，浙江大学出版社 2018 年版。
沈苏儒：《对外传播的理论与实践》，五洲传媒出版社 2004 年版。
史志康：《〈论语〉翻译与阐释》，上海外语教育出版社 2019 年版。
水淼：《超越你的不快乐》，崇文书局 2009 年版。
孙艺风：《视角阐释文化文学翻译与翻译理论》，清华大学出版社 2004

年版。

孙艺风：《文化翻译》，北京大学出版社2016年版。

汤恩佳：《孔学论集》，文津出版社1996年版。

涂金堂：《量表编制与SPSS》，五南图书出版公司2016年版。

王长坤：《先秦孝道研究》，四川出版集团2007年版。

王充：《论衡》，上海古籍出版社1990年版。

王宏印：《翻译批评论稿》，上海外语教育出版社2005年版。

王宏印：《中国文化典籍英译》，外语教学与研究出版社2009年版。

王世舜、王翠叶：《尚书译注》，中华书局2012年版。

王文锦：《大学中庸译注》，中华书局2008年版。

王正文：《孔子名言精选》，上海外语教育出版社2008年版。

王佐良：《翻译：思考与试笔》，外语教学与研究出版社1989年版。

韦政通：《中国的智慧》，岳麓书社2003年版。

吴明隆：《问卷统计分析实务：SPSS操作与应用》，重庆大学出版社2010年版。

吴其尧：《庞德与中国文化》，上海外语教育出版社2006年版。

吴志杰：《和合翻译学》，外语教学与研究出版社2018年版。

谢天振：《超越文本，超越翻译》，复旦大学出版社2014年版。

谢天振：《译介学》，上海外语教育出版社1999年版。

谢幼伟：《孝与中国文化》，青年军出版社印行1946年版。

徐复观：《中国人性论史》，华东师范大学出版社2005年版。

徐刚：《孔子之道与〈论语〉其书》，北京大学出版社2009年版。

许钧：《文学翻译的理论与实践：翻译对话录》，译林出版社2001年版。

杨伯峻：《论语译注》，中华书局1980年版。

杨伯峻：《论语译注》，中华书局2011年版。

杨伯峻：《春秋左传注》（修订本），中华书局2009年版。

杨国枢：《中国人的蜕变》，中国人民大学出版社2013年版。

杨国枢：《中国人的心理》，中国人民大学出版社2012年版。

杨国枢：《中国人的心理与行为》，桂冠图书公司1989年版。

杨国枢：《中国人的心理与行为：本土化研究》，中国人民大学出版社 2004 年版。

杨柳：《20 世纪西方翻译理论在中国的接受史》，上海外语教育出版社 2009 年版。

杨润根：《发现论语》，华夏出版社 2003 年版。

杨韶刚：《道德教育心理学》，上海教育出版社 2007 年版。

杨韶刚：《中外道德文化心理学》，待出版（手稿）。

杨天宇：《礼记译注》，上海古籍出版社 2004 年版。

杨天宇：《周礼译注》，上海古籍出版社 2014 年版。

叶光辉：《中国人的孝道》，重庆大学出版社 2009 年版。

于丹：《于丹〈论语心得〉》，迪星译，中华书局 2009 年版。

张柏然、许钧：《面向 21 世纪的译学研究》，商务印书馆 2002 年版。

张德福：《汉学家〈论语〉英译研究》，中国社会科学出版社 2018 年版。

张冠生：《为文化找出路：费孝通传》，中国友谊出版公司 2012 年版。

张立文：《中外儒学比较研究》，东方出版社 1998 年版。

张伟豪、郑时宜：《与结构方程模型共舞》，前程文化事业有限公司 2012 年版。

中国翻译工作者协会《翻译通讯》编辑部：《翻译研究论文集（1894—1948）》，外语教学与研究出版社 1984 年版。

周宁：《2000 年西方看中国》，团结出版社 1999 年版。

周振甫：《诗经译注》（修订本），中华书局 2010 年版。

周振甫：《周易译注》，中华书局 2013 年版。

朱立元：《接受美学导论》，安徽教育出版社 2004 年版。

朱谦之：《中国哲学对于欧洲的影响》，福建人民出版社 1983 年版。

朱仁夫、魏维贤、王立礼：《儒学国际传播》，中国社会科学出版社 2004 年版。

庄智象：《新牛津英汉双解大词典》，上海外语教育出版社 2013 年版。

［德］黑格尔：《历史哲学》，王造时译，上海书店出版社 2001 年版。

［德］莱布尼兹：《中国近事——为了照亮我们这个时代的历史》，梅谦

立、杨保筠译，大象出版社 2005 年版。

［德］利奇温：《十八世纪中国与欧洲文化的接触》，朱杰勤译，商务印书馆 1962 年版。

［法］艾思蒲《中国之欧洲》（上），许均、钱林森译，河南人民出版社 1992 年版。

［法］伏尔泰：《哲学辞典》（下册），王燕生译，商务印书馆 2005 年版。

［法］让-保罗·萨特：《什么是文学》，施康强译，安徽文艺出版社 1998 年版。

［格鲁吉亚］纳季拉什维利：《宣传心理学》，王玉琴译，辽宁人民出版社 1984 年版。

［古希腊］亚里士多德：《尼各马可伦理学》，廖申白译，商务印书馆 2012 年版。

［美］哈罗德·拉斯维尔：《社会传播的结构与功能》，何道宽译，中国传媒大学出版社 2015 年版。

［美］塞缪尔·亨廷顿：《文明的冲突与世界秩序的重建》，周琪译，新华出版社 2010 年版。

［美］尤金·奈达：《语言文化与翻译》，严久生译，内蒙古大学出版社 1998 年版。

［瑞士］汉思·昆：《世界伦理新探——为世界政治和世界经济的世界伦理》，张庆熊译，（香港）道风书社 2001 年版。

［瑞士］孔汉思、［德］库舍尔：《全球伦理——世界宗教议会宣言》，何光泸译，四川人民出版社 1997 年版。

［意］利玛窦：《利玛窦书信集》，罗渔译，光启出版社 1986 年版。

［英］Judy Pearsall 等编：《新牛津英汉双解大词典》，上海外语教育出版社 2013 年版。

［英］伯特兰·罗素：《中国问题》，秦悦译，学林出版社 1996 年版。

［英］霍恩比：《牛津高阶英汉双解词典》，商务印书馆 1977 年版。

［英］李约瑟：《四海之内：东方和西方的对话》，劳陇译，生活·读书·新知三联书店 1987 年版。

［英］英国培生教育出版有限公司：《朗文当代英语辞典》，外语教学与研究出版社 2004 年版。

二　中文期刊

Medougall，B.《Literary Translation：The Pleasure Principle》，《中国翻译》2007 年第 5 期。

Th. H. 康、衣俊卿：《西方儒学研究文献的回顾与展望》，《国外社会科学》1990 年第 10 期。

白奚：《从〈左传〉〈国语〉的"仁"观念看孔子对"仁"的价值提升》，《首都师范大学学报》2007 年第 4 期。

鲍晓英：《中国文化"走出去"之译介模式探索——中国外文局副局长兼总编辑黄友义访谈录》，《中国翻译》2013 年第 5 期。

鲍晓英：《从莫言英译作品译介效果看中国文学"走出去"》，《中国翻译》2015 年第 1 期。

毕宝魁：《〈论语〉"忠""恕"本义考》，《清华大学学报》（哲学社会科学版）2009 年第 6 期。

边立红：《"君子"英译现象的文化透视》，《外语学刊》2006 年第 4 期。

边立红：《操纵与改写：辜鸿铭英译儒经》，《山东外语教学》2009 年第 3 期。

曹威：《儒家经典翻译的诠释学理论前提——以英译〈论语〉为例》，《外语学刊》2010 年第 6 期。

曹佩升、刘绍龙：《翻译实证研究方法体系建构》，《甘肃社会科学》2011 年第 1 期。

陈国华：《对孔子教育哲学五个基本理念的重新解读与英译》，《中国翻译》2013 年第 6 期。

陈国兴：《论安乐哲〈论语〉翻译的哲学思想》，《中国比较文学》2010 年第 1 期。

陈来：《〈论语〉的德行伦理体系》，《清华大学学报》（哲学社会科学版）2011 年第 1 期。

陈丽君：《从理雅各对中国经典的翻译看文化的互动与冲击》，《中华女子学院学报》2010 年第 6 期。

陈梅、文军：《中国典籍英译国外阅读市场研究及启示——亚马逊（Amazon）图书网上中国典籍英译本的调查》，《外语教学》2011 年第 4 期。

陈炜舜：《辜鸿铭〈论语〉引〈诗〉译笔浅析》，《闽台文化交流》2008 年第 3 期。

陈卫民、施美程：《发达国家人口老龄化过程中的产业结构转变》，《南开学报》（哲学社会科学版）2013 年第 6 期。

陈文旭、易佳乐：《习近平"共同价值"思想的哲学解读与现实路径》，《湖南大学学报》（社会科学版）2018 年第 5 期。

陈晓明：《"恕道"在当代危机中的普适性与积极面向》，《天津社会科学》2010 年第 3 期。

陈亚君、陈永进：《〈论语〉英译与传播三原则》，《广东海洋大学学报》2011 年第 2 期。

陈亚君：《贯穿古今，圆通中西——论斯林哲兰德的〈论语〉英译本与认知不协调理论》，《天津外国语大学学报》2014 年第 1 期。

陈旸：《〈论语〉英译本研究的功能语篇分析方法》，《外国语文》2010 年第 1 期。

陈智、李海蛟：《冯友兰人生境界说简析》，《内蒙古大学学报》（人文社会科学版）2001 年第 5 期。

程方平：《汲古释"德"》，《中国德育》2007 年第 10 期。

程钢：《理雅各与韦利〈论语〉译文体现的义理系统的比较分析》，《孔子研究》2002 年第 2 期。

程曼丽：《中国的对外传播体系及其补充机制》，《对外传播》2009 年第 12 期。

崔永禄：《理解的困惑与译者的意图——阅读〈论语〉两个译本的札记》，《外语教学》1999 年第 1 期。

戴俊霞：《〈论语〉英译的历史进程及文本形态研究》，《安徽工业大学学报》（社会科学版）2011 年第 1 期。

邓联健：《从柯大卫英译〈四书〉"点评"看新教传教士之"译儒攻儒"》,《外语学刊》2014年第2期。

邓凌：《大学生孝道观的调查研究》,《青年研究》2004年第11期。

邓希泉、风笑天：《城市居民孝道态度与行为的代际比较》,《中国青年研究》2003年第3期。

邸爱英：《对汉字的痴迷,对孔子的信仰——庞德的〈论语〉翻译》,《电子科技大学学报》（社会科学版）2009年第6期。

丁建海：《动态顺应翻译策略——评析〈论语〉两译本》,《四川文理学院学报》2007年第6期。

杜维明：《孔子的〈论语〉》,《学术月刊》2007年第9期。

杜晓沫：《2001年—2010年我国图书版权输出分析》,《中国出版》2012年第5期。

段怀清：《理雅各与儒家经典》,《孔子研究》2006年第6期。

范丰慧等：《当代中国人的孝道认知结构》,《心理科学》2009年第3期。

范敏：《基于语料库的〈论语〉五译本文化高频词翻译研究》,《外语教学》2017年第6期。

范敏：《新时代〈论语〉翻译策略及其传播路径创新》,《西安外国语大学学报》2019年第3期。

方仪力：《直译与意译：翻译方法、策略与元理论向度探讨》,《上海翻译》2012年第3期。

高生文：《语域分析与〈论语〉翻译研究》,《北京科技大学学报》（社会科学版）2012年第3期。

高志强：《"去圣"与"一词一译"——阿瑟·韦利的〈论语〉导论研究》,《中国文化研究》2013年第1期。

顾犇：《〈论语〉在海外的传播》,《北京图书馆馆刊》1999年第2期。

辜正坤：《筛选积淀重译论与人类文化积淀重创论》,《外语与外语教学》2003年第11期。

郭齐勇：《东亚儒学核心价值观及其现代意义》,《孔子研究》2000年第4期。

韩彩英、王正仁：《语境差别与文献翻译中的语境补全》，《中国翻译》2000年第3期。

韩星：《辜鸿铭中国文化重建的思想理路》，《福建论坛》（人文社会科学版）2013年第1期。

韩星、韩秋宇：《儒家"君子"概念英译浅析——以理雅各、韦利英译〈论语〉为例》，《外语学刊》2016年第1期。

韩延明、李文婷：《探析孔子的"仁爱"思想及其和谐社会理念》，《江苏社会科学》2011年第4期。

郝景春：《儒家思想在西方的传播》，《河北学刊》2012年第5期。

何包钢、秦丹：《文化平等之辩》，《华中师范大学学报》（人文社会科学版）2014年第3期。

何刚强：《瑕瑜分明，得失可鉴——从ArthurWaley的译本悟〈论语〉的英译之道》，《上海翻译》2005年第4期。

何刚强：《精艺谙道，循循善诱——翻译专业教师须具备三种功夫》，《外语界》2007年第3期。

何刚强：《文质颉颃，各领风骚——对〈论语〉两个海外著名英译本的技术评鉴》，《中国翻译》2007年第4期。

贺宏福：《陕西动画产品"走出去"态势分析及对策研究》，《渭南师范学院学报》2015年第13期。

胡安江：《中国文学"走出去"之译者模式及翻译策略研究——以美国汉学家葛浩文为例》，《中国翻译》2010年第6期。

胡安江、胡晨飞：《再论中国文学"走出去"之译者模式及翻译策略——以寒山诗在英语世界的传播为例》，《外语教学理论与实践》2012年第4期。

胡翠娥：《"殊德之仁"与"全德之仁"——海外译"仁"及其对儒家思想的认识之发展》，《外国语（上海外国语大学学报）》2020年第1期。

胡庚申：《从术语看译论——翻译适应选择论概观》，《上海翻译》2008年第2期。

胡红辉：《〈论语〉及其英译本中投射语言的语篇功能研究》，《北京科技大学学报》（社会科学版）2013 年第 4 期。

胡玉坤、温煦：《全球化与国际老龄化政策——基于社会性别视野的考察》，《妇女研究论丛》2015 年第 1 期。

胡媛：《从期待视野视角看〈论语〉中文化负载词的英译》，《怀化学院学报》2012 年第 7 期。

胡湛、彭希哲：《应对中国人口老龄化的治理选择》，《中国社会科学》2018 年第 12 期。

黄国文：《〈论语〉英译意译方法研究的功能句法视角》，《北京科技大学学报》（社会科学版）2012 年第 3 期。

黄国文：《典籍翻译：从语内翻译到语际翻译——以〈论语〉英译为例》，《中国外语》2012 年第 6 期。

黄雪霞：《辜鸿铭与他的中西文化传递》，《天津市经理学院学报》第 2010 年第 5 期。

黄友义：《坚持"外宣三贴近"原则，处理好外宣翻译中的难点问题》，《中国翻译》2004 年第 6 期。

黄友义：《汉学家和中国文学的翻译——中外文化沟通的桥梁》，《中国翻译》2010 年第 6 期。

黄友义：《中国特色中译外及其面临的挑战与对策建议——在第二届中译外高层论坛上的主旨发言》，《中国翻译》2011 年第 6 期。

黄玉霞：《〈论语〉中文化专有项的英译》，《重庆交通大学学报》（社会科学版）2011 年第 5 期。

黄中习：《中国典籍英译事业：机遇与挑战》，《宁夏社会科学》2008 年第 6 期。

洪溪珧：《多元系统论——翻译研究的新视野》，《湖南科技学院学报》2009 年第 2 期。

姬岳江：《〈论语〉概念词英译之道——和谐翻译》，《西南科技大学学报》（哲学社会科学版）2013 年第 1 期。

季进：《我译故我在：葛浩文访谈录》，《当代作家评论》2009 年第 6 期。

贾名党：《崇圣尚理探幽求真——评〈论语趣读〉》，《内蒙古农业大学学报》（社会科学版）2009 年第 4 期。

蒋伟平：《接受美学视角下文化词语的翻译》，《湖南科技学院学报》2008 年第 7 期。

金海娜：《中国影视作品对外译制模式探析——以坦桑尼亚为例》，《中国翻译》2017 年第 4 期。

金学勤：《通俗简练瑕不掩瑜——评戴维·亨顿的〈论语〉和〈孟子〉英译》，《孔子研究》2010 年第 9 期。

金宇恒：《论我国国家形象构建中的传播策略误区——以系列国家形象宣传片为例》，《东南传播》2012 年第 9 期。

荆雨：《由〈论语〉和〈诗论〉谈孔子以德论诗》，《武汉大学学报》（人文科学版）2003 年第 5 期。

李冰梅：《林语堂〈论语〉英译与跨文化阐释》，《作家》2008 年第 10 期。

李超、杨心琰、李悦：《当代青年大学生对孝情感认知状况的调查分析》，《东南大学学报》（哲学社会科学版）2020 年第 S2 期。

李钢：《翻译的哲学之维——论安乐哲、罗思文〈论语〉英译》，《译林》2011 年第 10 期。

李钢：《历史文化视阈下的〈论语〉英译研究》，《武陵学刊》2012 年第 11 期。

李钢：《林语堂〈论语〉编译的生态翻译学解读》，《湖南社会科学》2013 年第 6 期。

李钢：《林语堂与 The Wisdom of Confucius》，《重庆理工大学学报》（社会科学版）2011 年第 3 期。

李钢、陈勇：《〈论语〉中的政治隐喻及其"来源域"的翻译特点》，《佛山科学技术学院学报》（社会科学版）2010 年第 5 期。

李钢、李金姝：《〈论语〉英译研究综述》，《湖南师范大学社会科学学报》2013 年第 1 期。

李钢、李金姝：《描述翻译学视域中的〈论语〉英译研究》，《外语学刊》2013 年第 1 期。

李钢、李金姝：《庞德〈论语〉英译研究》，《湖南社会科学》2013 年第 1 期。

李广伟、戈玲玲：《基于汉英平行语料库的〈论语〉中本源概念英译策略研究》，《外语教学》2018 年第 1 期。

李建华：《"美丽中国"对外网络传播的破局与重构》，《四川大学学报》（哲学社会科学版）2016 年第 2 期。

李建华、董海军：《当代中国民众对道德文化传统理念践行状况评价的实证分析报告》，《道德与文明》2011 年第 3 期。

李军、黄宝印、朱瑞：《改革和完善外语专业研究生培养模式——培养翻译硕士专业学位人才》，《中国翻译》2007 年第 4 期。

李丽琴：《理雅各英译"崇德辨惑"辨——以哲学诠释学的视域》，《中国人民大学学报》2012 年第 5 期。

李宁：《〈大中华文库〉国人英译本海外接受状况调查——以〈孙子兵法〉为例》，《上海翻译》2015 年第 2 期。

李启明、陈志霞、徐海燕：《父母的教养方式及性别对孝道代际传递的影响》，《心理学探新》2016 年第 4 期。

李世峥：《管窥基督教孝道与中国孝道之异同》，《金陵神学志》2001 年第 1 期。

李伟荣：《试析〈论语〉向西方世界传播过程中的诠释精神》，《江西社会科学》2009 年第 5 期。

李文静：《中国文学英译的合作、协商与文化传播——汉英翻译家葛浩文与林丽君访谈录》，《中国翻译》2012 年第 1 期。

李贻萌：《关于〈论语〉英译的几个问题》，《中国外语》2006 年第 1 期。

李永鑫、张阔、赵国祥：《工作倦怠结构的验证性因素分析》，《心理学探新》2005 年第 4 期。

李宇：《"走出去"导向下的影视精品创作与译制》，《传媒》2017 年第 9 期。

李玉良、张彩霞：《"礼"的英译问题研究》，《山东师范大学学报》（人文社会科学版）2009 年第 3 期。

李忠杰：《怎样认识和对待世界文明的多样性——"怎样认识和把握当

今的国际战略形势"之五》,《瞭望新闻周刊》2002年第25期。

廖华英、鲁强:《基于文化共性的中国文化对外传播策略研究》,《东华理工大学学报》(社会科学版)2010年第2期。

刘白玉、高新华、窦钰婷:《〈论语〉关键词英译探讨》,《山东工商学院学报》2011年第3期。

刘白玉、扈珺、刘夏青:《中国传统文化元素翻译策略探讨——以〈论语〉核心词"仁"英译为例》,《山东外语教学》2011年第1期。

刘嫦:《功能翻译理论诠释下的〈论语〉林语堂英译本》,《电子科技大学学报》(社会科学版)2010年第1期。

刘宏伟:《产业化背景下的专业翻译人才培养探析》,《新余学院学报》2014年第3期。

刘宏伟:《辜鸿铭〈论语〉英译策略探析》,《重庆科技学院学报》(社会科学版)2014年第5期。

刘宏伟:《校企合作培养专业翻译人才探析——以"长株潭"地区为例》,《怀化学院学报》2013年第7期。

刘宏伟:《应用型翻译人才培养途径的探索与实践——以长沙师范学院应用英语(翻译方向)专业为例》,《中国电力教育》2011年第28期。

刘宏伟、穆雷:《我国翻译教学研究方法现状与反思——基于2002—2011年外语类核心期刊论文的统计分析》,《外语教学》2013年第2期。

刘宏伟、王湘玲:《"人己通"外译模式与中国传统文化对外传播研究》,《湖南大学学报》(社会科学版)2020年第4期。

刘静:《论文化自觉意识观照下的儒家典籍的译介》,《河南社会科学》2010年第1期。

刘敬国:《细究文词义理活译字句势蕴——程石泉〈论语〉英译的独到走笔》,《四川外国语大学学报》(哲学社会科学版)2014年第4期。

刘立胜:《金安平〈论语〉英译与海外传播研究》,《民族翻译》2020年第5期。

刘淼:《金融危机下弘扬儒家文化的现实意义》,《山东经济战略研究》

2009年第4期。

刘文明：《19世纪欧洲"文明"话语与晚清"文明"观的嬗变》，《首都师范大学学报》（社会科学版）2011年第6期。

刘汶蓉：《当代家庭代际支持观念与群体差异——兼论反馈模式的文化基础变迁》，《当代青年研究》2013年第3期。

刘小新、朱立立：《从"怨恨哲学"迈向"友爱的政治学"——对近年台湾文化翻译与阐释中"悦纳异己"思想脉络的观察与读解》，《东南学术》2008年第1期。

刘晓红：《传承与扬弃共存——对"90后"青少年孝道观的调查研究》，《教育科学研究》2009年第10期。

刘新玲：《对传统"孝道"的继承和超越——大学生"孝"观念调查》，《河北科技大学学报》（社会科学版）2005年第2期。

刘雪芹：《典籍复译的危机——〈论语〉英译二百年（1809—2009）之启示》，《广西民族大学学报》（哲学社会科学版）2010年第3期。

刘雪芹：《译本中的语码转换：一种语境化信号——以〈论语〉英译为例》，《中国外语》2013年第4期。

刘正光、陈弋、徐皓琪：《亚瑟·韦利〈论语〉英译"偏离"的认知解释》，《外国语（上海外国语大学学报）》2016年第2期。

刘重德：《〈论语〉韦利英译本之研究——兼议里雅各、刘殿爵英译本》，《山东外语教学》2001年第2期。

吕敏宏：《中国现当代小说在英语世界传播的背景、现状及译介模式》，《小说评论》2011年第5期。

吕鹏飞、陈道胜：《基于语料库的〈论语〉英译本翻译风格比较研究——以辜鸿铭和亚瑟·威利两译本为例》，《上海翻译》2021年第3期。

罗莹：《十七、十八世纪"四书"在欧洲的译介与出版》，《中国翻译》2012年第3期。

骆郁廷、赵方：《新时代推己及人的德育价值》，《学校党建与思想教育》2018年第17期。

孟健、曲涛、夏洋：《文化顺应理论视阈下的典籍英译——以辜鸿铭

〈论语〉英译为例》,《外语学刊》2012年第3期。

穆雷、邹兵:《中国翻译学研究现状的文献计量分析(1992—2013)——对两岸四地近700篇博士论文的考察》,《中国翻译》2014年第2期。

倪蓓锋:《论庞德翻译的〈论语〉——兼与理雅各比较》,《西南交通大学学报》(社会科学版)2007年第1期。

潘文国:《典籍英译心里要有读者——序吴国珍〈论语〉最新英文全译全注本》,《吉林师范大学学报》(人文社会科学版)2012年第1期。

潘文国:《译入与译出——谈中国译者从事汉籍英译的意义》,《中国翻译》2004年第2期。

潘文国:《中籍外译,此其时也——关于中译外问题的宏观思考》,《杭州师范学院学报》2007年第6期。

皮谨煜:《生态翻译学视角下的辜鸿铭英译〈论语〉》,《开封教育学院学报》2014年第4期。

綦亮:《从翻译到创作和评论都应多些文化自觉——"从莫言获奖看中国文学如何走出去"学术峰会述记》,《中国比较文学》2013年第1期。

乔木、曾育雯:《中国形象对外传播中的受众分析》,《法治新闻传播》2011年第6期。

秦洪武、孔蕾、徐欣:《〈论语〉英语多译本受纳状况多维数据分析》,《外语教学与研究》2020年第4期。

儒风:《〈论语〉的文化翻译策略研究》,《中国翻译》2008年第5期。

尚延延、杨萍:《译者对翻译生态环境的主动选择——林语堂〈论语〉英译的译者中心性研究》,《中国海洋大学学报》(社会科学版)2017年第5期。

史学冬:《比较哲学视野中的〈论语〉研究》,《中华文化论坛》2015年第12期。

史志康:《借帆出海——史译论语选载之一》,《东方翻译》2012年第2期。

史志康:《借帆出海——史译论语选载之七》,《东方翻译》2013年第

2期。

世界主要经济体文化产业发展现状研究课题组:《世界主要经济体文化产业发展状况及特点》,《调研世界》2014年第10期。

宋晓春:《论辜鸿铭〈中庸〉英译本中道德哲学的建构》,《湖南大学学报》(社会科学版) 2017年第1期。

孙君恒:《忠恕之道促进世界和平》,《社科经纬》2005年第5期。

孙艺风:《翻译的暴力》,《中国翻译》2014年第6期。

谭菁:《严谨细致,准确统一——评刘殿爵〈孟子〉英译本中的哲学术语翻译》,《语文学刊:外语教育教学》2013年第2期。

谭文介:《对James Legge 译〈论语〉中若干译文的看法》,《湘潭大学学报》(社会科学版) 1992年第3期。

谭晓丽:《会通中西的文化阐释——以安乐哲、罗思文英译〈论语〉为例》,《上海翻译》2012年第1期。

汤恩佳:《全球化时代与孔子儒家思想》,《闽台文化交流》2009年第1期。

屠国元、许雷:《立足于民族文化的彰显——转喻视角下辜鸿铭英译〈论语〉策略研究》,《中南大学学报》(社会科学版) 2012年第6期。

屠国元、许雷:《译在家国之外——黄继忠〈论语〉英译的策略选择》,《中南大学学报》(社会科学版) 2013年第8期。

王东波:《辜鸿铭〈论语〉翻译思想探析——文化翻译的范例》,《孔子研究》2011年第2期。

王东波:《〈论语〉英译的缘起与发展》,《孔子研究》2008年第4期。

王福祥、徐庆利:《民族文化身份嬗变与古代典籍核心词汇翻译——以〈论语〉中的"仁"为例》,《西安外国语大学学报》2013年第2期。

王宏印:《译品双璧,译事典范——林戊荪先生典籍英译探究侧记》,《中国翻译》2011年第6期。

王辉:《传教士〈论语〉译本与基督教意识形态》,《深圳大学学报》(人文社会科学版) 2007年第6期。

王辉:《从〈论语〉三个译本看古籍英译的出版工作——兼与刘重德教

授商榷》,《广东外语外贸大学学报》2003 年第 3 期。

王辉:《后殖民视域下的辜鸿铭〈中庸〉译本》,《解放军外国语学院学报》2007 年第 1 期。

王辉:《理雅各、庞德〈论语〉译本比较》,《四川外语学院学报》2004 年第 5 期。

王辉:《理雅各与〈中国经典〉》,《中国翻译》2003 年第 3 期。

王辉:《〈论语〉中基本概念词的英译》,《深圳大学学报》(人文社会科学版) 2001 年第 5 期。

王建:《权力话语视角下〈论语〉英译本的对比解读》,《山东外语教学》2012 年第 4 期。

王菊英:《曾子的大孝境界》,《武汉科技学院学报》2010 年第 5 期。

王俊燕:《影响中国文化融入全球化的原因探析》,《阴山学刊》2011 年第 4 期。

王侃:《中国当代小说在北美的译介和批评》,《文学评论》2012 年第 5 期。

王丽雅:《儒家经典英译与儒家思想的跨文化传播》,《管子学刊》2008 年第 2 期。

王能昌、李建生、张来芳:《孔子"和而不同"思想及其现实价值》,《南京政治学院学报》2004 年第 4 期。

王祥兵:《海外民间翻译力量与中国当代文学的国际传播——以民间网络翻译组织 Paper Republic 为例》,《中国翻译》2015 年第 5 期。

王晓文:《孝文化的历史透视及其现代反思》,《理论学刊》2017 年第 1 期。

王琰:《国内外〈论语〉英译研究比较》,《外语研究》2010 年第 2 期。

王永强:《〈论语〉在英美的译介与传播》,《时代文学》(下半月) 2009 年第 6 期。

王勇:《20 年来的〈论语〉英译研究》,《求索》2006 年第 5 期。

王勇:《E. 斯林格伦德〈论语〉译本介评》,《中国科技翻译》2007 年第 1 期。

王远新:《论语言功能和语言价值观》,《湘潭大学学报》(哲学社会科学版）2008 年第 9 期。

王志勤、谢天振：《中国文学文化走出去：问题与反思》，《学术月刊》2013 年第 2 期。

魏望东：《跨世纪〈论语〉三译本的多视角研究：从理雅各、庞德到斯林哲兰德——兼议典籍复译的必要性》，《中国翻译》2005 年第 3 期。

魏望东：《刘殿爵的〈论语〉翻译策略》，《当代外语研究》2013 年第 6 期。

吴丹：《从目的论视角看 2010 上海世博会外宣资料的翻译》，《网络财富》2010 年第 5 期。

吴景明：《中国文化的"替罪羊"——辜鸿铭文化现象及其成因》，《吉林大学社会科学学报》2012 年第 4 期。

吴龙辉：《〈论语〉是儒家集团的共同纲领》，《湖南大学学报》（社会科学版）2010 年第 1 期。

吴奇志：《"中国文化海外传播动态数据库"平台发布》，《对外传播》2014 年第 4 期。

吴欣：《辜鸿铭〈论语〉的英译特色》，《安徽工业大学学报》（社会科学版）2009 年第 4 期。

吴瑛：《让物质文化先走出去——基于对海外孔子学院的调查》，《对外传播》2010 年第 9 期。

吴瑛、葛起超：《中国文化对外传播效果调查——以日本、黎巴嫩孔子学院为例》，《云南师范大学学报》（对外汉语教学与研究版）2011 年第 1 期。

吴赟、顾忆青：《困境与出路：中国当代文学译介探讨》，《中国外语》2012 年第 5 期。

吴争春：《辜鸿铭论儒家道德文明》，《中南大学学报》（社会科学版）2013 年第 5 期。

西风：《阐释学翻译观在中国的阐释》，《外语与外语教学》2009 年第 3 期。

习近平：《从延续民族文化血脉中开拓前进——在纪念孔子诞辰 2565 周年国际学术研讨会暨国际儒联第五届会员大会开幕会上的讲话》，

《孔子研究》2014 年第 5 期。

相德宝：《自媒体时代的中国对外传播策略》，《当代传播》2011 年第 6 期。

谢稚：《从莫言获诺贝尔文学奖看中国文化的海外传播》，《理论月刊》2012 年第 12 期。

熊德米：《有关〈论语〉的五种英语译文比较研究》，《西南政法大学学报》2002 年第 2 期。

徐珺：《汉文化经典误读误译现象解析：以威利〈论语〉译本为例》，《外国语（上海外国语大学学报）》2010 年第 6 期。

徐向群：《从英译〈论语〉孝论语句看中西译者的翻译特色——以辜鸿铭与理雅各译文为例》，《船山学刊》2009 年第 4 期。

许钧：《翻译不可能有定本》，《博览群书》1996 年第 4 期。

许钧：《重复·超越——名著复译现象剖析》，《中国翻译》1994 年第 3 期。

许钧：《论翻译之选择》，《外国语（上海外国语大学学报）》2002 年第 1 期。

许雷、屠国元：《"论语"英译中华人译者的孔子形象塑造》，《湘潭大学学报》（哲学社会科学版）2014 年第 2 期。

许雷、朱乐红：《悖论中前行：辜鸿铭英译〈论语〉策略反思》，《教育文化论坛》2009 年第 1 期。

许雷、屠国元：《〈论语〉英译中华人译者的孔子形象塑造》，《湘潭大学学报》（哲学社会科学版）2014 年第 2 期。

薛冰、向明友：《数字人文视域下〈论语〉英译本的修辞对比研究》，《外语研究》2020 年第 4 期。

杨朝军：《产业化视域下的翻译硕士培养模式》，《中国翻译》2012 年第 1 期。

杨建海：《论"孝"的起源、演变及其当代转化》，《华中农业大学学报》（社会科学版）2017 年第 1 期。

杨林：《典籍英译中译者的主体性选择——〈论语〉英译本比较研究》，《北方民族大学学报》2020 年第 6 期。

杨林：《直译与意译——理雅各与辜鸿铭〈论语〉英译本的功能语言学比较与分析》，《北方民族大学学报》（哲学社会科学版）2017年第6期。

杨梅：《翻译研究方法评析》，《重庆大学学报》（社会科学版）2009年第4期。

杨明、吴翠丽：《中国传统文化中的"中和"思想及其现代价值》，《南京社会科学》2006年第2期。

杨平：《20世纪〈论语〉的英译与诠释》，《孔子研究》2010年第2期。

杨平：《〈论语〉核心概念"仁"的英译分析》，《外语与外语教学》2008年第2期。

杨平：《〈论语〉英译的概述与评析》，《浙江教育学院学报》2009年第9期。

杨平：《论中国哲学的翻译》，《外国语（上海外国语大学学报）》2012年第6期。

杨平：《评西方传教士〈论语〉翻译的基督化倾向》，《人文杂志》2008年第2期。

杨平：《西方传教士〈论语〉翻译的基督教化评析》，《中国文化研究》2010年第4期。

杨平：《哲学诠释学视域下的〈论语〉翻译》，《中国外语》2012年第3期。

杨韶刚：《道德价值的文化溯源与道德教育》，《思想理论教育》2010年第1期。

杨韶刚：《道德教育的返本归真》，《中小学德育》2014年第4期。

杨韶刚：《集体主义与个体主义道德文化的教育反思》，《教育学报》2011年第5期。

杨韶刚：《明荣辱、知廉耻：道德教育的时代呼唤》，《当代教育科学》2007年第9期。

易立新：《以诗译诗　诗人译诗——王佐良诗歌翻译述评》，《哈尔滨学院学报》（社会科学版）2001年第6期。

殷丽：《辜鸿铭〈论语〉英译的归化策略分析》，《安徽工业大学学报》

（社会科学版）2013年第5期。

由文平：《〈论语〉"无友不如己者"本义考辨》，《社会科学辑刊》2010年第6期。

余秋雨：《世界对中国的了解仍少之又少》，《对外大传播》2006年第12期。

余秋雨：《中国处于"文化孤立"之中吗?》，《商界（中国商业评论）》2007年第2期。

余治平：《"仁"字之起源与初义》，《河北学刊》2010年第1期。

曾小五：《孔子道德哲学的内在理路——从对"忠"和"恕"的剖析入手》，《湖南大学学报》（社会科学版）2008年第6期。

张德福：《威妥玛与〈论语〉翻译》，《外语研究》2016年第1期。

张宏雨、刘华文：《MDA模型驱动下〈论语〉译本语域变异的多维对比研究——以理雅各、安乐哲的英译本为例》，《外语电化教学》2021年第5期。

张继文：《〈论语〉概念词词义解读与翻译——以〈论语〉英译为例》，《长春大学学报》2009年第7期。

张坤、张文新：《青少年对传统孝道的态度研究》，《心理科学》2004年第6期。

张来芳：《孔子"和而不同"思想及其现代价值》，《南昌大学学报》（人文社会科学版）2001年第3期。

张伟：《林语堂〈孔子的智慧〉之传播学阐释》，《武夷学院学报》2019年第4期。

张威：《中译外调查与分析——提高中国文化对外传播效果的一项基础性工作》，《中国文化研究》2011年第3期。

张小波：《关于理雅各和辜鸿铭〈论语〉翻译的对比研究》，《株洲工学院学报》2000年第4期。

张小波、张映先：《从古籍英译分析意识形态对翻译的影响》，《中国科技翻译》2006年第1期。

张晓雪：《〈论语〉英译研究热点、领域构成及展望——基于CNKI学术期刊2001至2017年文献的共词可视化分析》，《上海翻译》2017年第 5 期。

张学海：《中国出版"走出去"的战略思考》，《当代经济》2012 年第 12 期。

张雪飞：《语义翻译策略的应用——以理雅各〈论语〉英译本为例》，《洛阳师范学院学报》2009 年第 6 期。

张阳：《中华典籍海外读者市场的生态解读及启示——以亚马逊〈论语〉英译本为例》，《浙江理工大学学报》2013 年第 3 期。

张咏华：《互联网与中华文化的对外传播》，《国际新闻界》2001 年第 4 期。

张幼军：《阐释学与儒家经典英译》，《湖南师范大学社会科学学报》2003 年第 1 期。

张政、胡文潇：《〈论语〉中"天"的英译探析——兼论其对中国文化核心关键词英译的启示》，《中国翻译》2015 年第 6 期。

张枝新：《后殖民视角下解读辜鸿铭译经的归化法》，《河南理工大学学报》（社会科学版）2009 年第 2 期。

张自慧：《"克己复礼"的千年聚讼与当代价值》，《河北学刊》2011 年第 2 期。

章莉：《从接受理论角度看辜鸿铭诗歌翻译策略》，《湖南科技学院学报》2012 年第 6 期。

赵长江：《译儒攻儒，传播福音——"四书"的第一个英译本评析》，《天津外国语大学学报》2012 年第 9 期。

赵谦、车凤：《"忠"的传统内涵与现实意义》，《前线》2014 年第 3 期。

甄春亮：《里雅各翻译的〈论语〉》，《天津外国语学院学报》2001 年第 2 期。

郑海凌：《"和谐"是一种对话》，《外国文学动态》2004 年第 6 期。

郑易：《比较理雅各与威利〈论语〉英译本中对"仁"字的翻译》，《福建论坛》（人文社会科学版）2010 年第 S1 期。

钟明国：《辜鸿铭〈论语〉翻译的自我东方化倾向及其对翻译目的的消解》，《外国语文》2009 年第 2 期。

钟兆云：《解读辜鸿铭》，《书屋》2002年第10期。

仲伟合：《我国翻译专业教育的问题与对策》，《中国翻译》2014年第4期。

仲伟合、王斌华：《口译研究方法论——口译研究的学科理论建构之二》，《中国翻译》2010年第6期。

朱峰：《深度翻译中的译者角色与翻译策略——以金安平〈论语〉英译本为例》，《中国文化研究》2019年第4期。

朱峰：《西方汉学家17个〈论语〉英译本之底本探析（1828—2007）》，《国际汉学》2020年第3期。

朱健平：《关于翻译研究各流派分类的现状分析——兼论中国译论在国际翻译理论体系中的地位》，《解放军外国语学院学报》2004年第2期。

［英］汤因比：《谁将继承西方在世界的主导地位》，《思潮》1974年第9期。

三 硕博士论文

鲍晓英：《中国文学"走出去"译介模式研究——以莫言英译作品美国译介为例》，博士学位论文，上海外国语大学，2014年。

曹威：《英译〈论语〉的哲学诠释研究》，博士学位论文，黑龙江大学，2010年。

陈可培：《偏见与宽容翻译与吸纳——理雅各的汉学研究与〈论语〉英译》，博士学位论文，上海师范大学，2006年。

富苏苏：《论辜鸿铭〈论语〉英译本中译者创造性叛逆的表现》，硕士学位论文，河北大学，2011年。

耿强：《文学译介与中国文学"走向世界"——"熊猫丛书"英译中国文学研究》，博士学位论文，上海外国语大学，2010年。

金学勤：《〈论语〉英译之跨文化阐释：以理雅各、辜鸿铭为例》，博士学位论文，四川大学，2008年。

康太一：《从英译〈论语〉到汉译〈圣经〉：马士曼与早期中西对话初探》，博士学位论文，北京外国语大学，2013年。

李冰梅:《冲突与融合: 阿瑟·韦利的文化身份与〈论语〉翻译研究》, 博士学位论文, 首都师范大学, 2009 年。

李钢:《历史文化视阈下的〈论语〉英译研究》, 博士学位论文, 湖南师范大学, 2012 年。

李佩馨:《〈论语〉的"仁学"研究》, 硕士学位论文, 中南大学, 2011 年。

李沁:《组织需求下的大学生服务意识研究》, 硕士学位论文, 广东外语外贸大学, 2013 年。

刘宏伟:《人己通——〈论语〉英译与道德文化传播》, 博士学位论文, 广东外语外贸大学, 2015 年。

刘文娜:《〈论语〉英译本比较研究——以理雅各、威利、刘殿爵三种英译本为例》, 硕士学位论文, 山东大学, 2012 年。

刘雪芹:《〈论语〉英译语境化探索》, 博士学位论文, 上海外国语大学, 2011 年。

潘文年:《中国出版业"走出去"研究》, 博士学位论文, 南京大学, 2011 年。

王东波:《〈论语〉英译比较研究——以理雅各译本与辜鸿铭译本为案例》, 博士学位论文, 山东大学, 2008 年。

王佳:《论辜鸿铭的中国传统道德观》, 硕士学位论文, 黑龙江大学, 2008 年。

王琰:《〈论语〉英译的学术品格》, 博士学位论文, 解放军国际关系学院, 2009 年。

王勇:《〈论语〉英译的转喻视角研究》, 博士学位论文, 上海交通大学, 2009 年。

吴争春:《辜鸿铭伦理思想研究》, 博士学位论文, 中南大学, 2012 年。

武绒:《A Study on Arthur Waley's Translation of Lun Yu from the Perspective of the Translator's Subjectivity》, 硕士学位论文, 西安外国语大学, 2011 年。

奚飞飞:《多元系统理论视角下〈伤寒论〉英译的比较研究》, 硕士学位论文, 南京中医药大学, 2012 年。

杨丽红:《孔孟德治思想及其现代价值》,硕士学位论文,山东大学,2008年。

杨平:《中西文化交流视域下的〈论语〉英译研究》,博士学位论文,四川大学,2008年。

朱海龙:《价值观与行动——多元文化视域下的中美大学生道德教育研究》,博士学位论文,广东外语外贸大学,2015年。

四 英文文献

Alice W. Cheang, *The Master's Voice: On Reading, Translating and Interpreting The Analects of Confucius*, The Review of Politics, Vol. 62, No. 3, 2000.

André Lefevere, *Translation, Rewriting and the Manipulation of Literary Fame*, London: Routledge, 1992.

Anne Cheng, *Review of The Analects of Confucius by Simon Leys and The Analects of Confucius (Lunyu): A Literal Translation by Huang Chichung*, Bulletin of the School of Oriental and African Studies, University of London, 1999.

Arthur Waley, *The Analects of Confucius*, London: Vintage Books, 1989.

Barbara M. Byrne, *Structural Equation Modeling with AMOS: Basic Concepts, Applications and Programming*, London: Routledge, 2010.

Cheuk-Woon Taam, *On studies of Confucius*: Philosophy East and West, Vol. 3 No. 2, 1953.

Collie David, *The Chinese Classical Work Commonly Called The Four Books*, Malacca: Printed at the Mission Press, 1828.

Crowley, S. & X. Fan, *Structural Equation Modeling: Basic Concepts and Applications in Personality Assessment Research*, Journal of Personality Assessment, Vol. 68, No. 3, 1997.

David Hawkes, *From the Chinese*, in Ivan Morrised., *Madly Singing in the Mountains: An Appreciation and Anthology of Arhtur Waley*, London: George Allen & Unwin Ltd, 1970.

David Schaber, "Sell it! Sell it!": Recent Translations of Lunyu: Chinese Literature: Essays, Articles, Reviews, Vol. 23, 2001.

D. C. Lau, The Analects, London: Penguin Books, 1979.

Edward Slingerland, Why Philosophy is not "Extra" in Understanding the Analects: Review on The Original Analects by E. Bruce Brooks and A. Taeko Brooks, Philosophy East and West, Vol. 50, No. 1, 2000.

Eugene A. Nida, Toward a Science of Translating, Shanghai: Shanghai Foreign Language Education Press, 2004.

Eugene A. Nida and Jan de Ward, From One Language to Another, London: Thomas Nelson, Inc, 1986.

Foster etc., Validity Assessment in Clinical Assessment, Psychological Assessment, Vol. 7, No. 3, 1995.

Howard Goldblatt \ A Mi Manera, Howard Goldblatt at Home: A Self-Interview, Chinese Literature Today, Vol. 2, No. 1, 2011.

Homer H. Dubs, Review of The Analects of Confucius by Arthur Waley, The Journal of Philosophy, Vol. 36, No. 20, 1939.

James Legge. The Chinese Classics, Hong Kong: Hong Kong University Press, 1893.

Jonathan Spence, What Confucius Said: The Analects of Confucius / Translation and Notes by Simon Leys, The New York Review of Books, Vol. XLIV, No. 6, 1997.

Kaiser, H. F. An Index of Factorial Simplicity, Psychometrika, 1974.

Kelly James Clark, Three kinds of Confucian Scholarship, Journal of Chinese Philosophy, Vol. 33, No. 5, 2006.

Kuang-Hui Yeh and Olwen Bedford, A Test of the Dual Filial Piety Mode, Asian Journal of Social Psychology, Vol. 6, No. 3, 2003.

Ku Hung-ming, The Discourse and Sayings of Confucius, Shanghai: Kelly and Walsh, Ltd., 1898.

Lawrence Venuti, The Translators Invisibility: A History of Translation, London: Routledge, 1995.

Lee B., A *Cognitive Developmental Approach to Filiality Development*, Master's Thesis, University of Chicago, 1974.

Maria Sidiropoulou, *Identity and Difference: Translation Shaping Culture*, Switzerland: Peter Lang AG, 2005.

Merriam Webster, *Merriam Webster Dictionary*, U.S: Merriam-Webster Mass Market, 2004.

Randalph John, "Scanning the Paperback", *Chicago Daily Tribune*, Aug 7, 1960.

Robert E. Hegel, *Review of Confucius, The Analects by D. C Lau*, Chinese Literature, Vol. 6, No. 1/2, 1984.

Roger T. Ames, *The Remarkable Scholarship of Professor D. C. Lau (1921-2010)*, Early China, Vol. 32, 2008-2009.

Stephen W. Durrant, *On Translating Lun Yu*, Chinese Literature: Essays, Articles, Reviews, Vol. 3, No. 1, 1981.

Sunder Joshi, *The Analects of Confucius by W. E. Soothill*, The Journal of Religion, Vol. 18, No. 3, 1938.

T. C. Kline III, *Review of The Original Analects: Sayings of Confucius and His Successors by E. Bruce Brooks and A. Taeko Brooks*, Pacific Affairs, Vol. 72, No. 2, 1999.

William Edward Soothill, *The Analects of Confucius*, Yokohama: the Fukuin Printing Co., 1910.

Wing-Tsit Chan, *The Wisdom of Confucius by Lin Yutang*, Pacific Affairs, Vol. 13, No. 4, 1940.

后 记

本书是在我的博士学位论文基础上加以修订完成的。本书即将付梓之际，感慨颇多。时光荏苒，蓦然回首博士求学时光，往事历历在目。数年前，慕名广外这所中国顶尖外语名校，仰慕恩师杨韶刚教授的人品和学养而投考，有幸被恩师收下随其攻读博士学位。泰斗的学术馈赠，吾师的谆谆教诲，同门的深情厚谊，亲朋的鼎力相助，是我求学路上无穷的动力。因为有他们的相伴，学术路上我从未感到孤独，充满了奋斗的力量。在此无以报答，只能借本书后记简言感谢。

首先要感谢的是恩师杨韶刚教授。导师不仅学识渊博、造诣精深、学贯中西，其人品更是有口皆碑，堪为我辈"师"和"范"。他治学严谨、勤奋敬业，是我学习的楷模；他学术指导高屋建瓴，引领我徜徉神圣的学术殿堂，帮助我树立远大目标，指导我做好人生规划，是我人生指路灯，指引我前行；他教书育人循循善诱，一丝不苟，犹如春风雨露，沁人心脾；他对人宽厚仁慈，和蔼可亲，令我敬仰。导师不仅是"经师"，更是"人师"，他授予的是我一生受用无穷的精神财富。师恩难忘，师爱无疆，聆听先生教诲，真是三生有幸！

感谢栾栋教授，他学兼中西，术修多科，睿智大气，将我领进人文学的殿堂；徐真华教授深邃的学术让我体验到了外国文学之魅力；郑立华教授精彩纷呈的跨文化比较将我引入多元文化之意境；陈桐生教授国学造诣深厚，他对《论语》的别样解读，让我看到了异样的风景。他们在本书写作过程中都给予我精心指导和无私帮助，在此深表谢意！

感谢广外高级翻译学院访学指导老师穆雷教授，她严谨的治学态度令人钦佩，睿智的学术洞见给本书以深度启发。感谢我的硕导张乐天教授、好友邵泽斌教授对我一如既往的关心、支持与帮助。感谢仲伟合教

后 记

授、赵军峰教授、刘岩教授、王友贵教授、刘季春教授、詹文都教授、王桂珍教授、詹成教授等，在我访学和读博期间，给了我走进课堂聆听他们独到见解的机会，开阔了我的学术视野。

感谢徐真华教授、郑立华教授、张进教授、穆雷教授、杜金榜教授、赵军峰教授、宋广文教授、郭斯萍教授等外国文学、翻译学、语言学以及心理学专家在博士论文开题、预答辩以及正式答辩提出的宝贵意见，使本书得以不断完善、充实。

感谢在湖南大学做博士后研究期间，给我指导的合作导师王湘玲教授、刘正光教授、朱健平教授、曾涛教授、陈晓湘教授、莫再树教授及湖南师范大学蒋坚松教授，他们深邃的学术洞见，高屋建瓴的指导，使我受益终身。

感谢同窗好友杨洁教授、雷晓敏教授、蓝红军教授、王祥兵教授、李安博士、王巍巍博士、杨冬敏博士、冯曼博士、邹兵博士等，在广外的翻译学博士沙龙、人文学沙龙、跨文化博士论坛上提供的宝贵建议，及在本书写作和出版过程中提供的大量帮助。感谢杨门弟子董金伟教授、朱海龙教授、康蕾博士、张倩博士、刘建金博士、刘祥和博士、郭嫄博士、钟日升博士以及外文中心李瑛老师等对我的无私帮助和亲切关怀。

感谢广外留学生学院梁学宏教授、中南大学张峰博士、中山大学龚艳老师、广东培正学院冯亚玲老师及卢金明博士、唐靓博士等在问卷调查中提供的帮助，尤其感谢远在英国的吴云霞博士在繁忙学习之余，帮助我顺利完成了英国大学生的问卷调查。对热情参与本文问卷调查的中外朋友，在此一并鸣谢！正是他们积极、认真地配合，才让研究有了可靠的实证支撑。

感谢广外提供了优秀的学术环境，让我有机会听取桂诗春、何自然、黄建华、王初明、黄国文、刘建达、冉永平、潘文国等语言学专家，许钧、谢天振、朱志瑜、谭载喜、孙艺风、刘和平、梅德明、王克非、李亚舒、许渊冲、黄友义、张旭等众多著名翻译学者的精彩讲座，感受学术的魅力。

感谢长沙师范学院外国语学院原领导杨萍院长、彭坚书记及校组织部潘谊清部长一直以来对本人工作、生活的关心和照顾，感谢同事贺龙平老师对本书提出的宝贵修改意见。

感谢我挚爱的双亲，他们默默的支持与鼓励是我前进的动力。读博期间，因为时间原因，很少陪伴在他们身边，内心深感惭愧。感谢岳父母的全力支持，全身心照顾爱儿，解除了我的后顾之忧。感谢爱人刘萍的辛勤付出，在本书撰写和修改期间，她工作生活两不误，忙里又忙外，工作之余帮助我收集资料与统计数据，寒暑假多个日夜伴读，为本书修改提出宝贵意见。感谢我可爱的儿子刘晨涛，我多年忙于学习和工作，很少有时间陪他，他不仅没责怪我，还经常关心我的身体健康，询问我本书的进展。

我还要特别感谢中国社会科学出版社编辑张冰洁老师，她为本书的出版倾注了大量心血，在编辑过程中提出了很多宝贵的建议，使本书得以完善并顺利出版，她对工作的敬业精神和认真负责的态度令我感动。

我深深懂得，本书的完成不是终点，而是新征程上新的起点。"士不可以不弘毅，任重而道远"，尽管我才疏学浅，但必将以饱满的学术热情，求真务实的科学态度，在漫长而又艰辛的学术路上努力拼搏，争取更多的学术收获。

2021 年 4 月 6 日于特立公园

附 录

附录1 中文测量问卷

亲爱的朋友：

感谢您参与本次调研。请您仔细阅读下面题项，根据您对每项陈述的同意程度，在1—5数字上打"√"：1=非常不同意，2=不同意，3=不确定，4=同意，5=非常同意。

请您注意，您所评定是<u>应该的</u>程度，而<u>不是愿意的</u>程度，也<u>不是实际做到</u>的程度。

个人信息：（在数字上打"√"即可）

性别：1. 男　　2. 女

年级：1. 大一　2. 大二　3. 大三　4. 大四　5. 其他

项目	非常不同意	不同意	不确定	同意	非常同意
1. 外出时，我应该向父母告知去处。	1	2	3	4	5
2. 父母生日时，我应该加以祝贺。	1	2	3	4	5
3. 和父母说话，我应该做到温和有礼。	1	2	3	4	5
4. 我应该尽力满足父母的物质需求。	1	2	3	4	5
5. 我应该亲自照顾年老的父母。	1	2	3	4	5
6. 父母去世后，我应该心存怀念。	1	2	3	4	5
7. 我应该努力上进，使父母感到高兴。	1	2	3	4	5
8. 父母去世后，我应该努力实现父母生前遗愿。	1	2	3	4	5

续表

项目	非常不同意	不同意	不确定	同意	非常同意
9. 当正确意见不被父母接受，我仍应保持恭敬，不生气。	1	2	3	4	5
10. 当不在父母身边时，我应该经常问候父母。	1	2	3	4	5
11. 父母忙碌时，我应该帮助父母做家务。	1	2	3	4	5
12. 选择工作时，我应该考虑便于照顾父母。	1	2	3	4	5
13. 我应该关注父母的身体健康状况。	1	2	3	4	5
14. 我应该听从父母的教诲。	1	2	3	4	5
15. 父母去世后，我应该遵从父母本人意愿，妥善安葬。	1	2	3	4	5
16. 出门在外时，我应该跟父母保持联络。	1	2	3	4	5
17. 和父母争吵后，我应该道歉。	1	2	3	4	5
18. 与父母之间出现矛盾时，我应该做出让步。	1	2	3	4	5
19. 父母责骂时，我应该不顶嘴。	1	2	3	4	5
20. 父母年老时，我应该按时给予赡养费。	1	2	3	4	5
21. 父母去世后，在服丧期间，我应该衣食简单。	1	2	3	4	5
22. 为不使父母丢脸，我应该遵纪守法。	1	2	3	4	5
23. 有好吃的东西，我应该为父母留一份。	1	2	3	4	5
24. 我应该尊敬父母。	1	2	3	4	5
25. 父母去世后，我应该祭拜他们。	1	2	3	4	5
26. 为了不让父母担心，我应该小心谨慎少惹麻烦。	1	2	3	4	5
27. 我应该注意自己的安全，以免父母担心。	1	2	3	4	5
28. 我应该好好照顾自己，不让父母为我操心。	1	2	3	4	5
29. 父母去世后，我应该祭扫他们的坟墓。	1	2	3	4	5
30. 我应该关注父母的生活起居。	1	2	3	4	5

请查看是否有遗漏答项，务必每题都作答！感谢您的合作！

附录2 英文测量问卷（Questionnaire）

Below are 30 statements which you may agree or disagree with. Using the 1-5 scale below, indicate your agreement with each item by choosing the appropriate number with "○". Please be open and honest in your responding. The 1-5 scale is: 1=strongly disagree, 2=disagree, 3=not sure, 4=agree, 5=strongly agree.

Please note here you are asked to answer the degree of what you *should* do, but *not* what you *are willing to do* or what you *actually do*.

Personal Information: (choosing the number with "○").

Gender: 1. male   2. female

Grade: 1. freshman   2. sophomore   3. junior   4. senior   5. others

Nationality: _____

Religion: 1. Christian   2. non-Christian

items	strongly disagree	disagree	not sure	agree	strongly agree
1. I should tell my parents where I am going when I go out.	1	2	3	4	5
2. I should congratulate my parents on their birthdays.	1	2	3	4	5
3. I should be well-manned and polite when talking to my parents.	1	2	3	4	5
4. I should try my best to help out my parents when they are on need.	1	2	3	4	5
5. I should personally look after my aged parents.	1	2	3	4	5
6. I should keep my parents in my memory after they have passed away.	1	2	3	4	5
7. I should strive to please my parents.	1	2	3	4	5
8. I should do my best to fulfil my parents' last wishes after they have passed away.	1	2	3	4	5

续表

items	strongly disagree	disagree	not sure	agree	stronglyagree
9. I should be obedient and never angry when my reasonable advices are not accepted by my parents.	1	2	3	4	5
10. I should ask after them frequently when my parents are not with me.	1	2	3	4	5
11. I should help my parents do the housework when they are busy.	1	2	3	4	5
12. I should consider if it is convenient to look after my parents when looking for a job.	1	2	3	4	5
13. I should pay close attention to my parents' health.	1	2	3	4	5
14. I should obey my parents' teachings.	1	2	3	4	5
15. I should follow my parents' funeral arrangement wishes after they have passed away.	1	2	3	4	5
16. I should keep in touch with my parents when I'm out.	1	2	3	4	5
17. I should apologize after quarrelling with my parents.	1	2	3	4	5
18. I should compromise with my parents when there are conflicts between us.	1	2	3	4	5
19. I should not talk back when my parents reprimand me.	1	2	3	4	5
20. I should give maintenance fee to my aged parents on time.	1	2	3	4	5
21. I should live a simple life during the mourning period after my parents have passed away.	1	2	3	4	5
22. I should obey the laws so that my parents won't lose face.	1	2	3	4	5
23. I should keep a share for my parents when there is something good to eat.	1	2	3	4	5
24. I should respect my parents.	1	2	3	4	5

items	strongly disagree	disagree	not sure	agree	strongly agree
25. I should offer sacrifices to my parents after they have passed away.	1	2	3	4	5
26. I should be cautious and stay clear of troubles to save my parents from worrying.	1	2	3	4	5
27. I should watch out for my safety to save my parents from worrying.	1	2	3	4	5
28. I should take good care of myself to save my parents from worrying.	1	2	3	4	5
29. I should go sweep my parents tombs and offer sacrifices after they have passed away.	1	2	3	4	5
30. I should care about my parents' daily life.	1	2	3	4	5

Please check and see if you have omitted any questions and make sure you have answered every one of them! Thank you again for your cooperation!